안녕하세요

라이트룸 클래식 2021

라이트룸 클래식 2021

초판 1쇄 인쇄 | 2021년 9월 10일
초판 1쇄 발행 | 2021년 9월 15일

지 은 이 | 김양평, 주산지
발 행 인 | 이상만
발 행 처 | 정보문화사

편 집 진 행 | 노미라
주   소 | 서울시 종로구 동숭길 113 (정보빌딩)
전   화 | (02)3673-0114
팩   스 | (02)3673-0260
등   록 | 1990년 2월 14일 1-1013호
홈 페 이 지 | www.infopub.co.kr

I   S   B   N | 978-89-5674-910-5

Adobe Lightroom Classic

안녕하세요

라이트룸
클래식
2021

김양평, 주산지 지음

정보문화사
Information Publishing Group

머리말

라이트룸이 처음 출시 되었을 때가 생각납니다. 포토샵 중심으로 사진 작업을 하던 시기에 라이트룸의 등장은 디지털 사진의 관리부터 후보정까지 할 수 있는 획기적인 프로그램이었습니다. 그러나 당시 국내에서 라이트룸을 사용하는 사진가는 드물었고 책도 없었기에 영문 매뉴얼을 참고하며 기능을 하나씩 익혔습니다. 그 과정에서 라이트룸을 실무에 적용하고 많은 시행착오를 거치면서 그 내용을 정리해 라이트룸 첫 책을 내었습니다. 그 뒤로 세 권의 라이트룸 책을 출간하고, 100여 회의 오프라인 전문 강좌도 진행하였습니다. 지금은 국내 사용자층이 초기에 비해 많이 늘어났지만, 아직도 많은 사진가는 디지털 사진의 후처리(Post-processing)를 포토샵으로 하고 있습니다. 왜 그럴까요?

첫 번째 이유는 라이트룸이 어떠한 프로그램인지 몰랐기 때문이고, 두 번째 이유는 라이트룸을 알고 있더라도 생소한 프로그램을 배워야 한다는 부담감 때문일 것입니다. 하지만 가장 큰 이유는 포토샵의 유명세에 모든 것을 다 할 수 있다고 생각하기 때문입니다. 여러분이 사진을 시작하고 후보정을 위해 추천받는 프로그램을 생각해보면 대부분 포토샵일 것입니다. 그러나 필자는 라이트룸을 시작하고 지금까지 포토샵을 추천해본 적이 없습니다. 그 이유는 명확합니다. 라이트룸은 디지털카메라가 세상에 선보인 후, 사진작가에 의해 디지털 사진에 최적화된 프로그램으로 만들어졌기 때문입니다.

라이트룸과 포토샵의 장단점을 이야기한다면 끝이 없겠지만, 어느 프로그램이 디지털 사진 특히, RAW 파일에 최적화되어 있는지를 말하라면 단연코 라이트룸일 것입니다. 라이트룸에서는 RAW 파일뿐만 아니라 JPEG 파일도 동일하게 작업할 수 있습니다. 라이트룸에는 ACR이 포함되어 있고, 사진으로 가지고 올 때 이미 렌더링된 이미지를 만들어 놓기 때문에 매번 RAW 파일을 처리할 필요가 없습니다. 그러나 포토샵에서는 RAW 파일을 직접 열 수 없어 매번 ACR(Adobe Camera Raw)의 도움을 받아야 합니다. 이러한 처리 과정만 보더라도 사진가의 작업 시간을 상당히 절약할 수 있습니다. 또한 라이트룸에는 브릿지와 유사한 라이브러리로 사진가의 모든 사진을 데이터베이스(카탈로그)에 저장해 체계적으로 통합해 관리할 수 있습니다. 사진을 보면서 마우스 버튼 클릭만으로 현상(편집) 화면으로 전환되고, 즉시 현상 작업을 할 수 있습니다.

하지만 포토샵을 사용하면 수많은 원본, 복사본, 편집본 등을 사진작가가 직접 관리하거나 브릿지(Bridge)와 같은 별도의 프로그램을 사용해 사진을 관리해야 합니다. 이뿐만이 아닙니다. 여러 사진을 한 번에 처리하는 일괄 보정과 파노라마, HDR, HDR 파노라마 병합 기능을 기본으로 갖추고 있고, 최근에는 RAW 파일의 세부 묘사의 향상과 대형 인화를 위한 슈퍼 해상도 기능도 추가되었습니다. 여기에 다양한 플러그인을 사용하면 거의 모든 사진 작업은 라이트룸에서 한다고 해도 과언이 아닙니다. 이러한 프로그램을 마다하고 포토샵을 고집할 필요는 없을 것입니다.

이번 책은 필자의 다섯 번째 라이트룸 책입니다. 라이트룸 5 버전 이후로 새로운 책을 내지 못했지만, 꾸준히 원고를 쓰면서 잡지에 기고하고 eMagazine과 eBook을 발행해온 덕분에 이렇게 세상에 내놓게 되었습니다. 그 사이 라이트룸에는 많은 변화가 있었습니다. 새로운 기능이 추가된 것은 물론이고 라이트룸의 현상 작업도 많이 바뀌었습니다. 이 책에서는 라이트룸을 처음 사용하는 사진가를 위해 라이트룸의 기본적인 사용 방법부터 고급 기능과 새롭게 추가되고 변화된 내용까지 모두 담았습니다. 다만 7년간 누적된 원고의 양이 너무 방대해 책에 다 담지 못해 아쉬움이 남습니다. 그러나 책에서만 끝나는 학습이 아니라, 필자의 온라인 사이트(lightroom.kr)에서 동영상과 책에 담지 못한 모듈 관련 내용을 eBook으로 제공합니다. 아무쪼록 이 책이 디지털 사진을 찍는 국내 수많은 사진가에게 도움이 되는 책이 되길 바랍니다.

끝으로 이 책을 출판해주신 정보문화사에 감사드립니다. 또한 (사)한국사진작가협회의 사진예술아카데미의 공식 교재로 선정해 주신 협회에도 감사드립니다.

저자 씀

이 책을 보는 방법

예제 파일 다운로드

학습에 필요한 예제 파일은 정보문화사 홈페이지 또는 저자의 웹사이트에서 다운로드받을 수 있습니다.

정보문화사

www.infopub.co.kr 접속 후 **[자료실]** 메뉴를 클릭하세요.

라이트룸 매거진

www.lightroom.kr 접속 후 **[Support 〉 정보문화사 독자 지원]** 메뉴를 클릭하세요.

학습에 도움이 되는 라이트룸 동영상 강좌와 eBook

저자의 웹사이트인 **라이트룸 매거진(www.lightroom.kr)**에 회원가입 후, 판권을 등록하면 학습에 도움이 되는 7시간 분량의 동영상 강좌를 무료로 볼 수 있습니다. 또한 지면 제약으로 본문에 포함되지 않은 라이트룸 모듈 관련 내용을 eBook으로 무료 다운로드할 수 있습니다.

라이트룸 관련 최신 정보 구독

저자가 직접 운영하는 웹사이트와 SNS에 가입하면 라이트룸과 관련된 최신 정보를 무료로 받아볼 수 있습니다.

- **라이트룸 매거진** : lightroom.kr
- **밴드** : band.us/@magazine
- **페이스북 페이지** : facebook.com/lightroom.kr
- **페이스북 그룹** : facebook.com/groups/lightroomuser
- **네이버 카페** : cafe.naver.com/photolecture

차례

머리말 iv
이 책을 보는 방법 vi

PART 01
라이트룸 개요 001

01 라이트룸에 대한 이해 002
01 라이트룸 003
02 라이트룸의 모듈 007
03 라이트룸의 5단계 워크플로우 014

02 라이트룸 설치와 인터페이스 구성 017
01 라이트룸 종류 018
02 라이트룸 설치 020
03 어도비 크리에이티브 클라우드 관리하기 028
04 라이트룸의 인터페이스 구성 033

03 라이트룸의 기본 환경 설정 039
01 일반 환경 설정과 카탈로그 환경 설정 040
02 라이트룸 인터페이스 언어 변경하기 041
03 RAW+JPEG로 찍은 사진을 카탈로그에 함께 등록하기 043
04 인터페이스 글씨 크기 키우기 044
05 한글이 이상하게 입력되는 것 방지하기 046
06 사용할 카탈로그를 선택해 실행하기 048
07 라이트룸에서 포토샵 연동 작업 시 설정해야 할 것들 050
08 RAW 파일 후보정(현상) 시 그래픽 가속 기능 사용하기 051
09 표준 미리보기 이미지 파일의 크기 변경하기 052
10 현상 작업 시 원본 사진 없이 고급 미리보기 이미지 사용하기 054
11 내 카탈로그 저장 위치 확인하기 055
12 내 사전 설정의 저장 위치 확인하기 056
13 가져오기 대화상자의 자동 실행 해지하기 058
14 도구 모음에 도구 추가하기 059

PART 02
사진 가져오기 061

01 카탈로그에 대한 이해와 구성 062
01 카탈로그 063
02 카탈로그의 구성 065
03 시스템 사양별 카탈로그 맞춤 설계 067

02 카탈로그 만들기와 사진 가져오기 070
01 새로운 카탈로그 만들기 071
02 카탈로그에 사진 등록하기 074
03 파일명 템플릿 만들기 082
04 메타데이터 사전 설정 만들기 085
05 가져오기 설정값을 사전 설정으로 저장하기 087
06 가져오기 후 카탈로그 패널과 폴더 패널 살펴보기 088

03 카탈로그 관리 089
01 카탈로그 최적화 090
02 원본 사진 폴더와의 동기화 091
03 누락된 폴더 및 사진 찾기 094
04 카탈로그의 백업과 복원 097
05 카탈로그 분리(내보내기)와 병합(가져오기) 101

PART
03
사진 관리하기   109

01 사진 관리는 사진 보기부터   110
    01 대상 항목과 사진을 보는 다섯 가지 방법   111
    02 격자 보기   113
    03 확대경 보기   117
    04 비교 보기   121
    05 통람 보기   123
    06 사람 보기   125
    07 듀얼 모니터에서 사진 보기   129
    08 슬라이드 쇼로 사진보기   132

02 원본 사진 관리는 폴더 패널에서   133
    01 폴더 패널의 구성과 메뉴   134
    02 폴더 패널에서 폴더 관리하기   140
    03 탐색기(파인더)로 열기와 폴더 정보 보기   150

03 사진의 체계적인 분류는 컬렉션 패널에서   152
    01 컬렉션에 대한 이해   153
    02 컬렉션 패널의 구성과 메뉴   157
    03 컬렉션 패널에서 컬렉션 관리하기   159
    04 모바일 카탈로그와 컬렉션 동기화   171

04 사진에 특성 설정하기   175
    01 사진의 특성   176
    02 사진에 특성 설정하기   178
    03 색상 레이블의 활용   184

05 키워드 입력과 관리하기   188
    01 사진 검색을 위한 키워드   189
    02 키워드 적용 패널의 구성과 키워드 입력하기   190
    03 키워드 목록 패널의 구성과 키워드 입력 및 관리하기   192

06 메타데이터 입력과 관리하기   195
    01 메타데이터   196
    02 메타데이터 패널의 구성   197
    03 메타데이터의 변경과 표시   202

07 라이브러리 필터 바에서 사진 검색과 필터링   206
    01 라이브러리 필터와 검색   207
    02 필터링으로 사진 찾기   209

PART
04
디지털 현상하기   221

01 이미지 프로세스와 프로파일   222
    01 현상 모듈의 구성   223
    02 라이트룸의 이미지 프로세스   225
    03 프로파일과 색 처리 방법   230
    04 프로파일 관리하기   237

02 구도의 보정   242
    01 사진 자르기   243
    02 사진의 기울기 바로잡기   256

03 화이트 밸런스의 교정   263
    01 화이트 밸런스(White Balance)   264
    02 화이트 밸런스를 위한 촬영 기술   267
    03 라이트룸에서 화이트 밸런스 보정하기   270

04 톤 보정   277
    01 톤   278
    02 톤 보정 전 확인 사항   279
    03 디지털 존 시스템과 라이트룸의 다섯 가지 톤 영역   283
    04 톤 보정   287
    05 톤 곡선 패널   297
    06 HSL 패널에서 색상별 톤 보정   303
    07 로컬 톤 보정   306

05 색 보정   309
    01 채도와 생동감   310
    02 HSL 패널에서 색 보정   316

06 흑백 보정   324
    01 흑백 사진의 촬영과 후보정   325
    02 RAW 파일의 흑백 보정 – 색상 필터 효과   331

03 흑백 사진의 명암별 색 보정 – 색조 효과   336
04 흑백 프로파일과 사전 설정   341

07 선명도 향상   347
01 선명도 향상   348
02 리사이즈를 이용한 선명도 향상   351
03 명암을 이용한 선명도 향상   352
04 채도를 이용한 선명도 향상   355
05 색수차 제거를 통한 선명도 교정   357
06 노이즈 감소를 통한 선명도 향상   359
07 선명하게 하기(Sharpening)를 이용한 사진의 선명도 향상   364
08 미디어 타입에 따른 출력 선명도 설정   369

08 렌즈 교정과 변환   371
01 렌즈 교정과 변환   372
02 렌즈 교정   375
03 변환   383

09 효과의 적용   390
01 자른 후 비네팅(Post-crop Vignetting)   391
02 필름 그레인   394
03 디헤이즈 효과   396

10 로컬 보정   398
01 글로벌 보정과 로컬 보정   399
02 얼룩 제거 도구   401
03 점진적 필터 도구   410
04 방사형 필터 도구   418
05 조정 브러시   429

11 인물 사진의 리터칭   441
01 피부 톤 유지하기   442
02 얼굴의 피부 톤 조정하기   446
03 점 지우기   450
04 문신(또는 흉터) 지우기   455
05 피부 부드럽게 하기 – 소프트 스킨   458
06 잔주름 줄이기   464
07 립스틱 색 변경하기   467
08 눈동자 선명하게 하기   470
09 치아 미백   474
10 색조 효과   477

11 배경 처리   485

12 일괄 보정   489
01 현상 사전 설정   490
02 현상 설정의 복사와 붙이기   495
03 현상 설정의 동기화   496
04 자동 동기화   498
05 총 노출 일치   499

13 사진 병합과 포토샵 연동   500
01 파노라마 사진 만들기   501
02 HDR 사진 만들기   505
03 HDR 파노라마 사진 만들기   510
04 라이트룸과 포토샵 연동   512
05 라이트룸에서 포토샵 편집용 파일로 내보내기   516

14 RAW 파일의 향상과 슈퍼 해상도   521
01 슈퍼 해상도   522

PART 05 내보내기   529

01 내보내기   530
01 내보내기   531
02 게시 서비스와 내보내기   532
03 내보내기 대화상자   535
04 웹용 사진 최적화 내보내기   544
05 인화용 사진 최적화 내보내기   546
06 내보내기 사전 설정과 일괄 내보내기   550
07 사진에 워터마크 넣기   553

02 내보내기 플러그인   555
01 내보내기 플러그인   556
02 Mogrify 플러그인의 활용   564

찾아보기   576

Adobe Lightroom Classic

PART
01

라이트룸 개요

라이트룸에 대한 이해

디지털 사진을 찍다보면 디지털 현상(후보정)이 필수라는 것을 자연스럽게 알게 됩니다. 대표적인 후보정 프로그램으로 라이트룸과 포토샵이 있습니다. 이 장에서는 라이트룸과 포토샵이 어떻게 다른지 알아보고 이 책에서 다루게 될 라이트룸의 모듈 구성과 워크플로우에 대해 알아보겠습니다.

01 라이트룸

라이트룸과 포토샵은 어도비 사의 제품입니다. 라이트룸과 포토샵은 서로 다른 프로그램이지만, 그 차이점을 잘 알지 못하고 선택하는 경우가 종종 있습니다. 라이트룸은 '포토샵 라이트룸'이라는 이름을 달고 세상에 나왔습니다. 포토샵은 세 가지로 제품으로 구분되는데, 흔히 말하는 '포토샵'이 있고 '포토샵 라이트룸'과 '포토샵 엘레먼트'가 있습니다. 이중에서 포토샵 라이트룸이 현재는 포토샵이라는 딱지를 떼고 '라이트룸'으로 자리 잡았습니다.

라이트룸은 디지털 사진이 대중화되기 시작하면서 사진 관리와 디지털 현상 작업을 위해 2007년에 새로 만들어진 프로그램입니다. 이 세 프로그램 중 디지털 사진에 최적화된 프로그램을 꼽으라면 당연 라이트룸입니다. 포토샵과 포토샵 엘레먼트에서도 디지털 사진을 처리할 수 있지만 그 기능이 프로그램의 주요 역할은 아니기 때문입니다. 라이트룸은 포토샵과 포토샵 엘레먼트와 명확히 다른 몇 가지 이유가 있습니다.

포토샵	포토샵 엘레먼트	라이트룸
전문적인 이미지 편집 (RAW 파일의 현상은 ACR 사용)	이미지 및 디지털 사진의 손쉬운 관리와 후 보정	디지털 사진(RAW 파일)의 전문적인 후보정 및 관리
전문가	비전문가	전문가

라이트룸은 디지털 사진을 관리하는 데이터베이스 프로그램입니다.

사진가들은 라이트룸을 체계적인 프로그램이라고 말합니다. 체계적이라는 말은 정해진 원리에 의해 짜임새 있게 조직된 상태를 의미합니다. 다시 말해 디지털 사진을 라이트룸이 정한 체계적인 원리에 의해 분류하고 관리한다는 것입니다. 이러한 관리의 기반은 카탈로그라고 불리는 데이터베이스에 있습니다. 원하는 사진을 찾고자 할 때 컴퓨터에 저장된 모든 사진을 탐색해 찾는 것이 아니라, 체계적으로 저장된 데이터베이스를 조회하면 가장 빠르고 쉽게 찾을 수 있습니다. 인터넷에서 사진을 검색하는 것과 마찬가지입니다. 이러한 기능이 필요한 이유는 앞으로 사진을 찍는 시간보다 사진을 보고 찾고 관리하는 시간이 점점 더 늘어날 것이기 때문입니다. 이미 그러한 상태라면 분명 사진을 효율적으로 관리하는 프로그램이 필요할 것입니다. 라이트룸이 바로 그런 프로그램입니다.

디지털 사진   라이트룸   사진 정보의
데이터베이스화

라이트룸은 PIE(Parameter Image Editing) 프로그램입니다.

디지털 카메라에서는 두 종류의 파일 형식으로 사진을 저장할 수 있습니다. 하나는 JPEG 파일이고 다른 하나는 제조사별로 사용하는 RAW 파일입니다. JPEG 파일은 사진가가 카메라에 설정된 여러 값을 적용해 후처리된 파일이고, RAW 파일은 가공되지 않은 빛의 정보인 원시 데이터와 카메라 설정값을 별도로 저장한 파일입니다. 예를 들어 카메라에서 색온도 6500k로 설정해 사진을 찍었다면, JPEG 파일에는 색온도 6500k에 해당하는 색감이 적용되어 저장됩니다. 그러나 RAW 파일에는 색감을 적용하지 않고 그 값을 별도로 저장합니다. 그래서 라이트룸에서는 이 색온도를 카메라에서 변경하듯 쉽게 바꿀 수 있습니다. 이러한 이미지 처리 방식을 PIE(Parameter Image Editing, 매개변수 이미지 편집)라고 합니다. 즉, 색온도라는 이미 정해진 매개변수에 색온도 값을 설정하는 것입니다. 매개변수의 값은 언제든 변경할 수 있고, 그 값에 따라 결과는 달라집니다.

이렇게 라이트룸에서 후처리에 사용된 값은 모두 매개변수를 사용합니다. 단, 변경된 매개변수 값은 원본 사진에 저장되는 것이 아니라 카탈로그에 저장되고, 필요에 따라 XMP 파일로 저장할 수 있습니다. 참고로 포토샵은 PBIE(Pixel Based Image Editing, 픽셀 기반 이미지 편집) 프로그램으로 원본 이미지를 불러와 픽셀에 직접 설정값을 적용해 그 결과를 표시합니다. 그렇기 때문에 고용량의 이미지의 경우에는 많은 메모리가 필요하며, 편집된 결과를 보기 위해 렌더링을 해야 하고 소요 시간이 길다는 단점이 있습니다. 현상 모듈에 표시된 디지털 사진의 색온도 값과 XMP 파일에 기록된 매개변수 Temperature 값입니다.

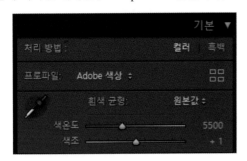

```
dc:format="image/x-canon-cr2"
crs:Version="11.1"
crs:ProcessVersion="11.0"
crs:WhiteBalance="As Shot"
crs:Temperature="5500"
crs:Tint="+1"
```

라이트룸은 이미지 비파괴 편집(Non-destructive Editing) 프로그램입니다.

이미지 비파괴 편집이라는 용어가 다소 낯설 수 있습니다. 쉽게 풀이한다면 이미지 편집 시 원본 사진을 직접 사용함으로써 발생할 수 있는 여러 가지 문제를 사전에 방지하기 위해 원본 사진을 사용하지 않는다는 말입니다. 포토샵은 원본 사진을 직접 불러와 작업하는데, 라이트룸은 어떠한 경우라도 원본 사진으로 작업하지 않습니다. 대신 사용자의 작업 환경, 특히 모니터 해상도에 최적화된 미리보기 이미지를 만들어 사용합니다. 이러한 방식은 어떠한 상황에서도 작업한 내역을 원본에 덮어쓰거나, 원본이 변형되는 것을 방지할 수 있습니다. 라이트룸에서 작업한 모든 내역은 카탈로그에 저장됩니다. 최종 결과물을 내보내기 할 때, 원본 사진의 데이터를 불러와 카탈로그의 현상 작업 내역을 적용해 사용 목적에 맞는 파일 형식으로 저장됩니다. 따라서 원본은 사용자가 지정한 대상 경로에 항상 안전하게 보관됩니다. 미리보기 이미지는 사용자 모니터에 최적화되어 만들어지지만, [카탈로그 설정] 대화상자에서 미리보기 이미지의 크기를 변경할 수 있습니다.

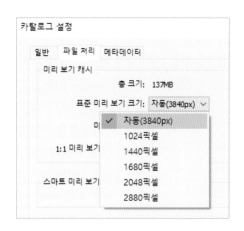

라이트룸은 작업 파일이 없고 실시간으로 저장됩니다.

포토샵으로 이미지를 편집 및 보정하면 그 파일을 작업 파일인 PSD로 저장하고, 사용 목적에 따라 다른 파일 형식으로 저장해 사용해야 합니다. PSD는 나중에 수정 및 추가 작업을 위한 파일입니다. 라이트룸에는 포토샵에서 사용하는 PSD와 같은 작업 파일이 없습니다. 작업한 내역은 매개변수 값으로 기록되며 이 값들은 카탈로그에 실시간으로 저장됩니다. 작업 내역이 순차적으로 기록되기 때문에 언제든지 되돌리고 싶은 작업 전 상황으로 되돌아 갈 수 있고, 마지막으로 작업한 부분부터 이어 작업할 수 있습니다. 또한 한 장의 사진을 여러 가지 방법으로 보정해 다른 버전을 만들 경우, 스냅숏으로 저장하거나 가상본을 만들어 사용할 수 있습니다. 스냅숏과 가상본은 시스템의 자원을 거의 사용하지 않는 장점이 있어 포토샵에 비해 원활하게 작업 할 수 있습니다. 저장된 작업 내역은 [작업 내역] 패널에 표시되고 언제든지 원하는 지점으로 되돌릴 수 있습니다.

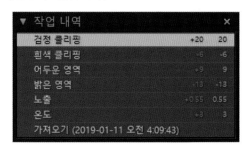

라이트룸은 가장 많은 카메라와 렌즈 프로파일을 지원합니다.

라이트룸은 평균 2개월에 한 번 프로그램이 업데이트됩니다. 업데이트가 잦은 이유는 추가 및 향상된 기능 때문이기도 하지만 새로 출시된 카메라와 렌즈의 프로파일이 추가되기 때문입니다. 특히 카메라 프로파일은 해당 카메라의 RAW 파일을 읽는 중요한 역할을 합니다. RAW 파일을 어떻게 읽느냐에 따라 라이트룸에 표시되는 사진이 달라지며, 화이트밸런스와 톤 보정이 달라질 수 있습니다. 갓 출시된 카메라는 라이트룸에 프로파일이 없을 수 있습니다. 이러한 경우 라이트룸은 RAW 파일을 읽어 들이지 못합니다. 렌즈 프로파일의 경우에는 렌즈의 왜곡, 색수차, 변형과 같은 기능을 자동으로 교정하는 기능을 가지고 있습니다. 그래서 라이트룸은 새로운 카메라와 렌즈가 출시되면 프로파일을 업데이트하는 것입니다. 또한 라이트룸에 사용자의 카메라 프로파일이 있더라도 이미지 처리 방식인 프로세스 버전이 다르다면 새로운 버전으로 업데이트하는 것이 좋습니다. 프로세스 버전은 라이트룸의 추가 기능 사용과 현상 방식을 결정합니다. 프로세스 버전이 다르면 현상 방식도 다르고 그 결과도 달라집니다. 다음은 렌즈 프로파일을 변경하여 표준 렌즈로 찍은 사진과 어안 렌즈 효과를 적용한 사진입니다.

표준 렌즈로 찍은 사진 원본

어안 렌즈 효과를 적용한 사진

라이트룸은 2차적 저작물을 하나의 프로그램 내에서 만들 수 있습니다.

라이트룸은 사진을 관리하고 현상만 하는 프로그램이 아닙니다. 현상한 사진을 사용 목적에 맞는 다양한 파일 형식으로 저장해 사용할 수 있고 파노라마와 HDR 사진 합성도 할 수 있습니다. 포토샵 작업이 필요하다면 현상된 사진을 연동해 그 결과물을 라이트룸으로 가져올 수 있고, 다른 이미지 편집 프로그램을 연동하면 더 많은 결과물들을 만들어 낼 수 있습니다. 또한 라이트룸의 다른 모듈에서는 2차적 저작물로 현상된 사진을 전자책 또는 종이책 출력을 위한 파일, 슬라이드 쇼 파일 또는 동영상 파일로 저장할 수 있으며, 연결된 출력 장치에서 다양한 레이아웃으로 곧바로 출력을 할 수 있고, 반응형 웹 갤러리를 만들어 직접 웹으로 출판할 수도 있습니다.

02 라이트룸의 모듈

라이트룸을 설치하기 전 어떤 작업을 할 수 있는지 모듈을 통해 알아보겠습니다. 라이트룸은 7개의 모듈이 모여 있는 하나의 그룹입니다. 이 모듈은 카탈로그의 데이터를 공유하기 때문에 현상한 사진을 저장 과정 없이 즉시 가져다 사용할 수 있습니다.

라이브러리 모듈

카탈로그에 등록된 사진을 체계적으로 관리하고 분류하는 곳입니다. 다양한 보기 모드를 통해 사진을 보며 관리할 수 있습니다. 특히 [사람] 보기 모드는 인물이 포함된 사진을 자동으로 분류해 표시해주는 인공지능 기능입니다.

사진의 관리적 측면을 살펴보면 사진에 특성을 설정하여 구분할 수 있습니다. 또한 사진 검색을 위해 키워드를 입력하고 입력된 키워드를 관리할 수 있으며, 저작권 같은 중요한 메타데이터를 추가로 입력하고 관리할 수 있습니다. 사진의 설정 또는 입력된 특성, 키워드, 메타데이터는 사진을 필터링하여 검색하는 데 주요 매개변수로 사용됩니다.

사진의 분류적인 측면을 살펴보면 기본적으로 사진이 찍힌 날짜별로 폴더를 만들어 자동 분류되어 저장됩니다. 이렇게 분류된 사진은 라이브러리 모듈에서 삭제 또는 다른 폴더로 이동할수 있습니다. 또한 사용 목적에 따라 컬렉션을 만들어 수동이나 자동으로 사진을 분류할 수 있습니다. 폴더와 컬렉션은 검색하여 쉽게 찾을 수 있습니다. 사진을 관리하고 분류하는 작업이 중심이지만, [빠른 현상] 패널에서 현상 사전 설정 적용, 현상 설정 동기화, 흰색 균형과 톤 보정과 같은 기본적인 후보정도 가능합니다.

사진을 후보정하는 곳입니다. 후보정은 히스토그램에서 클리핑 유무를 먼저 확인한 후 컬러 또는 흑백으로 진행할 수 있으며, 카메라 제조사의 RAW 프로파일을 선택하거나, 어도비 사의 RAW 프로파일을 선택해 진행할 수 있습니다. 후보정에는 전역 보정과 지역 보정이 있는데 전역 보정을 먼저 하고 지역 보정을 나중에 합니다.

전역 보정은 흰색 균형, 톤, 외관 보정을 기본으로 하고, 추가로 색 또는 흑백 보정, 명암별 색 보정, 세부 보정을 합니다. 렌즈에 따라 렌즈 프로파일을 적용하여 색수차, 왜곡, 변환 보정을 하고 마지막에 효과를 적용합니다.

지역 보정에는 툴 스트립의 여섯 개의 도구를 사용합니다. 기울기 조정과 크롭, 얼룩 제거와 힐링 브러싱, 적목 현상 제거, 점진적 필터 효과와 방사형 필터 효과를 적용할 수 있습니다. 조정 브러시를 사용하면 포토샵의 리터칭과 같은 작업을 손쉽게 할 수 있습니다.

이것만으로는 포토샵과 별반 다를 것이 없어 보입니다. 현상 모듈의 가장 큰 장점은 일괄 보정에 있습니다. 일괄 보정은 여러 장의 사진을 동시에 또는 동일하게 보정하는 것을 말합니다. 보정한 사진의 보정 내역을 복사해 다른 사진에 붙이는 방법으로 보정할 수 있고, 보정 내역을 사전 설정으로 저장해 다른 사진에 적용할 수도 있습니다. 노출이 다른 사진의 노출을 동일하게 맞출 수 있고, 현상 설정 동기화와 자동 동기화를 통해 여러 장의 사진에 현상 설정을 동일하게 적용할 수 있습니다.

NEW RAW 파일의 디테일 향상과 슈퍼 해상도

라이트룸 클래식 8.2 버전부터 RAW 파일의 디테일 향상 기능이 추가되었고, 10.3 버전부터는 슈퍼 해상도 기능이 추가되었습니다. 디테일 향상 기능으로 RAW 파일의 선명도를 향상할 수 있으며, 슈퍼 해상도 기능으로 총 해상도를 네 배까지 늘릴 수 있습니다.

사진을 지도에 배치해 위치 기반으로 관리하는 곳입니다. 사진을 지도에 배치하는 방법은 두 가지입니다. 하나는 사용자가 사진을 등록한 위치를 검색한 후 필름스트립에서 사진을 지도 위로 끌어다 놓으면 됩니다. 그러면 해당 위치의 위도와 경도 좌표를 구글로 보내 정확한 지명을 받아옵니다. 다른 방법은 사진을 찍을 때 GPS 기능을 활성화하는 것입니다. GPS가 활성화된 상태에서 찍힌 사진에는 위도와 경도 좌표가 자동으로 기록됩니다. 이러한 사진은 사진 가져오기 시 자동으로 지도 모듈에 배치됩니다.

지도에 배치된 사진은 위도, 경도, 고도, 국가, 시/도, 도시(구) 등의 하위 위치가 메타데이터에 자동 입력됩니다. 또한 반경을 설정하여 반경 내에 배치된 사진을 그룹으로 설정해 관리할 수 있습니다. 이러한 위치 정보는 카탈로그에 저장되고 내보내기 할 때 사진의 메타데이터에 저장됩니다.

NEW 라이트룸 클래식 CC 7.2 버전부터 지도 모듈에 추가된 기능

라이트룸 클래식 CC 7.4 버전부터 [지도] 모듈에 등록된 사진을 컬렉션에 바로 등록할 수 있는 기능이 추가되었습니다. 빠른 컬렉션으로 구성된 사진을 컬렉션으로 전환하는 것과 유사한 기능입니다. [지도] 모듈에서 지도 위에 표시된 핀을 마우스 오른쪽 버튼으로 클릭하여 표시되는 단축 메뉴에서 [컬렉션 만들기] 메뉴를 선택하면 컬렉션으로 전환됩니다.

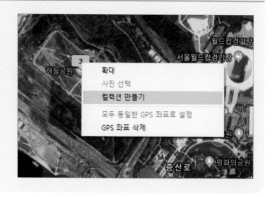

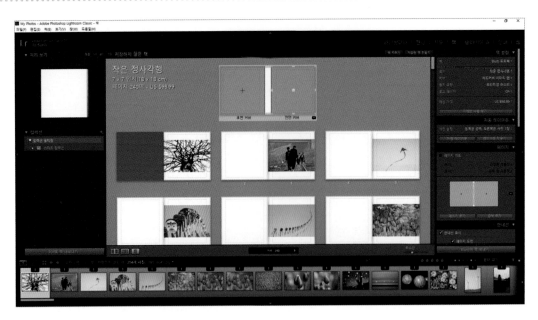

라이트룸에 등록된 사진으로 전자책 또는 종이책을 만드는 곳입니다. 전자책은 PDF 파일로 저장되고, 종이책은 라이트룸과 연결된 Blurb으로 전송됩니다. 종이책은 책의 크기, 종이 유형에 따라 예상 제작 비용이 표시됩니다.

책을 만들려면 사진과 글을 배치하는 레이아웃을 디자인해야 합니다. 책 모듈에는 미리 준비된 수십 가지의 레이아웃이 유형별로 준비되어 있어 사용자는 사진과 글을 선택하기만 하면 됩니다. 원하는 레이아웃이 없다면 취향에 맞게 만들어 사용할 수 있습니다.

NEW 라이트룸 클래식 CC 7.5 버전부터 책 모듈에 추가된 기능

[책] 모듈이 라이트룸 클래식 CC 7.5 버전부터 이전 버전에 비해 많이 향상되었습니다. 새로운 Blurb 책 스타일 및 용지 유형을 지원합니다. Blurb 잡지와 Blurb 일반서라는 두 개의 새로운 책 스타일이 추가되었고, 표준 레이플랫이라는 새로운 용지도 추가되었습니다. 표준 레이플랫 용지를 사용하는 경우 바인딩 요구 사항에 따라 최소 33페이지입니다. 기타 다른 용지 유형은 최소 20페이지입니다. 인쇄 시 페이지 번호를 표시할 위치를 선택할 수 있습니다. 페이지에 표시될 쪽 번호의 위치를 [위치]와 [표시]를 조합해 다양하게 설정할 수 있습니다.

페이지 내의 셀의 크기와 위치를 사용자가 직접 정할 수 있고 여러 개를 추가할 수 있습니다. 또한 추가된 셀을 드래그하여 원하는 위치로 이동할수 있습니다. 사진이 겹칠 경우 특정 셀을 앞이나 뒤로 이동할수 있습니다. 사진뿐만 아니라 텍스트 셀도 사용자 정의 크기 셀로 추가할 수 있습니다.

Blurb에 대한 책의 업로드를 일시 정지했다가 재개할 수 있습니다. 왼쪽 상단에 있는 라이트룸 식별판의 [활동 및 상태] 영역에서 Blurb에 대한 페이지의 업로드를 일시 정지했다가 재개할 수 있는 기능이 추가되었습니다.

라이트룸에 등록된 사진으로 슬라이드 쇼를 제작하는 곳입니다. 제작된 슬라이드 쇼는 라이트룸에서 직접 상영할 수 있고, PDF 파일 또는 MP4 동영상 파일로 저장해 다른 컴퓨터에서 상영할 수도 있습니다.

슬라이드 쇼 제작도 책과 마찬가지로 사진을 화면에 배치하는 기본적인 레이아웃 템플릿을 제공하고 있기 때문에 빠르게 제작할 수 있습니다. 또한 사용자의 취향에 따라 레이아웃을 변경할 수 있습니다. 사진 한 장이 재생되는 시간과 다음 사진으로 넘어가는 시간인 크로스 페이드를 조절할 수 있습니다. 사진이 재생될 때 자동으로 줌인 또는 이동하도록 설정할 수 있고, 반복 재생과 임의의 순서로 재생할 수 있도록 설정할 수 있습니다.

슬라이드 쇼에 꼭 필요한 것은 배경 음악입니다. MP3 파일과 M4a, M4b 파일을 지원합니다. 슬라이드 쇼의 전체 재생 시간에 따라 여러 곡을 설정할 수 있고, 한 곡에 맞춰 슬라이드 쇼의 재생 시간을 자동으로 설정할 수도 있습니다.

NEW 라이트룸 CC 6 버전부터 슬라이드 쇼 모듈에 추가된 기능

사진을 프레젠테이션 할 때 별다른 효과가 없었습니다. 재생 간격, 크로스 페이드, 음악 재생이 전부였는데, 라이트룸 6부터는 이동 및 확대 기능이 추가되었습니다. 사진마다 개별로 적용할 수는 없지만 모든 사진에 일괄 적용되어 사진만 단순히 표시되는 단조로움을 피할 수 있습니다. [슬라이드 쇼] 모듈의 [재생] 패널에서 [이동 및 확대] 옵션을 선택해 적용할 수 있습니다.

라이트룸이 설치된 컴퓨터의 출력 장치로 현상된 사진을 직접 출력할 수 있는 곳입니다. 프린트 메뉴를 통해 출력하는 것과 다르게 별도의 모듈에서 미리 준비된 다양한 레이아웃 템플릿을 사용해 출력할 수 있습니다.

파일로 저장하여 라이트룸이 설치되지 않은 컴퓨터에서도 사용할 수 있습니다. 출력한 사진에는 워터마크뿐만 아니라 다양한 정보도 함께 표시할 수 있고, 한 페이지에 여러 장의 사진을 출력할 경우 재단선을 표시할 수도 있습니다.

출력에서 중요한 것은 해상도와 색상입니다. 라이트룸의 출력 모듈에서는 사용자가 출력 해상도와 프린터에 맞는 색상 프로파일을 직접 설정할 수 있습니다. 또한 출력 용지의 유형에 따라 사진의 선명도를 설정할 수 있고, 출력 장치에 따라 사진의 명도와 대비를 조절하여 출력할 수 있습니다.

TIP 업체에 의뢰하기 전 인쇄 모듈에서 시안 출력하기

필자는 사진 인화나 출력을 업체에 의뢰하기 전 라이트룸에 연결된 출력 장치로 미리 출력해 색을 교정합니다. 라이트룸에 연결된 출력 장치는 잉크젯 프린터로 잉크젯 포토 전용 인화지와 전용 염료를 사용합니다.

라이트룸에 등록된 사진으로 웹 갤러리를 만드는 곳입니다. 사용자가 웹 사이트 제작에 대한 전문적인 지식이 없어도 웹 모듈에 미리 준비된 다양한 템플릿 디자인을 활용하여 웹 갤러리를 빠르게 만들 수 있습니다.

최근 웹 사이트 제작 경향은 HTML 5로 이를 지원하는 반응형 웹 갤러리를 만들 수 있습니다. 제작한 웹 갤러리는 웹 브라우저로 미리보기해 테스트할 수 있으며, 테스트가 끝난 갤러리는 파일로 저장할 수 있고, 웹 사이트에 곧바로 출판할 수 있습니다.

웹 갤러리를 만들어 직접 운영하려면 웹으로 출판할 수 있는 웹 사이트 공간이 필요합니다. 호스팅 업체를 통해 유료나 무료 웹 사이트 공간을 이용할 수 있습니다.

NEW 라이트룸 CC 6 버전부터 웹 모듈에 추가된 기능

웹 갤러리에는 자동으로 레이아웃를 디자인해주는 레이아웃 스타일이 있습니다. 이전 버전에서는 HTML과 플래시 유형의 레이아웃 스타일을 지원했고 AirTight라는 서드파티 업체의 레이아웃 스타일을 사용했습니다. 라이트룸 6 버전부터는 이 레이아웃 스타일을 과감히 버리고 HTML 5에 맞게 4가지 반응형 레이아웃 스타일을 제공합니다.

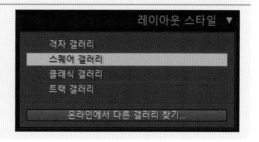

03 라이트룸의 5단계 워크플로우

라이트룸은 이전의 그래픽 편집 프로그램과 전혀 다른 새로운 프로그램입니다. 따라서 라이트룸을 사용하기 전에 전체적인 작업 흐름인 워크플로우를 이해하는 것이 무엇보다 중요합니다. 다음은 어도비 사에서 제시한 라이트룸 워크플로우입니다. 이 책의 구성도 이 워크플로우에 맞춰져 있습니다. 한 단계씩 알아보겠습니다.

Step 01 촬영(Capture)	Step 02 가져오기(Import)	Step 03 조직(Organize)	Step 04 현상(Develop)	Step 05 내보내기(Output)
구도와 구성 빛과 조명 노출 초점	데이터베이스 원본 저장 파일명 변경 원본 백업	선별 및 분류 등급 설정 컬렉션 메타데이터	크롭 및 기울기 조정 톤과 색 조정 선명도 향상 불필요한 효과 제거 창의적인 효과 적용	사용 목적에 따른 파일 설정

Step 01 촬영(Capture)

워크플로우의 첫 번째 단계는 촬영입니다. 라이트룸에서 후보정한다는 생각을 하고 사진을 제대로 찍지 않으면 큰 낭패를 보게 됩니다. 라이트룸은 모든 사진을 후보정할 수 없습니다. 제대로 찍어야 후보정도 제대로 할 수 있습니다. 카메라가 해야 할 역할과 후보정으로 해야 할 역할은 명확히 구분되어 있습니다.

구도와 구성이 잘못 찍힌 사진은 라이트룸에서 아무리 노력해도 제대로 완성할 수 없습니다. 빛과 조명의 방향이 잘못된 사진도 마찬가지입니다. 이미 생성된 명암은 바꿀 수 없습니다. 이보다 더 중요한 것은 노출과 초점입니다. 노출이 잘못되어 밝은 영역(highlights)이 하얗게 날라가고, 어두운 영역(shadows)이 까맣게 찍히면 라이트룸에서도 도리가 없습니다. 렌즈의 역할에 해당하는 초점과 심도를 라이트룸에서 후보정한다면 AF와 조리개 값이 큰 렌즈를 사용할 이유가 전혀 없습니다.

다만 약간의 조정은 가능합니다. 주 피사체의 위치를 프레임 내에서 조금 변경하는 것은 크롭만으로도 가능합니다. 희미한 빛은 더 강하게, 흐린 그림자는 더 진하게 표현할 수 있습니다. 노출은 +/- 5스톱 범위로 조절할 수 있습니다. 핀이 맞지 않은 사진은 에지(edge)를 더 두드러지게 할 수 있고, 팬 포커스의 사진에 점진적인 아웃 포커스를 추가할 수 있습니다. 그러나 이미 아웃 포커스로 찍힌 사진을 팬 포커스로 만들 수는 없습니다.

Step 02 가져오기(Import)

워크플로우의 두 번째 단계는 촬영한 사진을 라이트룸에 등록하는 가져오기입니다. 가져오기는 라이트룸만의 독특한 사용 방식입니다. 라이트룸에서 모든 사진은 카탈로그라는 데이터베이스에 등록해야 합니다. 이 과정을 거치지 않으면 그저 하나의 이미지 파일일 뿐입니다.

가져오기를 진행하면서 원본 사진은 대상 경로에 안전하게 저장되고, 원본을 대신할 미리보기(previews) 이미지를 만듭니다. 라이트룸은 미리보기 이미지를 사용해 사진을 관리하고 후보정합니다. 따라서 원본 사진은 항상 안전하게 보관됩니다. 카탈로그에 등록된 사진의 정보와 원본 사진이 저장된 대상 경로만 가지고 모든 작업을 합니다.

사진을 가져오는 동안에 여러 가지 일들을 처리할 수 있습니다. 사진의 파일명을 변경하고, 추가해야 할 키워드나 메타데이터도 입력할 수 있습니다. 이러한 작업을 일일이 한다면 매우 귀찮습니다. 사용자를 귀찮게 하는 또다른 작업 중 하나가 사진 백업입니다. 백업은 가져오기 할 때 백업 경로만 지정하면 손쉽게 처리할 수 있습니다.

Step 03 조직화(Organize)

워크플로우의 세 번째 단계는 카탈로그에 등록된 사진을 사용자의 취향에 맞게 조직화하는 것입니다. 조직화는 오늘 처리할 일만 생각하며 단순히 잘 찍은 A컷을 선별하는 작업이 아닙니다. 사진을 빠르게 찾고 쉽게 관리할 수 있어야 합니다.

사진을 선별하고 관리하는 역할을 담당하는 것이 컬렉션(collections)입니다. 컬렉션은 원본 사진이 저장된 폴더는 그냥 두고 라이트룸에서 사용되는 가상의 폴더를 사용해 사진을 분류합니다. 앞서 라이트룸은 카탈로그에 등록된 사진의 정보와 대상 경로만 가지고 작업한다고 했습니다. 컬렉션으로 분류된 사진들은 이 정보를 서로 공유합니다. 따라서 동일한 사진이 여러 컬렉션으로 분류될 수 있고, 그 중 한 장의 사진이 보정되면 다른 사진도 동일한 결과를 갖게 됩니다.

사진을 분류하는 또 다른 방법은 사진에 태그를 입력해두는 것입니다. 태그에는 사진을 찾기 위한 키워드와 사진의 정보인 메타데이터가 있습니다. 키워드는 사용자가 직접 입력해야 하지만, 카메라에서 사진이 저장되면서 촬영 정보인 EXIF 메타데이터는 대부분 저장됩니다. 저장되지 않는 IPTC 메타데이터는 사용자가 필요한 항목을 직접 입력하고 관리할 수 있습니다.

사용자는 사진에 깃발, 별 등급, 색상 라벨과 같은 특성을 설정하여 사진을 분류하거나 구분할 수 있습니다. 이러한 특성을 필터링하여 사진을 검색할 때 자동으로 컬렉션을 구성해주는 스마트 컬렉션에 유용하게 사용할 수 있습니다.

Step 04 현상(Develop)

워크플로우의 네 번째 단계는 현상 즉, 후보정입니다. 후보정에서 제일 먼저 해야 할 것은 프로파일을 선택하는 것입니다. 라이트룸 7.3부터 RAW 파일에 대한 처리 방법인 프로파일을 먼저 선택할 수 있도록 패널 상단으로 이동하였습니다. 사용자는 Adobe의 프로파일을 사용할 것인지, 카메라 제조사의 프로파일을 사용할 것인지를 선택할 수 있습니다. 프로파일의 선택은 흰색 균형과 톤 보정에 영향을 주기 때문에 매우 중요합니다.

후보정은 두 가지 방식으로 구분되는데, 패널에서 슬라이드를 조절하는 전역 보정과 툴 스트립의 도구를 사용해 보정하는 지역 보정이 있습니다. 후보정은 모든 보정 항목을 다 조절할 필요는 없고 부족한 부분을 찾아 해당 항목을 조절하는 것이 좋습니다. [기본] 패널에서 조절하는 흰색 균형, 톤, 외관 보정과 사진의 선명함을 더하는 선명도 보정은 RAW 파일에서 필수적으로 처리해야 하는 기본 보정 항목입니다. [기본] 패널에 포함되어 있지 않지만 사진의 기울기 조정도 기본적으로 해야 합니다.

사진에는 불필요한 것들이 종종 찍힙니다. 이미지 센서에 붙어 빛의 캡처를 방해하는 먼지, 플래시 사용 시 인물의 빨간 눈동자, 원하지 않은 피사체, 노이즈, 광각렌즈의 비네팅 등은 인위적으로 제거해야 합니다. 반대로 사진의 창의적인 효과를 추가할 수도 있습니다. 비네팅이 없는 사진에 비네팅을 추가하거나, 필름의 질감 효과인 그레인 효과를 적용할 수 있습니다.

보정의 마지막 작업은 크롭입니다. 기울기를 조설해도 크롭되지만 미지막 작업에서 하는 크롭은 사진의 종횡비를 설정하는 것입니다. 인터넷에 업로드되는 사진은 종횡비에 크게 제한을 받지 않지만, 인화되는 사진은 액자의 종횡비에 맞춰야 하는 경우가 종종 있습니다.

Step 05 내보내기(Output)

워크플로우의 다섯 번째 단계는 내보내기입니다. 사진을 내보내기 전까지 관리 및 보정한 내역은 카탈로그에 저장되어 있습니다. 포토샵처럼 직접 이미지 데이터에 적용하는 것이 아니라 따로 가지고 있다는 것은 사진이 사용될 목적에 맞게 다양한 파일로 저장하기 위함입니다.

내보내기에서는 사진의 용도에 맞는 파일 형식과 이에 따른 색 공간, 압축률, 색상 심도 등을 설정합니다. 또한 사진의 총 해상도를 조절해 사진의 크기를 조절하고, 미디어 타입에 따라 출력 선명도를 조설합니다.

이렇게 다섯 단계를 거쳐야 보정된 사진을 얻을 수 있습니다. 보정 작업이 급하다면 가져온 직후 바로 현상 작업을 해도 상관없습니다. 다음을 통해 라이트룸의 전체 작업 흐름을 한눈에 볼 수 있습니다.

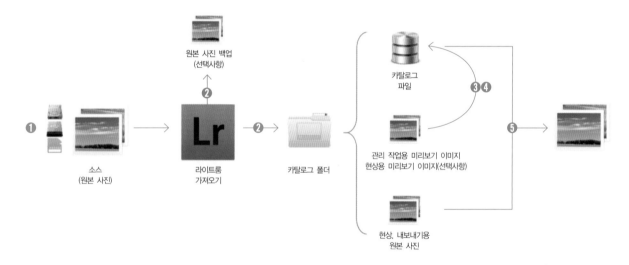

❶ 원본 사진을 라이트룸으로 가져오기 합니다.

❷ 원본 사진은 카탈로그 폴더의 대상 폴더에 저장되고 미리보기 이미지를 만듭니다. 옵션 설정에 따라 원본 사진을 백업할 수 있습니다. 사진의 정보는 카탈로그에 저장됩니다.

❸ 사진을 관리합니다. 그 내역은 카탈로그에 저장됩니다.

❹ 사진을 현상합니다. 그 내역은 카탈로그에 저장됩니다.

❺ 사진을 내보내기 합니다. 카탈로그의 관리 및 현상 내역을 대상 폴더에 저장된 원본 사진을 불러와 적용해 새로운 파일로 저장됩니다.

Chapter

02

라이트룸 설치와
인터페이스 구성

이제 라이트룸을 설치해봅시다. 이 장에서는 라이트룸의 종류와 설치 사양에 대해 알아보고 라이트룸 클래식 CC를 설치해 보겠습니다.

01 라이트룸 종류

라이트룸은 라이트룸 CC(Lightroom CC)와 라이트룸 클래식 CC(Lightroom Classic CC)로 구분됩니다. 이는 다시 플랫폼에 따라 나뉩니다.

	Windows	macOS	Adroid	iOS	Web
라이트룸 CC	O	O	O	O	O
라이트룸 클래식 CC	O	O	X	X	X

라이트룸 CC(Lightroom CC)

라이트룸 CC는 대부분의 플랫폼에서 사용 가능한 클라우드 기반의 앱입니다. 클라우드 기반은 라이트룸에서 사용하는 카탈로그와 사진이 어도비 클라우드에 저장되는 것을 말합니다. 사진과 카탈로그가 클라우드에 저장되면 그만큼 안전하게 보관할 수 있지만, 인터넷이 연결되어야 하고 클라우드 사용에 대한 비용이 드는 단점이 있습니다. 그러나 앱이기 때문에 모바일 기기에 최적화되어 있고 사용법이 간단합니다.

라이트룸 CC for Windows

라이트룸 CC for Web

라이트룸 클래식 CC(Lightroom Classic CC)

라이트룸 클래식 CC는 1.0 버전부터 현재까지 이어져 온 전통적인 데스크톱 기반의 프로그램입니다. 데스크톱 기반은 라이트룸에서 사용하는 카탈로그와 사진이 사용자의 컴퓨터에 저장되는 것을 말합니다. 따라서 카탈로그와 사진에 대한 보안과 백업은 사용자의 몫이 됩니다. 그러나 클라우드 사용에 대한 비용이 없고 데스크톱의 저장 용량을 최대한 사용할 수 있는 장점이 있습니다.

다음은 어도비 사에서 라이트룸 CC와 라이트룸 클래식 CC의 주요 사항을 비교해 놓은 것입니다.

	Lightroom CC	Lightroom Classic CC
작업 공간	데스크톱, 모바일, 웹	데스크톱
원본 위치	클라우드	로컬 하드 드라이브
파일 백업	자동	포함되지 않음
사용의 용이성	모든 사용자에게 적합	숙련된 사진 편집자에게 적합
사진 구성 및 검색	자동 태그 지정 및 지능적인 검색	수동으로 키워드 지정

TIP 내게 필요한 라이트룸은 어떤 것일까?

Lightroom CC 플랜
새로운 Lightroom CC 및 1TB의 클라우드 스토리지가 포함되어 있습니다.
(₩11,000/월)

포토그래피 플랜
새로운 Lightroom CC, 20GB의 클라우드 스토리지, Lightroom Classic CC 및 Photoshop CC가 포함되어 있습니다.
(₩11,000/월)

포토그래피 플랜
(1TB 클라우드 스토리지 포함)
새로운 Lightroom CC, 1TB의 클라우드 스토리지, Lightroom Classic CC 및 Photoshop CC가 포함되어 있습니다.
(₩23,100/월)

어떤 특징이 있는지 살펴보고 자신에게 맞는 프로그램을 선택하는 것이 좋습니다. 먼저, 라이트룸 CC는 데스크톱 또는 모바일 운영체제에서 사용할 수 있는 앱입니다. 앱이기 때문에 원본 사진과 카탈로그는 어도비 클라우드에 저장해 관리합니다. 따라서 인터넷이 연결되어 있어야 사용할 수 있습니다. 기본적으로 1TB/월의 클라우드 공간을 제공하고 그 이상이 필요한 경우 추가 비용을 지불해야 합니다. 외부 작업이 빈번하거나, 빠르게 후보정해 공유할 사용자에게 적합합니다. 라이트룸 CC 플랜으로 구입할 경우 라이트룸 CC 앱만 사용할 수 있습니다.

반면 라이트룸 클래식 CC는 데스크톱에만 있는 프로그램입니다. 원본 사진과 카탈로그는 모두 데스크톱에 저장됩니다. 따라서 데스크톱의 모든 저장 공간을 사용할 수 있습니다. 기본적으로 20GB/월의 클라우드 공간을 제공하고 라이트룸 CC와 동기화해 작업할 수 있습니다. 전문적인 후보정 작업을 하거나, 데스크톱에서 포토샵과 같은 외부 프로그램을 사용해야 하는 사용자에게 적합합니다. 라이트룸 클래식 CC를 사용할 경우 포토그래피 플랜으로 구입해야 합니다. 20GB/월, 1TB/월 중 하나를 선택할 수 있고 라이트룸 CC, 포토샵 CC도 함께 제공됩니다.

필자는 데스크톱 작업이 많고 포토샵도 사용하다 보니 라이트룸 클래식 CC를 주로 사용하고, 외부에서 작업할 경우에는 라이트룸 CC와 동기화해 작업합니다. 그래서 [포토그래피 플랜 20GB/월]을 구매해 사용합니다.

02 라이트룸 설치

설치를 진행하기 전에 adobe.com에 먼저 회원 가입을 해야 합니다. 회원 가입 후 다음 단계를 진행합니다.

01 adobe.com에 접속합니다. 오른쪽 상단의 [로그인]을 클릭합니다.

02 로그인 창이 표시되면 이메일 주소를 입력하고 [계속] 버튼을 클릭합니다.

03 암호를 입력하라는 창이 표시되면 암호를 입력하고 [계속] 버튼을 클릭합니다.

04 다음 화면이 표시되면 [건너뛰고 계속] 버튼을 클릭합니다.

05 로그인 후, 상단 메뉴에서 [크리에이티브 및 디자인 > 포토그래피] 메뉴를 선택합니다.

06 포토그래피 페이지가 표시되면 [무료 체험판]을 클릭합니다.

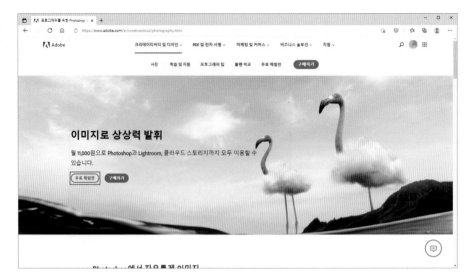

07 플랜을 선택하는 화면이 표시됩니다. 가운데 [포토그래피 플랜]의 [무료 체험하기] 버튼을 클릭합니다.

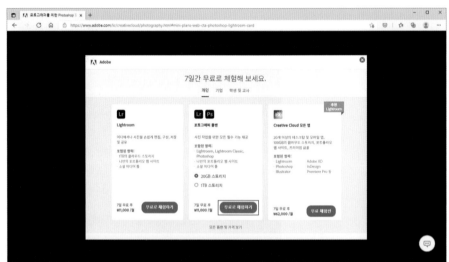

08 [결제 방법 추가] 페이지가 표시됩니다. 결제 정보를 입력하고 [무료 체험 기간 시작] 버튼을 클릭합니다. 7일 체험 기간이 끝나면 매월 자동 결제됩니다. 플랜을 취소하려면 7일 이전에 취소해야 합니다.

09 [시작하기] 버튼을 클릭
합니다.

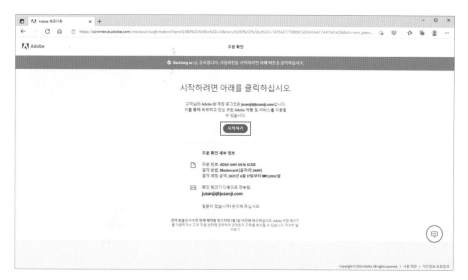

10 Adobe Creative Cloud를
설치하고 [열기] 버튼을 클
릭합니다.

11 Adobe Creative Cloud가 설치되면 자
동 실행되고 로그인 창이 표시됩니다. 이
메일 주소를 입력하고 [계속] 버튼을 클릭
합니다.

12 암호를 입력하라는 창이 표시됩니다. 암
호를 입력하고 [계속] 버튼을 클릭합니다.

13 백업 이메일 주소를 추가하라는 창이
표시됩니다. 비상용 이메일 주소를 입력하
고 [계속] 버튼을 클릭합니다.

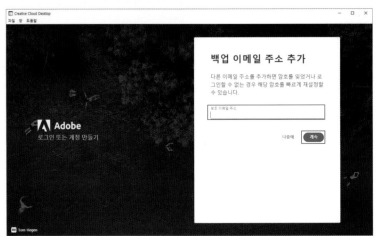

14 설치 준비가 끝났다는 화면이 표시됩
니다. [계속] 버튼을 클릭합니다.

15 Adobe Creative Cloud에 업데이트 사항이 있으면 자동으로 업데이트됩니다. 업데이트 사항이 없으면 다음 단계로 자동 진행됩니다.

16 Adobe Creative Cloud에 공지 창이 표시되면 [건너뛰기] 버튼을 클릭합니다.

17 [내 플랜에서 사용 가능] 항목에 Lightroom이 설치 중이라 표시됩니다. 자동으로 설치되지 않으면 [설치] 버튼을 클릭합니다.

18 Lightroom의 설치가 끝나면 자동 실행됩니다. 창의 ⓧ 버튼을 클릭해 닫습니다.

19 설치된 Lightroom 앱은 [내 플랜에서 사용 가능] 항목에서 제외됩니다.

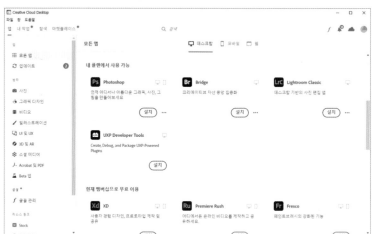

20 Lightroom Classic의 [설치] 버튼을 클릭해 설치를 진행합니다.

21 Lightroom Classic 설치가 끝나면 [내 플랜에서 사용 가능] 항목 제외됩니다. Photoshop과 Bridge도 같은 방법으로 설치합니다.

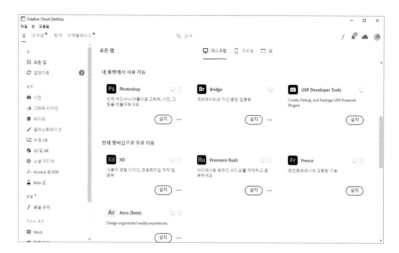

22 설치가 끝나면 바탕화면에 두 개의 라이트룸 단축 아이콘이 등록됩니다. 포토샵과 브릿지는 [시작] 메뉴에 등록되어 있습니다.

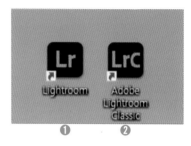

❶ Lightroom : 클라우드 기반의 라이트룸
❷ Adobe Lightroom Classic : 데스크톱 기반의 라이트룸

03 어도비 크리에이티브 클라우드 관리하기

[Adobe Creative Cloud]를 통해 어도비 제품을 설치, 업데이트, 삭제하는 방법과 사용 기간이 만료된 프로그램을 구독(구매)하는 방법에 대해 알아봅니다.

Adobe Creative Cloud

어도비 제품 중 하나를 설치하면 Adobe CC(Creative Cloud)도 함께 설치됩니다. Adobe CC는 시스템이 시작되면 자동으로 실행되어 어도비에 자동 로그인하여 사용자가 구독한 프로그램의 인증을 처리합니다. 따라서 Adobe CC가 실행되지 않거나 중지되면 어도비 제품을 사용할 수 없습니다.

Adobe CC는 컴퓨터의 시작과 함께 백그라운드로 실행되므로 시스템 트레이에 Adobe CC 아이콘이 표시되어 있으면 현재 실행 중임을 알 수 있습니다.

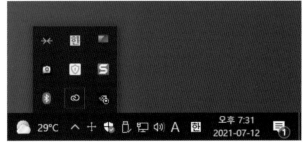

바탕화면에 생성된 [Adobe Creative Cloud] 단축 아이콘을 더블클릭하거나, 시스템 트레이의 아이콘을 클릭하면 [Creative Cloud Desktop] 창이 표시됩니다. 여기서 어도비 구독 상태와 프로그램의 설치, 삭제, 업데이트도 진행할 수 있고, 플러그인도 다운로드받을 수 있습니다.

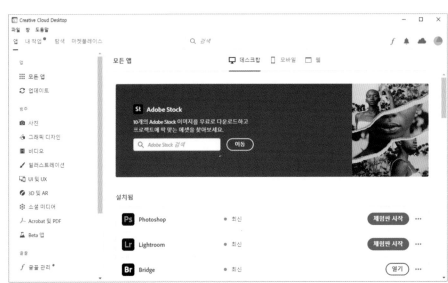

프로그램의 체험판 사용 기간이 만료되면 더 이상 프로그램을 사용할 수 없습니다. Adobe 제품은 구독하면 다시 정상적으로 사용할 수 있습니다. [모든 앱] 메뉴를 선택하면 프로그램의 상태가 표시됩니다. 상위에 별도로 표시된 프로그램은 사용자의 컴퓨터에 설치된 것이고, 그 아래에 표시된 것은 설치되지 않은 것입니다.

❶ 체험판 시작 : 구독(구입)하지 않은 프로그램으로 정해진 기간 동안 체험할 수 있습니다.

❷ 열기 : 구독 중인 프로그램이거나 무료로 사용할 수 프로그램을 실행합니다.

❸ 지금 구매 : 자동 구독 연장을 하지 않거나, 체험 사용 기간이 만료된 프로그램입니다. 구독하면 다시 사용할 수 있습니다.

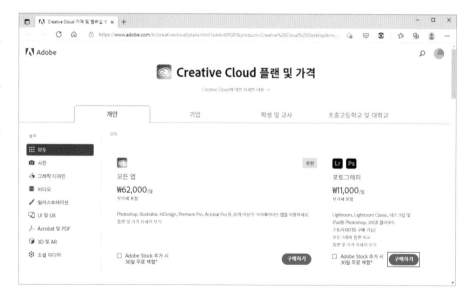

프로그램 구독을 하려면 해당 프로그램 항목의 [지금 구매] 버튼을 클릭합니다. 체험판을 구독하려면 해당 프로 그램의 [체험판 시작] 버튼 위로 마우스 포인터를 가져가면 왼쪽으로 [지금 구매] 버튼이 표시됩니다. [지금 구매] 버튼을 클릭하면 웹브라우저가 실행됩니다. 구독할 프로그램의 [구매하기] 버튼을 클릭합니다.

구독한 프로그램은 자동으로 업데이트할 수 있습니다. [Creative Cloud Desktop]의 메뉴 표시줄에서 [파일 〉 환경설정] 메뉴를 선택하면 [환경 설정] 대화상자가 표시됩니다. [앱] 메뉴를 선택하고 [자동 업데이트] 스위치를 클릭해 활성화하면 됩니다.

기존 프로그램을 사용하다 갑자기 업데이트되면 당황할 수 있습니다. 이런 경우를 대비해 [자동 업데이트] 스위치를 클릭해 비활성화하고 수동으로 업데이트할 수 있습니다. [모든 앱]의 [설치됨] 항목에 업데이트할 수 있는 프로그램은 이름 옆에 [업데이트 사용 가능]으로 표시됩니다.

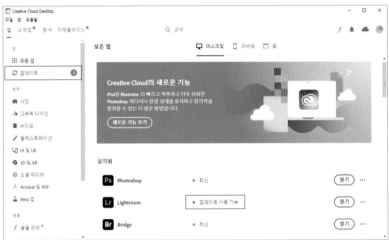

[업데이트 사용 가능]을 클릭하거나, 왼쪽 메뉴 목록에서 [업데이트] 메뉴를 클릭합니다. 업데이트할 수 있는 프로그램 목록이 표시됩니다. 해당 프로그램의 [업데이트] 버튼을 클릭해 업데이트합니다.

프로그램을 업데이트하더라도 프로그램의 호환성 때문에 이전 프로그램을 사용해야 하는 경우가 생깁니다. 이런 경우에는 현재 설치된 최신 프로그램을 삭제할 필요 없이 이전 프로그램을 설치해 사용할 수 있습니다. 프로그 램 항목 우측에 […] 메뉴 버튼이 있습니다. […]를 클릭하고 표시되는 메뉴에서 [기타 버전]을 선택합니다.

해당 프로그램의 버전 목록이 표시됩니다. 설치할 버전의 [설치] 버튼을 클릭해 이전 버전을 설치할 수 있습니다.

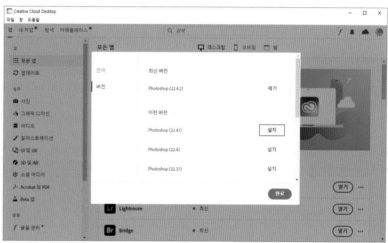

운영체제에 설치된 프로그램 삭제는 해당 시스템의 환경 설정에서 삭제할 수 있지만, [Creative Cloud Desktop]에서도 할 수 있습니다. 설치된 프로그램 목록에서 삭제할 프로그램 항목 우측에 […] 메뉴 버튼을 클릭 하고 표시되는 메뉴에서 [제거]를 선택합니다.

[설치]로 표시된 프로그램은 사용자가 구매를 했거나, 무료로 사용할 수 있는 프로그램입니다. 프로그램을 설치하면 [열기]로 변경됩니다. [시험 사용]으로 표시된 프로그램은 7일간 무료로 사용할 수 있는 체험판입니다. 파란색 [시험 사용] 버튼은 사용사의 컴퓨터에 설치된 프로그램입니다. [실행]은 웹 브라우저를 통해 실행되는 프로그램입니다.

TIP   여러 컴퓨터에서 라이트룸 설치해 사용하기

구매한 라이트룸 클래식 CC는 몇 대의 컴퓨터에 설치할 수 있을까요? 설치 대수와는 상관이 없습니다. 라이트룸뿐만 아니라 다른 어도비 CC 프로그램도 마찬가지입니다. 다만, 어도비 CC 로그인으로 동시에 사용할 수 있는 컴퓨터를 두 대로 제한해 놓았습니다. 다시 말해 설치는 여러 컴퓨터에 할 수 있지만, 하나의 어도비 CC 멤버십 아이디로 동시에 사용할 수 있는 컴퓨터는 두 대라는 것입니다.

예를 들어, 집에서 데스크톱과 노트북이 있다면 각각 설치해 동시에 사용할 수 있습니다. 만일 세 번째 컴퓨터에 라이트룸을 설치하고 사용하려면 이미 로그인되어 있는 두 대의 컴퓨터 중 한 대에서 로그아웃을 해야 합니다.

라이트룸 8.x 버전부터는 세 대 이상의 컴퓨터에서 사용하면 어도비 CC 로그인이 되어 있지 않은 컴퓨터에서는 다음 화면과 같은 창이 표시됩니다.

현재 라이트룸이 실행 중인 컴퓨터(이 디바이스)에서는 활성화되어 있지 않다고 표시되고 이미 어도비 CC 로그인이 되어 있는 컴퓨터는 이름과 로그아웃 버튼이 표시됩니다. 어도비 CC로 로그인되어 있지 않은 컴퓨터에서 라이트룸을 사용하기 위해서는 다른 컴퓨터의 어도비 CC를 로그아웃해야 합니다. 사용하지 않는 컴퓨터를 로그아웃하게 되면 다음 화면처럼 현재 컴퓨터는 로그인이 되고 다른 컴퓨터는 로그아웃됩니다.

04 라이트룸의 인터페이스 구성

라이트룸 설치가 끝났다면 화면 구성에 대해 살펴보겠습니다. 각 화면들의 명칭을 미리 알아두면 라이트룸을 학습하는 데 도움이 됩니다.

❶ 메뉴 표시줄
❷ 식별판(Identity Plate)
❸ 모듈 피커
❹ 왼쪽 패널 그룹
❺ 이미지 표시 영역 또는 작업 영역
❻ 오른쪽 패널 그룹
❼ 필름 스트립

라이트룸의 메뉴가 표시되는 영역입니다. 메뉴는 모듈별로 다르게 표시되지만 메뉴를 사용할 일은 거의 없습니다. 라이트룸에서 주요 작업은 메뉴를 사용하는 경우보다 마우스와 단축키로 작업하는 경우가 많습니다. 단축키는 [도움말 〉 라이브러리 모듈 바로 가기 키[S] 메뉴를 선택하면 현재 사용 중인 모듈에 대한 단축키 전체를 볼 수 있습니다.

식별판(Identity Plate)

식별판에는 라이트룸 사용자의 이름이 표시됩니다. 가져오기나 내보내기 시에는 진행 과정이 막대 그래프로 표시됩니다. 식별판의 사용자 이름 위로 마우스 포인터를 올리면 우측으로 역삼각형이 표시됩니다. 사용자 이름을 클릭하면 하위 메뉴가 표시됩니다.

라이트룸 클래식 9.2 버전 이하의 식별판 메뉴

라이트룸 클래식 9.3 버전 이상의 식별판 메뉴

❶ Lightroom CC와 동기화 : 클라우드 기반의 라이트룸 CC와 동기화를 시작 및 중지할 수 있습니다. 동기화는 라이트룸 클래식 CC에서 하나의 카탈로그에 지정된 컬렉션을 대상으로 진행됩니다. 라이트룸 CC의 사진은 별도의 폴더에 다운받아 카탈로그에 등록됩니다. 라이트룸 클래식 9.3 버전부터 동기화 기능은 [모듈 피커] 오른쪽 끝의 구름 모양의 [동기화] 아이콘을 클릭해 동기화를 시작 및 중지할 수 할 수 있습니다.

❷ 주소 검색 : GPS 정보가 있는 사진은 자동으로 주소를 검색하여 지도 모듈에 배치합니다. 이 기능을 중지하면 지도 모듈로 분류되지 않습니다.

❸ 얼굴 감지 : 인물의 얼굴이 포함된 사진을 자동으로 찾아 분류해주는 얼굴 감지 기능을 활성화하거나 중지합니다.

모듈 작업으로 전환할 수 있는 모듈 선택 메뉴입니다. 모듈 전환을 빠르게 하기 위해 단축키를 사용할 수 있습니다.

	라이브러리	현상	지도	책	슬라이드 쇼	인쇄	앱
Windows	Ctrl+Alt+1	Ctrl+Alt+2	Ctrl+Alt+3	Ctrl+Alt+4	Ctrl+Alt+5	Ctrl+Alt+6	Ctrl+Alt+7
macOS	Opt+Cmd+1	Opt+Cmd+2	Opt+Cmd+3	Opt+Cmd+4	Opt+Cmd+5	Opt+Cmd+6	Opt+Cmd+7

라이트룸은 다른 프로그램과 다르게 좌우로 패널이 배치되어 있습니다. 이 중 왼쪽에 있는 패널은 사진을 찾거나 관리하는 용도로 사용됩니다. 패널은 모듈별로 다르게 표시됩니다. 자주 사용하지 않거나 불필요한 패널은 감추어 놓을 수 있습니다. 패널의 제목 표시줄을 마우스 오른쪽 버트으로 클릭하면 단축 메뉴가 표시됩니다. 감출 패널 이름을 선택하여 감추거나 다시 표시할 수 있습니다.

TIP   빠르게 패널을 감추고 보기 위한 필수 단축키

아래 단축키를 활용하면 라이트룸 화면을 넓게 사용하는 데 도움이 됩니다.

사이드 패널 감추기/보기	Tap	필름 스트립 감추기/보기	F6
모든 패널 감추기/보기	Shift + Tap	왼쪽 패널 그룹 감추기/보기	F7
모듈 피커 감추기/보기	F5	오른쪽 패널 그룹 감추기/보기	F8

라이트룸 중앙에는 이미지 표시 영역 또는 작업 영역이 있습니다. [라이브러리] 모듈에서는 이 영역에서 이미지를 작게 또는 크게 보면서 사진을 관리할 수 있고, [현상] 모듈에서는 현상할 사진을 표시해 현상 작업을 할 수 있습니다. 다른 모듈에서는 작업할 사진을 배치하거나 레이아웃을 설정할 수 있습니다.

라이브러리 모듈의 격자 보기 화면

라이브러리 모듈의 확대경 보기 화면

현상 모듈의 편집 화면

책 모듈의 레이아웃 편집 화면

슬라이드 쇼 모듈의 레이아웃 편집 화면

인쇄 모듈의 레이아웃 편집 화면

웹 모듈의 레이아웃 편집 화면

라이트룸의 오른쪽 패널은 모듈 작업에서 사용되는 설정을 위한 패널로 구성되어 있습니다. 모듈별로 패널이 다르게 표시됩니다. [라이브러리] 모듈에서는 빠른 현상 설정, 키워드 입력, 메타데이터 입력 및 수정을 할 수 있고, [현상] 모듈에서는 현상 설정을 할 수 있습니다. 다른 모듈에서는 모듈 작업을 위한 레이아웃을 설정합니다.

필름 스트립

라이트룸 맨 하단에 위치한 필름 스트립은 사용자가 선택한 폴더 또는 컬렉션의 사진을 일렬로 표시합니다. [라이브러리] 모듈에서는 이미지 표시 영역에 표시된 격자 보기 화면의 사진과 같습니다. 필름 스트립은 모든 모듈에 동일하게 표시됩니다.

❶ 모니터 표시 : 듀얼 모니터로 구성된 시스템에서 기본 모니터(１)와 두 번째 모니터(２)에 표시될 화면을 선택합니다. 모니터 표시 아이콘을 마우스 오른쪽 버튼으로 클릭하면 모니터별로 메뉴가 표시되는데, 각 모니터별로 표시될 화면의 유형을 선택할 수 있습니다.

기본 모니터 설정 메뉴

두 번째 모니터 설정 메뉴

❷ 라이브러리 격자 보기 : 이 아이콘을 클릭하면 모든 모듈에서 라이브러리 모듈의 격자 보기 화면으로 곧바로 전환됩니다.

❸ 내비게이션 : 필름 스트립에 선택된 사진을 기준으로 앞뒤 사진을 한 장씩 탐색합니다.

❹ 대상 위치와 파일명 : 필름 스트립에 표시된 사진의 대상 위치와 파일명이 표시됩니다. 폴더를 선택한 경우에는 [폴더 : 대상 위치/파일명]이 표시되며, 컬렉션을 선택한 경우에는 [컬렉션 : 컬렉션 이름/파일명]이 표시됩니다.

❺ 필터 : 라이브러리 필터의 사전 설정을 선택합니다.

❻ 필터 끄기 : 필터를 끄거나 활성화할 수 있습니다.

모니터의 해상도가 작아 사진이 작게 표시되어 불편하다면 이미지 표시 영역 또는 작업 영역을 확장해 사용할 수 있습니다. 라이트룸 창의 측면 가운데에는 삼각형이 하나씩 있습니다.

이 삼각형을 클릭하면 식별판과 모듈 피커, 왼쪽 패널 그룹, 오른쪽 패널 그룹, 필름 스트립을 감추거나 다시 표시할 수 있습니다. 감춘 상태에서 삼각형 위로 마우스 커서를 올리면 감춰진 패널들이 화면 안쪽으로 슬라이딩되어 다시 표시됩니다. 원래대로 표시해 고정하려면 삼각형을 클릭하면 됩니다.

라이트룸의
기본 환경 설정

라이트룸을 설치하고 인터페이스의 구성에 대해 알아보았습니다. 이제 본격적으로 라이트룸을 사용해 볼 차례입니다. 그러나 바로 사용하기보다는 기본적인 환경 설정을 하고 사용하는 것이 좋습니다. 라이트룸의 기본 환경 설정에 대해 알아보겠습니다.

01 일반 환경 설정과 카탈로그 환경 설정

라이트룸의 사용자 환경 설정은 일반 환경 설정과 카탈로그 환경 설정으로 구분됩니다. 일반 환경 설정은 라이트룸 사용에 따른 옵션을 설정하는 것이고, 카탈로그 환경 설정은 카탈로그에 대한 옵션을 설정하는 것입니다. 그래서 환경 설정 메뉴도 두 개로 구분되어 있습니다.

먼저 일반 환경 설정을 실행해 보겠습니다. [편집 〉 환경 설정] 메뉴를 클릭합니다. macOS에서는 [Lightroom 〉 환경 설정] 메뉴를 클릭합니다. [환경 설정] 대화상자에는 일반, 사전 설정, 외부 편집, 파일 처리, 인터페이스, 성능, Lightroom 동기화, 네트워크 카테고리로 구분되어 있고 각 카테고리별로 설정할 옵션도 많습니다.

카탈로그 설정을 실행해보겠습니다. [편집 〉 카탈로그 설정] 메뉴를 클릭합니다. macOS에서는 [Lightroom 〉 카탈로그 설정] 메뉴를 클릭합니다. [카탈로그 설정] 대화상자에는 일반, 파일 처리, 메타데이터 카테고리로 구분되어 있습니다.

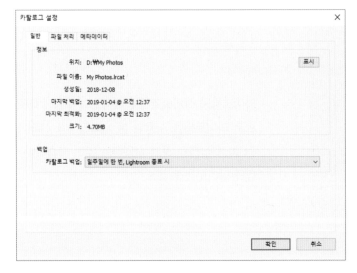

02 라이트룸 인터페이스 언어 변경하기

라이트룸은 운영체제가 사용하는 기본 언어에 맞게 설치됩니다. 한글 Windows 운영체제에서는 라이트룸 인터페이스의 언어가 한글로 표시되고, 영문 Windows 운영체제에서는 영어로 표시됩니다. 이는 macOS 운영체제도 동일합니다.

매끄럽지 못한 한글 번역 때문에 용어의 혼동을 피하기 위해 라이트룸 인터페이스의 언어를 영문으로 변경해 사용하거나, 시스템의 기본 언어와 다르게 중국어, 일본어 등으로 라이트룸의 인터페이스의 언어를 변경해 사용할 수 있습니다. 이러한 경우 환경 설정에서 라이트룸의 인터페이스 언어를 변경할 수 있습니다. 다음은 한글 Windows 운영체제에 설치된 라이트룸입니다. 인터페이스의 언어가 한글로 표시되어 있습니다.

인터페이스 언어를 바꾸기 위해 환경 설정 대화상자를 실행합니다. [일반] 탭의 [언어] 항목에 [한국어]로 설정되어 있습니다.

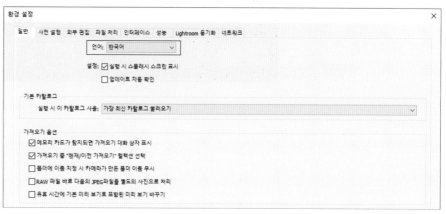

❶ [언어] 항목의 목록 버튼을 클릭하여 ❷ 인터페이스의 언어를 [English]로 변경합니다. 언어를 변경했다고 바로 인터페이스의 언어가 변경되는 것은 아닙니다. 라이트룸을 다시 실행해야 합니다. ❸ 대화상자 좌측 하단의 [Lightroom 다시 시작] 버튼을 클릭합니다.

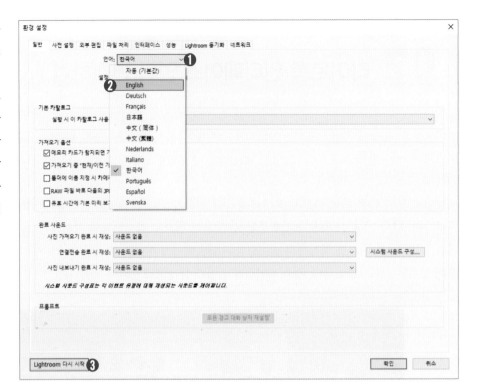

라이트룸이 종료되고 다시 실행되면 인터페이스 언어가 영어로 표시됩니다.

03 RAW+JPEG로 찍은 사진을 카탈로그에 함께 등록하기

카메라에서 [RAW + JPEG]로 찍은 사진이 저장된 메모리 카드에서 사진을 가져오기하면 RAW 파일만 카탈로그에 등록됩니다. 하드 디스크 폴더에 저장된 사진을 가져오기 해도 마찬가지입니다. 라이트룸은 사진 가져오기 할 때 동일한 파일명으로 RAW와 JPEG 파일이 있는 경우 RAW 파일만 카탈로그에 등록하는 것이 기본 설정입니다. 그러나 사진이 복사되어 저장된 대상 경로를 확인해보면 RAW와 JPEG 파일 모두 저장되어 있습니다.

사용자에 따라 RAW 파일만 가지고 현상 작업을 할 수 있지만, 카메라의 설정값이 적용된 JPEG 파일을 참조해 RAW 파일을 보정해야 할 경우도 있습니다. 따라서 기본 설정을 변경해 카메라에서 [RAW + JPEG]로 찍은 두 파일 모두 카탈로그에 등록해 사용하는 것이 좋습니다.

환경 설정 대화상자를 열면 [일반] 탭의 [가져오기 옵션] 섹션에서 네 번째 옵션 항목인 [RAW 파일 바로 다음의 JPEG 파일을 별도의 사진으로 처리]가 해제되어 있습니다. 이 옵션을 체크합니다. 옵션이 체크된 이후부터 가져오기한 사진에 대해 [RAW + JPEG] 파일이 카탈로그에 함께 등록됩니다.

TIP   폴더 동기화

옵션 선택 이전에 가져오기한 사진은 이미 대상 경로에 복사되어 있기 때문에 폴더 동기화를 통해 추가로 카탈로그에 등록할 수 있습니다. [라이브러리] 모듈의 [폴더] 패널에서 해당 폴더를 마우스 오른쪽 버튼으로 클릭하여 표시되는 단축 메뉴에서 [폴더 동기화]를 실행합니다.

04 인터페이스 글씨 크기 키우기

라이트룸을 처음 실행하면 인터페이스의 글씨 크기가 작게 표시됩니다. 이는 기본 값으로 설정된 글씨의 크기가 작게 설정되어 있기 때문입니다. 글씨의 크기는 여러 가지 방법으로 변경할 수 있지만, 가장 간단한 방법은 환경 설정에서 변경하는 것입니다. [환경 설정] 대화상자를 열고 [인터페이스] 탭을 클릭합니다. 첫 번째 [패널] 항목에서 [글꼴 크기] 옵션이 [자동(기본값)]으로 설정된 것을 알 수 있습니다. 기본값은 시스템에서 사용하는 인터페이스의 글꼴 크기를 의미합니다.

[글꼴 크기] 옵션 항목을 클릭하면 글꼴 크기를 변경할 수 있는 팝업 메뉴가 표시됩니다. Windows 운영체제에서는 글꼴의 크기를 다섯 가지로 변경할 수 있습니다.

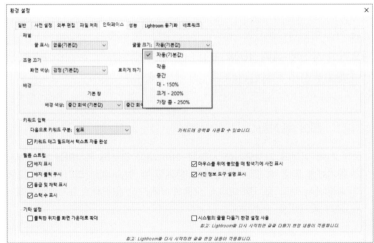

macOS 운영체제에서는 [글꼴 크기] 옵션 항목을 클릭하면 글꼴 크기를 두 가지로 변경할 수 있습니다.

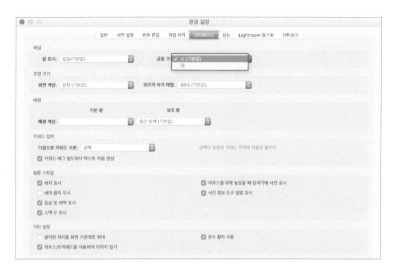

글씨 크기를 변경할 경우 제한된 모니터의 해상도에서는 글씨의 크기가 커지면 인터페이스도 변경됩니다. 다음 화면은 FHD(1920×1080) 해상도의 모니터에서 글씨 크기를 [작음], [중간], [대(150%)], [크게(200%)]로 설정한 것입니다.

FHD 해상도에서 글씨 크기 [작음]으로 설정

FHD 해상도에서 글씨 크기 [중간]으로 설정

FHD 해상도에서 글씨 크기 [대(150%)]으로 설정

FHD 해상도에서 글씨 크기 [크게(200%)]로 설정

05 한글이 이상하게 입력되는 것 방지하기

라이트룸을 사용하다 보면 한글 키워드 입력이 이상하게 입력되는 현상을 겪게 됩니다. 이는 Windows 운영체제에 설치된 라이트룸에서만 발생되는 것으로 키워드 자동 입력 기능 때문입니다. 이러한 현상이 불편하다면 환경 설정에서 키워드 자동 입력 기능을 해제할 수 있습니다. macOS 운영체제에서는 정상적으로 한글이 입력되기 때문에 설정을 변경할 필요가 없습니다.

선택한 사진에 키워드를 입력하기 위해 [키워드 적용] 패널의 키워드 입력란에 키워드를 입력합니다. 입력된 키워드는 카탈로그에 저장되며, [키워드 목록] 패널에도 자동으로 표시됩니다.

다른 사진에 이미 등록된 키워드의 첫 글자를 입력하면 다음과 같이 낱글자가 뒤바뀐 단어가 자동으로 표시됩니다. 이미 카탈로그에 저장된 키워드([키워드 목록] 패널에 표시된 키워드)를 입력할 경우, 첫 글자만 입력하면 나머지 글자들이 자동으로 입력 또는 표시되는 기능입니다. 매우 유용한 기능임에도 불구하고 Windows 운영체제에서는 문제가 발생합니다.

 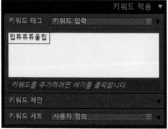

이 문제를 해결하려면 환경 설정에서 키워드 자동 완성 기능을 해제해야 합니다. [환경 설정] 대화상자의 [인터페이스] 탭을 엽니다. [키워드 입력] 섹션의 [키워드 태그 필드에서 텍스트 자동 완성] 옵션 항목이 체크되어 있는데, 이 값이 기본값입니다. 이 옵션을 해제하면 키워드 자동 완성 기능이 작동하지 않습니다. 물론 영문 키워드를 입력했을 때에도 작동하지 않습니다.

라이트룸은 재시작할 필요 없이 [환경 설정] 대화상자를 닫고 이미 입력된 키워드를 다시 입력해 봅니다. 자동 완성은 되지 않지만 키워드는 정상적으로 입력됩니다.

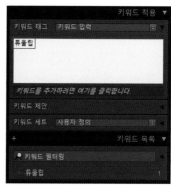

06 사용할 카탈로그를 선택해 실행하기

라이트룸을 실행하면 직전에 작업했던 카탈로그를 열어 줍니다. 이는 기본 설정값입니다. 그러나 여러 개의 카탈로그를 사용할 경우에는 라이트룸이 실행된 후 사용할 카탈로그를 불러와 재실행해야 하는 불편함이 있습니다. 예를 들어 A, B 라는 두 개의 카탈로그를 사용할 때, A 카탈로그 작업을 끝내고 라이트룸을 종료하면 다음 라이트룸 실행 시 A 카탈로그가 자동으로 실행됩니다. B 카탈로그를 사용하고 싶어도 A 카탈로그를 실행한 뒤, B 카탈로그를 불러와야 합니다. 결국 라이트룸을 두 번 실행해야 합니다. 처음부터 원하는 카탈로그를 실행하려면 환경 설정을 변경하면 됩니다.

다음 화면처럼 [환경 설정] 대화상자를 열고, [일반] 탭의 [기본 카탈로그] 항목에 [실행 시 이 카탈로그 사용] 옵션에 [가장 최신 카탈로그 불러오기] 항목이 기본값으로 설정되어 있습니다.

라이트룸 실행 시 사용할 카탈로그를 선택하려면 [실행 시 이 카탈로그 사용] 옵션 항목을 [Lightroom 실행 시 프롬프트 표시]로 변경하고 대화상자 좌측 하단에 있는 [Lightroom 다시 시작] 버튼을 클릭합니다.

라이트룸이 실행되면 직전에 사용한 카탈로그가 실행되는 것이 아니라, 다음과 같은 [카탈로그 선택] 대화상자가 표시됩니다. 대화상자의 [최근 카탈로그를 선택하여 열기] 목록에 표시되는 카탈로그는 사용자의 컴퓨터에서 실행된 카탈로그입니다. [카탈로그 선택] 대화상자에서 실행할 카탈로그를 선택하고 [열기] 버튼을 클릭하면 해당 카탈로그로 라이트룸을 바로 실행할 수 있습니다. 또한 이 대화상자 하단의 [새 카탈로그 만들기] 버튼을 클릭하면 새로운 카탈로그를 곧바로 만들어 라이트룸을 실행할 수 있습니다.

TIP   대화상자에 표시되는 카탈로그

[카탈로그 선택] 대화상자에 표시되는 카탈로그는 최근 사용한 카탈로그가 표시되기도 하지만, 현재 컴퓨터에서 실행된 카탈로그 중에 실행 가능한 카탈로그만을 표시합니다. 그렇기 때문에 카탈로그를 외장 하드에 저장했을 경우, 외장 하드가 연결되지 않으면 표시되지 않습니다. 또한 컴퓨터에서 삭제된 카탈로그 역시 표시되지 않습니다.

07 라이트룸에서 포토샵 연동 작업 시 설정해야 할 것들

라이트룸에서 현상한 사진을 포토샵에서 추가 작업해야 하는 경우가 있습니다. 이 작업은 다음의 두 가지 방식으로 할 수 있습니다.

첫 번째 방식은 포토샵에서 작업을 마치는 것입니다. 라이트룸에서 현상한 사진을 PSD 파일로 내보내기 한 후, 이 파일을 포토샵에서 열어 추가 작업을 합니다. 작업이 끝나면 포토샵에서 최종 사용 목적에 맞는 파일로 저장합니다. 두 번째 방식은 라이트룸에서 작업을 마치는 것입니다. 라이트룸에서 현상한 사진을 내보내기 하지 않고, 포토샵으로 바로 넘겨 추가 작업합니다. 포토샵에서 작업한 것을 저장하면 라이트룸의 카탈로그에 자동 등록되고 이 파일을 라이트룸에서 최종 사용 목적에 맞는 파일로 내보내기 합니다.

두 번째 방식은 라이트룸과 포토샵을 연동해 사용하는 방식으로 라이트룸에서 작업을 마치는 것입니다. 첫 번째 방식에 비해 간단하지만, 기본적인 환경을 설정해야 최적의 결과물을 얻을 수 있습니다.

다음 화면처럼 [환경 설정] 대화상자를 열고 [외부 편집] 탭을 선택합니다. 첫 번째 항목인 [Adobe Photoshop CC 2021에서 편집]에서 네 개의 옵션을 설정합니다. 특히 RAW 파일 경우에는 이 설정을 변경해야 최적의 화질과 색상을 얻을 수 있습니다.

❶ 파일 형식 : PSD와 TIFF 두 개의 파일 형식 중 하나를 선택할 수 있습니다. 포토샵 작업은 레이어를 사용하기 때문에 저장은 PSD 파일로 하는 것이 좋습니다. 메타데이터 업데이트의 효율성을 위한다면 TIFF 파일 형식을 선택할 수 있는데, TIFF 파일은 편집된 모든 레이어가 합쳐지기 때문에 추가 편집을 할 수 없습니다.

❷ 색상 공간 : 라이트룸에서 사용하는 기본 색상 공간은 가장 큰 Prophoto RGB입니다. 포토샵에서 어떤 색상 공간으로 설정되어 있는지는 상관없습니다. 라이트룸에서 설정한 색상 공간으로 편집합니다. Prophoto RGB로 설정하는 이유는 색상의 세부 묘사를 최적으로 유지할 수 있기 때문입니다. 특히, RAW 파일은 반드시 Prophoto RGB로 설정해야 합니다. JPEG 파일도 가급적 Prophoto RGB로 설정합니다. 왜냐하면 라이트룸의 기본 색상 공간이 Prophoto RGB이기 때문입니다. 이를 다시 다른 색상 공간으로 바꾸어 포토샵에 전달할 필요는 없습니다.

❸ 비트 심도 : 색과 톤의 세부적인 묘사를 위해 16비트 채널을 사용합니다. 특히 RAW 파일은 비트 심도가 8비트 이상이기 때문에 원본보다 작은 비트 심도를 사용하면 색상과 톤이 현상한 사진과 다르게 표시될 수 있습니다.

❹ 해상도 : 최종 결과물이 사용될 목적에 맞게 설정합니다. 여기에 입력된 값은 주로 인쇄, 인화 출력물의 사이즈를 결정할 때 사용됩니다. 사진의 총 화소 수는 변하지 않습니다. 화질에도 영향을 미치지 않고, 일반적으로 모니터 디스플레이용 사진은 96, 인화는 150 정도를 사용합니다. 인화와 출력을 위한 정확한 해상도는 업체에 문의해 사용하는 것이 좋습니다.

08 RAW 파일 후보정(현상) 시 그래픽 가속 기능 사용하기

라이트룸의 처리 속도를 향상시키고 싶다면 그래픽 가속 기능을 사용하는 것이 좋습니다. 그래픽 가속 기능은 라이트룸 6(CC 2015) 버전부터 추가된 기능으로 RAW 파일 데이터를 처리하는 데 있어 그래픽 장치의 프로세서인 GPU를 사용하는 기능입니다. GPU를 사용해 RAW 파일을 처리하면 고용량의 RAW 파일 데이터 처리가 훨씬 수월해집니다. 단, 라이트룸에서 지원되는 그래픽 카드 또는 내장 그래픽 카드만 해당됩니다.

컴퓨터의 모든 데이터는 CPU에서 처리됩니다. 사진을 후보정한다고 할 때, 그 데이터 역시 CPU에서 처리됩니다. 그러나 CPU는 사진 데이터만 처리하는 것이 아닙니다. 여러 작업의 데이터가 동시에 처리되기 때문에 부하가 걸릴 수 있습니다. 그래서 그래픽 관련된 데이터만 그래픽 장치인 GPU의 도움을 받는 경우가 있습니다. 고가의 그래픽 처리 장치에서는 CPU보다 GPU가 빠른 경우도 있습니다. 다음은 그래픽 프로세서를 사용할 경우 라이트룸 CC와 라이트룸 클래식 CC의 향상되는 성능을 보여줍니다.

Lightroom CC	Lightroom Classic CC
세부 사항 보기에서 이미지 조정 작업의 속도를 높입니다(Windows, macOS).	현상 모듈에서 이미지 조정 작업의 속도를 높입니다(Windows, macOS).
사진 격자 보기, 정사각형 격자 보기 및 필름스트립에서 이미지 렌더링을 가속화합니다(Windows 전용).	라이브러리 모듈의 격자 보기, 확대경 보기 및 필름 스트립에서 이미지 렌더링을 가속화합니다(Windows 전용).
4K 및 5K 모니터와 같은 고해상도 디스플레이에서 상당한 속도 향상을 제공합니다.	4K 및 5K 모니터와 같은 고해상도 디스플레이에서 상당한 속도 향상을 제공합니다.

컴퓨터 그래픽 카드의 프로세서가 라이트룸에서 지원된다면 그래픽 가속화 기능을 사용할 수 있습니다 [환경 설정] 대화상자를 열고 [성능] 탭을 클릭합니다. [Camera RAW] 섹션에서 [그래픽 프로세서 사용] 옵션을 선택합니다.

09 표준 미리보기 이미지 파일의 크기 변경하기

라이트룸은 원본 사진을 직접 불러와 사용하지 않고 미리보기 이미지를 만들어 사용합니다. 미리보기 이미지는 라이트룸 화면에 표시되는 모든 이미지입니다. 사진 가져오기 시 모니터의 해상도에 따라 최적화된 미리보기 이미지를 만들어 사용합니다.

사용자의 시스템 사양에 따라 [표준] 미리보기 이미지의 크기를 변경할 수 있습니다. 다음 화면처럼 [카탈로그 설정] 대화상자를 열고, [파일 처리] 탭을 클릭하면 [미리보기 캐시] 항목이 있습니다. 이 항목에서 [표준 미리보기 크기] 옵션을 변경하면 미리보기 이미지의 크기를 설정할 수 있습니다.

다음은 노트북 FHD(1920×1080) 화면에서 실행된 라이트룸의 [카탈로그 설정] 대화상자입니다. [표준 미리보기 크기]가 자동(1920px)으로 되어 있습니다.

다음은 데스크톱의 QHD(2560×1440) 화면에서 실행된 라이트룸의 [카탈로그 설정] 대화상자입니다. [표준 미리보기 크기]가 자동(2560px)으로 되어 있습니다.

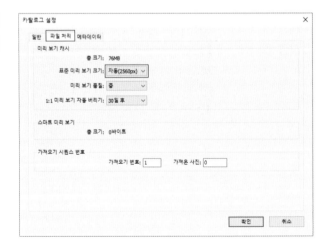

[표준 미리보기 크기] 항목을 클릭하면 팝업 메뉴로 다른 크기가 표시됩니다. 기본은 사용 중인 모니터 크기로 자동 설정되지만 사용자가 그 크기를 고정해 사용할 수 있습니다. 최대 크기는 2880픽셀이지만 UHD(3840×2160) 화면에서는 자동으로 3840픽셀이 기본값으로 설정됩니다.

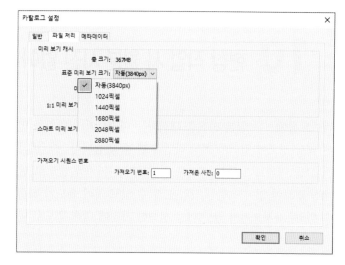

선명도, 노이즈 등과 같은 세밀한 작업의 [미리보기 품질]을 [고]로 설정합니다.

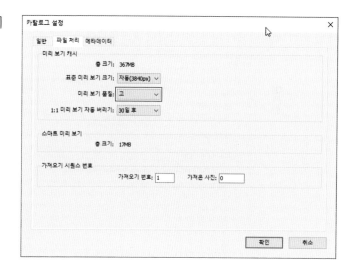

10 현상 작업 시 원본 사진 없이 고급 미리보기 이미지 사용하기

라이트룸에서는 원본 사진을 대신하는 미리보기 이미지를 만들어 사용합니다. 그러나 원본 사진이 카탈로그에 저장된 대상 경로에 있어야 현상 작업을 할 수 있습니다. 즉, 미리보기 이미지만으로는 현상 작업을 할 수 없습니다. 그래서 고급 미리보기 또는 스마트 미리보기 이미지를 별도로 만들어 사용합니다. 고급 미리보기 이미지는 원본 사진이 대상 경로에 없어도 현상 작업을 할 수 있고 처리 속도가 빠릅니다. 고급 미리보기 이미지는 가져오기 시 일괄 생성할 수 있고, 가져오기가 끝난 다음 선택한 사진에 대해 별도로 만들 수 있습니다.

고급 미리보기 이미지를 만들었다고 곧바로 현상 작업에 사용되는 것은 아닙니다. 환경 설정에서 옵션을 설정해 주어야 합니다. [환경 설정] 대화상자를 열고 [성능] 탭을 클릭합니다. [현상] 항목의 두 번째 옵션인 [이미지 편집에 원본 대신 스마트 미리보기 사용]을 클릭해 체크합니다.

11 내 카탈로그 저장 위치 확인하기

라이트룸을 사용하면서 카탈로그를 어디에 만들어 놓았는지 모른 채 사용하는 경우가 종종 있습니다. 그렇다고 카탈로그의 경로를 적어 둘 필요는 없습니다. 라이트룸 [카탈로그 설정] 대화상자를 열면 현재 열려있는 카탈로그의 저장 위치를 확인할 수 있습니다. 카탈로그를 이동, 복사할 경우와 백업 및 복구할 때 카탈로그 경로를 알아야 해당 작업을 수행할 수 있습니다.

카탈로그의 저장 경로를 확인하려면 [카탈로그 설정] 대화상자를 엽니다. [일반] 탭의 [정보] 항목의 [위치]에 카탈로그의 저장 경로가 표시되어 있습니다.

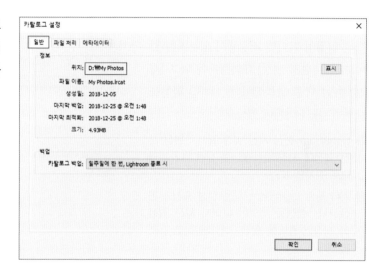

우측의 [표시] 버튼을 클릭하면 카탈로그가 저장된 폴더를 탐색기나 파인더로 곧바로 열어 표시합니다.

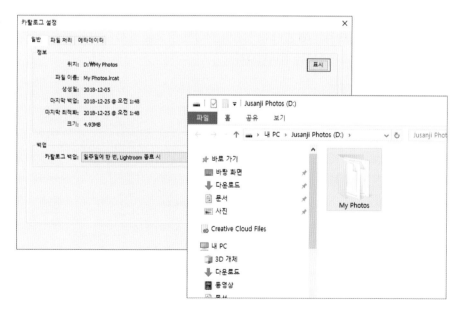

12 내 사전 설정의 저장 위치 확인하기

카탈로그의 저장 경로만큼 중요한 것이 사전 설정(Presets 또는 Templates)의 경로입니다. 사전 설정은 라이트룸에서 사용자가 설정한 값을 파일로 저장해 놓고 사용하는 것으로 대표적으로 현상 사전 설정(Develop Presets)이 있습니다.

사전 설정 파일은 운영체제를 재설치하거나 라이트룸을 재설치할 경우 삭제되기 때문에 미리 백업해두어야 합니다. 사전 설정 파일들이 어디에 저장되어 있는지 알고 있어야 백업할 수 있고, 나중에 복원도 할 수 있을 것입니다.

사전 설정이 어디에 저장되어 있는지를 알아보려면 [환경 설정] 대화상자를 열고 [사전 설정] 탭을 클릭합니다. [위치] 항목을 보면 두 개의 버튼이 있습니다.

❶ Lightroom 현상 사전 설정 표시 : 현상 사전 설정이 저장되는 폴더를 탐색기나 파인더로 표시합니다.

❷ 기타 모든 Lightroom 사전 설정 표시 : 현상 사전 설정을 제외한 나머지 사전 설정이 저장된 폴더를 탐색기나 파인더로 표시합니다.

현상 사전 설정의 경로를 확인해보겠습니다. [위치] 항목에서 [Lightroom 현상 사전 설정 표시] 버튼을 클릭하면, 탐색기나 파인더가 실행되고 현상 사전 설정이 저장된 경로를 표시합니다. 탐색기에 선택되어져 표시된 [Settings] 폴더가 현상 사전 설정이 저장되는 폴더입니다.

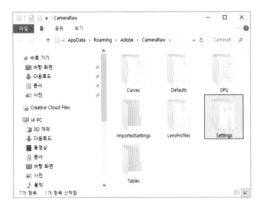

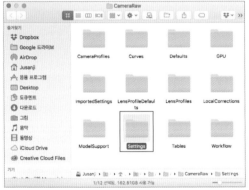

나머지 사전 설정이 저장된 경로도 확인해 보겠습니다. [위치] 항목에서 [기타 모든 Lightroom 사전 설정 표시] 버튼을 클릭하면, 탐색기나 파인더가 실행되고 현상 사전 설정을 제외한 나머지 사전 설정이 저장된 경로를 표시합니다. 탐색기에 선택되어 표시된 [Lightroom] 폴더가 기타 사전 설정이 저장되는 폴더입니다.

TIP 현상 사전 설정 경로와 기타 모든 Lightroom 사전 설정 경로

현상 사전 설정 경로
Windows : C:₩사용자₩로그온_ID₩AppData₩Roaming₩Adobe₩CameraRaw₩Settings
macOS : Maccintosh HD/사용자/로그온_ID/라이브러리/Application Support/Adobe/CameraRaw/Settings

기타 모든 Lightroom 사전 설정 경로
Windows : C:₩사용자₩로그온_ID₩AppData₩Roaming₩Adobe₩Lightroom
macOS : Maccintosh HD/사용자/로그온_ID/라이브러리/Application Support/Adobe/Ligttroom

13 가져오기 대화상자의 자동 실행 해지하기

라이트룸이 실행되고 있을 때 메모리 카드나 USB 메모리를 연결하면 [가져오기] 대화상자가 자동으로 표시됩니다. 이는 라이트룸 기본 설정으로 사용자가 별도로 메뉴를 실행하지 않고 [가져오기] 대화상자를 표시하도록 한 기능이지만 불편한 경우가 많습니다. 따라서 이 기능은 해지해 놓는 것이 좋습니다.

[가져오기] 대화상자의 자동 실행을 해지하려면 [환경 설정] 대화상자를 열고 [일반] 탭을 클릭합니다. [가져오기 옵션] 항목에서 [메모리 카드가 탐지되면 가져오기 대화 상자 표시] 옵션의 체크 표시를 해제합니다.

14 도구 모음에 도구 추가하기

[라이브러리] 모듈의 [이미지 표시 영역]과 [현상] 모듈의 [현상 작업] 하단에 [도구 모음]이 있습니다.

[도구 모음]은 화면 보기 모드에 따라 다르게 표시되는데, 모든 도구가 다 표시되어 있는 것은 아닙니다. 해상도가 낮은 모니터 사용자를 위해 최소한의 도구만 표시해 놓은 것입니다. 기본으로 표시된 도구 외에 필요에 따라 [도구 모음]에 도구를 추가할 수 있습니다. 여기서는 [라이브러리] 모듈의 격자 보기 화면의 [도구 모음]으로 도구를 추가해 보겠습니다.

[도구 모음] 우측에 있는 [도구 모음 콘텐트 선택(▼)] 버튼을 클릭하면 [도구 모음]에 추가할 항목이 표시됩니다. 체크 표시가 되어 있는 메뉴는 [도구 모음]에 이미 추가된 도구입니다. 체크가 되어 있지 않은 항목을 선택합니다. [플래그 지정]을 선택해 보겠습니다.

[플래그 지정] 도구가 [도구 모음]에 추가됩니다.

체크되지 않은 다른 도구 항목들도 모두 체크해 표시하면 다음과 같습니다.

Adobe Lightroom Classic

PART
02

사진 가져오기

Chapter
01

카탈로그에 대한
이해와 구성

라이트룸에서는 사진 파일을 하나씩 열어보는 방법은 없습니다. 라이트룸에서 사진을 보고, 관리하고, 후보정하려면 해당 사진 파일 모두 카탈로그라는 데이터베이스에 등록해야 합니다. 사진을 카탈로그에 등록하는 과정을 가져오기(Import)라고 합니다. 이 장에서는 카탈로그와 사진 가져오기에 대한 개념을 이해하고, 카탈로그의 생성부터 등록된 사진을 관리하는 방법에 대해 알아보겠습니다.

01 카탈로그

라이트룸에서는 작업할 사진을 카탈로그(Catalog)에 등록하고 카탈로그를 열어 작업합니다. 10장의 사진을 후보정한 다고 할 때 포토샵에서는 10장의 사진을 각각 열어야 하지만, 라이트룸에서는 10장의 사진이 등록된 카탈로그 파일 하나만 열면 10장의 사진을 모두 보면서 작업할 수 있습니다. 사진을 선별하거나 필요 없는 사진을 삭제하는 사진 관리 작업도 카탈로그에 사진을 등록한 후 해야 합니다.

사진의 정보를 체계적으로 저장하고 관리하려면 데이터베이스(Database)를 사용해야 합니다. 라이트룸에서 사용하는 데이터베이스가 바로 카탈로그입니다. 카탈로그에는 등록된 사진의 메타데이터, 후보정 값, 작업 기록 등이 저장됩니다. 하나 이상의 카탈로그를 만들어 사용할 수 있고, 하나의 카탈로그에는 수 천, 수 만장의 사진을 등록할 수 있습니다.

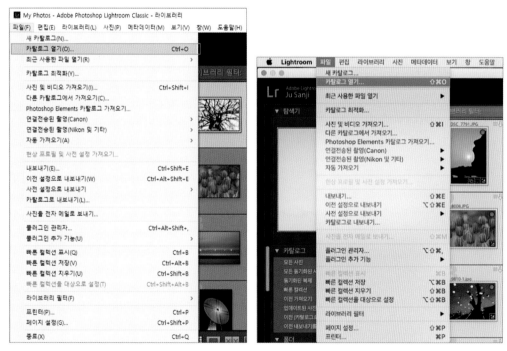

Windows 운영체제의 [카탈로그 열기] 메뉴   macOS 운영체제의 [카탈로그 열기] 메뉴

라이트룸에서 사진을 관리하고 후보정하기 위해서는 반드시 사진 가져오기 과정을 거쳐야 합니다. 가져오기는 모든 사진에 대해 최초 한 번만 수행하면 됩니다. 이렇게 가져온 사진이 카탈로그에 등록되면 포토샵처럼 매번 불러 작업 할 필요 없이 카탈로그를 여는 것만으로 모든 사진을 보면서 관리와 후보정을 할 수 있습니다.

라이트룸이 사진 파일을 직접 열지 않고 카탈로그에 사진을 등록하는 가져오기 방식을 사용하는 이유는 다음과 같습니다.

첫째, 수많은 사진을 체계적으로 관리할 수 있습니다. 사진이 가지고 있는 메타데이터와 사용자가 추가로 입력한 메타데이터는 카탈로그에 저장됩니다. 카탈로그에 저장된 데이터를 기반으로 사용자는 사진을 다양하게 분류할 수 있고 필터링을 통해 원하는 사진을 빠르게 찾을 수 있습니다.

둘째, 라이트룸은 원본 사진을 사용하지 않고 미리보기 이미지(Preview Images)를 만들어 사용합니다. 라이트룸 화면에 보이는 사진들은 원본 사진 대신 사용되는 미리보기 이미지입니다. 미리보기 이미지를 사용하면 원본 사진은 항상 안전하게 보관되고 수많은 사진을 동시에 열어 작업할 수 있습니다.

셋째, 사진이 등록된 카탈로그만 열면 사진 수와 상관 없이 한 번에 열 수 있습니다. 따라서 개별적으로 파일을 여닫을 필요가 없습니다. 포토샵에서는 하나의 RAW 파일만 열 수 있지만, 라이트룸에서는 카탈로그에 등록된 모든 RAW 파일이 동시에 열립니다.

넷째, 작업한 파일을 PSD로 저장해야 했던 포토샵과 달리 후보정한 사진을 별도로 저장하는 불편한 과정이 없습니다. 원본 사진은 그대로 두고 후보정한 내역만 카탈로그에 실시간으로 저장합니다. 후보정된 사진을 얻으려면 언제라도 내보내기(Export) 과정을 거쳐 사용 용도에 따른 파일 형식으로 저장할 수 있습니다.

02 카탈로그의 구성

라이트룸은 카탈로그 없이 실행되지 않습니다. 라이트룸 설치 시 바로 사용할 수 있도록 기본 카탈로그가 이미 만들어져 있습니다. 기본 카탈로그의 위치와 구성을 통해 카탈로그를 알아보겠습니다.

라이트룸 기본 카탈로그의 위치

라이트룸을 처음 실행하면 기본 카탈로그 파일이 열립니다. 이 카탈로그 파일은 Windows 운영체제에서 [사용자 계정 > 사진 > Lightroom] 폴더 내에 있고 macOS 운영체제에서는 [사용자 계정 > 그림 > Lightroom] 폴더 내에 있습니다.

Windows 운영체제   macOS 운영체제

라이트룸 기본 카탈로그의 구성

기본 카탈로그를 통해 카탈로그의 구성을 살펴보겠습니다. 라이트룸 5.x 버전까지는 카탈로그 파일명에 버전 숫자가 함께 표시되었지만, 6.x 버전부터는 버전 숫자를 표시하지 않습니다.

Windows 운영체제   macOS 운영체제

카탈로그 파일은 lrcat라는 확장자명을 가지며 카탈로그 폴더 내에 저장됩니다. 카탈로그 폴더에는 카탈로그 파일만 있는 것이 아닙니다. 미리보기 이미지가 저장되는 폴더도 있습니다. 하나의 카탈로그는 카탈로그 파일과 미리보기 이미지가 저장되는 폴더를 기본 구성으로 합니다. 이 기본 카탈로그에 사진을 등록하여 사용할 수 있고, 새로운 카탈로그도 직접 만들어 사용할 수 있습니다.

카탈로그 폴더에는 라이트룸의 옵션 설정 상황에 따라 다음과 같은 폴더가 추가로 생성됩니다.

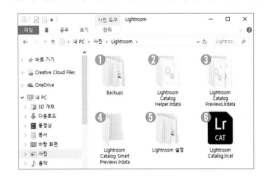 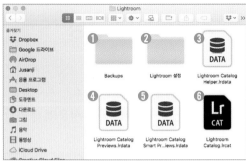

❶ Backups : 카탈로그를 백업하면 복사본이 ZIP 파일로 압축되어 저장되는 폴더입니다.

❷ Lightroom Catalog Helper.lrdata : 폴더 검색을 위한 캐시 데이터가 저장되는 폴더입니다.

❸ Lightroom Catalog Previews.lrdata : 원본 사진에 대한 사진 관리용 미리보기 이미지가 저장되는 폴더입니다. 라이트룸에서 표시되는 모든 사진에 대한 이미지가 이 폴더에 저장됩니다.

❹ Lightroom Catalog Smart Previews.lrdata : 원본 사진에 대한 보정용 고급 미리보기 이미지가 저장되는 폴더입니다. 고급 미리보기 이미지는 원본 사진이 없더라도 후보정 작업을 할 수 있는 이미지입니다.

❺ Lightroom 설정 : 현재 카탈로그에서 사용되는 라이트룸의 설정값, 사전 설정(Presets) 등이 저장되는 폴더입니다. 다른 카탈로그와 공유되지 않습니다.

❻ Lightroom Catalog.lrcat : 사진의 정보와 후보정 내역 등이 저장되는 카탈로그 파일입니다.

TIP　카탈로그 저장 위치

라이트룸 설치 시 이미 만들어진 기본 카탈로그를 그대로 사용해도 되지만, 시스템 하드 디스크 드라이브에 만들어졌기 때문에 사진이 늘어날수록 저장 공간은 줄어들게 됩니다. 라이트룸 카탈로그와 원본 사진만 저장되는 별도의 하드 디스크 드라이브에 새로운 카탈로그를 만들어 사용하는 것을 권장합니다.

카탈로그와 카테고리

카탈로그는 사진을 분류하는 최상위 카테고리입니다. 사용 목적에 따라 여러 개의 카탈로그를 만들어 사용할 수 있고, 하나의 카탈로그에 모든 사진을 등록할 수 있습니다. 다음의 다이어그램처럼 하나의 카탈로그를 만들고, 그 하위에 카테고리별로 컬렉션을 만들어 사용할 수 있습니다. 하나의 카탈로그를 사용하기 때문에 전체 사진을 한 번에 관리할 수 있는 장점이 있지만, 사진의 장수가 많아지면 시스템이 느려지는 단점도 있습니다. 라이트룸을 처음 사용하는 사용자나 사진의 장수가 많지 않은 사용자에게 적합합니다.

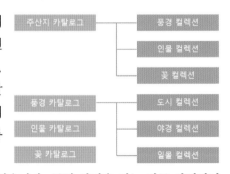

하나의 카탈로그 대신 세분화된 카탈로그를 여러 개 만들어 사용할 수도 있습니다. 특정 사진을 찍는 전문 사진가나 사진의 장수가 많아 카탈로그를 나누어 작업해야 하는 사용자에게 적합합니다. 카탈로그를 카테고리별로 만들고, 카탈로그별로 세분화된 컬렉션을 만들어 사용할 수 있습니다. 그러나 라이트룸은 동시에 두 개의 카탈로그를 열 수 없기 때문에 다른 카탈로그의 사진을 작업하려면 현재 사용 중인 카탈로그를 종료하고 열어야 하는 번거로움이 있습니다.

03 시스템 사양별 카탈로그 맞춤 설계

카탈로그는 무작정 만드는 것보다 자신의 시스템에 맞게 만들어 사용하는 것이 좋습니다. 사진은 늘어나고 시스템의 저장 공간은 제한적이기 때문입니다. 노트북처럼 하드 디스크가 하나인 컴퓨터에서 카탈로그에 등록되는 사진이 많아지면 결국 저장 공간이 부족해집니다. 용량이 더 큰 하드 디스크로 교체하거나, 카탈로그와 원본 사진을 외장 하드 디스크로 옮겨야 하는 일이 생기기 마련입니다. 상황이 여의찮으면 사진을 삭제해 저장 공간을 확보하기도 합니다. 어쨌든 처음부터 카탈로그를 잘 만들면 이런 상황을 최대한 줄일 수 있습니다. 라이트룸을 최적으로 사용할 수 있는 시스템 환경에 대해 알아보겠습니다.

최적의 구성 – 데스크톱 컴퓨터

데스크톱 컴퓨터에서 라이트룸을 최적으로 사용하려면 최소 세 개의 물리적인 내장 하드 디스크 드라이브가 필요합니다. 여러 개의 내장 하드 디스크가 필요하므로 노트북에서는 최적의 환경을 구성할 수 없습니다.

첫 번째 내장 하드 디스크에는 운영체제와 라이트룸 프로그램을 설치해 사용합니다. 처리 속도를 높이기 위해 SSD 하드 디스크를 사용할 것을 권장합니다. 사진 외에 다른 작업을 하지 않는다면 용량이 클 필요는 없습니다.

두 번째 내장 하드 디스크에는 카탈로그와 카탈로그에 등록된 원본 사진을 저장합니다. 될 수 있으면 카탈로그와 원본 사진 외에 다른 파일이 저장되지 않도록 합니다.

세 번째 내장 하드 디스크에는 두 번째 하드 디스크에 저장된 카탈로그와 원본 사진을 백업하는 용도로 사용합니다. 백업은 라이트룸에서 자동으로 진행하도록 설정할 수 있습니다.

내장 하드 디스크가 하나이고, 외장 하드 디스크를 추가할 수 있는 경우 – 데스크톱 또는 노트북 컴퓨터

하드 디스크는 될 수 있으면 내장으로 장착해 사용하는 것이 처리 속도 면에서 좋으나, 내장으로 장착이 불가피한 데스크톱 또는 노트북에서는 USB 3.x 인터페이스 방식의 외장 하드 디스크를 추가로 연결해 카탈로그와 원본 사진을 저장할 수 있습니다.

외장 하드 디스크를 사용해야 할 때는 데스크톱과 연결되는 인터페이스가 USB 3.x 이상인지 꼭 확인해야 합니다. USB 2.0 인터페이스를 사용할 때 데이터의 전송 속도가 현저히 떨어지니 될 수 있으면 사용하지 않는 것이 좋습니다. 두 개의 외장 하드 디스크를 장착할 수 있다면 앞서 살펴본 데스크톱 컴퓨터의 최적 구성을 따르면 됩니다.

내장 하드 디스크가 하나이고, 외장 하드 디스크를 추가할 수 없는 경우 – 데스크톱 또는 노트북 컴퓨터

라이트룸 사용에 있어서 가장 문제가 되는 경우가 구형 노트북처럼 내장 하드 디스크만 가지고 있고, USB 인터페이스 방식이 2.0인 컴퓨터의 경우입니다. 내장 하드 디스크를 추가할 수 없는 슬림형, 일체형 데스크톱 컴퓨터도 상황은 유사합니다. USB 3.x 외장 하드 디스크를 사용하더라도 처리 속도가 USB 2.0으로 떨어지기 때문에 처리 속도가 느립니다. 이런 컴퓨터에서는 어쩔 수 없이 시스템 드라이브에 라이트룸을 설치하고, 카탈로그와 원본 사진도 함께 저장해야 합니다. 따라서 시스템 드라이브의 저장 공간이 커야 합니다.

TIP   외장 하드 디스크 사용 시 주의할 점

외장 하드 디스크에 카탈로그와 원본 사진을 저장해 사용할 때 라이트룸 실행 전 반드시 외장 하드 디스크를 먼저 연결하고 전원을 켜야 합니다. 노트북의 경우에는 외장 하드 디스크를 들고 다녀야 하니 불편함을 감수해야 합니다. NAS와 같은 네트워크 저장 장치는 데이터의 전송 속도가 USB 2.0보다는 빠르긴 하지만 카탈로그를 저장할 수 없는 단점이 있어 사용할 수 없고, 백업용으로 사용은 가능합니다.

Windows 운영체제의 경우에는 USB 장치 연결 시, 연결되는 순서에 따라 드라이브 명이 할당되기 때문에 연결되는 순서가 바뀌면 라이트룸에서 원본 사진을 찾지 못하는 경우가 있으니 주의해야 합니다. macOS 운영체제에서는 하드 드라이브를 볼륨 이름으로 구별하기 때문에 연결 순서와 상관없이 사용할 수 있습니다.

두 대 이상의 컴퓨터에서 작업해야 하는 경우가 있습니다. 가장 간단한 방법은 하나의 외장 하드 디스크에 카탈로그와 원본 사진을 저장해 놓고 작업할 컴퓨터에 연결해 사용하는 것입니다. 그러나 사진 몇 장 후보정하기 위해 외장 하드 디스크를 꽂았다 뺐다 하는 것조차 성가신 일이 될 수 있습니다. 특히 외부에서 노트북으로 작업을 할 때 외장 하드 디스크를 들고 다녀야 하는 불편함도 생깁니다.

가장 좋은 방법은 어도비 클라우드를 이용해 여러 컴퓨터에서 작업을 동기화하는 것입니다. 여러분이 구매한 라이트룸 클래식 CC는 두 대의 컴퓨터에서 동시에 사용할 수 있습니다. 하나의 컴퓨터에서 컬렉션으로 구성된 사진을 동기화하면 다른 컴퓨터에도 동기화됩니다. 라이트룸 클래식 CC는 동기화된 컬렉션만 작업할 수 있습니다. 특히 클라우드 기반인 라이트룸 CC는 카탈로그와 원본 사진 모두 클라우드에 저장되기 때문에 언제 어디서라도 같은 카탈로그로 작업할 수 있다는 장점이 있습니다. 그러나 이러한 동기화 작업은 클라우드 용량에 따라 비용이 추가될 수 있습니다.

클라우드 비용 때문에 라이트룸 CC를 사용하기 어렵다면 데스크톱 기반인 라이트룸 클래식 CC에서 카탈로그 내보내기와 가져오기로 두 대 이상의 컴퓨터에서 작업할 수 있습니다. 데스크톱과 노트북 두 대의 컴퓨터가 있다고 할 때, 데스크톱을 메인 컴퓨터로 지정해 사진을 등록해 놓고 작업합니다. 외부에서 작업할 일이 생기면 데스크톱에서 작업할 사진으로만 구성된 별도의 컬렉션을 만들어 카탈로그로 내보낸 후, 이 카탈로그를 노트북으로 이동해 작업할 수 있습니다. 노트북에서 작업이 끝난 카탈로그를 메인 컴퓨터의 카탈로그에서 가져오면 작업한 내역을 데스크톱 컴퓨터의 카탈로그에 갱신합니다.

Chapter

02

카탈로그 만들기와
사진 가져오기

이 장에서는 카탈로그를 원하는 위치에 만들고, 사진 가져오기에 대해 알아봅니다. 첫 관문인만큼 차근차근 따라해보세요. 사진 가져오기 방법을 이해했다고 지금까지 찍은 사진을 무작정 카탈로그에 한 번에 등록하는 것보다 익숙해질 때까지 실습 예제 사진으로 여러 번 반복하는 것이 중요합니다.

01 새로운 카탈로그 만들기

카탈로그를 만들면 사용자가 지정한 경로에 카탈로그 이름과 동일한 폴더가 생성됩니다. 예를 들어 '주산지'라는 카탈로그를 만들면 [주산지] 카탈로그 폴더가 생기고, 그 안에 [주산지.lrcat] 카탈로그 파일이 생성됩니다.

먼저 카탈로그의 저장 경로를 결정해야 합니다. 라이트룸 프로그램은 시스템 하드 디스크에 설치합니다. 카탈로그는 하드 디스크와 물리적으로 다른 별도의 하드 디스크에 만드는 것이 가장 좋습니다. 이 방법은 처리 속도를 향상시키기도 하지만, 카탈로그와 원본 사진을 안전하게 보관하는 방법이기도 합니다. 카탈로그와 원본 사진을 백업할 경우에도 별도의 하드 디스크를 사용하는 것이 좋습니다.

카탈로그 폴더의 저장 위치를 결정했다면 원본 사진이 저장되는 대상 폴더의 위치를 정해야 합니다. 원본 사진은 컴퓨터 내 어느 경로에 저장되어 있어도 상관없습니다. 카탈로그에는 원본 사진이 함께 저장되는 것이 아니라 사진의 저장 경로만 저장되기 때문입니다. 하지만 카탈로그 폴더 내에 원본 사진이 저장되도록 대상 폴더를 만들어 사용하는 것이 관리하는 측면에서 좋습니다.

TIP   라이트룸의 카탈로그 기본 운영방식

어도비 크리에이티브 클라우드에 로그인해 사용하기 때문에 동시에 두 대의 컴퓨터(데스크톱, 노트북)에서 라이트룸을 사용합니다. 다음은 필자가 라이트룸을 사용하는 시스템의 구성입니다. 노트북에서 작업한 카탈로그는 데스크톱 카탈로그에 갱신하기 때문에 별도의 백업 드라이브를 사용하지 않습니다.

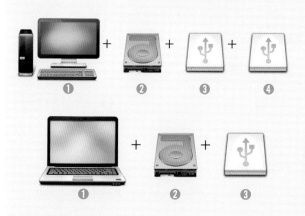

❶ Windows 시스템 / macOS 시스템
❷ 운영체제가 설치된 시스템 내장 하드 디스크 : 라이트룸 설치
❸ 물리적으로 분리된 외장 하드 디스크 1 : 카탈로그, 원본 사진을 저장
❹ 물리적으로 분리된 외장 하드 디스크 2 : 카탈로그, 원본 사진을 백업

❶ Windows 시스템 / macOS 시스템
❷ 운영체제가 설치된 시스템 내장 하드 디스크 : 라이트룸 설치
❸ 물리적으로 분리된 외장 하드 디스크: 카탈로그, 원본 사진을 저장

카탈로그와 원본 사진이 저장되는 하드 디스크는 내장 하드 디스크를 사용해야 처리 속도가 빠릅니다. 외장 하드 디스크를 사용할 경우에는 eSATA, USB 3.x나 썬더볼트 인터페이스 장치를 사용하는 것이 처리 속도 면에서 좋습니다. 네트워크 하드 디스크인 NAS와 일반 클라우드에는 카탈로그를 만들 수 없으며, 원본 사진은 저장할 수 있으나 전송 속도가 매우 느리기 때문에 권장하지 않는 방법입니다.

01 라이트룸을 실행하면 기본 카탈로그가 열립니다. 새로운 카탈로그를 만들려면 [파일 > 새 카탈로그] 메뉴를 선택합니다.

02 [새 카탈로그의 폴더 만들기] 대화상자가 표시됩니다. ❶ 카탈로그가 저장될 하드 디스크와 폴더를 선택합니다. 카탈로그와 원본 사진이 별도로 저장되는 독립된 하드 디스크를 사용합니다. 해당 하드 디스크의 루트(최상위)에 카탈로그를 만들어 보겠습니다. ❷ [파일 이름] 입력란에 새로 만들 카탈로그의 이름을 입력하고, ❸ [만들기] 버튼을 클릭합니다.

TIP   원본 사진을 카탈로그 폴더 내에 저장해 놓으면 편리한 점

1. 카탈로그의 백업과 이동이 편리합니다. 카탈로그 폴더를 백업 또는 이동하면 하위 폴더인 원본 사진 폴더와 하위 파일인 카탈로그 파일이 함께 백업 또는 이동되기 때문입니다.
2. 원본 사진이 누락되는 경우가 없습니다. 윈도우 운영체제에서 카탈로그와 원본 사진을 다른 경로에 저장했을 경우 종종 원본 사진의 경로 문제로 누락되어 표시됩니다. 원본 사진의 경로를 갱신해 사용할 수 있지만 매번 갱신하기는 불편합니다. 카탈로그 폴더에 원본 사진을 저장하면 카탈로그 파일과 경로가 같기 때문에 경로 문제가 발생하지 않습니다.

03 라이트룸이 재실행되고 새로 만든 카탈로그가 열립니다. 라이트룸이 재실행되는 이유는 하나의 카탈로그만 열 수 있기 때문입니다.

TIP 사용자가 어떤 카탈로그를 열었는지 확인하는 방법

여러 개의 카탈로그를 사용할 경우에는 사용자가 어떤 카탈로그를 열었는지 확인하고 작업을 진행해야 합니다. 카탈로그를 확인하지 않고 사진 가져오기를 실행해 다른 카탈로그에 사진이 등록되는 경우가 종종 있습니다. 따라서 어떤 카탈로그가 열렸는지 다음 화면처럼 라이트룸의 제목 표시줄에 표시된 카탈로그 이름으로 확인합니다. 라이트룸은 마지막 작업에서 열었던 카탈로그를 여는 것이 기본 설정입니다.

04 카탈로그가 어떻게 만들어 졌는지 확인해보겠습니다. ❶ 탐색기 (파인더)를 실행해 카탈로그를 저장한 폴더를 찾습니다. ❷ 카탈로그 이름의 폴더를 찾아 더블클릭합니다.

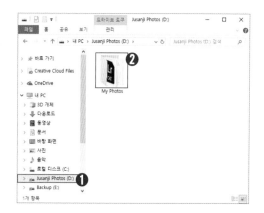

05 카탈로그 폴더에 카탈로그 파일과 미리보기 이미지가 저장될 폴더가 생성되었습니다. 카탈로그와 미리보기 이미지 폴더와 함께 표시되는 My Photos.lrcat.lock, My Photos.lrcat-wal 파일은 라이트룸이 카탈로그를 열면 생성되는 임시 파일로 라이트룸이 종료되면 자동으로 삭제됩니다.

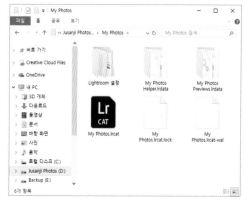

02 카탈로그에 사진 등록하기

라이트룸에서 사진을 카탈로그에 등록하는 과정을 '사진 가져오기'라고 합니다. 카탈로그에 사진을 등록하는 방법은 여러 가지가 있습니다. 가장 많이 사용하는 방법은 [가져오기] 대화상자를 이용하는 것입니다. 이 방법은 [파일 〉 사진 및 비디오 가져오기] 메뉴를 실행하거나, [라이브러리] 모듈의 왼쪽 패널 하단에 있는 [가져오기] 버튼을 클릭해 실행합니다.

사진 가져오기 과정

[가져오기] 대화상자가 실행되면, ❶ 원본 사진이 저장되어 있는 메모리 카드 또는 저장 장치를 찾아 선택합니다. 사진이 하드 디스크의 폴더에 저장되어 있다면 해당 폴더를 찾아 선택합니다. ❷ 그 다음으로 사진 가져오기 방식을 선택합니다. 네 가지 방식이 있지만 기본적으로 [복사(Copy)] 방식을 사용합니다. ❸ 마지막으로 옵션 및 원본 사진이 복사되어 저장될 대상 경로를 설정합니다. 옵션은 라이트룸 기본 설정값 그대로 사용해도 됩니다.

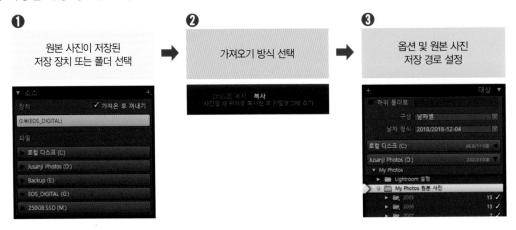

사진을 가져오는 다양한 방법

[사진 및 비디오 가져오기] 메뉴 선택 또는 [가져오기] 버튼 클릭

메모리 카드 또는 이미 하드 디스크에 복사된 사진과 동영상을 카탈로그에 등록합니다. [파일 〉 사진 및 비디오 가져오기] 메뉴를 선택하거나, [라이브러리] 모듈 왼쪽 패널 하단에 있는 [가져오기] 버튼을 클릭합니다.

[다른 카탈로그에서 가져오기] 메뉴 선택

다른 카탈로그를 열어 카탈로그의 정보와 등록된 사진을 가져옵니다. 이미 열려 있는 카탈로그와 다른 카탈로그를 합칠 때 주로 사용합니다. [파일 〉 다른 카탈로그에서 가져오기] 메뉴를 선택합니다.

[연결전송된 촬영] 메뉴 선택

카메라와 컴퓨터를 USB 케이블로 연결한 후, 카메라에서 촬영한 사진을 바로 가져와 복사하고 카탈로그에도 등록합니다. 지원되는 카메라가 제한적이긴 하지만 촬영 즉시 사진을 확인해야 할 경우 유용하고, 별도의 가져오기 과정을 수행하지 않아도 컴퓨터로 사진이 복사됩니다. [파일 〉 연결전송된 촬영 〉 연결전송된 촬영 시작] 메뉴를 선택합니다. 라이트룸 8.0과 8.1에서는 [연결전

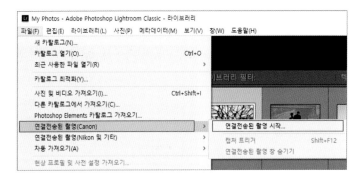

송된 촬영 (Canon)]과 [연결전송된 촬영 (Nikon 및 기타)] 메뉴로 구분되어 실행됩니다.

[자동 가져오기] 메뉴 선택

특정 폴더에 사진을 복사해 놓으면 자동으로 가져오기를 수행해 카탈로그에 사진을 등록합니다. 여러 사람이 공동으로 작업할 때 유용합니다. 자동 가져오기 폴더를 지정하려면 [파일 〉 자동 가져오기 〉 자동 가져오기 설정] 메뉴를 선택합니다.

[이 폴더로 가져오기]

[라이브러리] 모듈의 [폴더] 패널에서 지정한 폴더로 직접 사진을 복사하고 카탈로그에 사진을 등록할 때 사용합니다. [폴더] 패널에서 사진이 복사되어 저장될 폴더를 선택한 후, 마우스 오른쪽 버튼으로 클릭하여 표시되는 단축 메뉴에서 [이 폴더로 가져오기] 메뉴를 선택합니다.

TIP   사진을 가져오기 전에 설정해야 할 환경 설정

라이트룸에서 [RAW + JPEG] 파일로 촬영된 사진을 가져오기 하면 두 종류의 파일 모두 컴퓨터에 복사됩니다. 라이트룸 화면에는 RAW 파일만 표시되는데, 앞서 언급했듯이 디지털 현상의 대상이 되는 파일이 RAW 파일이기 때문입니다. JPEG 파일을 참고하여 RAW 파일을 현상하려면 JPEG 파일도 함께 표시되도록 해주는 것이 좋습니다. [환경 설정] 대화상자에서 [RAW 파일 바로 다음의 JPEG 파일을 별도의 사진의 처리] 옵션을 체크해 사진 가져오기 시 RAW 파일과 JPEG 파일 모두 카탈로그에 등록해 라이트룸 화면에 표시되도록 할 수 있습니다.

사진 가져오기

[가져오기] 대화상자를 통해 메모리 카드의 사진을 등록하는 방법에 대해 알아보겠습니다. [라이트룸 예제.zip] 파일을 다운받아 압축을 해제한 후, 폴더 내의 [가져오기 예제] 폴더를 메모리 카드 또는 USB 메모리에 복사해 사용합니다.

01 컴퓨터에 메모리 카드를 꽂은 후, 라이트룸을 실행합니다. [라이브러리] 모듈에서 [파일 > 사진 및 비디오 가져오기] 메뉴를 선택합니다. 또는 왼쪽 패널 하단에 [가져오기] 버튼을 클릭하면 [가져오기] 대화상자가 실행됩니다.

[사진 및 비디오 가져오기] 메뉴 선택   [가져오기] 버튼 클릭

TIP   [가져오기] 대화상자 자동 실행 끄기

라이트룸이 실행된 상태에서 메모리 카드를 꽂으면 [가져오기] 대화상자가 자동으로 실행됩니다. [가져오기] 대화상자가 불필요하게 실행된다면 [환경 설정] 대화상자에서 [메모리 카드가 탐지되면 가져오기 대화상자 표시] 옵션을 해제하여 [가져오기] 대화상자가 자동으로 실행되지 않게 할 수 있습니다.

---

02 다음과 같이 [가져오기] 대화상자가 라이트룸 윈도우 위로 표시됩니다. [가져오기] 대화상자는 원본 사진의 경로, 가져오기 방식, 가져오기 옵션 및 원본 사진이 저장되는 대상 경로를 설정하도록 구성되어 있습니다.

[가져오기] 대화상자의 [소스] 패널에서 [장치] 항목 또는 [파일] 항목에서 사진이 저장된 폴더를 선택하면 미리보기 영역에 사진이 표시됩니다. 사진은 여러 장을 동시에 볼 수 있는 [격자 보기]와 한 장을 크게 보는 [확대경 보기]로 볼 수 있습니다. 표시된 사진을 더블클릭하면 격자 보기와 확대경 보기를 전환할 수 있습니다. 다른 방법으로는 옵션 바에서 [격자 보기]와 [확대경 보기] 아이콘을 각각 클릭하여 전환할 수도 있습니다.

격자 보기에서 섬네일 사진의 크기를 조절할 수 있습니다. 다음 화면의 옵션 바 우측 끝에 있는 [축소판] 슬라이드로 조절합니다. 슬라이더를 좌측으로 끌면 격자의 크기가 작아지고, 우측으로 끌면 격자의 크기가 커집니다.

미리보기 영역에는 가져올 사진이 모두 기본으로 선택되어 있습니다. 사용자는 사진을 선택적으로 가져올 수 있습니다. 다음 화면의 옵션 바에서 [모두 선택] 버튼 또는 [모두 선택 취소] 버튼을 클릭하여 미리보기 영역에 표시된 사진을 모두 선택 또는 해제할 수 있습니다. 개별적으로 사진을 선택할 경우에는 [모두 선택 취소] 버튼을 클릭한 후, 격자 보기 화면에서 격자 좌측 상단의 체크 박스를 선택합니다.

미리보기 영역에 사진이 뒤죽박죽 나열되어 있을 경우 다음 화면의 옵션 바에서 [정렬] 항목을 살펴봅니다. [정렬] 항목이 [촬영 시간]으로 설정되어 있으면 미리보기 영역에 촬영 날짜와 시간 순으로 표시됩니다.

03 메모리 카드가 컴퓨터에 꽂혀 있으면 대화상자 왼쪽 [소스] 패널의 [장치] 항목이 자동으로 선택되고, 대화상자 중앙의 미리보기 영역에 메모리 카드의 사진들이 표시됩니다.

❶ 장치 : 컴퓨터에 연결된 저장 장치가 표시됩니다. 메모리 카드는 여기에 표시되지만 내장 하드 디스크는 표시되지 않습니다. [장치]에 표시된 저장 장치를 선택하면 하위 폴더와 상관없이 모든 사진과 동영상이 미리보기 영역에 표시됩니다. 저장 장치 내의 특정 폴더만 선택해 가져오기 하려면 [파일] 항목에서 해당 저장 장치를 선택해 직접 폴더를 찾아 선택합니다.

❷ 가져온 후 꺼내기 : 가져오기 끝나면 자동으로 저장 장치의 연결을 해제합니다. 장치를 꺼내기 전에 윈도우에서 [안전 제거]를 실행하거나 맥에서 [추출]을 실행할 필요가 없습니다.

❸ 파일 : [장치] 항목에 표시된 저장 장치를 비롯해 컴퓨터에 연결된 모든 저장 장치가 표시됩니다. [장치] 항목과 달리 폴더를 탐색해 특정 폴더 내의 사진과 동영상을 가져오기 합니다.

04 원본 사진의 경로를 선택하고 가져오기 방식을 선택합니다. [장치] 항목에서 메모리 카드가 선택되어 있다면 [복사]가 기본적으로 선택됩니다.

❶ DNG로 복사 : 메모리 카드의 원본 RAW 파일을 DNG 파일로 변환하여 대상 폴더에 저장하고 사진의 정보를 카탈로그에 등록합니다. 이 방식으로 가져오기 할 경우 원본 RAW 파일은 복사되지 않으니 사용자가 별도로 백업해야 합니다. DNG 파일에는 원본 RAW를 포함하는 기능이 있는데 환경 설정 옵션을 변경해야 합니다. 그러나 DNG 파일에 원본 RAW를 포함하면 용량이 거의 두 배가 됩니다. 라이트룸에서만 현상 작업을 하는 경우라면 굳이 DNG 파일로 변환할 필요는 없습니다.

❷ 복사 : 메모리 카드에서 사진을 직접 가져오기 할 때 사용하는 일반적인 방법입니다. 메모리 카드의 모든 사진과 동영상을 대상 폴더에 복사하고 사진의 정보를 카탈로그에 등록합니다.

❸ 이동 : 원본 사진을 대상 폴더로 이동시키고 사진의 정보를 카탈로그에 등록합니다. 디바이스 장치에 저장된 사진에서는 사용할 수 없습니다. 주로 하드 디스크에 저장된 사진을 한 곳에 모아 정리할 때 사용합니다.

❹ 추가 : 라이트룸을 사용하기 전에 사용자만의 폴더 구성 방식으로 사진을 저장해 놓은 상태라면 이 폴더 구조를 그대로 유지한 채 사진의 정보만 카탈로그에 등록합니다. 이동과 마찬가지로 디바이스 장치에 저장된 사진에서는 사용할 수 없습니다.

TIP   DNG 파일로 가져오기 할 때 원본 RAW 파일 포함하기

가져오기 방식 중 [DNG로 복사]는 RAW 파일을 DNG 파일로 변환해 가져오는 방식으로 원본 RAW 파일을 포함하지 않는 것이 기본 설정입니다. 사용자가 원본 RAW를 포함해 가져오려면 기본 환경 설정을 변경해야 합니다. 이 설정을 변경하려면 [환경 설정] 대화상자를 열고 [파일 처리] 탭의 [DNG 생성물 가져오기] 옵션 항목에서 [원본 RAW 파일 포함] 옵션을 선택합니다.

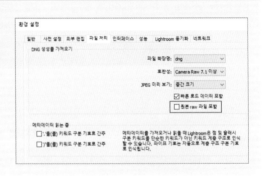

---

05 가져오기 방식을 선택했으면 [가져오기] 대화상자의 오른쪽 패널에 있는 가져오기 옵션을 설정합니다. 가져오기 방식에 따라 설정 패널이 다르게 표시되는데 [복사] 방식으로 가져오기 한 경우 네 개의 패널이 모두 표시됩니다. 먼저 [파일 처리] 패널에서는 미리보기 이미지 설정, 중복 가져오기 방지, 이중 복사(원본 사진의 백업)를 설정합니다.

❶ 미리보기 만들기 : 미리보기 이미지의 크기를 설정합니다. 라이트룸은 처리 속도를 높이기 위해 원본 사진을 불러와 화면에 표시하지 않고 저용량의 미리보기 이미지를 만들어 화면에 표시합니다. 기본값은 사용자의 모니터 크기에 따라 최적화 된 미리보기 이미지인 [표준]으로 설정되어 있지만, 컴퓨터의 사양이 좋다면 [1 : 1]로 만들어도 됩니다. 노트북처럼 화면이 작거나 시스템 사양이 낮다면 [최소]로 설정합니다. 미리보기 이미지의 크기가 크면 하드 디스크의 용량도 많이 필요하고, 가져오기 하는 시간도 길어집니다. 가져오기 할 때에는 [표준]으로 설정하고 가져오기가 끝난 후, 필요한 사진에 대해 1 : 1 미리보기 이미지를 만들 수도 있습니다. 참고로 1 : 1 미리보기 이미지는 지정된 시간이 지나면 자동 삭제됩니다.

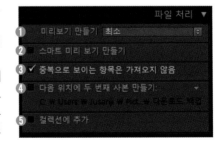

❷ 스마트 미리보기 만들기 : [스마트 미리보기]라고 하는 고급 미리보기 이미지를 만드는 것은 선택 사항입니다. 고급 미리보기 이미지는 원본 사진 없이 현상 작업에 사용되는 미리보기 이미지로 용량이 크고 DNG 파일로 저장됩니다. 하드 디스크의 용량이 더 많이 필요하며, 가져오기 하는 시간도 깁니다. 따라서 모든 사진에 대해 고급 미리보기 이미지를 만들 필요는 없으며 가져오기가 끝난 후, 현상할 사진을 컬렉션으로 구성해 필요한 사진만 만드는 것이 좋습니다.

❸ 중복으로 보이는 항목은 가져오지 않음 : 가져오기 시 이미 카탈로그에 등록된 사진과 동일한 사진을 가져올 경우 해당 사진은 가져오지 않는 옵션입니다. 동일한 사진을 가져오기 하면 저장 공간이 불필요하게 낭비될 수 있으므로 이 옵션은 필수로 선택하는 것이 좋습니다.

❹ 다음 위치에 두 번째 사본 만들기 : 가져오기 할 때 원본 사진은 대상 폴더에 복사 또는 이동되는데, 별도로 다른 곳에 이중 복사(백업)하기 위한 옵션입니다. 원본 사진은 오른쪽 패널 하단의 [대상 패널]에서 지정한 폴더에 저장되며, 두 번째 사본은 대상 폴더가 아닌 다른 폴더나 외부 저장 장치를 선택해 이중으로 저장할 수 있습니다. 원본 사진을 안전하게 보관하고자 할 경우 사용하며 사진을 저장할 공간과 장치가 추가적으로 필요합니다.

❺ 컬렉션에 추가 : 가져오는 사진을 일괄적으로 컬렉션에 추가합니다. 추가할 컬렉션이 없다면 옵션을 선택하고 새로 만들어 등록할 수 있습니다. 한 번에 가져올 사진이 다양하다면 가져오기 시 컬렉션을 지정할 필요는 없습니다.

06 [파일 이름 바꾸기] 패널에서는 가져오기 시 복사 또는 이동되는 사진의 이름을 변경할 것인지를 설정합니다. 가급적 원본 파일의 이름을 그대로 사용하는 것이 좋으나 사용자의 사진 관리 목적에 따라 변경할 수 있습니다.

❶ 파일 이름 바꾸기 : 이 옵션을 선택해야 가져오기 시 파일명을 변경할 수 있습니다.

❷ 템플릿 : 변경할 파일명의 [템플릿]을 항목에서 선택하거나 사용자가 직접 설정할 수 있습니다. 직접 설정할 경우 [템플릿] 항목을 클릭하여 [편집] 메뉴를 선택해 새로운 템플릿을 만들어 사용할 수 있습니다. 만들어진 파일명 템플릿은 내보내기 시에도 사용할 수 있습니다.

❸ 사용자 정의 텍스트 : 선택한 템플릿에 사용자 텍스트가 들어갈 경우 입력합니다.

❹ 촬영 이름 : 선택한 템플릿에 샷 이름이 들어갈 경우 입력합니다.

❺ 시작 번호 : 선택한 템플릿에 일련번호가 들어갈 경우 시작 번호를 입력합니다.

❻ 확장명 : 파일의 확장자 형식을 선택합니다. 일반적으로 확장자는 [소문자]를 사용합니다. 대문자를 사용할 경우에는 [대문자], 그대로 둘 경우에는 [그대로 두기]를 선택합니다.

07 [가져오는 동안 적용] 패널에서는 사진을 가져오는 동안 일괄 적용할 옵션을 설정합니다. 가져오는 모든 사진에 똑같이 적용되는 것이기 때문에 꼭 필요한 사항인지 확인한 후, 설정합니다.

  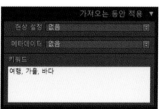

❶ 현상 설정 : 사전에 저장해 놓은 현상 사전 설정을 가져오는 사진에 일괄 적용할 수 있습니다. 예를 들어, 자주 사용하는 흑백 보정 방식을 저장해 놓은 현상 사전 설정이 있다면 가져오기 시 일괄 적용하여 현상 작업 시간을 줄일 수 있습니다.

❷ 메타데이터 : 저작권과 같은 메타데이터를 추가로 입력할 수 있습니다. 추가된 메타데이터는 대상 폴더에 복사 또는 이동되는 사진에 기록되는 것이 아니라 카탈로그에만 기록됩니다. 해당 사진을 [내보내기] 할 때 사진에 저장됩니다. 추가적인 메타데이터를 입력하려면 [메타데이터] 항목을 클릭하여 [새로 만들기] 메뉴를 선택해 새로운 메타데이터 사전 설정을 만들어야 합니다.

→ [Part 02, Chapter 02, Section 04 메타데이터 사전 설정 만들기]를 참고합니다.

❸ 키워드 : 검색할 때 사용할 키워드를 일괄 입력합니다. 가져오는 모든 사진에 일괄 적용되기 때문에 모든 사진에 공통되는 키워드를 쉼표(,)로 구분해 입력합니다. 개별 사진에 적용되는 키워드는 가져오기가 끝난 다음 [라이브러리] 모듈의 [키워드 적용] 패널에서 추가적으로 입력할 수 있습니다.

08 이제 마지막으로 원본 사진이 복사 또는 이동되는 대상 폴더를 [대상] 패널에서 설정합니다. 대상 경로는 카탈로그가 저장된 폴더에 만들어 카탈로그와 원본 사진을 함께 관리하는 것이 좋습니다. ❶ 먼저 [대상] 패널에서 카탈로그 폴더를 찾아 선택합니다. ❷ 선택된 카탈로그 폴더를 마우스 오른쪽 버튼으로 클릭합니다. ❸ 표시되는 단축 메뉴에서 [새 폴더 만들기] 메뉴를 선택합니다.

09 [새 폴더 만들기] 대화상자가 표시됩니다. ❶ [새 폴더] 버튼을 클릭하여 ❷ 새로운 폴더를 만들고 이름을 [My Photos 원본 사진]으로 변경합니다. ❸ 새로 만들어진 폴더를 선택하고 [폴더 선택] 버튼을 클릭합니다.

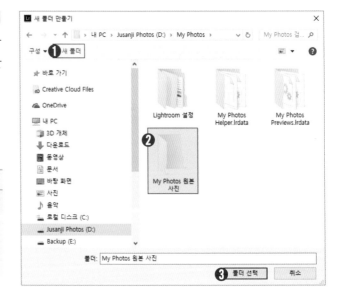

TIP

카탈로그 폴더 내에 원본 사진이 저장될 대상 폴더는 탐색기(파인더)를 열어 직접 만들어도 됩니다. 이 작업은 최초 가져오기 시 한 번만 만들면 되고, 그 다음부터는 이 폴더를 지정해 가져오기 하면 됩니다.

10 원본 사진이 복사될 폴더가 자동으로 선택됩니다. 여기서는 사진이 찍힌 날짜별로 폴더를 만들어 사진을 저장할 것이므로 [구성]은 [날짜별]로 설정하고, [날짜 형식]은 [연도/년-월-일]로 설정합니다. [하위 폴더로] 옵션은 선택하지 않습니다.

❶ 하위 폴더로 : 선택된 폴더 하위에 새로운 폴더를 만들어 원본 사진을 복사 또는 이동합니다. 우측 입력란에 생성할 하위 폴더의 이름을 입력합니다.

❷ 구성 : 폴더 구성 방식을 설정합니다. [날짜별]은 사진을 찍은 날짜를 기준으로 날짜별 폴더를 만들어 저장합니다. 날짜별 폴더 형식은 [날짜 형식] 항목에서 설정합니다. [한 개의 폴더로]는 날짜 구분 없이 선택한 폴더에 원본 사진을 복사 또는 이동합니다.

❸ 날짜 형식 : [구성] 항목을 [날짜별]로 설정한 경우 활성화됩니다. 날짜 폴더의 형식을 설정할 수 있습니다. 설정된 폴더는 대상 폴더 하위에 미리 표시됩니다.

11 모든 설정이 끝났으면 오른쪽 패널 하단에 있는 [가져오기] 버튼을 클릭합니다.

12 가져오기 대화상자가 닫히면 [라이브러리] 모듈의 이미지 표시 영역에 가져오기 한 사진이 순차적으로 표시됩니다.

03 파일명 템플릿 만들기

사진을 가져오기 할 때 원본 사진의 파일명을 변경해 저장할 수 있습니다. [가져오기] 대화상자의 [파일 이름 바꾸기] 패널에서 기본으로 제공하는 파일명 템플릿을 사용해 손쉽게 설정할 수 있으며, 사용자가 원하는 파일명을 템플릿으로 만들어 사용할 수 있습니다. 그럼 [파일명 템플릿 편집기]로 파일명 템플릿을 만들어 보겠습니다.

01 [가져오기] 대화상자의 [파일 이름 바꾸기] 패널에서 [파일 이름 바꾸기] 항목을 선택합니다.

02 ❶ 파일명 템플릿을 설정하기 위해 [템플릿] 항목을 클릭합니다. 기본으로 제공하는 파일명 템플릿 목록이 표시됩니다. 사용할 템플릿이 있다면 선택합니다. ❷ 목록 이외의 파일명 템플릿을 만들려면 [편집] 메뉴를 선택합니다. 새로운 파일명 템플릿을 만들어 보겠습니다.

03 [편집] 메뉴를 선택하면 [파일명 템플릿 편집기] 대화상자가 표시됩니다. '단양여행_일련번호'라는 템플릿을 만들어보겠습니다.

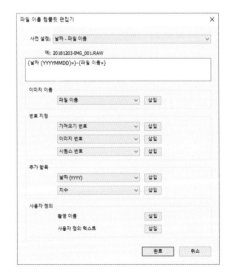

04 템플릿을 편집할 수 있는 파일명 편집란에 이미 입력된 내역을 삭제하고 '단양여행_'을 입력합니다.

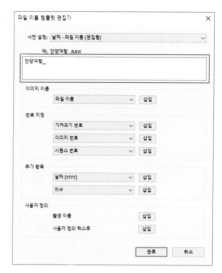

05 입력한 텍스트 다음에 순서대로 일련번호가 자동으로 증가되도록 [번호 지정] 항목에서 [시퀀스 번호]를 [시퀀스 번호 (001)]로 변경합니다.

06 ❶ [시퀀스 번호] 목록이 변경되면 파일명 편집란의 텍스트 옆으로 선택한 일련번호 형식이 추가됩니다. 입력한 템플릿으로 만들어지는 파일명 예시가 [예] 항목 옆에 표시됩니다. ❷ 파일명 편집란의 텍스트 옆으로 일련번호 형식이 자동으로 추가되지 않으면, 목록 옆의 [삽입] 버튼을 클릭합니다.

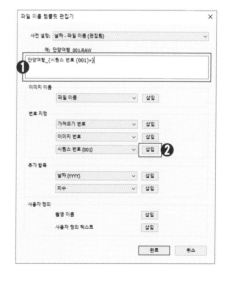

07 이렇게 새로 만든 파일명 템플릿은 사전 설정으로 저장해 사용해야 합니다. ❶ 대화상자 상단의 [사전 설정] 항목을 클릭한 후 ❷ [현재 설정을 새 사전 설정으로 저장] 메뉴를 선택합니다.

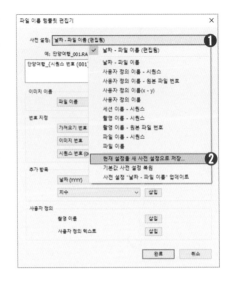

08 ❶ [새 사전 설정] 대화상자가 표시되면 [사전 설정 이름] 입력란에 파일명 템플릿의 이름을 입력한 후 ❷ [만들기] 버튼을 클릭합니다.

09 ❶ 템플릿 사전 설정이 등록되면 [사전 설정] 항목에 방금 저장한 파일명 템플릿 사전 설정 이름이 표시됩니다. ❷ [완료] 버튼을 클릭합니다.

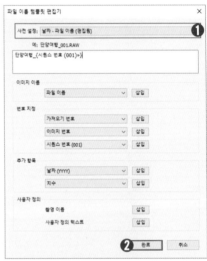

10 만들어진 파일명 템플릿이 [파일 이름 바꾸기] 패널의 [템플릿] 항목에 자동으로 선택되어 표시됩니다.

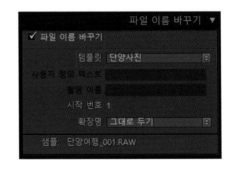

04 메타데이터 사전 설정 만들기

사용자가 추가로 입력해야 하는 메타데이터도 가져오기 시 일괄 입력하면 편합니다. 파일명 변경처럼 메타데이터도 사전 설정(Preset)으로 저장해 사용할 수 있습니다. 메타데이터를 사전 설정으로 저장해 놓으면 사진을 가져올 때 마다 매번 메타데이터 항목들을 설정할 필요가 없을 뿐만 아니라, 미리 만들어 놓은 사전 설정을 용도에 따라 선택해 사용할 수 있습니다. 메타데이터 사전 설정을 만들어 사용하려면 [가져오는 동안 적용] 패널의 [메타데이터] 항목에서 설정합니다.

01 [가져오기] 대화상자에서 [가져오는 동안 적용] 패널의 [메타데이터] 항목이 [없음]으로 기본 설정되어 있습니다. 기본값은 메타데이터를 추가하지 않기 때문에 새로운 메타데이터 사전 설정을 만들어 사용해야 합니다. 여기서는 저작권 정보 메타데이터를 추가하는 사전 설정을 만들어 보겠습니다.

02 ❶ 새로운 메타데이터 사전 설정을 만들려면 [메타데이터] 항목을 클릭합니다. ❷ 표시되는 팝업 메뉴에서 [새로 만들기]를 선택합니다.

03 [새 메타데이터 사전 설정] 대화상자가 표시됩니다. 다음 화면처럼 [IPTC 저작권] 옵션 항목을 선택하고 세부 저작권 정보를 입력합니다.

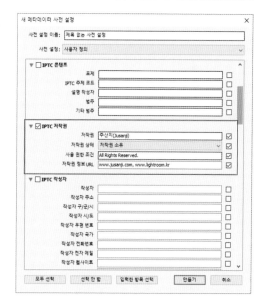

04 ❶입력이 끝났으면 대화상자 상단의 [사전 설정 이름] 입력란에
메타데이터 사전 설정 이름을 입력합니다. ❷ 대화상자 하단의 [만
들기] 버튼을 클릭하여 저장합니다.

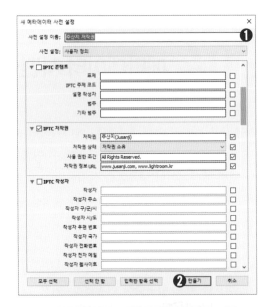

05 [가져오는 동안 적용] 패널의 [메타데이터] 항목에 방금 만든 메타데이
터 사전 설정이 자동으로 선택되어 표시됩니다.

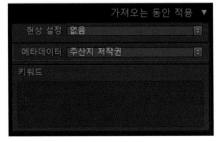

05 가져오기 설정값을 사전 설정으로 저장하기

[가져오기] 대화상자에서 설정한 값들을 사전 설정으로 저장해 관리할 수 있습니다. 앞서 파일명 템플릿 설정과 메타데이터의 설정을 사전 설정으로 저장한 것처럼 전체 가져오기 설정값을 하나의 사전 설정값으로 저장할 수 있습니다. 여러 사람이 라이트룸을 같이 쓸 경우 사용자별로 가져오기 사전 설정을 만들어 저장해 놓으면 매번 [가져오기] 대화상자의 옵션을 일일이 설정할 필요 없이 사전 설정 선택만으로 빠르게 설정값을 불러와 가져오기 할 수 있습니다. 여러 카탈로그를 사용할 때에도 유용합니다.

01 ❶ 가져오기 옵션을 설정한 후, [가져오기] 대화상자 하단의 [사전 설정 가져오기] 항목에서 [없음]을 클릭합니다. ❷ 표시되는 팝업 메뉴에서 [현재 설정을 새 사전 설정으로 저장]을 선택합니다.

02 [새 사전 설정] 대화상자가 표시됩니다. ❶ [사전 설정 이름] 입력란에 사전 설정 이름을 입력하고 ❷ [만들기] 버튼을 클릭합니다.

03 사전 설정이 저장되면 [사전 설정 가져오기] 항목에 방금 저장한 가져오기 사전 설정이 자동으로 선택되어 표시됩니다. 가져오기 사전 설정에는 입력한 키워드도 저장됩니다. 따라서 키워드는 제외하고 가져오기 사전 설정을 만드는 것이 좋습니다.

06 가져오기 후 카탈로그 패널과 폴더 패널 살펴보기

사진을 가져온 후, [라이브러리] 모듈에 어떠한 변화가 있는지 알아보겠습니다.

라이브러리 모듈과 이미지 표시 영역

사진 가져오기가 실행되면 [식별판]에는 가져올 사진에 대한 진행률이 그래프로 표시됩니다. 동시에 이미지 표시 영역에는 가져온 사진들이 하나씩 표시됩니다. 사진을 가져오는 동안에 다른 작업을 할 수 있으며, 사진 가져오기가 완료되면 식별판의 그래프는 자동으로 사라지고 이미지 표시 영역에는 가져온 모든 사진이 표시됩니다.

카탈로그 패널의 변화

[카탈로그] 패널의 [모든 사진] 항목에는 카탈로그에 등록된 전체 사진 수가 표시되는데 직전에 가져오기 한 사진 수만큼 증가합니다. [이전 가져오기] 항목에는 직전에 가져오기 한 사진 수가 표시됩니다. 사진 가져오기가 끝나면 이

항목은 기본적으로 선택되 이미지 표시 영역에 직전에 가져온 사진이 표시됩니다. 사진을 가져오는 동안 다른 작업을 했다면 [이전 가져오기] 항목을 클릭해 직전에 가져온 사진만 이미지 표시 영역에 표시할 수 있습니다.

폴더 패널의 변화

[폴더] 패널에는 가져오기 한 사진이 저장된 폴더가 추가됩니다. 이 폴더를 [날짜별] 형식으로 설정했다면 해당 사진이 찍힌 날짜 폴더가 생성되고 사진은 이 폴더에 복사됩니다. 대상 폴더를 [한 개의 폴더로]로 설정했다면 해당 폴더가 생성되고 사진은 이 폴더에 복사됩니다.

Chapter

03

카탈로그 관리

카탈로그는 라이트룸에 등록된 사진의 모든 정보를 담고 있는 중요한 파일입니다. 만일 카탈로그에 문제가 생기면 라이트룸은 실행되지지 않거나, 그동안 작업한 내역을 잃을 수도 있습니다. 이 장에서는 카탈로그를 관리하는 방법에 대해 알아보겠습니다.

01 카탈로그 최적화

카탈로그는 데이터베이스 파일입니다. 카탈로그에는 사진의 메타데이터 정보, 원본 사진의 경로, 현상 내역, 작업 기록, 컬렉션 정보, 특성, 키워드 등이 저장됩니다. 카탈로그에 등록된 사진이 많으면 그만큼 카탈로그 파일의 용량이 증가하고 처리 속도도 떨어집니다. 라이트룸 사용 중에 처리 속도가 느려진다면 카탈로그를 최적화해 처리 속도를 향상시킬 수 있습니다.

01 카탈로그를 최적화하기 위해 [파일 〉 카탈로그 최적화] 메뉴를 실행합니다.

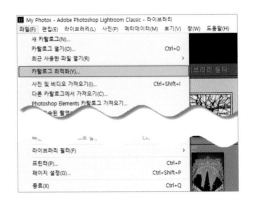

02 카탈로그 최적화 메뉴를 실행하면 다음과 같은 [확인] 대화상자가 표시됩니다. [최적화] 버튼을 클릭해 최적화를 진행합니다.

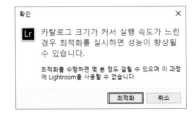

03 [카탈로그 최적화 중] 대화상자가 표시되고 진행 과정을 그래프로 표시됩니다. 정상적으로 끝나면 [정보] 대화상자가 표시됩니다. [확인] 버튼을 클릭하여 최적화를 마칩니다. 최적화 도중 문제가 발생하면 백업된 카탈로그를 사용해 복원해야 합니다.

02 원본 사진 폴더와의 동기화

카탈로그에는 가져오기 한 원본 사진의 경로가 저장됩니다. 라이트룸을 사용하다 보면 원본 사진이 저장된 폴더의 사진 내역과 카탈로그에 저장된 사진 내역이 달라질 수 있습니다. 예를 들어, 사용자가 라이트룸이 아닌 다른 프로그램에서 원본 사진이 저장된 폴더에 사진을 직접 복사, 이동, 삭제한 경우 그 변경 내역은 카탈로그에 반영되지 않습니다. 즉, 폴더에는 사진이 있는데 카탈로그에 등록되지 않고, 폴더에서는 이동 또는 삭제되었는데 카탈로그에는 그 정보가 남아 있게 됩니다. 이런 경우 카탈로그의 동기화를 진행하여 원본 사진이 저장된 폴더와 카탈로그의 내역을 동일하게 만들 수 있습니다.

01 [2018] 폴더를 동기화해보겠습니다. ❶ [라이브러리] 모듈의 [폴더] 패널에서 동기화할 [2018] 폴더를 마우스 오른쪽 버튼으로 클릭합니다. ❷ 표시되는 팝업 메뉴에서 [폴더 동기화] 메뉴를 선택합니다. 최상위 폴더를 선택해 동기화 할 경우 하위에 있는 모든 폴더들이 동기화 대상이 됩니다.

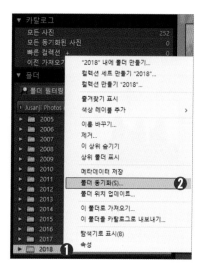

02 [폴더 "2018" 동기화] 대화상자가 표시됩니다. [새 사진 가져오기] 항목과 [누락된 사진을 카탈로그에서 제거] 항목에 각각 [0개]가 표시됩니다. 즉, 동기화할 사진이 없다는 뜻입니다.

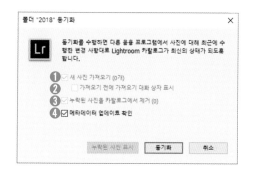

❶ 새 사진 가져오기 : 해당 폴더 내에 있는 사진 중에 라이트룸에 등록되지 않은 사진을 의미합니다. 우측에 사진 수가 표시됩니다.

❷ 가져오기 전에 가져오기 대화상자 표시 : 해당 폴더 내에 새로운 사진이 있는 경우 가져오기 대화상자를 표시합니다.

❸ 누락된 사진을 카탈로그에서 제거 : 해당 폴더 내에서 카탈로그에는 등록되어 있는데 실제 삭제 또는 이동되어 없는 사진을 의미합니다. 이 경우 카탈로그에서 해당 사진의 데이터를 삭제합니다. 우측에 삭제될 사진 수가 표시됩니다.

❹ 메타데이터 업데이트 확인 : 라이트룸 이외의 프로그램에서 사진의 메타데이터가 업데이트되었는지 확인합니다.

03 동기화를 확인하기 위해 탐색기(파인더)에서 직접 파일을 다른 곳으로 이동시킵니다. 탐색기를 실행하고 [My Photos] 카탈로그 폴더 내에 [My Photos 원본 사진 〉 2018 〉 2018-12-04] 폴더 내의 사진 두 장을 다른 곳으로 이동시킵니다.

04 라이트룸의 사진에는 격자 상단 우측에 느낌표가 표시됩니다. 이 표시는 라이트룸이 아닌 다른 프로그램에서 사진을 이동, 삭제 또는 파일명이 변경됐다는 것을 의미합니다.

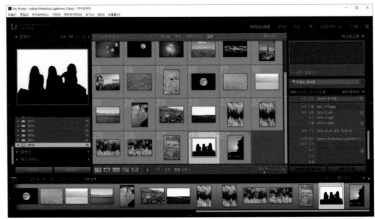

05 [폴더] 패널에서 [2018] 폴더를 다시 동기화하면 [폴더 "2018" 동기화] 대화상자에 누락된 사진이 있다고 표시됩니다. ❶ [동기화] 버튼을 클릭합니다. 이 화면의 경우 동기화를 실행하면 원본 사진이 없는 두 장의 사진을 카탈로그에서 삭제합니다. 동기화를 실행하기 전에 어떤 사진이 누락되어 삭제되는지를 미리 알아보려면 ❷ [누락된 사진 표시] 버튼을 눌러 어떤 사진인지 미리 확인해 볼 수 있습니다. 만일 누락된 사진이 현상 작업된 사진이라면 그 내역도 삭제됩니다. 이런 경우에는 원본 사진을 찾아 해당 폴더에 복사해 넣어야 카탈로그에서 현상 내역이 삭제되는 것을 방지할 수 있습니다.

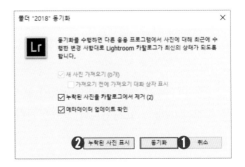

06 동기화가 끝나면 느낌표가 표시되었던 두 장의 사진이 라이트룸에서도 삭제됩니다.

07 새로운 사진이 저장되었을 경우 어떻게 되는지 알아보겠습니다. 조금 전 이동시킨 사진 두 장을 [My Photos] 카탈로그 폴더 내에 [My Photos 원본 사진 〉 2018 〉 2018-12-04] 폴더로 되돌려 놓습니다. ❶ [폴더] 패널에서 [2018] 폴더를 다시 동기하면 [폴더 "2018" 동기화] 대화상자에 새 사진이 있다고 표시됩니다. ❷ [동기화] 버튼을 클릭합니다.

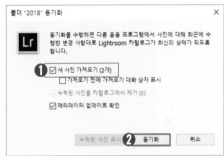

08 삭제되었던 사진 두 장이 라이트룸에 다시 등록된 것을 알 수 있습니다.

03 누락된 폴더 및 사진 찾기

원본 사진 폴더 자체가 삭제, 이동, 파일명이 변경되었을 경우에는 [폴더] 패널의 폴더에 물음표가 표시됩니다. 해당 폴더를 선택해 격자 보기 화면으로 보면 격자 오른쪽 상단에 느낌표가 표시되어 누락된 사진을 쉽게 확인할 수 있습니다.

누락된 폴더가 이동되거나 폴더명이 변경되었다면 해당 폴더를 찾아 다시 연결시키면 카탈로그에 저장된 사진의 정보는 그대로 유지된 채 원본 사진이 저장된 경로만 갱신할 수 있습니다.

누락된 폴더 찾기(폴더에 물음표가 표시될 때)

01 먼저 탐색기에서 [My Photos] 카탈로그 폴더 내의 [My Photos 원본 사진] 폴더를 다른 곳으로 이동시킵니다. 카탈로그 폴더 밖으로 이동시켜보겠습니다.

02 [폴더] 패널의 모든 폴더에 물음표가 표시됩니다. 폴더의 물음표는 카탈로그에 저장된 사진의 경로가 이동 또는 삭제되었다는 것을 의미합니다.

03 ❶ 물음표가 표시된 연도 폴더 중에 하나를 마우스 오른쪽 버튼으로 클릭합니다. ❷ 표시되는 메뉴에서 [상위 폴더 표시] 메뉴를 선택합니다. 상위 폴더를 선택해 유실된 폴더를 찾아 갱신하면 하위 폴더는 자동으로 갱신됩니다. 단 폴더의 구조는 같아야 합니다. 상위 폴더가 없는 경우 연도 폴더를 개별적으로 연결해주어야 합니다.

04 연도의 상위 폴더인 [My Photos 원본 사진] 폴더가 표시됩니다. 이 폴더 자체가 이동되었기 때문에 물음표로 표시됩니다.

05 ❶ 누락된 폴더를 갱신하려면, 최상위 폴더를 마우스 오른쪽 버튼으로 클릭합니다. ❷ 표시되는 단축 메뉴에서 [누락된 폴더 찾기] 메뉴를 선택합니다.

06 [누락된 폴더 찾기] 대화상자가 열립니다. ❶ 다른 곳으로 이동시켜 놓았던 [My Photos 원본 사진] 폴더를 찾아 선택하고, ❷ [폴더 선택] 버튼을 클릭합니다.

07 물음표가 표시된 폴더의 물음표가 제거된 것을 알 수 있습니다. 폴더의 물음표가 사라졌다는 것은 카탈로그 폴더의 경로가 갱신되었다는 것을 의미합니다.

TIP 누락된 사진 찾기

원본 사진을 저장한 하드 디스크의 용량이 부족해 다른 하드 디스크로 원본 사진만 이동해야 하는 경우가 종종 있습니다. 원본 사진의 저장 경로, 특히 드라이브 이름이 변경되었기 때문에 [폴더] 패널의 모든 폴더에 누락되었음을 알리는 물음표가 함께 표시됩니다. 이 경우 [누락된 폴더 찾기]로 원본 사진이 이동된 하드 디스크에서 동일한 폴더를 찾아 지정해주면 카탈로그의 원본 사진에 대한 경로가 갱신됩니다.

04 카탈로그의 백업과 복원

카탈로그 관리와 더불어 중요한 것이 백업입니다. 아무리 잘 관리하더라도 컴퓨터에 문제가 생기거나, 하드 디스크에
문제가 생기면 카탈로그를 열지 못하는 상황이 발생할 수 있습니다. 사진은 다시 등록하면 되지만, 현상 내역과 같은
중요한 작업은 다시 할 수 없기 때문에 사전에 백업된 카탈로그를 사용해 복구해야 합니다.

카탈로그 백업 설정하기

01 카탈로그의 백업 설정을 변경하려면 [편집 〉 카탈로그 설정] 메뉴
를 선택합니다.

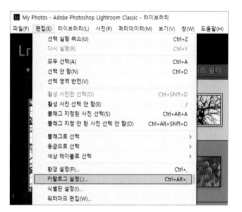

02 [카탈로그 설정] 대화상자가 표시됩니다. ❶
[카탈로그 설정] 대화상자의 [일반] 탭의 [백업] 항
목에서 [카탈로그 백업] 팝업 메뉴를 클릭해 표시
된 목록에서 백업 주기를 설정합니다. ❷ [확인]
버튼을 클릭해 카탈로그 백업 설정을 마칩니다.

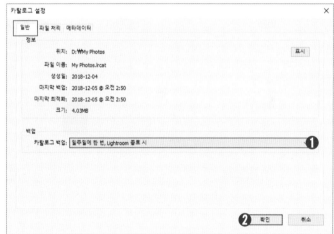

01 라이트룸은 백업 주기가 되면 종료할 때 카탈로그 [백업] 대화상자를 자동으로 표시합니다. 기본으로 설정된 옵션을 변경하지 않고 [백업] 버튼을 클릭해 카탈로그의 백업을 진행합니다.

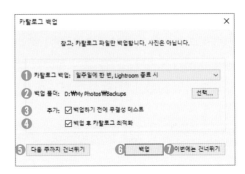

❶ 카탈로그 백업 : 백업 주기가 표시됩니다. 주기를 변경하거나 백업을 하지 않으려면 여기서 변경할 수 있습니다.

❷ 백업 폴더 : 백업된 카탈로그가 저장되는 폴더를 지정합니다. 기본값으로 카탈로그 폴더 내에 [Backups] 폴더를 만들어 저장합니다.

❸ 백업하기 전에 무결성 검사 : 백업하기 전에 카탈로그에 문제가 있는지 먼저 검사합니다.

❹ 백업 후 카탈로그 최적화 : 백업이 끝나면 카탈로그를 최적화합니다.

❺ 다음 주까지 건너뛰기 : 일주일 간 백업을 실행하지 않습니다.

❻ 백업 : 설정된 값으로 백업을 진행합니다.

❼ 이번에는 건너뛰기 : 백업을 실행하지 않고 라이트룸을 종료합니다.

02 백업이 실행되면 [카탈로그를 백업하는 중] 대화상자에 진행률이 표시됩니다. 카탈로그의 무결성 검사와 최적화가 수행됩니다. 백업된 카탈로그는 Zip 파일로 압축되어 지정된 백업 폴더에 저장됩니다.

03 카탈로그가 어떻게 백업되었는지 확인해보겠습니다. ❶ 탐색기(파인더)를 실행해 카탈로그 폴더 내의 [Backups] 폴더를 찾아 열어보면, ❷ [연도–날짜–시간] 형식으로 된 폴더들이 있습니다.

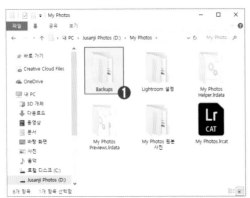

TIP 백업 경로

백업되는 카탈로그는 카탈로그 폴더 내에 [Backups] 폴더를 만들어 저장하는 것이 기본 설정입니다. 필자는 이 폴더를 다른 곳으로 변경해 저장합니다. 카탈로그 파일과 같은 하드 디스크에 백업했을 경우 하드 디스크에 문제가 생겼을 때 카탈로그와 백업된 카탈로그 모두 잃게 됩니다. 따라서 백업 경로를 물리적으로 다른 하드 디스크나 저장 장치에 지정하는 것이 좋습니다.

04 최근 날짜와 시간으로 된 폴더를 열어보면 카탈로그 파일을 압축해 저장한 Zip 파일이 있습니다. 카탈로그에 문제가 있을 경우 복원에 사용되는 파일입니다.

백업된 카탈로그 복원하기

카탈로그 백업에 대해 알아보았으니 백업된 카탈로그를 사용해 카탈로그를 복원하는 방법에 대해 알아보겠습니다. 카탈로그 백업은 자동으로 진행되지만, 복원은 사용자가 수동으로 해야 합니다.

01 ❶ 라이트룸이 종료된 상태에서 카탈로그 폴더를 엽니다. ❷ 카탈로그를 복원하기 전에 문제가 있는 카탈로그를 찾아 삭제합니다.

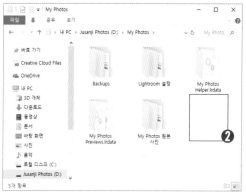

02 ❶ 카탈로그 폴더 내에 [Backups] 폴더를 열어 가장 최근에 백업된 날짜와 시간으로 된 폴더를 찾아 엽니다. 카탈로그 이름으로 된 Zip 파일이 있습니다. ❷ 이 파일의 압축을 풀면 카탈로그 파일명으로 된 폴더가 생성됩니다. 이 폴더에 백업된 카탈로그가 있습니다. 압축을 해제한 카탈로그는 원래의 위치인 카탈로그 폴더로 복사, 이동한 뒤 실행해야 합니다.

03 ❶ 백업된 카탈로그 파일을 복사합니다. ❷ 복사한 카탈로그를 원래의 카탈로그 폴더에 붙여 넣습니다. 이 카탈로그 파일을 더블클릭하면 라이트룸이 실행되고 카탈로그가 열립니다.

05 카탈로그 분리(내보내기)와 병합(가져오기)

라이트룸은 카탈로그를 기반으로 작업합니다. 사용자는 하나의 카탈로그를 사용해 사진 관리와 후보정을 할 수 있고, 여러 카탈로그를 만들어 각각 독립적으로 사용할 수 있습니다. 예를 들어 10년 간 찍은 20만 장의 사진을 하나의 카탈로그에 등록해 사용할 수 있고, 연도별 카탈로그를 만들어 20만 장의 사진을 10개의 카탈로그에 분산해 사용할 수 있습니다. 하나의 카탈로그를 사용하는 경우 사진 수가 늘어날수록 라이트룸의 처리 속도는 느려집니다. 반면에 사진을 여러 카탈로그에 나누어 저장할 경우 처리 속도가 느려지는 것은 피할 수 있지만, 카탈로그를 번갈아 열어야 하는 불편함이 있습니다. 어떻게 카탈로그를 구성하든 카탈로그 분리와 병합만 알고 있으면 크게 걱정할 필요가 없습니다.

오래된 사진 분리해 백업하기(폴더 내보내기)

처리 속도가 현저하게 느려졌다면 자주 보지 않는 오래된 사진부터 분리해 따로 관리하거나 백업해 보관할 수 있습니다. 이때 원본 사진은 그대로 두고 카탈로그만 분리하거나 원본 사진과 함께 카탈로그를 분리할 수 있습니다. 후자의 경우는 주로 카탈로그를 백업할 때 사용합니다.

01 [폴더] 패널에 폴더가 구성되어 있습니다. 여기서는 가장 오래된 연도인 [2005] 폴더를 분리해보겠습니다.

02 ❶ 분리할 폴더를 마우스 오른쪽 버튼으로 클릭합니다. ❷ 표시되는 단축 메뉴에서 [이 폴더를 카탈로그로 내보내기] 메뉴를 선택합니다.

03 [카탈로그 내보내기] 대화상자가 표시됩니다. ❶ 내보내기 할 카탈로그가 저장될 경로를 설정합니다. ❷ [파일 이름] 입력란에 내보내기 할 카탈로그 이름을 입력합니다. 여기서는 [D 드라이브] 루트에 [2005년 사진]이라는 카탈로그 이름으로 내보내기 합니다. ❸ 대화상자 하단에는 세 개의 옵션이 모두 선택되었는지 확인한 후, ❹ [저장] 버튼을 클릭합니다.

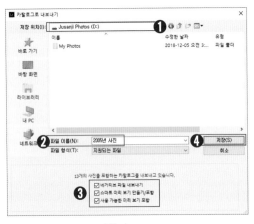
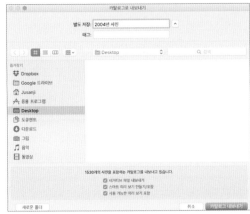

Windows   macOS

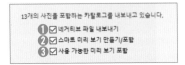

❶ 네거티브 파일 내보내기 : 내보내기 한 카탈로그 폴더 내에 원본 사진을 함께 저장합니다. 원본 사진을 포함하여 내보내기 하면 내보낸 사진 저장 경로가 카탈로그에 저장됩니다. 반면에 원본 사진을 포함하지 않은 채로 내보내기 하면 원래 원본 사진의 경로를 그대로 사용합니다.

❷ 스마트 미리보기 만들기/포함 : 고급 미리보기 이미지를 만들어 내보냅니다. 원본 사진을 내보내지 않거나 없는 경우에 이 고급 미리보기 이미지를 사용하여 현상 작업을 할 수 있습니다. 라이트룸 6.8 버전부터는 원본 사진이 있더라도 고급 미리보기 이미지를 사용하여 현상 작업을 빠르게 처리할 수 있습니다.

❸ 사용가능한 미리보기 포함 : 원본 카탈로그에 사용가능한 미리보기 이미지가 있다면 함께 내보냅니다.

04 [카탈로그 내보내기] 대화상자가 열리고 내보내기 진행 상황이 표시됩니다.

05 카탈로그 내보기가 끝나면 카탈로그가 저장된 폴더를 열어봅니다. 내보내기 한 [2005년 사진] 카탈로그 폴더를 열어보면 카탈로그 파일, 미리보기 이미지 폴더, 고급 미리보기 이미지 폴더, 원본 사진 폴더로 구성되어 있는 것을 알 수 있습니다.

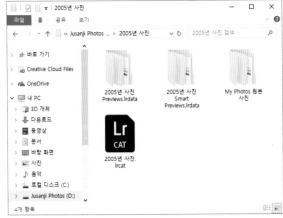

06 이번에는 원본 사진이 저장된 [My Photo 원본 사진] 폴더를 열어봅니다. 연도 폴더가 있고, 이 폴더를 열어보면 날짜 폴더가 있습니다. 기존 카탈로그의 폴더 구조 그대로 원본 사진이 저장되어 있는 것을 알 수 있습니다.

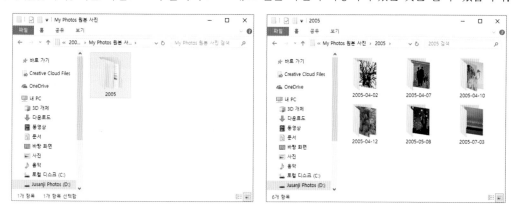

07 2005년도 사진을 원본 사진과 함께 별도의 카탈로그로 저장했으니 기존 카탈로그에서 2005년도 사진의 정보는 필요 없기 때문에 제거합니다. ❶ 해당 폴더를 마우스 오른쪽 버튼으로 클릭합니다. ❷ 표시되는 단축 메뉴에서 [제거]를 선택합니다.

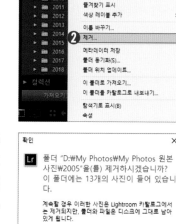

08 카탈로그에서 해당 폴더의 사진 정보를 삭제할 것인지를 묻는 대화상자가 표시됩니다. [제거] 버튼을 클릭해 삭제합니다. [폴더] 패널에서 폴더를 삭제한다고 실제 원본 사진까지 삭제되는 것은 아닙니다. 대화상자에 나와 있는 설명처럼 해당 폴더의 사진 정보만 카탈로그에서 삭제하는 것입니다. 원본 사진을 포함해 폴더를 내보내기 했다면 하드 디스크에 남아 있는 원본 사진까지 삭제해 주는 것이 좋습니다. 원본 사진은 탐색기(파인더)를 통해 삭제합니다. 원본 사진을 포함하지 않고 내보내기 한 경우에는 [폴더] 패널에서 해당 폴더만 삭제하고 원본 사진은 그대로 두어야 합니다.

09 [폴더] 패널에서 [2005] 폴더가 삭제됩니다. 내보내기 한 카탈로그는 독립적으로 사용하거나, 별도로 보관할 수 있습니다.

두 개의 카탈로그 합치기(카탈로그 가져오기)

두 개 이상의 카탈로그를 합쳐야 할 경우가 있습니다. 여러 개의 작은 카탈로그를 하나의 카탈로그로 합쳐야 할 경우,
외부 작업용 카탈로그의 추가, 변경한 내역을 원래 카탈로그에 갱신해야 할 경우 등 카탈로그 가져오기로 합치기를
수행합니다. 여기서는 앞서 분리한 [2005년 사진] 카탈로그를 원래 카탈로그인 [My Photos]와 다시 합쳐보겠습니다.

01 카탈로그와 합치려면 사진이 많
이 등록된 카탈로그를 먼저 열어놓
습니다. 여기서는 [My Photos] 카
탈로그를 엽니다.

02 다른 카탈로그를 불러와 합치기 위해, [파일 〉 다른 카탈로
그에서 가져오기] 메뉴를 선택합니다.

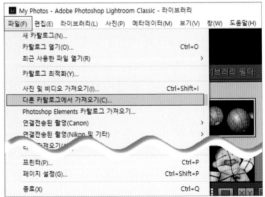

03 가져올 카탈로그 파일을 선택할 수 있는 [Lightroom 카탈로그에서 가져오기] 대화상자가 표시됩니다. ❶ 앞서 분리해 저장한 [2005년 사진] 카탈로그 폴더를 찾아 엽니다. ❷ [2005년 사진.lrcat] 파일을 찾아 선택하고, ❸ [선택] 버튼을 클릭합니다.

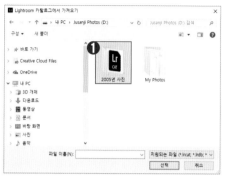 

04 [카탈로그 "2005년 사진"에서 가져오기] 대화상자가 표시됩니다. 좌측 하단의 [미리보기 표시] 옵션을 체크하면 가져올 사진을 미리볼 수 있도록 대화상자가 확장됩니다.

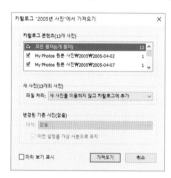 

❶ 카탈로그 콘텐츠 : 가져오기 할 카탈로그의 사진이 포함된 폴더가 표시됩니다.

❷ 새 사진 : 가져오기 할 카탈로그에 새로운 사진이 있는 경우 이 항목이 활성화됩니다. [파일 처리] 방식과 [파일 위치]를 설정할 수 있습니다.

❸ 변경된 기존 사진 : 가져오기 할 카탈로그의 사진이 이미 있는 경우 변경된 내역이 있다면 이 항목이 활성화됩니다. 기존 사진에 대한 대체 방법과 가상 사본으로 유지할 것인지를 설정할 수 있습니다.

❹ 미리보기 표시 : 대화상자 우측으로 확장해 가져올 사진을 미리보기 할 수 있도록 미리보기 영역을 표시합니다.

❺ 미리보기 : 가져올 사진을 미리보기 합니다.

05 새 사진을 복사할 경로를 설정합니다. ❶ [새 사진] 항목에서 [파일 처리] 우측의 팝업 메뉴를 클릭합니다. ❷ 목록에서 [새 사진을 새 위치로 복사한 후 가져오기]를 선택합니다.

06 [새 사진] 항목에 [복사 위치]가 표시됩니다. 사진이 복사될 경로를 변경하기 위해 항목 우측의 [선택] 버튼을 클릭합니다.

07 [폴더 선택] 대화상자가 표시됩니다. ❶ 현재 열려 있는 카탈로그 폴더인 [My Photos] 찾아 선택하고, ❷ [폴더 선택] 버튼을 클릭합니다.

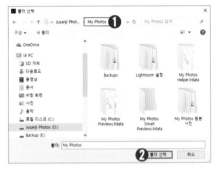

08 ❶ [새 사진] 항목에 [복사 위치]가 변경된 것을 확입합니다. ❷ 대화상자 우측 하단의 [가져오기] 버튼을 클릭합니다.

09 [카탈로그에서 가져오기] 대화상자가 표시되고 진행 상황이 그래프로 표시됩니다.

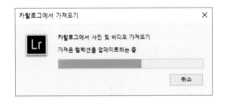

10 [폴더] 패널에서 [2005] 폴더가
추가되고 새로 가져온 사진이 이미
지 표시 영역에 표시됩니다.

TIP   다른 카탈로그에서 가져오기가 끝나면

다른 카탈로그에서 가져오기가 끝나면 [카탈로그] 패널의 [이전 가져오기] 항목에 가
져오기 한 사진의 수가 표시됩니다.

Adobe Lightroom Classic

PART

03

사진 관리하기

사진 관리는
사진 보기부터

라이트룸으로 가져오기 한 사진을 관리하려면 사진을 보는 방법부터 알아야 합니다. [라이브러리] 모듈에는 [격자 보기], [확대경 보기], [비교 보기], [통람 보기], [인물 보기]와 같은 사진 보기 모드가 있습니다. 이 장에서는 [라이브러리] 모듈에서 사진을 보는 다양한 방법과 사진 관리를 위해 표시되는 여러 정보에 대해 알아봅니다.

01 대상 항목과 사진을 보는 다섯 가지 방법

라이트룸에 등록된 사진을 보려면 먼저 대상 항목을 선택해야 합니다. 사용자가 어떤 대상 항목을 선택했는지에 따라 [이미지 표시 영역]과 [필름 스트립]에 표시되는 사진이 달라집니다. 대상 항목으로 많이 선택하는 것은 [카탈로그] 패널의 항목, [폴더] 패널의 폴더, [컬렉션] 패널의 컬렉션 등이 있습니다.

카탈로그 패널에서 대상 항목 선택하기

[카탈로그] 패널에 기본적으로 표시되는 대상 항목으로 [모든 사진], [빠른 컬렉션], [이전 가져오기]가 있습니다. 그 외의 다른 항목들은 사용자의 작업에 따라 추가적으로 표시됩니다. 선택한 대상 항목에 따라 [이미지 표시 영역]과 [필름 스트립]에 표시되는 사진이 달라집니다.

❶ 모든 사진 : 카탈로그에 등록된 모든 사진이 [이미지 표시 영역]과 [필름 스트립]에 표시됩니다. 카탈로그에 등록된 모든 사진을 보며 관리할 경우 선택합니다. 등록된 사진이 많을수록 처리 속도가 느려질 수 있습니다.

❷ 빠른 컬렉션 : 사용자가 빠른 컬렉션으로 분류된 사진을 볼 때 선택합니다. 임시적으로 사용되는 컬렉션으로 사용자가 빠른 컬렉션으로 분류한 사진이 없으면 선택해도 사진이 표시되지 않습니다.

❸ 이전 가져오기 : 가져오기 한 사진 중에 마지막으로 사진 가져오기를 실행해 카탈로그에 등록된 사진을 볼 때 선택합니다. 가져오기가 실행되면 기본으로 선택되어지기 때문에 가져온 사진을 곧바로 볼 수 있습니다.

[폴더] 패널에서 폴더 선택하기

[폴더] 패널에는 카탈로그에 등록된 사진이 저장된 폴더가 표시됩니다. 폴더의 구성은 하드 디스크상의 실제 폴더의 구성과 동일하지만 가져오기 시 지정된 [대상 폴더]의 하위 폴더만 표시됩니다. [폴더] 패널에서 폴더를 선택하면 해당 폴더의 경로를 가진 사진이 이미지 표시 영역과 [필름 스트립]에 표시됩니다.

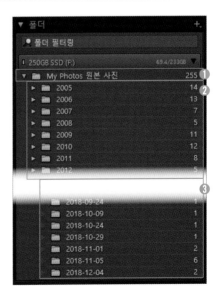

❶ 대상 폴더 : 가져오기 시 원본 사진이 복사 또는 이동되는 폴더입니다. 이 경로는 기본적으로 표시되지 않습니다.

❷ 상위 폴더 : 원본 사진이 저장된 하위 폴더를 포함하고 있는 상위 폴더입니다. 이 폴더를 선택하면 하위 폴더의 사진이 모두 표시됩니다.

❸ 하위 폴더 : 원본 사진이 저장된 폴더입니다. 이 폴더를 선택하면 해당 폴더의 사진만 표시됩니다.

[컬렉션] 패널에서 컬렉션 선택하기

[컬렉션] 패널에는 사용자가 분류한 항목들이 표시됩니다. 사진이 자동으로 분류되는 [스마트 컬렉션], 수동으로 분류하는 [컬렉션], 모듈에서 사용되는 [모듈 컬렉션] 항목들이 있습니다. 사용자가 선택하는 항목에 따라 [이미지 표시 영역]과 [필름 스트립]에 표시되는 사진이 달라집니다.

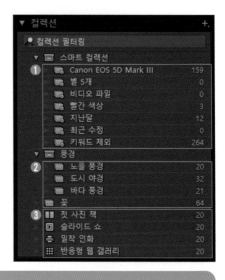

❶ 스마트 컬렉션 : 사용자가 설정한 옵션에 따라 사진이 자동으로 분류되는 컬렉션 항목입니다.

❷ 컬렉션 : 사용자가 수동으로 사진을 분류하는 컬렉션 항목입니다.

❸ 모듈 컬렉션 : 모듈에서 작업한 내역이 저장된 컬렉션 항목입니다.

사진을 보는 다섯 가지 방법

사진 보기 할 대상 항목을 선택하면 [이미지 표시 영역]과 [필름 스트립]에 사진이 표시됩니다. [이미지 표시 영역]에는 기본적으로 격자 보기로 사진이 표시되는데 사용자는 다른 보기 모드로 전환해 사진을 볼 수 있습니다. [라이브러리] 모듈의 [이미지 표시 영역]에서 사진을 볼 수 있는 보기 모드는 [격자 보기] 모드 외에 [확대경 보기], [비교 보기], [통람 보기], [얼굴 보기] 모드가 있습니다. 각 보기 모드 별로 사용되는 목적이 다릅니다.

보기 모드 전환하기

다섯 개의 보기 모드를 사용하려면 [이미지 표시 영역] 하단의 도구 모음에서 보기 모드 아이콘을 클릭해 해당 보기 모드로 전환할 수 있습니다.

❶ 격자 보기 ❷ 확대경 보기 ❸ 비교 보기 ❹ 통람 보기 ❺ 사람 보기

다른 방법으로 다음의 단축키를 사용할 수 있습니다. 또한 가장 많이 사용하는 [격자 보기]와 [확대경 보기]는 사진을 더블클릭하는 것만으로 빠르게 전환할 수 있습니다.

격자 보기	확대경 보기	비교 보기	통람 보기	사람 보기
Ⓖ	Ⓔ	Ⓒ	Ⓤ	Ⓞ

02 격자 보기

격자 보기는 [라이브러리] 모듈의 [이미지 표시 영역]을 격자로 나누어 각 칸에 작은 사진을 한 장씩 표시해 보여주는 보기 모드입니다. 많은 수의 사진을 한 화면에서 보면서 사진을 빠르게 분류 및 관리할 때 주로 사용합니다. 또한 여러 장의 사진을 함께 선택해 현상 사전 설정을 적용하거나 키워드 및 메타데이터를 입력할 때에도 유용합니다.

격자 보기에서 사진의 확대와 축소

격자 보기 모드에 표시되는 사진의 크기는 사용자가 직접 조절할 수 있습니다. [이미지 표시 영역] 하단의 [도구 모음]에서 [축소판] 슬라이더를 우측으로 끌면 사진이 커지고 좌측으로 끌면 사진이 작아집니다.

축소판 슬라이더로 사진의 크기를 조절한 화면입니다. 가로 열에 표시되는 사진 수는 모니터의 해상도에 따라 다르며 최대 1장의 사진까지 표시할 수 있습니다. [이미지 표시 영역] 위로 마우스 포인터를 올려놓고 Ctrl을 누른 채로 마우스 휠을 돌리면 격자 보기의 사진을 빠르게 확대 및 축소할 수 있습니다. 단, 이 기능은 macOS에서는 작동하지 않습니다.

사진 회전시키기

세로로 찍은 사진이 가로로 표시되는 경우가 있습니다. 사진이 가로로 표시되는 것은 라이트룸의 기본 설정이지만, 카메라에서 사진이 찍힐 때 메타데이터 정보에 프레임의 방향이 저장된 경우 세로로 찍은 사진은 세로로 표시됩니다. 그러나 이 메타데이터의 정보가 없거나 삭제된 경우에는 세로 사진이 가로로 표시되는데 이러한 경우 사용자가 보기 편하도록 세로로 표시할 수 있습니다. 다음 화면처럼 격자 보기의 각 칸에 마우스 포인터를 올려보면 하단 좌우에 사진을 회전시킬 수 있는 버튼이 표시됩니다. 회전 버튼을 한 번 클릭할 때마다 시계 방향 또는 시계 반대 방향으로 90도씩 회전합니다.

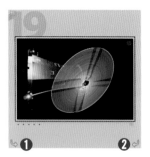

❶ 시계 반대 방향으로 사진 회전
❷ 시계 방향으로 사진회전

시계 반대 방향으로 회전시킨 사진

격자 보기 화면에서 여러 사진을 함께 선택한 후, 선택 사진 중에서 회전 버튼을 누르면 사진 전부가 회전됩니다. 다른 방법으로 사진을 한 장 또는 여러 장을 선택한 후, 도구 모음의 회전 버튼을 클릭해 사진을 회전시킬 수 있습니다.

TIP 도구 모음에 도구 추가하기

도구 모음에 [회전] 버튼은 기본적으로 표시되지 않습니다. 도구 모음에 [회전] 버튼 외에 다른 도구를 표시하려면 [Part 01, Chapter 03, Section 14 도구 모음에 도구 추가하기]를 참고하세요.

정렬은 격자 보기 화면에서 사진이 표시되는 순서를 설정하는 것입니다. 다음 화면처럼 [이미지 표시 영역] 아래 [도구 모음]에는 사진을 정렬할 수 있는 정렬 도구가 기본적으로 표시되어 있습니다.

❶ 설정된 정렬을 오름차순 또는 내림차순으로 표시합니다.

❷ 정렬 방식을 설정합니다. 기본 정렬 방식은 [촬영 시간]입니다. 다음 화면처럼 정렬 우측의 팝업 메뉴를 클릭하면 다른 정렬 방식을 선택할 수 있습니다.

격자에 표시되는 정보

격자 보기 화면의 격자 칸과 사진에는 다양한 정보가 아이콘으로 표시됩니다. 아이콘이 작기 때문에 자칫 무심코 넘길 수 있습니다. 그러나 해당 사진에 대한 중요한 정보이기 때문에 사진과 함께 확인하는 습관을 들이는 것이 좋습니다.

먼저 격자 칸에 표시되는 기본 정보는 다음과 같습니다.

❶ 플래그 : 사진에 설정된 플래그 특성을 표시합니다. 기본 설정은 표시되지 않습니다.

❷ 일렬번호 : 격자 보기 화면에 표시되는 사진의 일련번호입니다. 대상 항목 선택과 정렬 방식에 따라 일련번호는 다르게 표시됩니다.

❸ 사진 없음 : 카탈로그에 등록된 사진의 경로에 원본 사진이 없음을 알려줍니다.

❹ 별 등급 : 사진에 설정된 별 등급 특성을 표시합니다. 기본 설정은 표시되지 않습니다.

❺ 색상 라벨 : 사진에 설정된 색상 라벨 특성을 표시합니다. 기본 설정은 표시되지 않습니다.

❻ 회전 버튼 : 사진의 좌우로 90도씩 회전시킵니다.

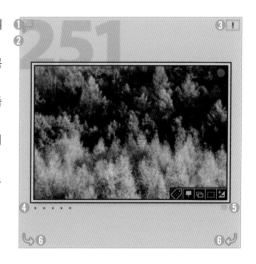

사진에 표시되는 정보는 다음과 같습니다.

❼ 빠른 컬렉션 : 빠른 컬렉션으로 사진을 분류하기 위한 버튼입니다. 마우스 포인터를 사진 위로 올리면 버튼이 표시되고 클릭하면 [카탈로그] 패널의 [빠른 컬렉션] 항목으로 사진이 분류됩니다. 사진이 빠른 컬렉션으로 분류되면 이 버튼은 고정됩니다. 한번 더 클릭하면 빠른 컬렉션에서 해제됩니다.

❽ 가상 사본 : 마스터 미리보기 이미지에 대한 가상본 미리보기 이미지를 의미합니다.

❾ 배지 : 사진을 상태를 배지로 표시합니다.

❿ 키워드 : 키워드가 입력된 사진입니다. 배지를 클릭하면 [키워드 입력] 패널에 입력된 키워드를 확인할 수 있습니다.

⓫ GPS : 메타데이터에 GPS 좌표 값이 있어 사진이 [지도] 모듈에 자동으로 배치된 사진입니다. 배지를 클릭하면 [지도] 모듈에 사진이 배치된 곳을 표시합니다.

⓬ 컬렉션 : 컬렉션으로 분류된 사진입니다. 배지를 클릭하면 분류된 컬렉션을 팝업 메뉴로 표시합니다. 팝업 메뉴에 표시된 컬렉션을 클릭하면 해당 컬렉션을 대상 항목으로 사진을 표시합니다.

⓭ 크롭 : 크롭한 사진입니다. 기울기나 구도 조정, 종횡비를 변경해 잘린 사진입니다.

⓮ 현상 조정 : 크롭을 제외한 현상 조정을 한 사진입니다. 즉, 후보정한 사진을 의미합니다.

03 확대경 보기

확대경 보기는 사진을 확대해 볼 때 사용하는 보기 모드입니다. 격자 보기 화면에서 사진을 확대해 볼 경우 해당 사진을 더블클릭하면 확대경 보기 모드로 전환됩니다. 확대경 보기 화면에서 사진을 더블클릭하면 격자 보기 화면으로 전환됩니다.

탐색기 패널에서 확대 및 축소 비율 설정하기

[이미지 표시 영역]이 확대경 보기로 전환될 때 사진이 확대되는 크기는 [맞춤]과 [채움]으로 설정할 수 있는데, 이 설정은 탐색기 패널에서 설정합니다. 사용자는 [탐색기] 패널에서 [맞춤] 또는 [채움]을 클릭해 설정할 수 있습니다.

❶ 맞춤/채움 : 지정된 확대/축소 비율을 [맞춤] 또는 [채움]으로 설정합니다.

❷ 100% : 사진을 100% 크기로 표시합니다.

❸ 6~1600% : 지정된 확대/축소 비율을 6~1600%로 설정합니다.

확대경 보기 화면에서 사진을 [이미지 표시 영역]에 [맞춤] 또는 [채움]으로 표시합니다. [이미지 표시 영역]을 기준으로 사진이 표시되는 것이므로 모니터의 해상도가 크다면 더 크게 표시될 수 있습니다.

❶ 맞춤 : [이미지 표시 영역]에 사진 전체를 표시합니다.

❷ 채움 : [이미지 표시 영역]의 가로 폭에 맞춰 사진을 표시합니다.

맞춤　　　　　　　　　　　　　　　　채움

확대경 보기 화면에서 [이미지 표시 영역]의 크기와 상관없이 사진을 지정된 확대/축소 비율로 설정할 수 있습니다. 메뉴를 클릭하면 6~1600% 사지의 지정된 확대/축소 비율이 표시됩니다. 사진을 확대 또는 축소할 비율을 선택합니다.

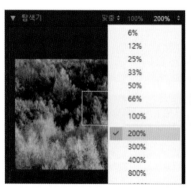 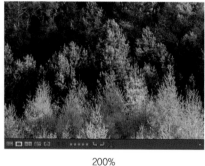 

200%　　　　　　　　　　　　　　　　300%

TIP　스크러비 확대/축소와 상자 확대/축소

라이트룸 클래식 10.0부터 스크러비 확대/축소 기능과 상자 확대/축소 기능이 추가되었습니다. 스크러비 확대/축소 기능은 [현상] 모듈에서만 사용되지만 매우 직관적입니다. Shift를 누르고 확대/축소할 부분을 마우스로 클릭한 채 좌우로 드래그하면 사진을 빠르게 확대/축소할 수 있습니다. 마우스를 왼쪽으로 드래그하면 사진이 축소되고 오른쪽으로 드래그하면 확대됩니다. 확대/축소 비율은 [탐색기] 패널에 [%] 항목과 [도구 모음]의 [확대/축소] 슬라이더에 표시됩니다.

상자 확대/축소 기능은 [라이브러리], [현상] 모듈에서 사용할 수 있습니다. Ctrl을 누르고 확대할 영역을 마우스로 드래그하여 사각형을 만들면 사진이 확대됩니다. macOS에서는 Command를 누릅니다.

사진이 [이미지 표시 영역]의 크기보다 큰 경우 사진 위로 마우스 포인터를 올리면 손 모양으로 바뀝니다. 이때 사진을 드래그하면 다른 부분을 탐색할 수 있습니다. 다른 방법으로 [탐색기] 패널에서 사진을 탐색할 수 있습니다. 사진이 확대되면 [탐색기] 패널에 사각형이 표시되는데 이 영역이 [이미지 표시 영역]에 확대된 부분을 의미합니다. 표시된 사각형을 드래그하면 [이미지 표시 영역]에 사진의 다른 부분을 표시할 수 있습니다.

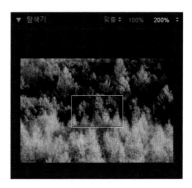

격자와 안내선 표시하기

확대경 보기에서 사진을 확대해 보면서 사진의 기울기, 대칭, 피사체 사이의 간격 등을 확인하기 위해 사진에 격자를 표시할 수 있습니다. 격자와 안내선을 표시하려면 확대경 오버레이 기능을 활성화해야 합니다. [라이브러리] 모듈의 [보기 > 확대경 오버레이 > 표시] 메뉴를 선택합니다.

TIP

격자 표시와 같이 사진 위에 표시되는 것을 오버레이(overlay)라고 합니다.

확대경 오버레이를 설정하면 사진에 격자가 기본적으로 표시됩니다.

이번에는 안내선을 표시해 보겠습니다. [라이브러리] 모듈의 [보기 〉 확대경 오버레이 〉 안내선] 메뉴를 선택합니다. 사진 중앙으로 굵은 십자선이 표시됩니다.

격자의 간격과 안내선의 위치를 변경할 수 있습니다. Ctrl 을 누르면 격자 크기를 변경할 수 있는 슬라이드와 안내선을 이동할 수 있는 포인터가 표시됩니다.

❶ 격자 크기와 불투명도를 조절합니다. [크기]와 [불투명도]를 클릭한 채로 좌우로 드래그하면 격자의 크기와 불투명도를 조절할 수 있습니다.

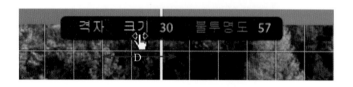

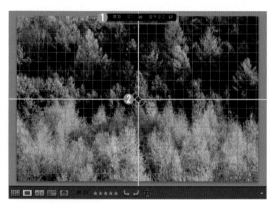

❷ 안내선의 위치를 변경합니다. 포인트를 드래그하여 안내선의 중심을 변경하거나, 안내선을 드래그하여 안내선의 위치를 변경할 수 있습니다.

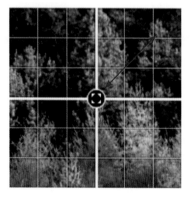
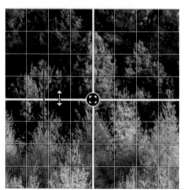

04 비교 보기

비교 보기는 두 장의 사진을 선택해 서로 확대 및 축소해 보면서 비교하는 보기 모드입니다.

비교할 사진 선택하기

두 장의 사진을 비교하려면 격자 보기 화면 또는 [필름 스트립]에서 두 장의 사진을 선택해야 합니다. 첫 번째 사진은 클릭해 선택하고, 두 번째 사진은 Ctrl을 누른 채 클릭합니다. 먼저 선택한 사진이 [선택] 사진이 되고 나중에 선택한 사진은 [후보] 사진이 됩니다. 격자 보기 화면과 [필름 스트립]에서는 먼저 선택한 사진의 격자 배경이 나중에 선택한 사진의 격자 배경보다 밝습니다.

격자 보기 화면에서 선택한 사진

[필름 스트립]에서 선택한 사진

두 장의 사진을 선택하고 비교 보기 화면으로 전환하면 다음과 같이 표시됩니다. 왼쪽이 [선택] 사진, 오른쪽이 [후보] 사진이 됩니다. 또한 [필름 스트립]의 사진에는 [선택] 사진에는 흰색 마름모가 표시되고 [후보] 사진에는 검은색 마름모가 표시됩니다.

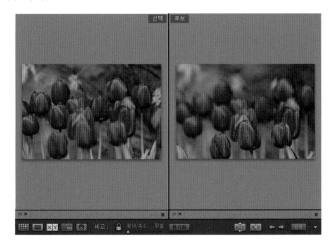

비교 보기 화면의 도구 모음

비교 보기 화면으로 전환하면 [이미지 표시 영역] 하단 도구 모음에 비교 보기 도구들이 추가됩니다.

❶ 초점 연결 : 자물쇠 아이콘을 클릭할 때마다 자물쇠가 잠기거나 열립니다. 자물쇠가 잠겨 있으면 두 장의 사진이 동시에 확대, 축소, 드래그되며, 자물쇠가 열려 있으면 선택한 사진만 확대, 축소, 드래그됩니다.

❷ 확대/축소 : 사진을 확대 및 축소할 수 있는 슬라이드입니다. [초점 연결] 자물쇠가 잠겨 있으면 두 장의 사진이 동시에 확대 및 축소되고 [초점 연결] 자물쇠가 열려 있으며 선택한 사진만 확대 및 축소됩니다.

❸ 동기화 : [초점 연결] 자물쇠가 열려 있을 때 이 버튼을 클릭하면 선택한 사진을 기준으로 동일한 확대/축소 배율과 지점으로 맞춰줍니다.

❹ 바꾸기 : [선택] 사진과 [후보] 사진을 서로 바꿉니다.

❺ 선택 : [후보] 사진이 [선택] 사진이 됩니다. 여러 장의 사진을 선택한 경우에는 첫 번째 사진은 [선택] 사진이 되고 두 번째 사진은 [후보] 사진이 되는데, 이 버튼을 클릭하면 두 번째 사진이 [선택] 사진이 되고 세 번째 사진이 [후보] 사진이 됩니다.

05 통람 보기

통람 보기는 두 장 이상의 사진을 선택해 한 화면에서 보면서 최종 한 장의 사진의 사진을 고를 때 사용하는 보기 모드입니다. 연사로 찍은 사진이나, 동일한 피사체를 다양하게 찍은 사진 중에서 최적의 사진의 사진을 고를 때 사용하면 유용합니다.

통람 보기 할 사진 선택하기

다음과 같이 유사하게 찍힌 사진을 선택합니다. 가로와 세로 사진을 함께 선택해도 되고, 사진의 사이즈가 달라도 상관없습니다. 연속해서 찍은 사진이 아니어도 두 번째 사진부터 Ctrl을 누른 채 여러 사진을 선택할 수 있습니다. 선택하는 사진의 장수는 제한이 없지만, 모니터의 해상도가 낮으면 많은 사진을 표시하기에 부적합합니다

통람 보기 화면으로 전환하면 선택한 사진이 다음과 같이 표시됩니다.

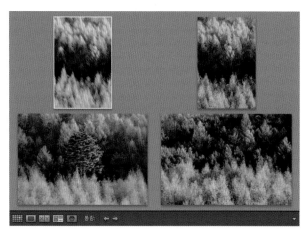

사진을 고르는 작업은 상대적인 비교를 통해 배제할 사진을 화면에서 빼는 것입니다. 사진에 마우스 포인터를 올리면 오른쪽 하단에 Ⓧ버튼이 표시됩니다. 이 버튼을 클릭하면 통람 보기에서 사진이 배제됩니다.

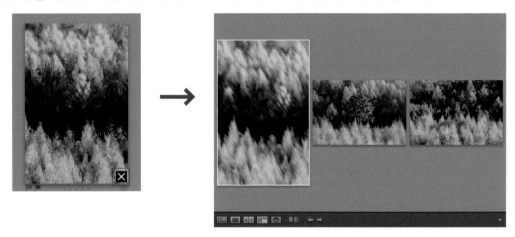

이렇게 사진을 배제하다 보면 최종 한 장의 사진이 남게 됩니다. 여기서 최종 사진에 대한 표식을 설정해두면 나중에 사진 찾기와 관리가 수월해집니다. 사진 좌측 아래에 있는 흰색 플래그를 클릭해 특성을 설정합니다.

사진에 플래그와 같은 속성을 설정해 두면 나중에 스마트 컬렉션으로 자동 분류되도록 설정할 수 있고, 특성 필터링을 통해 사진을 빠르고 쉽게 찾을 수 있습니다.

06 사람 보기

사람 보기는 인물이 포함된 사진을 자동으로 찾아 분류해주는 인공지능 보기 모드입니다. 분류된 인물 사진에는 인물의 이름이 키워드로 자동으로 입력됩니다.

→ 동일하게 따라해 보려면 [라이트룸 예제.zip] 파일을 다운받아 압축을 해제한 후, [인물 사진 예제] 폴더의 사진을 가져오기 합니다.

사람 보기 시작하기

사람 보기는 사진에 포함된 인물을 찾아 자동으로 분류해 주는 안면 인식 기능입니다. 그러나 이 기능은 기본으로 비활성화되어 있습니다. 직접 활성화해 인물이 포함된 사진을 분류할 수 있습니다. 안면 인식 기능이 활성화되면 인물 사진에 대한 색인화가 진행되고 인물 사진이 자동으로 분류됩니다. 추후 새로 가져오기 하는 사진도 자동으로 분류됩니다.

안면 인식 기능을 활성화하려면 도구 모음에서 [사람 보기] 아이콘을 클릭합니다. 사용자는 두 가지 안면 인식 방법 중에 하나를 선택해 인물 사진을 분류할 수 있습니다.

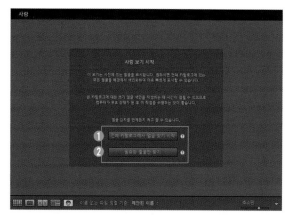

❶ 전체 카탈로그에서 얼굴 찾기 시작 : 안면 인식 기능을 백그라운드로 작업으로 활성화합니다. 따라서 라이트룸에 등록된 모든 사진을 대상으로 인물이 포함된 사진을 감지합니다. 카탈로그에 등록된 사진이 많으면 안면 인식이 끝날 때까지 오랜 시간이 걸립니다.

❷ 필요한 얼굴만 찾기 : 선택한 대상 항목(폴더, 컬렉션 등)에 대해 사람 보기 모드에서만 안면 인식 기능을 활성화합니다.

여기서는 카탈로그에 등록된 사진의 양이 많지 않기 때문에 [전체 카탈로그에서 얼굴 찾기 시작] 버튼을 클릭하면 안면 인식 기능이 활성화 되고 감지된 얼굴은 다음과 같이 즉시 분류됩니다.

이름 입력과 유사 사진 분류하기

라이트룸은 유사한 얼굴을 분류해줄 뿐 누구인지 알지 못합니다. 그래서 사진 아래에 물음표(?)가 표시됩니다. 사용자는 해당 사진에 물음표 대신 이름이나 명칭을 넣어 관리할수 있습니다. 이렇게 입력된 텍스트는 키워드에 자동 등록됩니다. 사진에 표시된 숫자는 동일한 인물로 분류된 사진의수를 의미합니다.

❶ 동일한 인물이라고 판단되는 사진의 수입니다.
❷ 최초 한 번은 인물에 대한 이름을 입력해야 합니다.

물음표 대신 이름을 입력하면 [이름이 지정된 사람] 항목으로 이동됩니다. [이름이 지정되는 않은 사람] 항목에는 추천되는 이름이 물음표와 함께 표시됩니다.

[이름이 지정되지 않은 사람] 항목에 있는 미분류된 사진을분류하려면 추천되는 이름이 맞을 경우 사진 아래 [√] 버튼을 클릭합니다. 또는 [이름이 지정된 사람] 항목에 있는 해당인물 사진 위로 끌어다 놓습니다. 그러면 해당 인물로 분류됩니다.

[이름이 지정된 사람] 항목에서 특정 인물을 더블클릭합니다. [확인됨] 항목과 [유사] 항목으로 구분됩니다. [유사] 항목에서 [확인됨] 항목의 인물과 동일한 인물이 있으면 사진 아래 [√] 버튼을 클릭합니다.

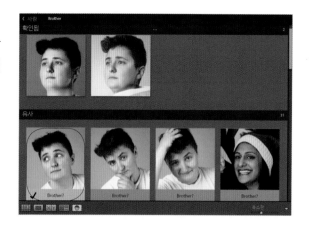

[유사] 항목의 사진을 [확인됨] 항목으로 끌어다 놓아도 사진은 분류됩니다. 여러 장의 사진을 함께 선택해 일괄 처리할 수 있습니다.

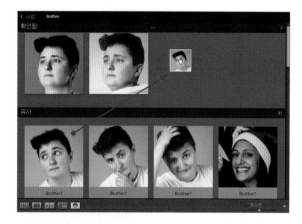

이전 [사람 보기] 화면으로 돌아가려면 상단 좌측에 있는 [〈 사람]을 클릭합니다.

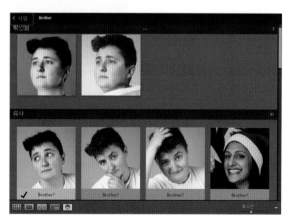

[이름이 지정된 사람] 항목으로 분류된 사진은 [키워드 적용] 패널에 자동으로 이름이 키워드로 입력됩니다. 이렇게 입력된 키워드는 사진을 검색할 때 유용하게 사용됩니다.

TIP 안면 인식 기능 중지하기

안면 인식 기능이 활성화되면 [식별판]에 [얼굴 감지] 항목에 진행 내용이 표시됩니다.

[얼굴 감지] 항목을 클릭하면 안면 인식 기능을 일시 정지 또는 다시 시작할 수 있습니다.

07 듀얼 모니터에서 사진 보기

라이트룸 작업 시 해상도가 큰 모니터로 작업하면 격자 보기 화면에서 더 많은 사진을 표시할 수 있고 확대경 보기에서 더 큰 사진을 표시할 수 있습니다. 이러한 큰 화면은 후보정 시에도 유용합니다. 하지만 고해상의 모니터가 준비되지 않았다면 시스템을 듀얼 모니터로 구성해 고해상도 모니터와 유사한 환경으로 작업할 수 있습니다. 다음 화면은 듀얼 모니터에서 기본 창(메인 모니터)에 라이트룸의 [라이브러리] 모듈의 확대경 보기를 표시하고 보조 창(두 번째 모니터)에는 격자 보기 화면을 표시한 것입니다.

듀얼 모니터에서
라이트룸 기본 창

듀얼 모니터에서
라이트룸 보조 창

듀얼 모니터 설정 메뉴 버튼

라이트룸 [필름 스트립] 왼쪽에는 사용자가 듀얼 모니터 구성 시 기본 창과 보조 창을 구성할 수 있는 두 개의 버튼이 있습니다.

❶ 버튼을 클릭하면 기본 창 즉, 메인 모니터에 표시할 것을 설정할 수 있는 팝업 메뉴가 표시됩니다.

❷ 버튼을 클릭하면 보조 창 즉, 두 번째 모니터에 표시할 것을 설정할 수 있는 팝업 메뉴가 표시됩니다.

기본 창 설정하기

[필름 스트립]에서 기본 창 설정 버튼을 클릭하면 팝업 메뉴가 표시되는데, 모듈 별로 표시되는 메뉴가 다음과 같이 다릅니다.

❶ [라이브러리] 모듈의 기본 창 설정 메뉴

❷ [현상] 모듈의 기본 창 설정 메뉴

❸ [지도], [책], [슬라이드 쇼], [인쇄], [웹] 모듈의 기본 창 설정 메뉴

보조 창 설정하기

[필름 스트립]에서 보조 창 설정 버튼을 클릭하면 다음과 같은 팝업 메뉴가 모든 모듈에서 동일하게 표시됩니다.

TIP 가장 많이 사용하는 기본 창과 보조 창의 조합

필자가 가장 많이 사용하는 기본 창과 보조 창의 조합입니다. 왼쪽 화면이 기본 창이고 오른쪽 화면이 보조 창입니다.
[라이브러리] 모듈에서 기본 창에는 [격자]를 설정하고 보조 창에는 [확대경]을 설정합니다. 기본 창에서 사진을 선택하면 보조 창에 사진이 확대경 보기로 표시됩니다. 격자 보기 화면과 확대경 보기 화면을 전환할 필요가 없습니다.

[라이브러리] 모듈에서 기본 창에는 [통람]을 설정하고 보조 창에는 [확대경]을 설정합니다. 기본 창의 통람 보기 사진 중 하나를 선택하면 보조 창의 확대경 보기로 표시됩니다. 통람 보기에 사진이 많을 경우, 보조 창에 사진을 확대해 표시해주기 때문에 사진을 고를 때 편리합니다.

[현상] 모듈에서 기본 창에는 [확대경]을 설정하고 보조 창에는 [확대경]을 설정합니다. 기본 창에서 후보정한 내역을 보조 창에서 다양한 배율로 확인할 수 있습니다.

[현상] 모듈에서 기본 창에는 [확대경]을 설정하고 보조 창에는 [격자]를 설정합니다. 보정할 사진을 보조 창에서 빠르게 찾아 선택할 수 있습니다.

08 슬라이드 쇼로 사진보기

사진을 슬라이드 쇼로 보려면 [슬라이드 쇼] 모듈로 전환해야 합니다. [라이브러리] 모듈에서 별도의 옵션 설정 없이
대상 항목의 사진을 즉석으로 슬라이드 쇼 할 수 있습니다. [라이브러리] 모듈에서 즉석 슬라이드 쇼를 하려면 다음
도구 모음 화면에 표시된 [즉석 슬라이드 쇼] 버튼을 클릭합니다.

라이트룸 화면이 전체 화면으로 변경되고 즉석 슬라이드 쇼가 진행됩니다. 슬라이드 쇼를 중지하려면 Esc를 누르거
나 마우스 버튼을 누릅니다.

원본 사진 관리는
폴더 패널에서

이제 사진을 관리하고 분류하는 방법에 대해 본격적으로 알아보겠습니다. 라이트룸에서 사진을 관리하고 분류하는 가장 기본적인 방법은 원본 사진이 저장된 폴더를 관리하는 것입니다. 이 폴더들은 사진을 가져오기 할 때 사용자가 대상 폴더로 지정한 폴더로 [라이브러리] 모듈의 [폴더(Folders)] 패널에 표시됩니다. 탐색기나 파인더에서 보는 폴더 구조로 되어있고 그 사용법도 같습니다. 다만 라이트룸의 [폴더] 패널에서 폴더를 삭제했다고 해서 실제 하드디스크의 폴더가 삭제되지는 않습니다.

01 폴더 패널의 구성과 메뉴

[폴더] 패널의 구성

① 패널 접기/펼치기 버튼 : 이 버튼을 클릭하면 [폴더] 패널을 접거나(▶) 펼칠(▼) 수 있습니다.

② 선택된 폴더 삭제 : 선택한 폴더를 삭제합니다.

③ 새 폴더 만들기 : 선택한 폴더 하위에 새로운 폴더를 만들거나 새로운 폴더를 추가합니다.

④ 폴더 필터링 및 검색 : 특정 폴더를 찾기 위해 검색어를 입력합니다. 즐겨찾기 또는 색상 레이블로 지정된 폴더를 필터링하거나 검색합니다.

⑤ 하드디스크 볼륨 : 대상 폴더가 저장된 하드 디스크를 표시합니다.

⑥ 대상 폴더 : 원본 사진이 저장된 실제 하드 디스크의 폴더가 표시됩니다.

⑦ 즐겨찾기 폴더 : 즐겨찾기로 설정된 폴더로 폴더에 별(☆) 표시가 있습니다.

⑧ 색상 레이블 폴더 : 색상 레이블이 설정된 폴더로 항목 우측에 색상 바가 표시됩니다.

원본 사진이 저장된 실제 경로 표시하기

[폴더] 패널에는 실제 원본 사진이 저장된 하드 디스크의 모든 경로가 다 표시되지 않습니다. 가져오기 시 지정한 대상 폴더의 하위 폴더만 표시되는 것이 기본 설정입니다. 그렇기 때문에 지정한 폴더가 마치 루트 폴더처럼 표시됩니다. 이는 불필요한 상위 경로를 생략한 것뿐입니다. 다음의 두 가지 방법으로 혼동을 피할 수 있습니다.

첫 번째 방법은 원본 사진이 저장된 대상 폴더를 표시하거나, 대상 폴더의 상위 폴더를 모두 표시하는 것입니다. 하드 디스크의 경로와 [폴더] 패널의 경로가 동일하게 표시되어 혼동을 피할 수 있습니다.

두 번째 방법은 원본 사진이 저장된 실제 하드 디스크의 모든 경로를 [폴더] 패널에 표시하는 것입니다. 원본 사진의 경로가 길 경우에는 패널 폭에 경로가 다 표시되지 않아 유용하지 않을 수 있습니다.

[폴더] 패널에 상위 폴더를 표시해 실제 하드 디스크의 구조와 같게 설정해 보겠습니다.

01 대상 폴더의 하위 폴더만 표시된 [폴더] 패널입니다. 이 폴더들의 상위 폴더를 표시해 원본 사진이 전체 경로를 표시해 보겠습니다. 이 [폴더] 패널의 원본 사진의 대상 폴더 경로는 [D 드라이브 〉 My Photos 〉 My Photos 원본 사진]입니다.

→ 대상 폴더 설정에 관해서는 [Part 02, Chapter 02, Section 02 카탈로그에 사진 등록하기]를 참고하세요.

02 먼저 대상 폴더를 표시해보겠습니다. ❶ 대상 폴더의 하위 폴더인 연도 폴더 중 하나를 마우스 오른쪽 버튼으로 클릭합니다. 여기서는 [2005] 폴더를 마우스 오른쪽 버튼으로 클릭합니다. ❷ 표시되는 단축 메뉴에서 [상위 폴더 표시] 메뉴를 클릭합니다.

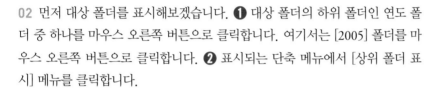

03 연도 폴더 상위에 대상 폴더가 표시되는 것을 알 수 있습니다.

04 이번에는 대상 폴더의 상위 폴더를 표시해 보겠습니다. ❶ 대상 폴더를 마우스 오른쪽 버튼으로 클릭합니다. ❷ 표시되는 단축 메뉴에서 [상위 폴더 표시] 메뉴를 클릭합니다.

05 다음 화면처럼 대상 폴더의 상위 폴더가 표시됩니다. 이렇게 표시된 [폴더] 패널은 실제 원본 사진의 폴더 경로와 같기 때문에 혼동을 피할 수 있습니다.

TIP   상위 폴더 숨기기

상위 폴더를 숨기고 싶다면 숨길 폴더를 마우스 오른쪽 버튼으로 클릭하여 표시되는 단축 메뉴에서 [이 상위 숨기기] 메뉴를 클릭합니다.

---

06 실제 사진이 저장된 폴더와 같은지 확인해보기 위해 대상 폴더를 마우스 오른쪽 버튼으로 클릭하여 표시되는 단축 메뉴에서 [탐색기로 표시] 메뉴를 클릭합니다. 탐색기가 실행되고 대상 폴더 하위의 폴더를 표시해 줍니다. 경로가 [폴더] 패널에 표시된 경로와 동일한 것을 알 수 있습니다.

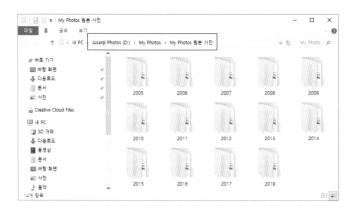

TIP 전체 경로 표시하기

대상 폴더의 전체 경로를 폴더에 표시할 수도 있습니다. 이 경우에는 대상 폴더의 경로가 짧아야 유용합니다. ❶ [폴더] 패널에서 [+] 버튼을 클릭합니다. ❷ 표시되는 단축 메뉴에서 [볼륨으로부터의 경로]를 클릭합니다. 그러면 모든 폴더에 상위 경로가 표시됩니다.

하드 디스크 볼륨 항목에서 정보 확인하기

하드 디스크의 볼륨에는 색상이 표시되어 있습니다. 표시되는 색상의 의미는 다음과 같습니다.

	하드 디스크의 여유 공간이 10GB 이상 남아 있음을 의미합니다.
	10GB 이하의 여유 공간이 남아 있음을 의미합니다.
	5GB 이하의 여유 공간이 남아 있음을 의미합니다.
	1GB 이하의 여유 공간이 남아 있음을 의미합니다. 이때 하드 디스크가 거의 꽉 찼다는 툴 팁이 표시됩니다.
	하드 디스크가 사용자의 시스템에 연결되지 않았음을 의미합니다. 따라서 보정 작업은 불가능하고 저해상도 미리보기 이미지만 라이트룸에 표시됩니다.

볼륨 항목을 마우스 오른쪽 버튼으로 클릭하면 다음과 같은 메뉴가 표시됩니다. 하드 디스크를 탐색기로 표시해주거나 속성 창을 열어줍니다. 또한 볼륨 항목 우측에 표시되는 볼륨 정보를 선택할 수 있습니다.

❶ 탐색기로 표시 : 해당 하드 디스크 볼륨을 탐색기나 파인더로 열어줍니다.

❷ 속성 : 해당 하드 디스크 볼륨에 대한 속성 창을 열어줍니다.

❸ 디스크 공간 : 해당 하드 디스크의 전체 용량과 사진의 용량을 표시합니다.

❹ 사진의 개수 : 해당 하드 디스크의 사진의 개수를 표시합니다. 사진의 개수에는 가상 사본도 포함됩니다.

❺ 상태 : 해당 하드 디스크 볼륨이 시스템에 연결되어 있는지를 표시합니다.

❻ 없음 : 아무것도 표시하지 않습니다.

[폴더] 패널 메뉴

[폴더] 패널에는 어떠한 기능들이 있는지 [폴더] 패널의 메뉴를 살펴보겠습니다. 폴더를 마우스 오른쪽 버튼으로 클릭하면 다음과 같은 메뉴가 표시됩니다. 최상위 폴더를 선택했을 때와 하위 폴더를 선택했을 때 각각 다르게 표시되는데 최상위 폴더의 메뉴에서 [이 상위 숨기기]와 [상위 폴더 표시] 메뉴를 제외하고 동일합니다.

상위 폴더에 대한 단축 메뉴   하위 폴더에 대한 단축 메뉴

❶ "○○○" 내에 폴더 만들기 : 선택한 폴더 하위에 새로운 폴더를 만듭니다. 이 폴더는 실제 하드 디스크상에도 생성됩니다.

❷ 컬렉션 세트 만들기 "○○○" : 선택한 폴더에 하위 폴더가 있는 경우 컬렉션 세트로 만듭니다. 하위 폴더는 컬렉션으로 만들어집니다. 하위 폴더가 없는 경우 이 메뉴는 표시되지 않습니다.

❸ 컬렉션 만들기 "○○○" : 선택한 폴더를 컬렉션으로 만듭니다.
   → 컬렉션에 대해서는 [Part 03, Chapter 03 사진의 체계적인 분류는 컬렉션 패널에서]를 참조하세요.

❹ 즐겨찾기 표시 : 선택한 폴더를 [즐겨찾기] 폴더로 표시합니다. 폴더에 (☆)표시가 추가됩니다. 즐겨찾기 폴더는 폴더 검색 시 필터링 됩니다.

❺ 색상 레이블 추가 : 선택한 폴더에 색상 레이블을 설정합니다. 지정한 색상은 폴더 항목 우측에 표시됩니다.

❻ 이름 바꾸기 : 선택한 폴더의 이름을 변경합니다.

❼ 제거 : 선택한 폴더를 카탈로그에서 제거합니다. 실제 하드디스크상에서는 삭제되지 않습니다.

❽ 이 상위 숨기기 : 선택한 폴더를 숨깁니다.

❾ 상위 폴더 표시 : 선택한 폴더의 상위 폴더를 표시합니다. 상위 폴더가 없거나 하위 폴더에서는 이 메뉴가 표시되지 않습니다.

❿ 메타데이터 저장 : 카탈로그에 저장된 메타데이터를 저장합니다. RAW 파일인 경우 XMP 파일로 저장되고, JPEG, TIFF 등의 파일은 원본 파일에 저장됩니다.

⓫ 폴더 동기화 : 카탈로그에 저장된 폴더와 실제 하드디스크상의 폴더를 동기화합니다.

　→ 폴더 동기화에 대해서는 [Part 02, Chapter 03, Section 02 원본 사진 폴더와의 동기화]를 참조하세요.

⓬ 폴더 위치 업데이트 : 원본 사진이 저장된 하드디스크상의 폴더를 다른 곳으로 복사한 경우 폴더의 위치를 갱신합니다.

⓭ 이 폴더로 가져오기 : 선택한 폴더로 사진을 가져오기 합니다.

⓮ 이 폴더를 카탈로그로 내보내기 : 선택한 폴더를 카탈로그로 내보내기 합니다.

　→ 카탈로그 내보내기에 대해서는 [Part 02, Chapter 03, Section 05 카탈로그 분리와 병합]을 참조하세요.

⓯ 탐색기로 표시 : 선택한 폴더를 탐색기나 파인더로 표시합니다.

⓰ 속성 : 선택한 폴더의 속성 창을 열어줍니다.

02 폴더 패널에서 폴더 관리하기

라이트룸에서 원본 사진이 저장된 대상 폴더를 관리할 수 있습니다. 일반적으로 탐색기나 파인더에서 폴더를 다루는 방법과 유사합니다. 새로운 폴더를 만들거나 이동하거나 삭제할 수 있습니다. 폴더를 삭제했다고 해서 실제 하드 디스크상의 폴더가 삭제되는 것은 아니고 카탈로그에 저장된 원본 사진의 경로가 삭제되는 것일 뿐입니다. 또한 이러한 대상 폴더 관리는 [폴더] 패널에서 진행해야 카탈로그에 반영됩니다. 탐색기나 파인더에서 폴더를 생성, 삭제, 이동, 이름 변경 등을 하게 되면 라이트룸에 반영되지 않습니다.

폴더 만들기

폴더는 두 가지 방식으로 만들 수 있습니다. 선택한 폴더 하위에 만드는 방법과 하위 폴더가 아닌 다른 경로의 폴더를 추가하거나 생성해 추가할 수 있습니다.

01 먼저 선택한 폴더 하위에 폴더를 만들어 보겠습니다. ❶ 폴더를 만들 상위 폴더를 선택하고 마우스 오른쪽 버튼으로 클릭합니다. ❷ 단축 메뉴가 표시되면 ["○○○" 내에 폴더 만들기] 메뉴를 선택합니다.

02 [폴더 만들기] 대화상자가 표시됩니다. ❶ [폴더] 입력란에 새로 생성할 폴더의 이름을 입력하고, ❷ [만들기] 버튼을 클릭합니다.

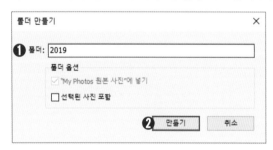

03 선택한 폴더 하위에 새로운 폴더가 생성됩니다.

TIP 라이트룸에서 폴더를 만들어 사용하는 경우

라이트룸에 새로 폴더를 만들어 사용하는 경우는 거의 없지만, 다음과 같은 경우에 폴더를 만들어 사용합니다.
• 특정 사진을 별도의 폴더에 저장해 관리해야 하는 경우
• 새로운 폴더를 만들어 직접 가져오기 해야 하는 경우

TIP   하위 폴더를 만드는 다른 방법

❶ 하위 폴더가 생성될 상위 폴더를 선택하고 [폴더] 패널 타
이틀 우측의 [+] 버튼을 클릭합니다. ❷ 단축 메뉴가 표시되면
[하위 폴더 추가] 메뉴를 클릭해 새로운 폴더를 만들 수 있습
니다.

폴더 추가하기

폴더 추가는 원본 사진이 저장된 대상 폴더가 아닌 다른 경로의 폴더를 대상 폴더로 라이트룸에 추가하는 기능입니
다. 이렇게 추가된 폴더 내에 사진이 저장되어 있는 경우 라이트룸에 모두 등록됩니다. 폴더 추가는 기존 하드 디스크
상의 폴더를 선택해 추가하거나, 새로운 폴더를 만들어 추가할 수 있습니다.

01 ❶ [폴더] 패널 타이틀 우측의 [+] 버튼을 클릭합니
다. ❷ 단축 메뉴가 표시되면 [폴더 추가] 메뉴를 클릭합
니다.

02 [폴더 선택 또는 새로 만들기...] 대화상자가 표시됩니다. 추가할 폴더를 찾아 선택하거나 [새 폴더]를 클릭해 새로운 폴더를 만들어 선택할 수 있습니다. ❶ 여기서는 [사진 〉 카메라 앨범] 폴더를 선택하겠습니다. ❷ [폴더 선택] 버튼을 클릭합니다.

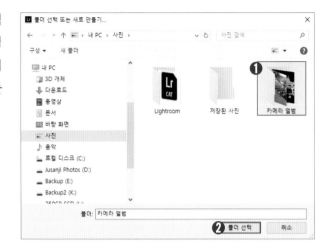

03 폴더에 저장된 사진을 카탈로그에 등록하기 위해 [가져오기] 대화상자가 자동으로 실행됩니다. [소스] 패널에는 선택한 폴더가 지정되어 있고, 가져오기 방식은 [추가]로 고정되어 있습니다. 우측 하단의 [가져오기] 버튼을 클릭합니다.

04 [폴더] 패널에는 추가한 폴더가 표시되고, 해당 폴더의 사진이 라이트룸에 등록됩니다.

폴더 삭제하기

[폴더] 패널에서는 불필요한 폴더를 삭제할 수 있습니다.

01 폴더를 삭제하려면 삭제할 폴더를 선택하고 마우스 오른쪽 버튼으로 클릭을 합니다. ❶ 여기서는 [Camera Roll] 폴더를 마우스 오른쪽 버튼으로 클릭합니다. ❷ 단축 메뉴가 표시되면 [제거] 메뉴를 선택합니다.

02 [확인] 창이 표시되면 [제거] 버튼을 클릭합니다.

03 선택한 폴더가 [폴더] 패널에서 제거되지만, 하드 디스크상의 폴더는 그대로 남아 있습니다.

폴더 이동하기

폴더의 이동은 별도의 메뉴가 없고 [폴더] 패널 내에서 이동시킬 폴더를 끌어다 다른 폴더에 놓기만 하면 됩니다. [폴더] 패널에서 폴더 이동은 실제 하드 디스크상에서도 동일하게 진행됩니다. 여기서는 [연도] 폴더 하위에 [월] 폴더를 새로 만들어 같은 월에 찍은 사진을 이동시켜보겠습니다.

01 ❶ [2005] 폴더를 마우스 오른쪽 버튼으로 클릭합니다. ❷ 표시되는 단축 메뉴에서 ["2005" 내에 폴더 만들기] 메뉴를 선택합니다.

02 [폴더 만들기] 대화상자가 표시됩니다. ❶ [폴더] 입력란에 [2005년 4월]이라고 입력하고, ❷ [만들기] 버튼을 클릭합니다.

03 [2005] 폴더 하위에 [2005년 4월]이라는 폴더가 생성됩니다.

04 이동할 폴더를 Ctrl을 누른 채 클릭해 다중 선택합니다. 선택된 폴더를 끌어다 새로 만든 폴더 위에 놓습니다.

05 하드 디스크의 폴더와 파일이 이동된다는 안내 창이 표시됩니다. [이동] 버튼을 클릭합니다.

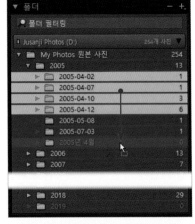

06 [2005년 4월] 폴더 하위로 선택한 폴더들이 이동됩니다.

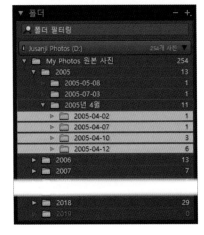

07 실제 하드 디스크에서도 새로 만든 [2005년 4월] 폴더로 선택한 폴더들이 이동된 것을 알 수 있습니다.

폴더 위치 업데이트하기

라이트룸을 사용하면 점점 사진이 늘어납니다. 결국 용량이 더 큰 하드 디스크를 마련하여 대상 폴더를 복사 또는 옮기게 됩니다. 대상 폴더를 복사한 경우에 폴더 업데이트로 대상 폴더를 변경합니다. 대상 폴더를 이동했을 경우에는 기존 대상 폴더가 삭제되기 때문에 [폴더] 패널에는 누락된 폴더로 표시됩니다. 이때에는 [누락된 폴더 찾기]로 대상 폴더를 지정할 수 있습니다.

→ **누락된 폴더를 찾아 대상 폴더를 지정하는 방법에 대해서는[Part 02, Chapter 03, Section 03 누락된 폴더 및 사진 찾기]를 참고하세요.**

앞서 살펴본 폴더 생성으로 [폴더] 패널에서 새로운 대상 폴더를 만들고, 폴더 이동으로 기존 폴더를 새로운 대상 폴더로 이동시키는 방법도 있습니다. 그러나 많은 사진을 한 번에 이동할 때에는 위험하기 때문에 권장하지 않습니다. 폴더 위치 업데이트는 카탈로그 파일과 대상 폴더가 서로 다른 경로에 있는 경우 대상 폴더가 변경될 때 주로 사용합니다. 그러나 이 책에서는 카탈로그 파일과 대상 폴더를 카탈로그 폴더라는 같은 폴더에 저장하도록 했습니다. 하드 디스크의 용량이 부족해 새로운 하드 디스크로 교체해야 할 경우 카탈로그 폴더 자체를 이동하면 카탈로그와 대상 폴더가 함께 이동되기 때문에 폴더 위치 업데이트를 할 필요가 없게 됩니다.

[즐겨찾기] 폴더 설정 및 필터링

자주 찾아보는 폴더는 [즐겨찾기]로 설정해 표시할 수 있습니다. [폴더] 패널에서 폴더의 즐겨찾기 설정은 라이트룸 클래식 CC 7.2 버전부터 새로 추가된 기능입니다.

01 ❶ 해당 폴더를 선택한 후, 마우스 오른쪽 버튼으로 클릭합니다. ❷ 표시되는 단축 메뉴에서 [즐겨찾기 표시]를 선택합니다. 즐겨찾기 폴더로 설정되면 폴더 아이콘 우측 하단에 별(☆)이 표시되어 다른 폴더와 구별됩니다.

02 같은 방법으로 연도 하위 폴더를 즐겨찾기 폴더로 설정해 봅니다.

03 이렇게 즐겨찾기로 설정된 폴더들은 필터링을 통해 한 번에 표시할 수 있습니다. ❶ [폴더] 패널의 폴더 검색어 입력란 좌측에 있는 돋보기 아이콘을 클릭하면 단축 메뉴가 표시됩니다. ❷ 이 메뉴에서 [즐겨찾기 폴더]를 선택합니다.

04 즐겨찾기로 설정된 폴더와 그 상위 폴더들만 [폴더] 패널에 표시해 줍니다.

05 다시 모든 폴더들을 표시하려면 ❶ [폴더] 패널에서 돋보기 아이콘을 클릭합니다. ❷ 표시되는 단축 메뉴에서 [모두]를 선택합니다.

폴더의 [색상 레이블] 표시 및 필터링

폴더의 중요도나 작업 유형을 한눈에 볼 수 있도록 색상 레이블을 설정할 수 있습니다. 또한 필터링을 통행 색상 레이블이 설정된 폴더만 표시할 수 있습니다. 색상은 모두 다섯 가지로 사용자의 작업 스타일에 맞게 지정해 설정하면 됩니다. [폴더] 패널에서 색상 레이블 설정은 라이트룸 클래식 CC 7.4 버전부터 새로 추가된 기능입니다.

01 ❶ 폴더에 색상 레이블을 지정하려면
해당 폴더를 선택하고 마우스 오른쪽 버튼
으로 클릭합니다. ❷ 표시되는 단축 메뉴에
서 [색상 레이블 추가 〉 빨강]을 선택합니다.
폴더 우측에 색상 레이블이 추가됩니다.

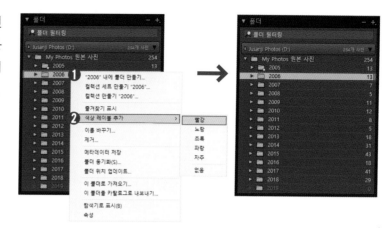

02 하위 폴더에도 색상 레이블을 추가합니다.

03 색상 레이블이 추가된 폴더만 한눈에 보려면 색상 레이블이 지정된 폴더
를 필터링해야 합니다. ❶ [폴더] 패널의 폴더 검색어 입력란 좌측에 있는 돋
보기 아이콘을 클릭합니다. ❷ 표시되는 단축 메뉴에서 [레이블이 지정된 폴
더]를 선택합니다.

04 색상 레이블이 설정된 폴더만 표시됩니다.

라이트룸에 사진을 가져오는 방법은 여러 가지가 있습니다. 그 중에 하나가 [폴더] 패널의 특정 폴더로 직접 가져오기 하는 것입니다. 특정 폴더는 기존 폴더를 선택하거나 새로운 폴더를 만들어 선택할 수 있습니다. 이 방법은 [가져오기] 대화상자를 실행해 대상 폴더 하위에 새로운 폴더를 만들어 복사 방식으로 사진을 가져오는 것과 동일합니다.

→ 동일하게 따라해 보려면 [라이트룸 예제.zip] 파일을 다운받아 압축을 해제한후, 폴더 내의 [가져오기 예제 2] 폴더를 메모리 카드 또는 USB 메모리에 복사해 사용합니다.

01 먼저 가져오기 할 폴더를 만들어보겠습니다. ❶ 최상위 폴더 인 대상 폴더를 선택하고 마우스 오른쪽 버튼으로 클릭합니다. ❷ 표시되는 단축 메뉴에서 ["OOO"내에 폴더 만들기]를 선택합 니다.

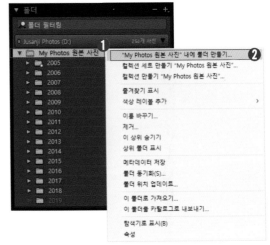

02 ❶ [폴더 만들기] 대화상자가 표시되면 [폴더] 항목에 가져오 기 할 폴더 이름을 입력하고, ❷ [만들기] 버튼을 클릭합니다.

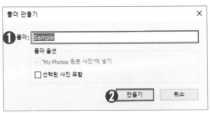

03 [폴더] 패널에 가져오기 할 폴더가 생성됩니다. ❶ 폴더를 선 택하고 마우스 오른쪽 버튼으로 클릭합니다. ❷ 표시되는 단축 메뉴에서 [이 폴더로 가져오기]를 선택합니다.

04 [가져오기] 대화상자가 표시됩니다. [소스] 패널에서 사진이 저장된 장치를 선택합니다. 가져오기 방식은 [복사]로 기본 설정되어 있으니 변경할 필요는 없습니다.

05 [대상] 패널을 보면 가져오기 할 폴더가 미리 선택된 것을 알 수 있는데 [구성] 항목이 [날짜별]로 기본 설정되어 있습니다. ❶ 여기서는 [구성] 항목의 팝업 메뉴를 클릭하여 ❷ [한 개의 폴더로] 변경해 가져오기 합니다. [구성] 설정을 변경했으면 우측 하단의 [가져오기] 버튼을 클릭합니다.

06 가져오기 할 폴더에 사진이 복사되고 카탈로그에 등록됩니다.

03 탐색기(파인더)로 열기와 폴더 정보 보기

[폴더] 패널의 폴더를 탐색기(파인더)로 열기

[폴더] 패널의 폴더를 Windows의 탐색기나 macOS의 파인더에 즉시 표시할 수 있습니다. 해당 폴더의 실제 하드 디스크상의 경로를 찾을 때 사용하면 유용합니다.

01 ❶ 폴더를 탐색기나 파인더로 표시하려면 해당 폴더를 마우스 오른쪽 버튼으로 클릭합니다. ❷ 표시되는 단축 메뉴에서 [탐색기로 표시]를 선택합니다.

02 탐색기나 파인더가 실행되고 해당 폴더의 경로에서 폴더가 선택되어 표시됩니다.

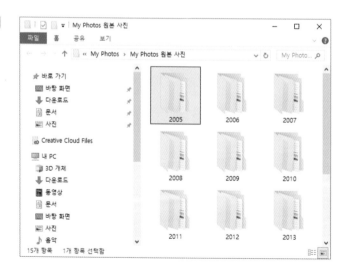

01 라이트룸의 [폴더] 패널에는 폴더에 대한 자세한 정보를 제공하지 않지만, 운영체제의 기능을 곧바로 실행할 수 있도록 메뉴를 만들어 놓았습니다. ❶ 폴더에 대한 자세한 정보를 보려면 해당 폴더를 마우스 오른쪽 버튼으로 클릭합니다. ❷ 표시되는 단축 메뉴에서 [속성] 메뉴를 선택합니다.

02 Windows의 [속성] 창이 표시되고, macOS에서는 [정보 보기] 창이 표시됩니다.

사진의 체계적인 분류는
컬렉션 패널에서

컬렉션은 폴더와 종종 혼동되기도 합니다. [폴더] 패널에서는 원본 사진이 저장된 실제 하드 디스크상의 경로를 표시 및 관리하며, [컬렉션] 패널에서는 사용자가 분류할 사진을 컬렉션이라는 항목을 만들어 표시 및 관리합니다. 이 장에서는 [컬렉션] 패널의 구성과 사진을 분류 및 관리하는 방법에 대해 알아봅니다.

01 컬렉션에 대한 이해

폴더와 컬렉션의 차이

[컬렉션(Collections)] 패널은 [폴더] 패널과 유사한 형태이지만 카탈로그에 저장되며 직접 컬렉션 항목을 만들어야 합니다. 즉, [컬렉션] 패널의 컬렉션 항목들은 라이트룸에서 사진을 분류하기 위해 폴더를 만드는 것처럼 만들어 사용합니다. 그러나 컬렉션 항목은 실제 하드 디스크상에 존재하는 폴더가 아니라 카탈로그에 저장되는 분류 항목입니다. [컬렉션] 패널의 컬렉션 항목들은 [폴더] 패널의 폴더처럼 생성, 이동, 이름 변경, 삭제가 가능합니다. 컬렉션 항목에서 사진을 제거한 경우 해당 컬렉션에서 제거되는 것일 뿐 [폴더] 패널에는 그대로 유지됩니다.

컬렉션의 용도는 어떻게 만들어 사용하는지에 따라 달라집니다. 그럼 컬렉션의 일반적인 용도에 대해 알아보겠습니다.

컬렉션은 사진을 선별하고 분류해 관리하기

라이트룸으로 가져온 사진은 대상 폴더에 복사되어 저장됩니다. 사용자가 별도로 대상 폴더의 구성을 설정하지 않으면 사진의 메타데이터에 기록된 촬영 날짜를 참조해 대상 폴더 하위에 [연도-일-월] 폴더를 만들어 저장됩니다. 이는 사진의 촬영 날짜를 기준으로 물리적으로 분류한 것입니다. 그러나 사용자에 따라 날짜가 아닌 주제, 아이템, 프로젝트 등으로 분류해야 하는 때도 있습니다. 일반적으로 사진을 찍은 후, 컴퓨터에 촬영 날짜 또는 장소 폴더를 만들어 저장하고 특정 주제의 사진을 복사해 별도의 폴더를 만드는 경우가 많습니다. 이렇게 하면 같은 사진이 여러 폴더에 저장되어 하나를 후보정하더라도 다른 사진에는 영향을 주지 않습니다.

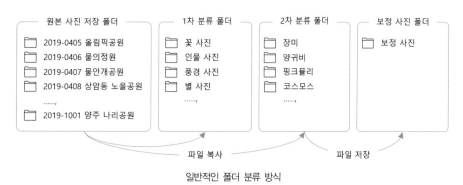

일반적인 폴더 분류 방식

컬렉션은 별도의 폴더를 만드는 것과 같습니다. 그러나 컬렉션에 사진을 분류하면 실제 사진이 복사되는 것이 아니라 원본 사진의 정보만 공유하게 됩니다. 따라서 한 장의 사진이 여러 컬렉션으로 분류되었다 하더라도 모두 같은 사진이며, 후보정 내역도 공유하기 때문에 어느 하나를 후보정하면 다른 사진에 모두 똑같이 적용됩니다.

라이트룸의 컬렉션 분류 방식

사진을 컬렉션으로 분류해 놓으면 사진 찾기가 한결 쉬워집니다. 사진을 찾기 위해 폴더를 선택하고 폴더 내의 사진을 일일이 찾아보는 불편함이 전혀 없습니다. 이미 분류해 놓은 컬렉션만 선택하면 찾고자 하는 사진이 모두 표시됩니다. 하나의 컬렉션에 사진이 많아지면 역시 찾는 게 불편해집니다. 이런 경우에는 컬렉션 세트를 만들고 그 하위에 카테고리를 세부적으로 분류하면 됩니다. 예를 들어, 처음에는 '꽃'이라는 컬렉션을 만들어 사용하다 컬렉션에 사진이 너무 많아지면 나중에 '꽃'이라는 컬렉션 세트 하위에 꽃 이름별로 컬렉션을 만들어 분류할 수 있습니다.

컬렉션을 만들어 사진을 분류하다 보면 실제 원본 사진이 저장된 [폴더] 패널에는 신경을 덜 쓰게 됩니다. 이미 라이트룸으로 가져온 사진을 선별해 컬렉션으로 분류해 놓았기 때문에 [폴더] 패널에서 사진을 찾는 경우가 줄어듭니다.

컬렉션 저장 공간 절약

컬렉션으로 분류된 사진은 원본 사진을 복사한 것이 아닙니다. 컬렉션 항목을 선택했을 때 표시되는 사진은 원본 사진을 대신하는 미리보기 이미지이며, 이 사진들은 모두 원본 사진의 정보를 공유해 사용합니다. 따라서 한 장의 사진이 여러 컬렉션에 등록되더라도 물리적인 저장 공간이 필요하지 않습니다. 컬렉션에 분류된 사진을 현상했을 경우 그 정보는 카탈로그에 반영되고 모든 사진에 똑같이 적용됩니다. 폴더의 사진을 현상했을 때도 컬렉션으로 분류된 사진에 똑같이 반영됩니다. 그러나 컬렉션에 분류된 사진을 삭제하면 해당 컬렉션에서만 사진이 삭제됩니다. 폴더와 다른 컬렉션에 분류된 사진은 그대로 남습니다.

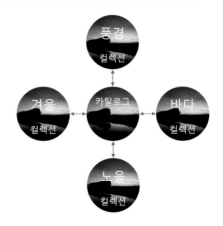

시스템 성능 향상

라이트룸은 카탈로그 단위로 사진이 열립니다. 즉, 카탈로그에 등록된 사진이 모두 열린다고 보면 됩니다. [카탈로그] 패널의 [모든 사진] 항목이나, [폴더] 패널의 연도 또는 날짜 폴더를 선택하고 현상 작업을 하면 시스템이 느려지는 것을 체험했을 것입니다. 이는 해당 항목 또는 폴더의 사진을 모두 액세스하기 때문입니다. 예를 들어, 한 장의 사진을 현상하기 위해 폴더를 선택했다면 해당 폴더의 모든 사진이 현상 작업의 대상이 되는 것입니다. 이 사진은 [현상] 모듈 필름 스트립에 표시됩니다. 현상 작업을 하기 전에 컬렉션을 만들고 현상할 사진을 분류해 놓습니다. 이 컬렉션을 선택하면 필름 스트립에 해당 컬렉션의 사진만 표시됩니다.

그래서 라이트룸의 모든 모듈에는 [컬렉션] 패널이 있습니다. [현상] 모듈뿐만 아니라, 다른 모듈에서 작업할 때도 컬렉션으로 사진을 미리 분류해 놓고 진행하면 훨씬 원활하게 작업할 수 있습니다.

컬렉션 항목을 선택한 [현상] 모듈

스마트 컬렉션 사진 자동으로 분류

작년에 찍은 사진 중에 현상한 사진만 찾아본 적이 있습니까? 미리 컬렉션으로 분류해 놓았다면 해당 컬렉션을 선택하는 것만으로 쉽게 사진을 찾을 수 있습니다. 그러나 현상한 사진을 컬렉션으로 분류해 놓는 것을 깜빡했다면 해당 컬렉션을 선택했더라도 표시되지 않을 것입니다. 이러한 실수를 방지하기 위해 스마트 컬렉션을 사용합니다. 스마트 컬렉션은 사진의 메타데이터를 기반으로 자동으로 분류합니다. 즉, 사진을 현상하고 직접 컬렉션으로 분류하는 것이 아니라, 현상한 사진은 자동으로 컬렉션으로 분류되는 것입니다. 스마트 컬렉션을 사용하면 작년에 찍고 현상한 사진 중에 흑백으로 보정한 사진을 자동으로 분류할 수 있습니다.

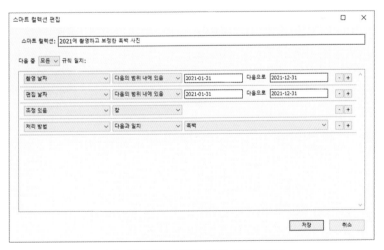

여러 메타데이터를 조합해 설정한 스마트 컬렉션

스마트 컬렉션은 한 장의 사진이 가지고 있는 메타데이터 조합으로 사진을 자동으로 분류합니다. 여러 메타데이터를 함께 사용하면 사진을 더 정확히 분류할 수 있습니다. 예를 들어, 별 궤적 사진을 자동으로 분류하고 싶다면, 카메라의 노출 정보인 조리개, 셔터스피드, ISO로 스마트 컬렉션을 만들면 됩니다. 별 궤적의 노출은 일반적인 사진과 다르므로 쉽게 분류할 수 있습니다. 스마트 컬렉션은 메타데이터를 기반하기 때문에 메타데이터가 없는 사진은 자동으로 분류할 수 없습니다. 다만, 인물 사진을 자동으로 분류하는 것처럼 인공지능을 활용하면 앞으로는 다른 유형의 사진도 자동으로 분류될 것입니다.

컬렉션만 별도로 내보내 독립적으로 사용하거나 백업하기

컬렉션을 별도의 카탈로그로 내보내 저장할 수 있습니다. 예를 들어, [꽃] 컬렉션이 방대해졌다면 해당 컬렉션을 분리해 독립적인 카탈로그로 내보내 사용할 수 있습니다. 또한, 사용 빈도가 거의 없는 컬렉션은 별도의 카탈로그로 내보내 백업해 보관할 수 있습니다. 컬렉션을 카탈로그로 내보내면 독립적인 카탈로그가 만들어지며, 원래 카탈로그에 저장된 모든 정보가 복사됩니다. 또한 원본 사진과 미리보기 이미지도 함께 내보내 독립적으로 사용하거나, 백업할 수 있습니다.

[카탈로그 내보내기] 대화상자 : 이 대화상자는 컬렉션 항목을 마우스 오른쪽으로 클릭한 후, 표시되는 메뉴에서 [이 컬렉션을 카탈로그로 내보내기] 메뉴를 선택해 실행합니다.

[컬렉션 내보내기] 기능을 활용하면 여러 컴퓨터에서 작업을 할 수 있습니다. 현상한 사진이 분류된 컬렉션을 내보내 독립적인 카탈로그로 저장해 다른 컴퓨터에서 이 카탈로그를 열어 작업할 수 있습니다. 다른 컴퓨터에서 작업한 내역은 [다른 카탈로그에서 가져오기] 기능으로 원래 카탈로그에 갱신할 수 있습니다.

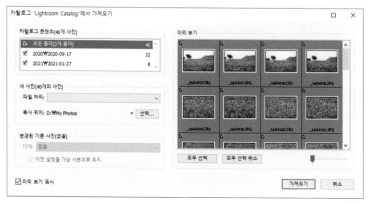

[카탈로그에서 가져오기] 대화상자 : 이 대화상자는 [파일 〉 다른 카탈로그에서 가져오기] 메뉴를 선택해 실행합니다.

02 컬렉션 패널의 구성과 메뉴

[컬렉션] 패널의 구성

컬렉션에는 [카탈로그] 패널의 [빠른 컬렉션(Quick Collection)], [컬렉션] 패널의 [일반 컬렉션(Collection)]과 [스마트 컬렉션(Smart Collection)] 세 가지로 구분해 사용합니다.

→ 이 책에서는 [컬렉션] 패널의 항목인 [컬렉션]을 [스마트 컬렉션]과 구분하기 위해 [일반 컬렉션]으로 부릅니다.

① 빠른 컬렉션 : 컬렉션을 빠르게 구성하기 위해 사용하는 임시 컬렉션입니다. [빠른 컬렉션] 항목은 [카탈로그] 패널에 기본으로 만들어져 있습니다. 사진에 표시되는 [빠른 컬렉션에 사진 추가] 버튼을 클릭해 빠르게 사진을 분류할 수 있습니다. 이렇게 분류된 빠른 컬렉션은 일반 컬렉션으로 전환하거나 초기화할 수 있습니다.

② [컬렉션] 패널 메뉴 버튼 : 이 버튼을 클릭하면 컬렉션 메뉴가 표시됩니다.

③ 컬렉션 세트 : 컬렉션을 그룹화해 관리할 때 사용하는 컬렉션의 상위 항목입니다.

④ 스마트 컬렉션 : 사용자가 컬렉션 항목을 한 번 만들어 놓으면 자동으로 사진이 분류되는 컬렉션입니다. [컬렉션] 패널에 스마트 컬렉션 항목을 만들어 놓으면 이미 카탈로그에 등록된 사진과 추후 카탈로그에 새로 등록되는 사진이 메타데이터를 기반으로 자동 분류됩니다.

⑤ 일반 컬렉션 : 사용자가 수동으로 사진을 분류할 때 만들어 사용하는 컬렉션입니다. [컬렉션] 패널에 컬렉션 항목을 만들고 [격자 보기] 화면 또는 [필름 스트립]에서 사진을 해당 컬렉션 항목으로 끌어다 놓는 방법으로 사진을 분류합니다.

⑥ 모듈 컬렉션 : [책], [슬라이드 쇼], [인쇄], [웹] 모듈에서 작업한 내역을 저장해 놓은 컬렉션입니다.

- 모듈 컬렉션 : [지도], [책], [슬라이드 쇼], [인쇄], [웹] 모듈에서 사용하는 모듈 전용 컬렉션입니다. 모듈에서 작업한 것을 저장할 때 사용됩니다.
- 퍼블리시 서비스 : 라이트룸에서 웹에 출판한 사진을 관리하는 컬렉션입니다.
- 얼굴 인식 : 인물이 포함된 사진을 자동으로 분류하는 스마트 컬렉션입니다.

컬렉션 패널 메뉴[+] 버튼 클릭 시

컬렉션 세트 항목을 마우스 오른쪽 버튼으로 클릭 시

일반 컬렉션 항목을 마우스 오른쪽 버튼으로 클릭 시

스마트 컬렉션 항목을 마우스 오른쪽 버튼으로 클릭 시

[컬렉션] 패널에서 사용할 수 있는 메뉴는 다음과 같습니다. 공통적인 메뉴도 있지만 해당 항목에서만 사용되는 메뉴도 있습니다.

① 컬렉션 만들기 : 일반 컬렉션을 만듭니다.

② 스마트 컬렉션 만들기 : 스마트 컬렉션을 만듭니다.

③ 컬렉션 세트 만들기 : 컬렉션과 스마트 컬렉션을 그룹화하는 컬렉션 세트를 만듭니다.

④ 이름별 정렬 : [컬렉션] 패널의 항목을 이름별로 정렬합니다. 컬렉션 종류에 상관없이 가나다순으로 정렬됩니다.

⑤ 종류별 정렬 : [컬렉션] 패널의 항목을 종류별로 정렬합니다. 스마트 컬렉션이 먼저 표시되고 컬렉션이 나중에 표시됩니다.

⑥ 컬렉션 필터 표시 : 컬렉션을 검색할 수 있는 필터를 표시합니다.

⑦ 이름 바꾸기 : 컬렉션 세트, 컬렉션, 스마트 컬렉션의 의 이름을 변경합니다.

⑧ 컬렉션 복제 : 선택한 컬렉션 세트, 컬렉션, 스마트 컬렉션을 복제합니다.

⑨ 삭제 : 선택한 컬렉션 세트, 컬렉션, 스마트 컬렉션을 삭제합니다.

⑩ 이 컬렉션(세트)을 카탈로그로 내보내기 : 선택한 컬렉션에 포함된 사진으로 카탈로그로 구성해 내보냅니다.

⑪ 스마트 컬렉션 설정 가져오기 : 내보내기 한 스마트 컬렉션 설정 파일에서 설정값을 가져오기 합니다.

⑫ 대상 컬렉션으로 설정 : 선택한 컬렉션을 대상 컬렉션으로 지정하여 [빠른 컬렉션]으로 사용할 수 있습니다.

⑬ 스마트 컬렉션 편집 : 스마트 컬렉션의 조건을 수정합니다.

⑭ 스마트 컬렉션 설정 내보내기 : 스마트 컬렉션의 설정을 파일로 내보냅니다.

03 컬렉션 패널에서 컬렉션 관리하기

사용자가 직접 수동으로 사진을 분류하는 일반 컬렉션부터 만들어보겠습니다. [컬렉션] 패널에 컬렉션 항목을 만들고 격자 보기 화면 또는 [필름 스트립]에서 일반 컬렉션으로 분류할 사진을 끌어다 놓습니다. 여러 장의 사진을 한꺼번에 선택하여 끌어다 놓을 수도 있습니다.

일반 컬렉션 만들기

01 ❶ 일반 컬렉션을 만들려면 [컬렉션] 패널의 메뉴[+] 버튼을 클릭합니다. 컬렉션 메뉴가 표시됩니다. ❷ [컬렉션 만들기] 메뉴를 선택합니다.

02 [컬렉션 만들기] 대화상자가 표시됩니다. ❶ [이름] 입력란에 만들 컬렉션의 이름을 입력합니다. ❷ 기본 옵션으로 선택된 [선택된 사진 포함] 옵션을 해제합니다. ❸ 설정이 끝났으면 [만들기] 버튼을 클릭합니다.

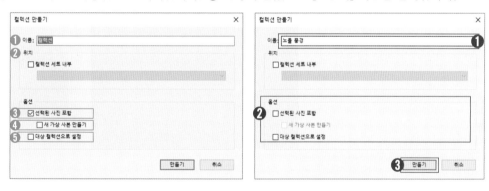

❶ 이름 : 만들 일반 컬렉션의 이름을 입력합니다.

❷ 위치 : 컬렉션 세트가 있는 경우 목록에서 컬렉션 세트를 선택할 수 있습니다. 컬렉션은 컬렉션 세트 하위에 만들어집니다.

❸ 선택된 사진 포함 : 현재 격자 보기 또는 [필름 스트립]에 선택된 사진을 포함하여 일반 컬렉션을 만듭니다.

❹ 새 가상 사본 만들기 : 선택한 사진을 새 가상 사본으로 만들어 일반 컬렉션에 포함합니다.

❺ 대상 컬렉션으로 설정 : 만들어질 이반 컬렉션을 [빠른 컬렉션]으로 설정합니다. 대상 컬렉션으로 지정되면 컬렉션 이름 우측에 [+]가 표시됩니다.

03 [컬렉션] 패널에 [노을 풍경]이라는 일반 컬렉션이 추가됩니다.

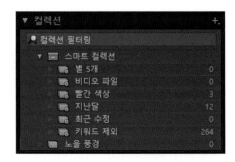

04 만들어진 일반 컬렉션에 사진을 분류해보겠습니다. [격자 보기] 화면에서 노을 풍경이 담긴 사진을 선택한 후, 끌어다 [노을 풍경] 컬렉션 위에 놓습니다.

05 [컬렉션] 패널의 [노을 풍경] 컬렉션 우측에 사진의 장수가 0에서 1로 변경됩니다. 컬렉션으로 분류된 사진에는 컬렉션 배지가 표시됩니다.

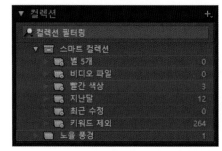

06 이번에는 여러 장의 사진을 한꺼번에 등록해보겠습니다. [격자 보기] 화면에서 노을 풍경이 담긴 사진을 Ctrl을 누른 채로 여러 장을 선택한 후, 그 중 하나를 [노을 풍경] 컬렉션 항목 위로 끌어다 놓습니다.

07 선택한 여러 장의 사진이 한꺼번에 [노을 풍경] 컬렉션으로 분류됩니다.

08 노을 풍경이 담긴 다른 사진도 [노을 풍경] 컬렉션으로 분류해 봅니다. 분류가 끝났으면 [컬렉션] 패널에서 [노을 풍경] 컬렉션을 선택합니다. 컬렉션으로 분류된 사진만 [격자 보기] 화면 또는 [필름 스트립]에 표시됩니다.

스마트 컬렉션 만들기

스마트 컬렉션은 카탈로그에 등록된 사진의 메타데이터를 기반으로 사진을 자동으로 분류해주는 컬렉션입니다. 앞서 살펴본 것처럼 일반 컬렉션이 컬렉션 항목을 만들고 사용자가 사진을 보면서 일일이 분류해주었다면, 스마트 컬렉션은 컬렉션을 만든 즉시 사진이 자동으로 분류됩니다. 예를 들어 Canon EOS 5D Mark III 카메라로 찍은 사진만 분류한 컬렉션을 만들고자 할 때, 일반 컬렉션은 컬렉션 항목을 만들고 메타데이터를 보면서 Canon EOS 5D Mark III 카메라로 찍은 사진을 일일이 찾아 분류해야 합니다. 그러나 스마트 컬렉션은 컬렉션 항목만 만들면 사진의 메타테이터에서 카메라가 Canon EOS 5D Mark III인 것을 찾아 스마트 컬렉션으로 자동 분류합니다. 스마트 컬렉션이 만들어짐과 동시에 사진은 자동으로 분류되며, 추후 카탈로그에 등록되는 사진도 스마트 컬렉션에 자동으로 분류됩니다. 일반 컬렉션 항목은 사진이 두 개 겹친 아이콘으로 표시되고 스마트 컬렉션 항목은 사진이 두 개 겹친 모양에 * 표시가 붙어 있습니다.

스마트 컬렉션 폴더

일반 컬렉션 폴더

01 ❶ 스마트 컬렉션을 만들려면 [컬렉션] 패널의 메뉴 [+] 버튼을 클릭합니다. ❷ [스마트 컬렉션 만들기] 메뉴를 선택합니다.

02 [스마트 컬렉션 만들기] 대화상자가 표시됩니다. ❶ [이름]에 스마트 컬렉션 이름을 입력합니다. 여기서는 Canon EOS 5D Mark III 카메라로 촬영된 사진을 분류하기 위해 [Canon EOS 5D Mark III]를 입력하겠습니다. ❷ [위치] 옵션에서 [컬렉션 세트 내부] 항목을 선택하고 ❸ [스마트 컬렉션]을 선택합니다. ❹ 설정이 끝났으면 [만들기] 버튼을 클릭합니다.

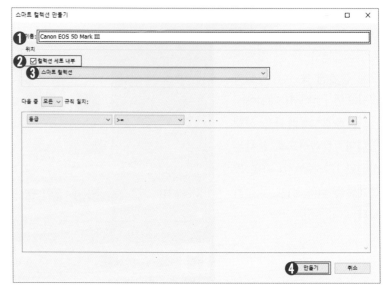

03 스마트 컬렉션 필터링 규칙을 메타데이터 항목에 대한 조건식으로 만듭니다. ❶ [등급]이라고 표시된 메타데이터 항목을 클릭합니다. ❷ 표시되는 팝업 메뉴에서 [카메라 정보 〉 카메라]를 선택합니다.

04 [카메라] 메타데이터 항목이 설정되고 우측에 [다음과 일치]라는 조건이 표시됩니다. ❶ 조건 우측의 입력란에 [Canon EOS 5D Mark III]라고 입력합니다. ❷ 설정이 끝났으면 [만들기] 버튼을 클릭합니다.

TIP 다음과 일치

조건을 [다음과 일치]로 설정했을 경우에는 우측 입력란에 카탈로그에 저장된 카메라 모델명을 정확히 입력해야 합니다. 띄어쓰기나, 철가가 틀리면 사진은 분류되지 않습니다.

05 [Canon EOS 5D Mark III] 스마트 컬렉션이 [스마트 컬렉션] 컬렉션 세트 하위 만들어지고 Canon EOS 5D Mark III 카메라로 찍은 사진이 즉시 분류됩니다.

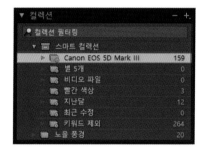

스마트 컬렉션 편집하기

스마트 컬렉션 설정이 잘못되었거나 수정하려면 스마트 컬렉션을 편집해야 합니다.

01 ❶ 편집할 스마트 컬렉션을 선택한 후, 마우스 오른쪽 버튼으로 클릭합니다. ❷ 단축 메뉴가 표시되면 [스마트 컬렉션 편집]을 선택합니다.

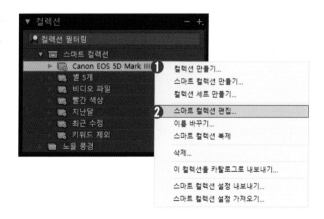

02 [스마트 컬렉션 편집] 대화상자가 표시
됩니다. 스마트 컬렉션 이름, 규칙을 수정
할 수 있습니다. 수정이 끝나면 [저장] 버
튼을 클릭합니다.

[빠른 컬렉션]으로 빠르게 사진 분류하기

[빠른 컬렉션]은 컬렉션 빠르게 만들 때 사용하는 임시 컬렉션입니다. 임시로 구성된 컬렉션이기 때문에 사용 후, 일
반 컬렉션으로 전환해 주어야 합니다.

01 [격자 보기] 화면 또는 [필름 스트립]의 사진에 마우스 포인터를 올려놓으면 사진 우
측 상단 모서리 안쪽에 작은 동그라미인 [빠른 컬렉션에 사진 추가] 버튼이 표시됩니다.
사용자는 이 버튼을 클릭하는 것만으로 컬렉션으로 빠르게 분류할 수 있습니다.

TIP 버튼이 너무 작아 클릭하기가 어려우면

[빠른 컬렉션에 사진 추가] 버튼은 한 번에 클릭하기에 너무 작습니다. 이런 경우에는 사진을 선택하고 단축키인 **B**를 눌러 빠
른 컬렉션으로 분류합니다.

---

02 [빠른 컬렉션에 사진 추가] 버튼을 클릭하면 버튼이 회색으로 표시되고 고정됩니다.
[카탈로그] 패널의 [빠른 컬렉션] 항목에 사진이 추가됩니다. 카탈로그에 있는 꽃을 담
고 있는 사진을 모두 [빠르 컬렉션]으로 분류합니다.

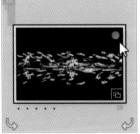

TIP   [빠른 컬렉션]에서 사진을 해제하려면

고정된 [빠른 컬렉션에 사진 추가] 버튼을 다시 클릭하면 [빠른 컬렉션] 항목에서 제거됩니다. 다른 방법으로 단축키 Ctrl + Shift
+ B를 누릅니다.

03 카탈로그에 있는 꽃을
담고 있는 사진을 모두 [빠
른 컬렉션]으로 분류합니다.
분류가 끝나면 [카탈로그]
패널의 [빠른 컬렉션] 항목
을 선택합니다.

04 이렇게 분류된 [빠른 컬렉션]은 일반 컬렉션으로 전환하고 초기화해야 나중에 다른 사진을 빠른 컬렉션으로 분류
할 수 있습니다. ❶ [빠른 컬렉션] 항목을 마우스 오른쪽 버튼으로 클릭하면 단축 메뉴가 표시됩니다. ❷ 이 메뉴에서
[빠른 컬렉션 저장] 메뉴를 선택합니다.

❶ 빠른 컬렉션 저장 : [빠른 컬렉션] 항목을 일반 컬렉션을 전환하
여 저장합니다.

❷ 빠른 컬렉션 지우기 : [빠른 컬렉션] 항목에 분류된 사진을 모두
해제합니다.

❸ 대상 컬렉션으로 설정 : [빠른 컬렉션]을 대상 컬렉션으로 지정
합니다. 대상 컬렉션이 변경되었을 때 이 메뉴가 활성화됩니다.

05 [빠른 컬렉션 저장] 대화상자가 표시됩니다. ❶ [컬렉션 이름]에
일반 컬렉션으로 전환될 컬렉션 이름을 입력합니다. ❷ [저장 후에
빠른 컬렉션 지우기] 옵션은 기본 설정 그대로 둡니다. ❸ 설정이 끝
났으면 [저장] 버튼을 클릭합니다.

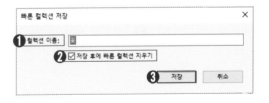

06 [카탈로그] 패널의 [빠른 컬렉션]은 초기화되고 [컬렉션] 패널에 [꽃] 컬렉션이 추가된 것을 알 수 있습니다.

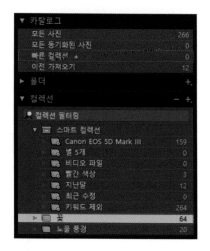

컬렉션 세트로 체계적으로 정리하기

사진을 컬렉션으로 분류하다보면 컬렉션 항목이 늘어남에 따라 [컬렉션] 패널이 길어져 컬렉션을 관리하기 어려워집니다. 이런 경우 비슷한 컬렉션을 하나의 컬렉션 세트로 그룹화해 관리하면 편리할 뿐만 아니라 컬렉션을 체계적으로 관리할 수 있습니다. 컬렉션 세트는 그룹화되는 컬렉션들의 포괄적인 개념의 상위 카테고리라 할 수 있습니다. 예를 들어 이미 [노을 풍경], [도시 야경], [바다 풍경] 등의 컬렉션을 만들어 사용하고 있다면 이러한 컬렉션의 포괄할 수 있는 [풍경]이라는 컬렉션 세트를 만들어 사용하면 됩니다.

01 노을 풍경, 바다 풍경, 도시 야경이 담긴 사진을 일반 컬렉션으로 분류합니다.

02 ❶ 컬렉션 세트를 만들기 위해 [컬렉션] 패널의 메뉴[+] 버튼을 클릭합니다. ❷ [컬렉션 세트 만들기] 메뉴를 선택합니다.

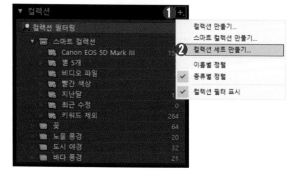

03 ❶ [이름] 항목에 만들 컬렉션 세트의 이름을 입력하고, ❷ [만들기] 버튼
을 클릭합니다.

04 [풍경] 컬렉션 세트가 만들어집니다. 컬렉션 세트 항목은 박스 모양으로
다른 컬렉션 항목과 구분됩니다.

05 [풍경] 컬렉션 세트에 [노을 풍경], [도시 야경], [바다 풍경] 컬렉션을 하위
항목으로 구성합니다. [노을 풍경], [도시 야경], [바다 풍경] 컬렉션을 모두 선
택하고 [풍경] 컬렉션 세트 항목 위로 끌어다 놓습니다.
여러 컬렉션 항목을 선택하려면 Ctrl 을 누른 채 컬렉션 항목을 클릭합니다.

06 [풍경] 컬렉션 세트 하위로 [노을 풍경], [도시 야경], [바다 풍경] 컬렉션이
계층 구조로 구성됩니다.

컬렉션 세트로 컬렉션을 그룹화해 놓으면 관리가 한결 쉬워지지만 기존 컬렉션에 사진을 다른 사진으로 추가로 분류하려면 컬렉션 세트를 열어 찾아야 하는 불편함도 있습니다. 이런 경우 찾고자 하는 컬렉션을 빠르게 찾을 수 있는 기능이 컬렉션 찾기입니다.

01 [컬렉션] 패널의 컬렉션 항목 맨 위에 [컬렉션 필터링] 입력란이 있습니다. 여기에 검색할 컬렉션의 이름을 입력합니다.

02 [컬렉션 필터링] 입력란에 찾고자 하는 컬렉션 이름에 사용된 단어를 입력하면 해당 컬렉션만 표시됩니다.

→ 다시 모든 컬렉션 항목을 표시하려면 [컬렉션 필터링]을 입력란 우측의 ⓧ를 클릭합니다.

컬렉션 삭제하기

[컬렉션] 패널에 추가된 일반 컬렉션, 스마트 컬렉션, 컬렉션 세트, 모듈 컬렉션 항목이 필요 없다면 삭제할 수 있습니다. 컬렉션 세트를 삭제하면 하위 컬렉션도 모두 삭제됩니다. 컬렉션이 삭제된다고 컬렉션에 분류된 사진이 삭제되는 것은 아닙니다.

01 여기서는 [꽃] 컬렉션을 삭제해보겠습니다. ❶ 삭제할 [꽃] 컬렉션을 마우스 오른쪽 버튼으로 클릭합니다. ❷ 단축 메뉴가 표시되면 [삭제]를 선택합니다.

02 [확인] 대화상자가 표시됩니다. [삭제] 버튼을 클릭합니다.

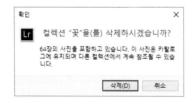

[컬렉션] 패널의 컬렉션 항목들은 내보내기를 통해 독립된 카탈로그로 만들 수 있는데 이를 [컬렉션 내보내기]라고 합니다. [컬렉션 내보내기]를 통해 만들어진 카탈로그는 독립적으로 실행할 수 있으며, 원래 카탈로그의 모든 정보를 가지고 있습니다. 또한 미리보기 이미지, 원본 사진 포함 여부를 내보낼 때 옵션으로 설정할 수 있습니다.

01 여기서는 [노을 풍경] 컬렉션을 내보내보겠습니다. ❶ [노을 풍경] 컬렉션을 마우스 오른쪽 버튼으로 클릭합니다. ❷ 단축 메뉴가 표시되면 [이 컬렉션을 카탈로그로 내보내기]를 선택합니다.

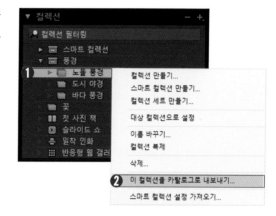

02 ❶ 내보낼 카탈로그가 저장될 위치를 찾아 선택하고, ❷ [파일 이름]에 저장될 카탈로그의 이름을 입력합니다. 여기서는 컬렉션 이름과 동일하게 [노을 풍경]으로 입력합니다. ❸ 대화상자 하단의 옵션 세 개를 모두 선택한 후, ❹ [저장] 버튼을 클릭합니다.

❶ 네거티브 파일 내보내기 : 내보내기 한 카탈로그 폴더 내에 원본 사진을 함께 저장합니다. 원본 사진을 포함하여 내보내기 하면 내보낸 사진 저장 경로가 카탈로그에 저장됩니다. 반면에 원본 사진을 포함하지 않은 채로 내보내기 하면 원래 원본 사진의 경로를 그대로 사용합니다.

❷ 스마트 미리보기 만들기/포함 : 고급 미리보기 이미지를 만들어 내보냅니다. 원본 사진을 내보내지 않거나 없는 경우에 이 고급 미리보기 이미지를 사용하여 현상 작업을 할 수 있습니다. 라이트룸 6.8 버전부터는 원본 사진없이 고급 미리보기 이미지를 사용하여 현상 작업을 빠르게 처리할 수 있습니다.

❸ 사용 가능한 미리보기 포함 : 원본 카탈로그에 사용 가능한 미리보기 이미지가 있다면 함께 내보냅니다.

03 식별판에 내보내기 진행 과정이 그래프로 표시됩니다다.

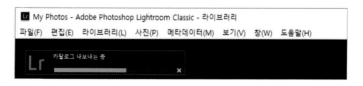

04 라이트룸을 종료하고 탐색기 또는 파인더로 내보낸 카탈로그 폴더를 찾아 엽니다. 카탈로그 파일인 [노을 풍경.lrcat]을 더블클릭하여 실행합니다.

05 [노을 풍경] 컬렉션으로 분류된 사진만으로 구성된 카탈로그가 실행됩니다.

TIP   컬렉션을 내보내기 하는 경우

모든 사진이 저장된 작업실 컴퓨터에서 현상 작업하던 것을 외부에 나가서 작업해야 할 경우, 현상 작업용으로 만들어 놓은 컬렉션을 카탈로그로 내보내기 해 USB 메모리에 복사해 가지고 나갑니다. 외부에서 출력이나 인화 작업이 없다면 원본 사진을 포함할 필요는 없습니다. 외부에서 추가 작업한 내역은 작업실 컴퓨터의 카탈로그에 업데이트합니다. 또한 컬렉션 자체를 백업해 보관할 때에도 사용합니다. 이 경우에는 원본 사진을 포함해 내보내기 합니다.

04 모바일 카탈로그와 컬렉션 동기화

라이트룸 클래식 CC는 다른 라이트룸 CC와 컬렉션을 동기화할 수 있습니다. 컬렉션을 동기화하면 데스크톱 컴퓨터에서 작업하던 것을 다른 라이트룸 CC에서 연이어 작업할 수 있고, 모바일 환경의 라이트룸 CC 앱에서는 내보내기하여 저장하거나 SNS에 공유할 수 있습니다.

01 컬렉션을 동기화하려면 라이트룸 CC 동기화 기능을 활성화해야 합니다. ❶ [모듈 피커] 오른쪽에 구름 모양의 동기화 아이콘을 클릭하면 동기화 안내 창이 표시됩니다. [로컬 활동]에 [동기화 일시 중지]로 표시되어 있습니다. ❷ [동기화 시작] 버튼을 클릭해 동기화를 활성화합니다.

02 동기화가 활성화되면 [로컬 활동]이 [동기화됨]으로 변경됩니다. 동기화를 중단하려면 [동기화 정지됨] 버튼을 클릭합니다.

TIP 라이트룸 클래식 CC의 동기화는 하나의 카탈로그를 대상

라이트룸 클래식 CC의 다른 카탈로그에서 이미 동기화를 진행했다면 다음과 같은 대화상자가 표시됩니다. [예, 이 카탈로그를 대신 동기화] 버튼을 눌러 새로 동기화를 진행할 수 있지만, 예기치 않은 오류가 발생할 수 있습니다. 따라서 동기화를 진행하기 전에 동기화할 카탈로그를 명확히 하는 것이 좋습니다.

03 동기화가 활성화되면 [폴더] 패널에는 다음과 장치 이름과 그 하위에 [가져온 사진] 폴더가 생성됩니다. 라이트룸 CC를 사용한 적이 없으면 아무것도 표시되지 않습니다. 장치 이름은 라이트룸 CC를 사용하고 있는 장치를 의미하며, 하위의 [가져온 사진] 폴더는 해당 장치에서 가져오기 한 사진을 현재 컴퓨터에 다운받아 저장한 폴더를 의미합니다.

❶ 장치명 : 라이트룸 CC를 사용하고 있는 휴대폰, 태블릿, 노트북, 컴퓨터의 이름이 표시됩니다.

❷ 가져온 가진 : 해당 장치에서 가져오기 해 등록한 사진을 내려받아 저장한 폴더입니다. 폴더 이름은 동일하지만 실제 하드디스크에는 다른 폴더에 저장되어 있습니다. 기본 저장 경로 [사진 〉 Lightroom 〉 Mobile Downloads.lrdata] 폴더 하위에 장치명으로 된 폴더입니다. 폴더의 위치는 [환경 설정] 대화상자의 [Lightroom 동기화 〉 위치] 항목에서 [Lightroom의 동기화된 이미지 위치 지정] 옵션을 선택하고 [선택] 버튼을 클릭해 다른 경로로 설정할 수 있습니다.

04 [컬렉션] 패널에는 [Lightroom CC에서]라는 컬렉션 세트가 추가됩니다. 이 컬렉션 세트는 라이트룸 CC에서 사용하는 컬렉션(앨범)을 그룹화한 것입니다. 그리고 현재 라이트룸 클래식 CC의 컬렉션 항목 앞에는 [동기화] 버튼이 표시됩니다.

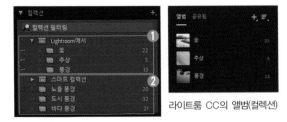

라이트룸 CC의 앨범(컬렉션)

❶ [Lightroom CC에서] 컬렉션 세트 : 라이트룸 CC에서 사용 중인 컬렉션(앨범)을 그룹화한 컬렉션 세트입니다.
❷ 동기화할 컬렉션 : 현재 라이트룸 클래식 CC에서 다른 라이트룸 CC와 동기화할 컬렉션입니다.

05 [컬렉션] 패널에서 [노을 풍경] 컬렉션을 동기화합니다. 컬렉션 항목 앞에 있는 [동기화] 버튼(ㅁ)을 클릭합니다.

06 [노을 풍경] 컬렉션 항목 앞에 동기화 아이콘(■)이 표시됩니다.

07 [모듈 피커] 우측에 동기화 아이콘을 클릭하면 동기화가 진행되는 것을 알 수 있습니다.

08 동기화가 끝나면 라이트룸 CC의 [앨범]에 라이트룸 클래식 CC의 컬렉션이 표시됩니다.

09 동기화된 컬렉션을 선택하면 모든 장치의 라이트룸 CC에서 라이트룸 클래식 CC의 동기화된 컬렉션의 사진을 볼 수 있고, 관리 및 현상 작업을 할 수 있습니다.

라이트룸 CC(Windows)

라이트룸 CC(아이패드)

라이트룸 CC의 동기화에 대한 환경 설정과 동기와 내역을 확인하려면 [환경 설정] 대화상자를 열고 [Lightroom 동기화] 탭을 클릭합니다.

❶ 계정 : 어도비 CC 멤버십 계정 정보가 표시됩니다. 다른 라이트룸 CC의 카탈로그에 문제가 있는 경우 [동기화된 데이터 모두 삭제] 버튼을 클릭합니다. 웹 브라우저가 자동으로 실행되고 라이트룸 CC 웹에 접속됩니다.

❷ 옵션 : 동기화 중 시스템이 일시 정지되는 것을 방지하는 옵션입니다. 체크해두는 것이 좋습니다.

❸ 위치 : 다른 장치의 라이트룸 CC에서 가져오기 한 사진을 다운로드받을 위치를 설정합니다. 기본으로 설정된 위치는 [사진 〉 Lightroom 〉 Mobile Downloads.lrdata]입니다. 또한 다운로드받을 사진의 시점을 설정할 수 있습니다. 모든 사진을 다운로드받으려면 촬영 날짜 기준으로 포맷할 하위 폴더 옵션을 해제합니다.

❹ 동기화 작업 : 동기화 중인 사진의 목록이 표시됩니다.

Chapter

04

사진에 특성
설정하기

사진의 분류와 관리 목적으로 사진에 특성을 설정할 수 있습니다. 설정된 특성
은 카탈로그에 저장되고 사진을 분류하거나 특성을 기반으로 필터링해 사진을
검색할 수 있습니다. 이 장에서는 사진에 특성을 설정하는 여러 방법과 설정된
특성을 기반으로 사진을 검색하는 방법에 대해 알아보겠습니다.

01 사진의 특성

라이트룸에서 사진의 특성을 설정하기 전에 먼저 그 개념부터 이해해보겠습니다.

특성(Attributes)

특성은 라이트룸에서 사진에 적용되는 특별한 속성 정보를 의미합니다. 사진의 정보인 메타데이터와 혼동하는 경우가 있습니다. 메타데이터(Metadata)는 EXIF와 IPTC 메타데이터로 구분되는데, EXIF 메타데이터는 촬영 시 카메라에서 자동으로 입력되는 정보이고, IPTC 메타데이터는 사용자가 추가로 입력할 수 있는 정보입니다. 이러한 메타데이터와 별도로 라이트룸에서 사용하는 특성은 사용자가 직접 설정하는 정보입니다. 사진마다 개별적으로 특성을 설정할 수 있고, 설정된 특성은 라이트룸에서 사진을 분류 및 검색하는 중요한 매개로도 사용됩니다.

일반적으로 EXIF 메타데이타는 카메라에서 사진이 저장될 때 자동으로 입력되지만, 특성은 촬영 후 사용자가 일일이 입력해야 하므로 다소 번거롭습니다. 사진 수가 적을 때에는 특성을 설정하는 것과 설정하지 않는 것에는 차이가 없지만, 사진 수가 많아지면 분명 그 차이가 납니다. 사진에 설정된 특성을 스마트 컬렉션으로 설정하면 사진을 자동으로 분류할 수 있고, 라이브러리 필터 바(Library Filter Bar)를 통해 사진을 빠르고 쉽게 찾을 수 있습니다. 사진이 늘어난 후 한꺼번에 특성을 설정하는 것이 더 번거롭고 힘들기 때문에 사진을 가져오기 한 후, 곧바로 설정하는 것이 좋습니다.

특성의 종류

라이브러리 모듈에는 오른쪽 표와 같이 사용자가 직접 설정할 수 있는 세 가지 특성이 있습니다. 기본값은 특성을 설정하지 않은 것이며 각 특성별로 사용 목적이 다릅니다.

세 가지 특성에는 이름만 있을 뿐, 사용 목적은 직접

플래그(Flag)	사진에 깃발 모양의 특성을 설정합니다. 흰색 깃발과 검정색 깃발로 구분됩니다.
등급(Rating)	별의 개수로 선호도, 중요도, 우선 순위 등을 설정합니다.
색상 레이블(Color Label)	다섯 가지 색으로 작업을 구분합니다.

지정해야 합니다. 라이트룸에는 특성을 어떠한 경우에 사용해야 하는지 구체적으로 정해놓은 규칙이 없습니다. 규칙은 사용자의 사진 관리 스타일에 따라 설정하면 됩니다.

TIP   특성 설정

필자는 라이트룸에 등록된 사진 중에 A컷을 선별해 현상 작업합니다. A컷 사진에는 흰색 플래그 특성을 설정해 구분합니다. 이때 미리 만들어 놓은 스마트 컬렉션에 흰색 깃발로 설정된 사진은 자동으로 분류됩니다. 선별된 사진을 보정하면 빨간색 레이블 특성을 설정하고, 보정이 끝나면 노란색 레이블 특성을 설정합니다.

플래그(Flag) 특성

사진을 이분법적으로 분류할 때 플래그 특성을 사용합니다. 예를 들어 보정할 사진과 보정하지 않은 사진을 구분한다거나, 잘 찍은 사진과 그렇지 않은 사진 등을 구분할 때 사용할 수 있습니다. 플래그는 흰색 깃발과 검정색 깃발이 있는데, 주로 사진을 긍정적인 의미로 분류할 때 흰색 플래그를 사용합니다. 반면에 검정색 플래그는 부정적인 의미로 분류할 때 사용합니다. 그렇기 때문에 검정색 깃발에는 Ⓧ가 함께 표시되고 [격자 보기] 화면과 [필름 스트립]에는 사진이 불투명하게 표시되어 다른 사진과 바로 구분할 수 있습니다.

설정된 플래그는 [격자 보기] 화면의 셀 왼쪽 상단에 표시됩니다. 검정색 플래그 특성을 설정한 사진은 선택하지 않았을 때 불투명하게 표시됩니다.

별 등급(Rating) 특성

사진에 등급을 매겨 구분할 필요가 있을 경우에 별의 개수로 등급을 설정할 수 있습니다. 별은 한 개부터 다섯 개까지 다섯 단계로 구분할 수 있기 때문에 편의상 별 등급이라고 합니다. 별 등급은 별이 많이 설정될수록 사진의 중요도나 선호도가 높다는 의미를 가집니다. 사진을 선호도에 따라 분류한다면 자주 찾아보는 사진에 별을 다섯 개 설정할 수 있습니다. 또한 사진을 A샷, B샷처럼 알파벳으로 구분할 때에도 별의 개수로 설정할 수 있습니다. 별 등급을 어떠한 용도로 사용하든 두 가지 이상의 단계로 사진을 구별할 때 사용합니다.

설정된 별 등급은 [격자 보기] 화면의 사진 왼쪽 아래에 표시됩니다.

색상 레이블(Color Label) 특성

색상 레이블은 작업을 구분할 때 사용합니다. 단독으로 사용하거나 다른 특성과 함께 사용하여 동일한 분류 또는 동일한 레벨의 사진을 구분할 수 있습니다. 하나의 폴더 또는 컬렉션으로 분류된 사진이거나 같은 플래그 특성 또는 같은 별 등급 특성이 설정된 사진을 구분할 때 사용합니다. 흰색 깃발로 선별된 사진을 작업별로 색상 레이블로 특성을 설정할 수 있습니다.

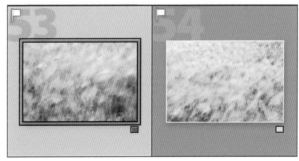

설정된 색상 레이블은 [격자 보기] 화면의 사진 오른쪽 아래에 표시됩니다. 사진이 선택된 경우 사진의 테두리 색이, 선택되지 않은 경우 셀의 배경색이 설정된 색상으로 표시됩니다.

02 사진에 특성 설정하기

특성을 설정하는 세 가지 방법

- 격자 보기 화면에서 특성 설정하기
- 도구 바에서 특성 도구로 설정하기
- 도구 바에서 페인터 도구로 설정하기

격자 보기 화면에서 플래그 특성 설정하기

01 [격자 보기] 화면에서 플래그 특성을 설정해보겠습니다. 격자 보기 화면에서 격자의 셀 위로 마우스 포인터를 올립니다. 셀 좌측 상단에 플래그를 설정할 수 있는 아이콘이 표시됩니다. 이 아이콘을 클릭합니다.

02 플래그 아이콘을 클릭하면 흰색 플래그 특성이 설정됩니다.

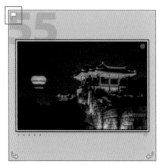

03 설정된 플래그 특성을 해제하려면 흰색 플래그를 다시 클릭합니다. 다른 방법으로 셀의 플래그 아이콘을 마우스 오른쪽 버튼으로 클릭합니다. 표시되는 단축 메뉴에서 [플래그 지정 안 됨]을 선택합니다.

04 검정색 플래그 설정은 플래그 아이콘을 마우스 오른쪽 버튼으로 클릭합니다. 표시되는 단축 메뉴에서 [제외됨]을 선택합니다. 검정색 플래그 특성의 해제는 검정색 플래그를 클릭하거나, 단축 메뉴에서 [플래그 지정 안 됨]을 선택합니다.

격자 보기 화면에서 별 등급 특성 설정하기

01 [격자 보기] 화면에서 별 등급 특성을 설정해보겠습니다. 격자 보기 화면에서 격자의 셀 위로 마우스 포인터를 올립니다. 사진 왼쪽 아래에 점이 다섯 개 표시됩니다.

02 등급으로 설정할 별의 개수에 해당되는 점을 클릭합니다. 별 한 개를 설정하려면 왼쪽에서 첫 번째 점을 클릭합니다. 별 다섯 개를 설정하려면 왼쪽에서 다섯 번째 점을 클릭합니다.

03 설정된 별 등급 특성을 해제하려면 표시된 별의 마지막 별을 클릭합니다.

01 [격자 보기] 화면에서 색상 레이블을 설정해보겠습니다. 격자의 셀 위로 마우스 포인터를 올립니다. 사진 오른쪽 아래에 회색 사각형 아이콘이 표시됩니다.

02 회색 사각형 아이콘을 클릭하면 단축 메뉴가 표시됩니다. ❶ 이 메뉴에서 설정할 색상을 선택합니다. ❷ 회색 사각형 아이콘이 선택한 색으로 표시되고 사진의 테두리에 색상이 표시됩니다.

03 ❶ 설정된 색상 레이블 특성을 해제하려면 색상 아이콘을 마우스 오른쪽 버튼으로 클릭합니다. 표시되는 단축 메뉴에서 [없음]을 선택합니다. ❷ 색상 레이블이 해제되고 다시 회색으로 표시됩니다.

도구 바에서 특성 설정하기

이번에는 이미지 표시 영역 아래에 있는 [도구 바]에서 특성을 설정해보겠습니다. [격자 보기] 화면에서 선택된 사진, [확대경 보기] 화면에 표시된 사진, 그리고 [필름 스트립]에서 선택된 사진의 특성을 설정할 수 있습니다. 격자 보기 화면과 필름 스트립에서 여러 장의 사진이 함께 선택된 경우에는 동시에 특성을 설정할 수 있습니다. 또한 선택된 사진에 이미 설정된 특성의 값이 있다면 [도구 바]에도 표시됩니다. [도구 바]에서 특성을 설정하려면 세 가지 특성 아이콘이 표시되어야 합니다.

01 [도구 바]에서 특성을 설정하려면 먼저 사진을 선택해야 합니다. 여기서는 [격자 보기] 화면의 사진을 선택해보겠습니다. 다음 화면처럼 선택된 사진은 선택되지 않은 사진에 비해 셀의 회색 배경이 밝게 표시됩니다.

02 도구 바에서 흰색 플래그 아이콘을 클릭합니다. 격자 보기 화면의 셀 좌측 상단에 흰색 플래그가 표시됩니다.

03 이번에는 여러 장의 사진을 선택해 별 등급을 설정해보겠습니다. 선택할 사진 중 첫 번째 사진을 클릭하고, 나머지 사진은 Ctrl을 누른 채로 선택합니다. 두 번째 선택된 사진부터는 셀의 회색 배경이 어두워지지만 선택되지 않은 사진에 비하면 밝게 표시됩니다.

04 [도구 바]에서 별 등급 아이콘의 다섯 번째 별을 클릭합니다. 선택한 사진 모두 왼쪽 아래에 별 등급이 표시됩니다.

05 마지막으로 색상 레이블을 설정해 보겠습니다. Ctrl + D를 눌러 사진 선택을 모두 해제합니다. 선택한 사진에만 빨간색 레이블을 설정해보겠습니다.

06 [도구 바] 에서 색상 레이블 아이콘 중에 빨간색 아이콘을 클릭합니다. 사진의 테두리가 빨간색으로 바뀌고 사진 오른쪽 아래에 사각형 색상 레이블이 표시됩니다.

페인터 도구로 특성 빠르게 설정하기

앞서 살펴본 특성 설정에는 다소 불편한 점이 있습니다. 첫 번째 방법은 [격자 보기] 화면의 셀에서는 사진을 보면서 곧바로 특성을 설정할 수 있는 장점이 있지만 셀에 표시된 아이콘이 너무 작기 때문에 클릭하기가 쉽지 않습니다. 두 번째 방법은 여러 장의 사진을 선택해 동일한 특성을 빠르게 설정할 수 있다는 장점이 있지만, 사진을 선택하고 도구 바에서 특성 아이콘을 클릭해야 하는 번거로움이 있습니다.

[페인터] 도구를 사용하면 동일한 특성을 격자 보기 화면에 한 번 클릭으로 빠르게 특성을 설정할 수 있습니다. 예를 들어, 흰색 플래그를 설정한다면 [페인터] 도구를 흰색 플래그로 설정해 놓고 [격자 보기] 화면의 사진을 클릭하면 됩니다. 이처럼 [페인터] 도구는 [격자 보기] 화면에서 동일한 특성을 여러 장의 사진에 빠르게 설정할 때 사용합니다. 셀에 있는 작은 특성 아이콘을 일일이 클릭하는 것보다 사진을 클릭하여 빠르게 특성을 설정할 수 있습니다. [도구 바]에는 다음과 같은 스프레이 모양의 페인터 아이콘이 기본으로 표시되어 있습니다.

01 [페인터] 도구로 특성을 설정해 보겠습니다. [페인터] 아이콘을 클릭하면 아이콘이 사라지고 우측으로 [페인트] 항목에 기본값으로 [키워드]가 기본값으로 설정되어 표시됩니다.

02 ❶ [키워드]를 클릭하면 단축 메뉴가 표시됩니다. ❷ 여기서는 플래그를 선택해보겠습니다.

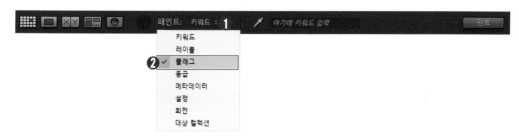

03 선택된 [플래그] 우측에 [플래그 지정됨]이 표시됩니다. [플래그 지정됨]은 흰색 플래그를 의미합니다.

04 마우스 포인터를 [격자 보기] 화면에 올려보면 스프레이 아이콘으로 바뀐 것을 알 수 있습니다. 사진을 마우스로 클릭하면 사진에 흰색 플래그가 곧바로 설정됩니다. 특성 설정이 끝났으면 [도구 바] 우측의 [완료] 버튼을 클릭합니다.

별등급 설정 단축키

	Windows 단축키	macOS 단축키
등급 설정	①~⑤	①~⑤
등급 설정 후, 다음 사진으로 이동	Shift+①~⑤	Shift+①~⑤
등급 없음으로 초기화	⓪	⓪
등급 내리기	[	[
등급 올리기	]	]

색상 레이블 설정 단축키

	Windows 단축키	macOS 단축키
색상 라벨 설정	⑥~⑨	⑥~⑨
색상 라벨 설정 후, 다음 사진으로 이동	Shift+⑥~⑨	Shift+⑥~⑨

플래그 설정 단축키

	Windows 단축키	macOS 단축키
플래그 지정/해제	`	`
플래그 1단계 올리기	Ctrl+↑	Command+↑
플래그 1단계 내리기	Ctrl+↓	Command+↓
플래그 지정됨 설정	P	P
플래그 제외됨 설정	X	X

03 색상 레이블의 활용

색상 레이블의 이름 변경하기

색으로 작업을 구분해야 하는데 시간이 지나면 어떤 색을 어떤 작업으로 지정했는지 잊어버리는 경우가 종종 있습니다. 색상 이름 대신 작업명으로 색상 레이블의 이름을 설정할 수 있습니다.

이름 변경하기

01 색상 레이블의 이름을 변경해보겠습니다. [라이브러리] 모듈의 [메타데이터] 메뉴에서 [색상 레이블 세트 > 편집]을 선택합니다.

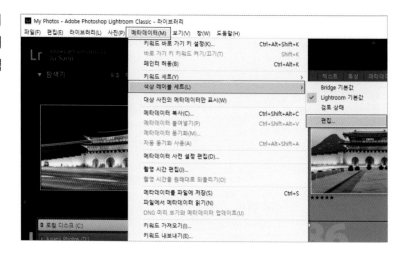

02 색상 레이블 우측 입력란에 색상명이 기본값으로 입력되어 있습니다. 작업명으로 변경합니다. 작업명은 예시처럼 동일하게 설정할 필요는 없습니다. 사용자의 작업 스타일에 맞는 작업명으로 설정하면됩니다.

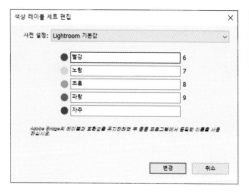
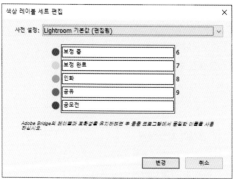

03 색상명을 작업명으로 변경했으면 이를 사전 설정으로 저장해야 합니다. ❶ [사전 설정] 항목을 클릭하면 팝업 메뉴가 표시됩니다. ❷ 이 메뉴에서 [현재 설정을 새 사전 설정으로 저장] 메뉴를 선택합니다. ❸ [새 사전 설정] 대화상자가 표시되면 저장할 사전 설정 이름을 입력하고, ❹ [만들기] 버튼을 클릭합니다.

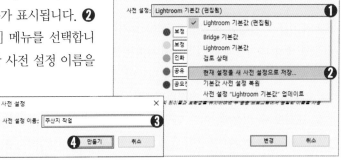

04 ❶ [사전 설정] 항목이 [Lightroom 기본값]에서 저장한 사전 설정 이름으로 변경됩니다. ❷ [변경] 버튼을 클릭하여 대화상자를 닫습니다.

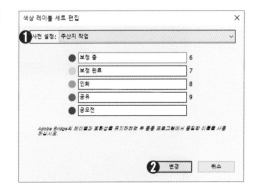

05 격자 보기 화면에서 셀의 색상 레이블 아이콘을 클릭하면 색상명 대신 작업명이 표시됩니다. 또한 [도구 바]의 색상 아이콘에 마우스 포인터를 올려보면 왼쪽 화면처럼 표시 됩니다.

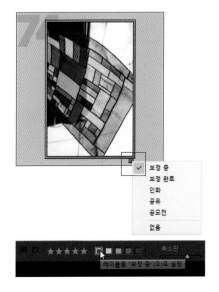

색상 레이블로 설정한 작업명이 [격자 보기] 화면에서 셀의 정보로 표시되면 훨씬 편할 것입니다. [격자 보기] 화면에서 셀에 색상 레이블의 작업명을 표시하는 방법에 대해 알아보겠습니다.

[격자 보기] 화면의 셀에는 사진의 다양한 정보가 표시되며 사용자는 표시될 정보를 설정 및 변경할 수 있습니다. 기본값으로 표시되는 정보를 변경하면 색상 레이블 이름도 표시할 수 있습니다. [격자 보기] 화면은 [컴팩트 셀]과 [확장 셀]로 표시할 수 있는데, 아래 화면은 컴펙트 셀에 표시되는 색상 레이블 정보입니다. 사진이 선택되지 않았을 경우에는 셀의 배경에 설정된 색상이 옅게 표시됩니다. 사진이 선택되면 사진의 테두리에 색상이 표시됩니다.

사진이 선택된 경우

사진이 선택되지 않은 경우

TIP   [격자 보기] 화면의 [컴팩트 셀]과 [확장 셀]

[격자 보기] 화면의 셀에 사진의 정보를 표시 방법은 두 가지입니다. 하나는 [컴펙트 셀]에 표시하는 방법이고, 하나는 [확장 셀]에 표시하는 방법입니다. [확장 셀]이 좀 더 크고 더 많은 정보를 표시할 수 있습니다. 다음은 [컴펙트 셀]과 [확장 셀]입니다. [확장 셀]에는 사진의 총 해상도, 파일명, 파일 형식 등이 더 표시되고 이러한 정보는 다른 정보로 바꿔 표시할 수 있습니다.

[컴펙트 셀]과 [확장 셀]은 각각 [보기 〉 격자 보기 스타일 〉 컴팩트 셀] 메뉴를 선택하거나, [보기 〉 격자 보기 스타일 〉 확장 셀] 메뉴를 선택해 전환할 수 있습니다.

컴펙트 셀

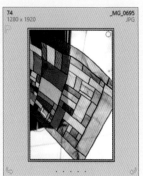

확장 셀

01 [격자 보기] 화면의 [컴팩트 셀]에 색상 레이블이 이름을 표시해보겠습니다. ❶ [격자 보기] 화면에서 사진을 마우스 오른쪽 버튼으로 클릭하면 단축 메뉴가 표시됩니다. ❷ 이 메뉴에서 [보기 옵션]을 선택합니다.

보기 옵션은 단축키 Ctrl + J를 눌러도 되고, [보기〉보기 옵션] 메뉴를 선택해도 됩니다.

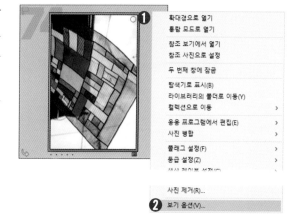

02 [라이브러리 보기 옵션] 대화상자가 표시됩니다. ❶ [컴팩트 셀 추가 기능] 항목에서 [상단 레이블] 옵션을 선택하고, ❷ 항목을 [레이블]로 선택합니다. ❸ 선택이 끝났으면 대화상자 우측 상단에 있는 X를 눌러 창을 닫습니다.

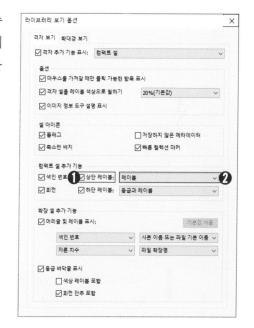

03 사용자가 지정한 작업명이 격자 보기 화면의 셀에 표시되어 어떠한 작업인지 한눈에 알 수 있습니다.

키워드 입력과
관리하기

사진가라면 원하는 사진을 빠르고 정확하게 찾고 싶어 합니다. 하드디스크의 폴더에서 한 장씩 눈으로 보며 찾는다면 시간이 많이 걸리고 정확성도 떨어집니다. 라이트룸에서도 사진을 직접 보며 찾을 수 있지만 원하는 사진을 효율적으로 찾기에 좋은 방법은 아닙니다. 사진을 찾고자 할 때 대표적으로 사용하는 검색 방법은 키워드입니다. 이 장에서는 사진 검색을 위한 키워드의 입력과 관리에 대해 알아봅니다.

01 사진 검색을 위한 키워드

키워드(Keywords)

키워드는 사진을 검색하기 위해 사용하는 단어를 말합니다. 사진은 그 자체로 검색되지 않기 때문에 사진과 관련된 단어를 하나 이상 정확하게 입력해 놓으면 이 단어를 검색하여 사진을 찾을 수 있습니다. 사진에 직접 키워드가 입력 되는 것이 아니라, 해당 사진의 정보와 함께 카탈로그에 저장되고 키워드와 연결된 사진을 찾아주는 것입니다. 사진 을 내보내기 할 때, 키워드를 사진에 포함해 내보낼 것인지를 사용자가 선택할 수 있습니다.

키워드 입력하는 두 가지 방법

라이트룸에서 키워드를 입력하는 방법은 크게 두 가지입니다. 하나는 사진 가 져오기를 하면서 모든 사진에 일괄적으로 키워드를 입력하는 것이고, 다른 하 나는 사진을 가져오기 한 후 키워드를 입력하는 것입니다.
사진 가져오기를 하면서 키워드를 입력하는 방법은 [사진 가져오기] 대화상자 에서 [가져오는 동안 적용] 패널의 [키워드] 항목에 키워드를 입력하는 것입니 다. 여기에 입력된 키워드는 가져오는 사진에 모두 적용되기 때문에 포괄적이 면서 공통적인 키워드를 입력해야 합니다.

가져오기가 끝난 다음에 키워드를 입력하는 방법은 키워드를 입력할 사진을 먼저 선택한 후, [라이브러리] 모듈의 [키워드 적용] 패널과 [키워드 리스트] 패 널에서 입력할 수 있습니다. 주로 [격자 보기] 화면 모드에서 사진을 먼저 선택 한 후, [키워드 적용] 패널의 [키워드 태그] 입력란에 키워드를 입력합니다. 개 별적인 사진에 적용되는 키워드를 입력할 경우에 이 방법을 사용합니다.

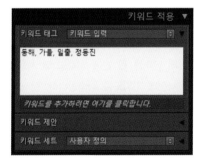

TIP   키워드는 카탈로그에 저장

사진 가져오기 시에 일괄적으로 입력되는 키워드나, 가져오기가 끝난 후에 개별적으로 입력되는 키워드는 원본 사진에 저장되지 않습니다. 사용자가 입력한 키워드는 라이트룸 카탈로그에 저장됩니다. 라이트룸은 원본 비파괴 보정 방식 프로그램이기 때문에 라이트룸 사용 중에는 어떠한 경우에도 원본에 데이터를 입력하지 않습니다. 입력된 키워드는 사진을 내보내기 할 때 적용되어 최종 결과물과 함께 저장됩니다.

02 키워드 적용 패널의 구성과 키워드 입력하기

[키워드 적용] 패널의 구성

[키워드 적용] 패널은 선택된 사진에 키워드를 추가하고, 이미 입력된 키워드를 표시합니다.

① 키워드 태그 : 키워드 입력 및 표시 옵션을 선택하고 키워드를 입력합니다. [키드 워 입력] 팝업 메뉴를 클릭하면 다음과 같은 메뉴가 표시됩니다.

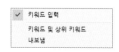

- **키워드 입력** : 아래 입력란에 키워드를 입력하고, 입력된 키워드를 표시해 줍니다. 입력란은 두 개가 있는데 여러 줄로 되어 있는 입력란(②)은 선택된 사진의 키워드가 표시되고 추가 입력 및 수정할 수 있습니다. 그 아래 한 줄로 되어 있는 입력란(③)은 키워드만 추가할 수 있습니다. 키워드는 쉼표(,)로 구분하여 여러 단어를 한 번에 입력할 수 있습니다. 여러 장의 사진을 선택한 경우에는 입력된 키워드 뒤에 별표(*)가 표시되는데, 이러한 키워드는 선택한 사진 중에서 특정 사진에만 입력된 키워드를 표시해주는 마크입니다. *표시를 삭제하면 선택한 사진 전체에 해당 키워드가 입력됩니다.
- **키워드 및 상위 키워드** : 입력된 키워드의 상위 키워드와 유의어 키워드를 표시합니다.
- **내보냄** : 사진을 내보내기 할 때 사진의 Keywords 태그에 포함될 키워드를 표시합니다.

② 사진에 입력된 키워드를 표시해주고, 추가 입력 및 수정, 삭제할 수 있습니다. 여러 단어를 한 번에 입력할 때 사용합니다.

③ 사진에 키워드를 입력합니다. 한 단어씩 입력할 때 사용합니다.

④ 키워드 제안 : 라이트룸에서 입력될 키워드를 자동으로 추천해 줍니다. 나열된 9개의 키워드를 선택하는 것만으로 쉽게 입력할 수 있습니다.

⑤ 키워드 세트 : 자주 사용하는 키워드나 특정 키워드를 카테고리로 그룹화해 관리합니다. 카테고리는 하나의 키워드 세트로 9개의 키워드를 포함합니다. 추천 키워드처럼 나열된 키워드를 선택하는 것만으로 쉽게 입력할 수 있습니다.

01 키워드를 입력하려면 대상이 되는 사진을 [격자 보기] 화면 또는 [필름 스트립]에
서 선택합니다. 다음은 격자 보기 화면의 선택된 사진입니다.

02 [라이브러리] 모듈에서 오른쪽 패널 그룹을 스크롤해 [키워드 적용] 패널
을 찾습니다. ❶ [키워드 적용] 패널의 [키워드 태그] 입력란에 키워드를 입력
합니다. ❷ 입력이 끝났으면 (Enter)를 누릅니다.
Windows 운영체제에 설치된 라이트룸은 키워드 입력 시 한글 자동 완성 기능
에 오류가 있습니다. 따라서 키워드 한글 자동 완성 기능을 해제하고 사용하는
것이 좋습니다.

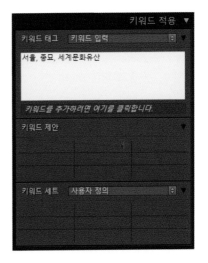

➜ 키워드 한글 자동 완성 기능을 해제하려면 [Part 01, Chapter 03, Section 05 글이 이상하
게 입력되는 것 방지하기]를 참조하세요.

03 키워드가 입력된 사진에는 사진 우측 하단에 키워드 배지가 표시됩니다.

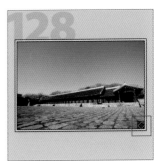

03 키워드 목록 패널의 구성과 키워드 입력 및 관리하기

[키워드 목록] 패널의 구성

[키워드 목록] 패널은 키워드를 폴더 형식으로 관리할 수 있도록 도와주는 패널입니다. 사용자가 입력한 키워드는 이 패널에 표시되고 새로운 키워드를 직접 추가할 수 있습니다. 격자 보기 화면이나 필름 스트립의 사진을 키워드 위로 끌어다 놓는 것만으로 키워드를 빠르게 입력할 수 있습니다.

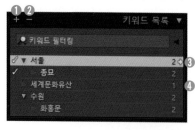

❶ 새로운 키워드 추가합니다.

❷ 선택된 키워드 삭제합니다.

❸ 화살표를 클릭하면 해당 키워드를 포함한 사진을 표시합니다.

❹ 해당 키워드를 가지고 있는 사진의 수가 표시됩니다.

[키워드 목록] 패널에서 키워드 입력 및 관리하기

01 [키워드 목록] 패널에서 키워드를 관리해보겠습니다. [키워드 목록] 패널은 [키워드 적용] 패널 바로 아래에 있습니다. [키워드 목록] 패널에는 앞서 입력한 키워드들이 표시됩니다. [키워드 목록] 패널에서는 앞으로 사용할 키워드를 미리 등록할 수 있습니다. 패널 타이틀 좌측에 있는 [+] 버튼을 클릭합니다.

02 [키워드 태그 만들기] 대화상자가 표시됩니다. ❶ 이 대화상자에서 [키워드 이름] 입력란에 미리 등록할 키워드를 입력하고 ❷ [만들기] 버튼을 클릭합니다.

❶ 키워드 이름 : [키워드 목록]에 새로 등록할 키워드를 입력합니다.

❷ 동의어 : [키워드 이름] 입력란에 입력한 키워드에 대한 유사어나, 영문 키워드를 입력합니다.

❸ 내보낼 때 포함 : 사진을 내보낼 때 이 키워드를 포함할 것인지를 설정합니다.

❹ 포함된 키워드 내보내기 : 사진을 내보내기 할 때 상위 키워드를 포함하여 내보낼 것인지를 설정합니다.

❺ 동의어 내보내기 : 사진을 내보내기 할 때 [동의어] 입력란에 입력한 키워드를 함께 내보낼 것인지를 설정합니다.

❻ 사람 : 키워드가 사람 이름인 경우 선택 합니다.

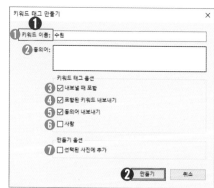

❼ 선택된 사진에 추가 : [격자 보기] 화면이나 [필름 스트립]에 사진이 선택된 경우 해당 사진에 키워드를 추가하고 [키워드 목록] 패널에도 키워드를 추가합니다. 선택한 사진이 없는 경우에는 [키워드 목록] 패널에만 추가됩니다.

03 [키워드 목록] 패널에 새로운 키워드가 추가됩니다.

04 [키워드 목록] 패널에 등록된 키워드는 손쉽게 키워드 등록에 사용할 수 있습니다. [격자 보기] 화면에서 [수원 화성] 사진 두 장을 선택해 [키워드 목록] 패널의 키워드 위로 끌어다 놓습니다.

05 [수원] 키워드에 사진의 장수가 늘어나고 사진에는 키워드 배지가 표시됩니다. 해당 키워드 앞에 체크 마크가 표시됩니다.

06 같은 방법으로 [키워드 목록] 패널에 [화홍문] 키워드를 만들고 두 장의 사진을 등록합니다.

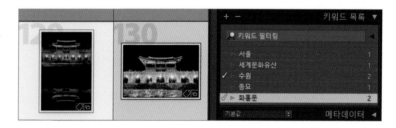

07 이번에는 [수원]을 상위 키워드로, [화홍문]을 하위 키워드로 설정해 보겠습니다. [화홍문] 키워드를 끌어다 [수원] 키워드 위에 놓습니다.

08 [수원] 키워드 하위에 [화홍문] 키워드가 배치됩니다.

09 같은 방법으로 [종묘] 키워드를 [서울] 키워드 하위로 배치합니다.

10 이렇게 상하위 키워드로 구성되었을 경우에 키워드를 등록하는 방법에 대해 알아보겠습니다. 키워드를 입력하지 않은 종묘 사진 한 장을 하위 키워드인 [종묘] 키워드에 끌어다 놓습니다.

11 [종묘] 키워드에는 사진의 장수가 늘어났는데 상위 키워드인 [서울] 키워드에는 변화가 없습니다. 해당 사진에 [서울] 상위 키워드도 함께 포함하려면 [서울] 키워드 앞의 [−]를 클릭합니다.

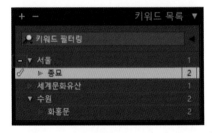

12 상위 키워드인 [서울] 키워드에도 사진의 수가 늘어납니다.

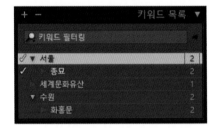

메타데이터 입력과
관리하기

디지털 사진 파일에는 촬영 정보를 비롯하여 많은 정보들이 함께 저장되어 있습니다. 이러한 정보들은 라이트룸으로 사진을 가져오기 할 때 카탈로그에 체계적으로 정리되어 저장됩니다. 이 장에서는 이러한 정보인 메타데이터의 종류와 이를 활용하고 관리하는 방법에 대해 알아봅니다.

01 메타데이터

메타데이터란?

메타타데이터는 컴퓨터 파일을 효율적으로 관리하고 검색하기 위해 파일 데이터와 함께 저장되는 속성 정보를 의미합니다. 이 정보는 태그라는 여러 항목으로 구분되고 각 항목별로 데이터 값을 가집니다. 디지털 사진도 파일 형태로 저장되기 때문에 파일 내에 화상 데이터와 메타데이터가 함께 저장됩니다. 그렇다고 컴퓨터에서 사용하는 모든 파일들이 동일한 메타데이터를 사용하는 것은 아닙니다. 음악 파일은 음악에 관련된 메타데이터를, 사진 파일은 사진에 관련된 메타데이터를 사용합니다. 예를 들어 디지털 사진은 조리개, 셔터 스피드와 같은 노출 정보, 카메라, 렌즈와 같은 장비 정보를 메타데이터로 사용합니다. MP3와 같은 음악 파일에서는 앨범, 가수, 작곡가와 같은 메타데이터를 사용합니다.

디지털 사진의 메타데이터

디지털 사진은 EXIF와 IPTC 메타데이터를 사용합니다. 이 두 가지 메타데이터는 라이트룸에서 확인할 수 있고 수정, 변경, 삭제 등의 관리도 할 수 있습니다.

EXIF(Exchangeable Image File Format)는 이미지 파일에 저장되는 메타데이터의 표준이라 할 만큼 거의 모든 이미지 파일에서 사용합니다. 디지털 사진인 RAW 파일과 JPEG 파일도 이미지 파일 형식 중에 하나이기 때문에 화상 데이터와 함께 EXIF 메타데이터의 대부분을 포함합니다. 주로 사용되는 메타데이터는 총 해상도, 촬영 일시, 노출 정보(조리개와 셔터 스피드), 초점 거리, 노출 보정, ISO, 플래시 발광 유무, 노출 모드, 측광 모드, 색 공간, 카메라 제조사, 카메라 모델, 렌즈, GPS, 고도, 방향 등이 있습니다. 주로 카메라에서 사진이 저장될 때 함께 저장되고, 사진을 편집하면 삭제됩니다. 따라서 EXIF 메타데이터는 추가 입력이나 수정을 할 수 없는 특징이 있습니다.

IPTC(International Press Telecommunications Council)는 국제뉴스 통신 협의회에서 통신이나 언론사 간의 뉴스 교환을 위해 만든 표준 메타데이터입니다. EXIF와 달리 카메라에서 입력되지 않습니다. 주로 IPTC 메타데이터로는 저작권 정보, 연락처 세부 정보, 콘텐츠 세부 정보, 이미지 세부 정보, 상태 등이 있고, 사용자가 추가 입력할 수 있습니다. 또한 이미 입력된 정보를 수정하거나 삭제할 수도 있습니다.

[라이브러리] 모듈의 [메타데이터] 패널에는 사진의 메타데이터가 표시됩니다. 이 정보들은 사진 가져오기 시 카탈로그에 저장된 정보로 선택한 사진에 대해 그 정보를 카탈로그에서 빠르게 불러와 표시해주는 것입니다. [메타데이터] 패널에서는 EXIF 메타데이터뿐만 아니라, IPTC 등 다른 메타데이터도 패널에 표시되고 관리할 수 있습니다.

	표시	수정	추가 입력	삭제(내보내기 시)
EXIF	○	×	×	○
IPTC	○	○	○	○

02 메타데이터 패널의 구성

[메타데이터] 패널의 타이틀 좌측의 팝업 메뉴를 보면 [기본값]으로 표시됩니다. [기본값]은 EXIF와 IPTC 메타데이터의 주요 정보만 간략하게 표시합니다.

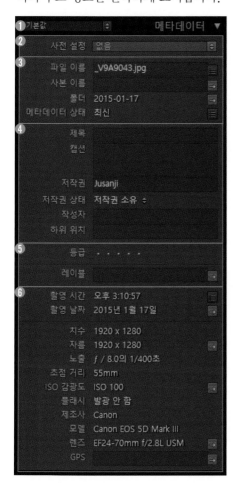

❶ 기본값 : [메타데이터] 패널의 기본 표시 항목입니다. 이 팝업 메뉴를 클릭해 다른 메타데이터 항목을 선택해 패널에 표시할 수 있습니다.

❷ 사전 설정 : 메타데이터 항목을 사전 설정으로 저장해 놓고 일괄 입력할 때 사용할 수 있습니다. 우측 팝업 메뉴를 클릭해 저장된 사전 설정을 선택하거나, 새로 저장할 수 있습니다.

❸ 파일 정보 : 디지털 사진 파일의 정보인 파일 이름, 가상 사본 이름, 원본 사진의 저장 폴더, 메타데이터 상태가 표시됩니다.

❹ 제목 및 저작권 : 파일의 제목과 설명이 표시고, 저작권 정보인 저작권, 저작권 상태, 작성자, 하위 위치가 표시됩니다.

❺ 특성 : 사용자가 설정한 특성 중 별 등급과 색상 레이블이 표시됩니다.

❻ 촬영 정보 : 사진 촬영 정보인 촬영 일시, 총 해상도, 크롭된 해상도, 초점 거리, ISO, 플래시 사용 유무, 카메라 제조사, 카메라 모델, 렌즈 정보가 표시됩니다.

[메타데이터] 패널의 타이틀에서 [기본값] 팝업 메뉴를 클릭하면 다른 메타데이터 목록을 선택할 수 있습니다.

[메타데이터] 패널의 첫 번째 항목은 [사전 설정] 입니다. 이 항목의 기본값은 [없음]입니다. 자주 입력하는 메타데이터 값을 사전 설정으로 저장해 놓으면 추가로 입력할 메타데이터를 손쉽게 처리 할 수 있습니다. 또한 이렇게 만들어 놓은 메타데이터 사전 설정은 사진을 가져오기 할 때 동일한 메타데이터를 일괄 적용할 수 있습니다.

→ 메타데이터의 사전 설정에 관해서는 [Part 02, Chapter 02, Section 04 메타데이터 사전 설정 만들기]를 참조하세요.

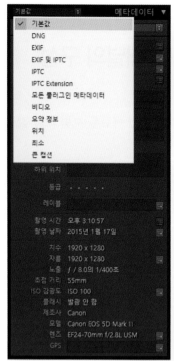

메타데이터 기본값(Default)

메타데이터를 [기본값]으로 선택하면 다음과 같은 정보가 표시됩니다. 표시된 정보는 선택된 사진의 메타데이터입니다. 여러 사진을 동시에 선택하면 [파일 이름] 항목처럼 메타데이터 값이 동일하지 않을 경우 [〈혼합〉]이라고 표시됩니다.

한 장의 사진을 선택한 경우

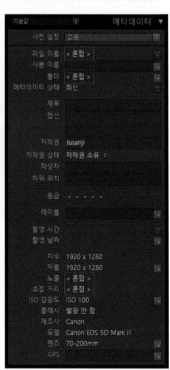

여러 장의 사진을 선택한 경우

[메타데이터] 패널에서 중요한 것은 바로 각 항목별로 우측에 있는 작은 버튼입니다. 이 버튼들은 여러 장의 사진을 선택했을 경우 일괄 처리를 하거나, 해당 메타데이터로 필터링할 때 사용합니다. 예를 들어 여러 장의 사진을 선택하고 파일명을 일괄 변경하거나 촬영 시간을 바꿀 수 있습니다. 또한 선택된 폴더에 동일한 렌즈 혹은 동일한 ISO 값으로 촬영된 사진을 빠르게 필터링해 표시할 수 있습니다.

❶ 메타데이터 값을 변경합니다. 여러 장의 사진이 선택되어 있는 경우 일괄 변경할 있습니다.
  • 파일 이름 : 파일 이름을 일괄 변경할 수 있습니다.
  • 메타데이터 상태 : 메타데이터를 최신 상태로 업데이트합니다.
  • 촬영 시간 : 촬영 시간을 변경할 수 있습니다.

❷ 해당 메타데이터로 필터링합니다.
  • 사본 이름 : 동일한 사본 이름을 가진 파일을 필터링합니다.
  • 레이블 : 동일한 색상 레이블을 가진 파일을 필터링합니다.
  • 촬영 날짜 : 같은 날에 찍은 사진을 필터링합니다.
  • 자름 : [현상] 모듈의 [자르기 오버레이]가 실행됩니다.
  • ISO 감광도 : 동일한 ISO로 촬영된 사진을 필터링합니다.
  • 모델 : 동일한 카메라 모델로 촬영한 사진을 필터링합니다.
  • 렌즈 : 동일한 렌즈로 촬영한 사진을 필터링합니다.

EXIF 메타데이터 값

카메라가 촬영될 때 기록되는 EXIF 메타데이터에 대해 알아보겠습니다. [메타데이터] 패널의 [기본값] 항목을 [EXIF]로 변경하면 EXIF 정보만 표시됩니다.

❶ 파일 정보 : 파일의 정보인 파일 이름, 원본 사진의 저장 경로, 총 해상도, 크롭한 해상도가 표시됩니다.

❷ 날짜와 시간 : 사진의 촬영 일시와 최종 편집된 일시가 표시됩니다.

❸ 촬영 정보 : 촬영 설정인 노출(조리개와 셔터 스피드), 초점 거리, 노출 보정, ISO, 플래시 사용 유무, 노출 모드, 측광 모드가 표시되고 촬영 장비인 카메라 제조사, 카메라 모델, 렌즈 정보가 표시됩니다. 또한 선택한 사진을 마지막으로 보정한 프로그램과 GPS, 고도, 방향등의 정보도 표시됩니다.

EXIF 메타데이터에서도 주의 깊게 봐야 하는 것 중 하나가 날짜 항목입니다. 날짜는 모두 세 개가 있는데, 같은 날짜이면 수정되지 않은 디지털 원본 사진임을 의미합니다.

디지털 카메라에서는 사진이 찍히면서 아날로그 신호가 디지털화되어 파일로 저장됩니다. 따라서 사진이 찍힌 [원본 날짜 시간]과 디지털화된 [디지털 날짜 시간]이 같게 됩니다. [날짜 시간]은 마지막으로 보정한 날짜를 의미하는데 보정은 찍은 다음에 하는 것이기 때문에 [날짜 시간]까지 같으면 수정된 파일이 아닌 원본을 의미합니다. [원본 날짜 시간]과 [디지털 날짜 시간]가 다르면 필름을 스캔했다고 보면 됩니다. 또한 [원본 날짜 시간] 또는 [디지털 날짜 시간]이 [날짜 시간]과 다르면 수정한 사진입니다. 물론 날짜만으로 사진의 원본 진위를 100% 판단하긴 힘들지만, 어느 정도는 판단의 용도로 사용할 수 있습니다.

그 다음에 봐야 할 것은 [일련 번호]입니다. 일련 번호는 카메라 제조 시 부여된 고유한 번호입니다. 즉, 일련 번호에 해당되는 카메라를 가지고 있으면 사진의 소유권이 있다고 해도 무방합니다. 다시 말해 [메타데이터] 패널의 [일련 번호] 항목에 표기된 카메라를 소유하고 있고, 사진의 일련 번호가 일치한다면 자신의 소유임을 증명할 수 있습니다. 만약 카메라를 다른 사람에게 팔고 어떠한 약정서도 체결하지 않았다면, 카메라를 구입한 사람은 사진 소유권을 주장할 수 있습니다.

IPTC & IPTC Extension 메타데이터

IPTC는 국제 신문 통신 위원회에서 사용되는 메타데이터로 사진을 전송할 때 EXIF 보다 더 구체적인 정보를 포함합니다.

IPTC 메타데이터에서 중요한 것은 저작권 표기입니다. IPTC 메타데이터 하단에 다음 화면처럼 [저작권] 항목이 있습니다. [저작권] 항목에 입력된 내용은 사진 내보내기 시 기본으로 사진에 포함되어 저장됩니다. 자신의 소중한 사진을 지키는 안전 장치가 될 수 있으니 꼭 입력하는 것이 좋습니다.

저작권 정보를 사전 설정으로 만들어놓고 사진 가져오기 시 일괄 입력할 수 있습니다.

EXIF, IPTC, Plug-in 메타데이터를 제외한 나머지 항목들은 필요한 메타데이터만 별도로 표시합니다. 다음 화면은 메타데이터를 표시해주는 팝업 메뉴 항목들입니다. 기본적으로 EXIF 메타데이터를 선택해 놓고 사용하고 필요에 따라 변경합니다.

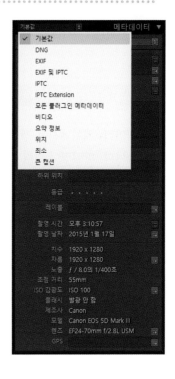

03 메타데이터의 변경과 표시

파일명 일괄 변경하기

[메타데이터] 패널에서는 개별적으로 선택된 사진에 대해 파일명을 변경하거나, 선택된 사진에 전체를 일괄 변경할 수 있습니다. 파일명이 변경되면 원본 사진의 파일명도 함께 변경됩니다.

01 [메타데이터] 패널에서 사진의 파일명을 일괄변경할 수 있습니다. 파일명을 변경할 사진을 선택한 후, [메타데이터] 패널의 [파일 이름] 항목 우측에 있는 버튼을 클릭합니다. 여기서는 여러 장의 사진의 파일명을 일괄 변경하기 위해 여러 장의 사진을 선택해 해보겠습니다.

02 [n개의 사진의 이름 바꾸기] 대화상자가 표시됩니다. ❶ [파일 이름 지정] 항목의 팝업 메뉴를 클릭합니다. ❷ 표시되는 팝업 메뉴에서 [사용자 정의 이름 - 시퀀스]를 선택합니다.

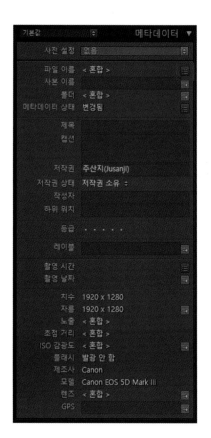

03 ❶ [사용자 정의 텍스트] 항목에 [수원화성_]을 입력합니다. 대화상자 하단에 변경될 파일명이 표시됩니다. ❷ [확인] 버튼을 클릭하여 대화상자를 닫습니다.

원본 사진에 저장된 촬영 일시는 원칙적으로 변경할 수 없습니다. 라이트룸에서 변경하는 것은 카탈로그에 등록된 원본 사진의 촬영 일시라는 것입니다. 따라서 라이트룸에서 촬영 시간을 변경했다고 해서 원본 사진의 메타데이터의 촬영 일시가 변경되는 것이 아닙니다. 그러나 사진을 내보내기 하면 저장되는 사진에는 변경된 촬영 일시로 바뀌어 저장됩니다.

01 사진의 촬영 일시를 변경하려면 메타데이터 패널의 촬영 시간 메타데이터 항목 우측에 있는 버튼을 클릭합니다.

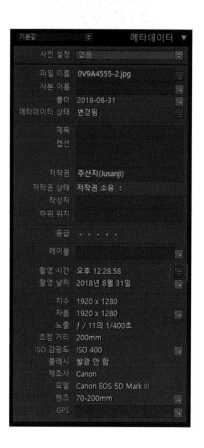

02 [촬영 시간 편집] 대화상자가 표시됩니다. [조정 유형] 항목에서 세 가지 조정 유형 중에 하나를 선택합니다. 여기서는 기본으로 선택된 [지정된 날짜와 시간으로 조정]을 그대로 사용하겠습니다.

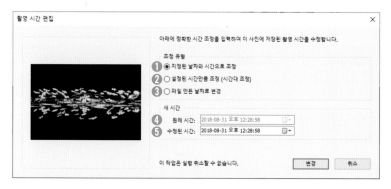

❶ 지정된 날짜와 시간으로 조정 : 이 옵션을 선택하고, [새 시간] 항목의 [수정된 시간]에서 날짜와 시간을 조정합니다.

❷ 설정된 시간만큼 조정(시간대 조정) : 이 옵션을 선택하고 [새 시간] 항목에서 시간대를 조정합니다. 해외 여행 시 찍은 사진의 시차 변경을 할 때 사용합니다.

❸ 파일 만든 날짜로 변경 : 사진을 내보낸 시간으로 변경됩니다.

❹ 원래 시간 : 촬영 시 카메라에서 저장된 날짜와 시간을 표시합니다.

❺ 수정된 시간 : 조정될 촬영 시간을 설정합니다.

03 ❶ [새 시간] 항목의 [수정된 시간]에 변경할 연도, 월, 일, 오전/오후, 시, 분, 초를 클릭합니다. 변경할 항목이 파란색으로 반전되면 키보드의 상하 방향키를 눌러 조정합니다. ❷ 조정이 끝나면 [변경] 버튼을 클릭합니다. 사진의 촬영 시간이 변경됩니다.

사진에 메타데이터 표시하기

[라이브러리] 모듈의 [확대경 보기] 화면 또는 [현상] 모듈에서 현상 작업 중에 메타데이터를 참조하려면 [메테타데이터] 패널을 봐야하는 불편함이 있습니다. 사진에 메타데이터를 오버레이하여 이러한 불편함을 줄일 수 있습니다.
[격자 보기] 화면의 셀에 특성을 표시했던 것처럼 [확대경 보기] 화면에서도 메타데이터 정보를 사진 위에 표시할 수 있습니다.

01 사진 위에 메타데이터 정보를 표시하려면 [확대경 보기] 화면에서 단축키 ⓘ를 누릅니다. 사진 왼쪽 상단에 사진의 정보가 표시됩니다.
기본값으로 표시되는 정보는 파일명, 촬영 일시, 크롭된 총 해상도입니다.

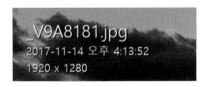

02 이 상태에서 다시 ⓘ를 누르면 사진의 정보가 변경됩니다. 기본값으로 표시되는 정보는 파일명, 촬영 정보(조리개, 셔터스피드, ISO), 초점 길이(렌즈 정보)입니다. 한 번 더 ⓘ를 누르면 정보가 표시되지 않습니다.

03 [확대경 보기]에 표시되는 정보는 사용자에 따라 다른 정보로 표시할 수 있습니다. ❶ 기본값으로 표시되는 정보는 다른 정보로 변경하기 위해 [확대경 보기] 화면에서 사진을 마우스 오른쪽 버튼으로 클릭합니다. ❷ 표시되는 단축 메뉴에서 [보기 옵션]을 선택한다. [보기 옵션]은 단축키 Ctrl+J를 눌러도 되고, [보기 〉 보기 옵션] 메뉴를 선택해도 됩니다.

04 [라이브러리 보기 옵션] 대화상자가 표시됩니다. [확대경 보기] 탭이 기본으로 선택되어져 있습니다. [확대경 보기] 화면의 메타데이터를 변경하려면 ❶ [확대경 정보 1]과 ❷ [확대경 정보 2] 항목의 팝업 메뉴를 변경합니다.

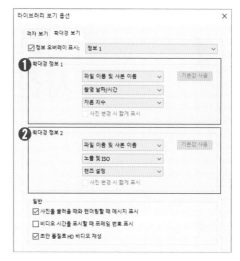

05 확대경 정보를 변경합니다. 값이 변경되면 즉시 반영됩니다. 변경을 마쳤다면 대화상자 우측 상단에 있는 [X]를 눌러 창을 닫습니다.

06 [확대경 보기] 화면에서 사진의 정보가 변경됩니다.

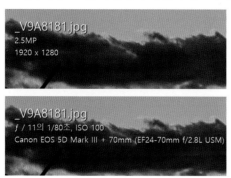

Chapter

07

라이브러리 필터 바에서
사진 검색과 필터링

디지털 사진은 시간이 지날수록 그 수가 엄청나게 늘어납니다. 그래서 디지털
사진을 관리하는 프로그램을 사용합니다. 디지털 사진을 관리하는 프로그램은
사진을 체계적으로 관리하고 보관하는 것이 주목적이지만, 수많은 사진 중에
서 사용자가 원하는 사진을 빠르게 찾을 수 있어야 합니다. 그런 면에서 라이
트룸은 관리와 검색 기능 모두를 갖춘 프로그램입니다. 이 장에서는 앞서 살펴
본 특성, 키워드, 메타데이터를 이용해 사진을 필터링해 찾는 방법에 대해 알아
보겠습니다.

01 라이브러리 필터와 검색

필터링과 검색

카탈로그에는 사진을 가져오기 할 때 사진으로부터 읽어들인 메타데이터와 가져오기 한 후에 사용자가 추가적으로 입력한 특성, 키워드가 저장됩니다. 또한 사진의 보정 이력, 복사본 정보, 사진의 파일 형식, 원본 사진의 경로 등도 저장됩니다. 이러한 정보들은 단순히 카탈로그에 저장되는 것으로 끝나는 것이 아니라, 사진을 검색하거나 필터링할 때 대상이 되는 중요한 역할을 합니다. 마치 포털 사이트의 사진을 검색하는 것과 유사합니다. 포털 사이트는 사진의 정보를 미리 데이터베이스에 저장해 놓고 이를 조회해 사진을 찾아 화면에 그 결과를 표시합니다. 실제 사진을 실시간으로 찾아 화면에 표시해주는 것이 아니라, 데이터베이스 조회를 통해 필터링된 사진 중에서 사용자가 클릭한 사진을 연결해 주는 것입니다.

라이트룸도 실제 사진 파일을 검색하는 것이 아니라, 사진의 정보가 담긴 카탈로그에 저장된 정보들을 조회해 연결된 사진을 표시합니다. 라이트룸에서 사진을 검색하는 것을 필터링이라고 하는데, 필터링은 데이터베이스 용어로 데이터를 걸러내는 것을 의미합니다. 특정 키워드로 사진을 검색한다면 카탈로그에서 사진의 키워드 값을 조회해 검색어와 일치된 사진만 걸러냅니다. 모든 사진의 메타데이터를 일일이 읽어 들여 사진을 찾지 않고 카탈로그에서 저장된 키워드 항목만 필터링하여 사진을 표시합니다. 이러한 방식으로 사진을 검색하면 빠르고 정확한 검색 결과를 얻을 수 있습니다.

라이브러리 필터 바(Library Filter Bar)

[라이브러리 필터 바]는 라이트룸에서 사진을 찾기 위해 필터링 조건을 설정하는 곳입니다. 라이브러리 필터 바에서는 카탈로그에 저장된 텍스트, 특성, 메타데이터을 필터링해 그 결과를 표시합니다.

라이브러리 필터 바는 [격자 보기] 화면 상단에 표시됩니다. 라이브러리 필터 바가 표시되지 않는다면 단축키 W를 눌러 표시할 수 있습니다. 한 번씩 누를 때마다 필터 바가 표시되고 감춰집니다.

[라이브러리 필터 바]의 구성을 살펴보겠습니다. 필터 바 가운데에는 필터링할 항목을 설정하는 [텍스트], [특성], [메타데이터] 메뉴와 필터링을 하지 않는 [없음] 메뉴가 있습니다. [없음]은 기본 설정값으로 필터링할 항목이 없기 때문에 선택된 폴더 또는 컬렉션의 모든 사진이 표시됩니다. [라이브러리 필터 바] 우측에는 사전 설정을 설정하거나 선택할 수 있는 팝업 메뉴가 있습니다. 역시 [필터]가 기본값으로 설정되어 있기 때문에 필터링 범위인 폴더 또는 컬렉션의 모든 사진이 표시됩니다. 마지막으로 맨 우측에는 필터링 설정을 고정하는 자물쇠 아이콘이 있습니다.

❶ 텍스트 : 카탈로그에서 텍스트만 필터링합니다. 이 항목을 클릭하면 다음 화면처럼 같이 텍스트를 필터링할 수 있도록 [라이브러리 필터 바]가 확장됩니다.

❷ 특성 : 카탈로그에서 사용자가 사진에 설정한 특성(플래그, 별 등급, 색상 라벨)과 파일 유형을 필터링합니다. 이 항목을 클릭하면 같이 특성을 필터링할 수 있도록 [라이브러리 필터 바]가 확장됩니다.

❸ 메타데이터 : 카탈로그에서 사진의 메타데이터만 필터링합니다. 이 항목을 클릭하면 다음 화면처럼 메타데이터를 필터링할 수 있도록 [라이브러리 필터 바]가 확장됩니다.

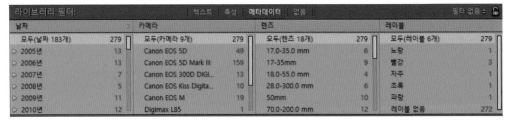

❹ 없음 : 필터링을 하지 않습니다. 선택된 폴더 또는 컬렉션의 모든 사진이 표시됩니다.

❺ 필터 끄기 : 필터링 설정을 사전 설정으로 저장해 관리합니다. 기본값은 [필터 끄기]로 필터링 하지 않습니다. 선택된 폴더 또는 컬렉션의 모든 사진이 표시됩니다.

❻ 자물쇠 아이콘 : 필터링 설정을 고정합니다. 폴더 또는 컬렉션이 변경되면 필터링 설정이 초기화되는데, 자물쇠를 잠가놓으면 폴더 또는 컬렉션이 변경되더라도 필터링 설정이 그대로 유지됩니다.

02 필터링으로 사진 찾기

필터링할 때에는 필터링 항목인 [텍스트], [특성], [메타데이터] 중에 최소 하나를 선택해야 합니다. 또한 두 개 이상을 조합해 사용할 수 있습니다. 필터링 조건을 두 개 이상 조합해 사용하면 검색 결과를 최소화하고 정확도를 높일 수 있습니다. 다음은 [텍스트]와 [특성]를 함께 설정한 것입니다. 두 개의 필터링 항목을 설정하려면 Ctrl을 누르고 필터링 항목을 각각 클릭합니다. 설정된 필터링 항목은 흰색으로 표시되며 한 번 더 클릭하면 해제됩니다.

텍스트 필터링

메타데이터에 입력된 키워드 또는 파일명과 같은 텍스트를 검색하려면 필터링 항목을 [텍스트]로 설정합니다. [라이브러리 필터 바]가 텍스트를 검색할 수 있도록 아래로 확장됩니다.

❶ 카탈로그에서 필터링할 필드 항목을 설정합니다. 예를 들어, 키워드를 검색한다면, 키워드가 저장된 필드 항목만 조회하면 됩니다. 다른 정보가 저장된 필드 항목까지 조회할 필요는 없습니다. 텍스트 검색을 위해 사용되는 필드 항목은 다음과 같습니다.

• 모든 검색 가능한 필드 : 검색 가능한 모든 텍스트 필드 항목만 검색합니다.
• 파일 이름 : 파일명이 저장된 필드 항목만 검색합니다.
• 사본 이름 : 가상본 파일명이 저장된 필드 항목만 검색합니다.
• 제목 : 제목이 저장된 필드 항목만 검색합니다.
• 캡션 : 캡션이 저장된 필드 항목만 검색합니다.
• 키워드 : 키워드가 저장된 필드 항목만 검색합니다.
• 검색 가능한 메타데이터 : 검색 가능한 메타데이터(IPTC, EXIF) 필드 항목만 검색합니다.
• 검색 가능한 IPTC : 검색 가능한 IPTC 메타데이터 필드 항목만 검색합니다.
• 검색 가능한 EXIF : 검색 가능한 EXIF 메타데이터 필드 항목만 검색합니다.
• 모든 검색 가능한 플러그인 필드 : 사용자가 설치한 플러그인에서 사용하는 메타데이터 필드 항목만 검색합니다.

❷ 텍스트를 필터링할 조건을 설정합니다.

• 포함 : 입력한 단어가 두 개 이상일 경우 하나라도 포함한 사진만 검색합니다.
• 모두 포함 : 입력한 단어가 두 개 이상일 경우 모두 포함한 사진만 검색합니다.
• 단어 포함 : 입력한 단어가 포함된 사진을 검색합니다.
• 포함하지 않음 : 입력한 단어를 포함하고 있지 않은 사진만 검색합니다.
• 다음으로 시작 : 입력한 단어로 시작되는 사진만 검색합니다.
• 다음으로 끝남 : 입력한 단어로 끝나는 사진만 검색합니다.

❸ 검색할 단어를 입력합니다. 입력 즉시 검색 결과가 표시됩니다.

키워드 검색

앞서 다음의 사진에 키워드를 입력했습니다. 이 키워드를 [라이브러리 필터 바]에서 필터링해 사진을 찾아보겠습니다.

→ 키워드 입력에 관해서는 [Part 03, Chapter 05 키워드 입력과 관리하기]를 참조하세요.

세계문화유산	세계문화유산	세계문화유산	세계문화유산
서울	서울	수원	수원
종묘	종묘	화홍문	화홍문

01 [라이브러리 필터 바]에서 [텍스트] 필터링 항목을 클릭합니다. 텍스트를 필터링할 수 있도록 [라이브러리 필터 바]가 아래로 확장됩니다.

02 ❶ 필터링할 필드 항목은 [모든 검색 가능한 필드]로 설정하고, ❷ 필터링 조건은 [포함]으로 설정합니다. ❸ 키워드 입력란에 [세계]를 입력합니다. [세계문화유산]을 다 입력하지 않았는데도 사진이 검색됩니다. 이는 필터링 조건을 [포함]으로 설정했기 때문에 [세계]라는 단어가 들어간 사진이 모두 검색된 것입니다.

03 이번에는 [세계문화유산]과 [종묘] 두 단어를 띄어 입력합니다. 검색 결과 이전과 같습니다. 필터링 조건이 [포함]이기 때문에 두 단어 중 한 단어만 포함되어도 검색됩니다.

04 필터링 조건을 [모두 포함]이라고 변경합니다. 종묘 사진 두 장만 검색됩니다. 즉, 두 단어 이상을 입력했을 경우 모두 일치해야 합니다.

05 이번에는 필터링 필드 항목을 [제목]으로 변경해 봅니다. 일치하는 사진이 없다고 표시됩니다. 즉, [제목] 필드 항목만 조회했기 때문에 필터링에 사용된 키워드인 [세계문화유산] 또는 [종묘]를 찾을 수 없습니다.

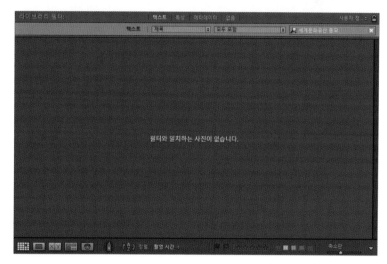

특성 필터링

사용자가 설정한 특성과 파일 유형을 필터링해 결과를 표시합니다. 필터링 항목을 [특성]으로 선택하면 [라이브러리 필터 바]에서 특성을 설정할 수 있도록 아래로 확장됩니다. 특성 필터링은 플래그, 별 등급, 색상 레이블을 각각 또는 두 개 이상 조합해 필터링할 수 있으며, 파일 유형은 원본, 복사본, 동영상을 각각 또는 두 개 이상 조합해 필터링할 수 있습니다.

❶ 플래그 : 검색할 사진을 플래그 특성으로 필터링합니다. 하나 또는 두 개 이상의 플래그를 선택합니다.

❷ 편집 : 검색할 사진을 편집 유무에 따라 필터링합니다.

❸ 등급 : 검색할 사진을 별 등급 특성으로 필터링합니다. 별의 개수를 선택할 때 조건을 설정할 수 있다. 부등호를 클릭하면 다음과 같은 메뉴가 표시된다.

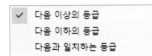

- 다음 이상의 등급 : 설정한 별의 개수 이상의 사진을 검색합니다.
- 다음 이하의 등급 : 설정한 별의 개수 이하의 사진을 검색합니다.
- 다음과 일치하는 등급 : 설정한 별의 개수와 일치하는 사진을 검색합니다.

❹ 색상 : 검색할 사진을 컬러 라벨 특성으로 필터링합니다. 하나를 선택 또는 두 개 이상 컬러 라벨을 선택합니다.

❺ 종류 : 검색할 사진을 파일 유형으로 필터링합니다. 첫 번째 아이콘은 원본 사진만, 두 번째 아이콘은 복사본 사진만, 세 번째 아이콘은 동영상만 필터링합니다. 앞서 사진에 특성을 설정해 놓았습니다. 이 사진을 특성 필터링으로 검색해보겠습니다.

→ 특성 설정에 관해서는 [Part03, Chapter 04 사진에 특성 설정하기]를 참조하세요.

01 [라이브러리 필터 바]에서 [특성] 필터링 메뉴를 클릭합니다. 텍스트를 필터링할 수 있도록 [라이브러리 필터 바]가 아래로 확장됩니다.

02 먼저 흰색 플래그 특성을 설정한 사진을 필터링해보겠습니다. 특성 필터링 항목에서 흰색 플래그 아이콘을 클릭합니다. 그런데 한 장의 사진만 검색됩니다.

03 색상 필터링 항목의 마지막 아이콘을 클릭합니다. 흰색 플래그로 설정된 두 장의 사진이 더 검색됩니다. 색상 레이블 기본값이 [레이블이 지정되지 않음]이 설정되어 있기 때문에 색상 레이블과 흰색 플래그 속성이 함께 설정된 사진은 검색되지 않았던 것입니다.

04 이번에 별 등급을 필터링해보겠습니다. 필터링 항목에 설정된 흰색 플래그 특성을 다시 클릭해 해제합니다. 검색 범위에 있는 모든 사진이 표시됩니다.

05 별 등급 특성 필터링 항목에서 첫 번째 별을 클릭합니다. 별 다섯 개를 설정한 사진이 검색됩니다. 필터링 조건이 설정한 별 개수 이상이 기본값으로 설정되었기 때문입니다.

06 별 등급의 조건을 다음과 같이 변경합니다. **①** [등급] 항목에 있는 부등호 아이콘을 클릭하면 단축 메뉴가 표시됩니다. **②** [다음과 일치하는 등급]으로 변경합니다.

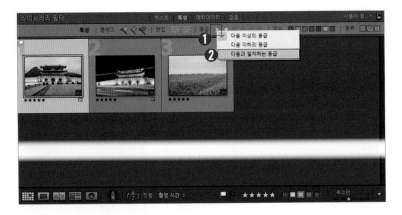

07 별 한 개로 설정한 사진이 없기 때문에 검색되는 사진이 없다고 표시됩니다.

08 별 등급 필터링 항목을 다섯 개로 변경합니다. 별 다섯 개로 설정된 사진이 표시됩니다.

메타데이터 필터링

카탈로그에 등록된 사진의 메타데이터를 필터링해 사진을 검색합니다. 필터링 항목을 [메타데이터]로 선택하면 [라이브러리 필터 바]가 메타데이터의 값을 선택할 수 있도록 확장됩니다. 필터링 방식은 왼쪽 컬럼부터 메타데이터의 값을 하나씩 선택합니다. 메타데이터의 값을 하나씩 선택할 때마다 [격자 보기] 화면의 사진이 점점 줄어듭니다.

설정할 수 있는 메타데이터는 네 개만 표시되는 것은 아닙니다. 메타데이터 항목과 개수는 사용자가 직접 설정할 수 있습니다. 컬럼의 수는 더 추가할 수 있고, 컬럼의 메타데이터 항목도 변경할 수 있습니다.

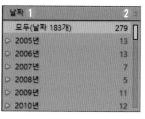

❶ 각 컬럼 타이틀 좌측의 메타데이터의 이름을 클릭하면 다른 메타데이터로 변경할 수 있습니다.

❷ 컬럼 타이틀 우측의 메뉴 버튼을 클릭하면 컬럼을 추가하거나 삭제할 수 있는 메뉴가 표시됩니다. [열 추가] 메뉴를 선택하면 새로운 컬럼이 오른쪽으로 추가됩니다.

• 열 추가 : 새로운 컬럼을 현재 컬럼 우측에 추가합니다.
• 이 열 제거 : 현재 컬럼을 삭제합니다.
• 계층 구조 : 컬럼 내의 목록을 폴더 구조형식으로 표시합니다.
• 균일 : 컬럼 내의 목록을 일렬로 나열합니다.
• 오름차순 : 컬럼 내의 목록을 오름차순으로 정렬합니다.
• 내림차순 : 컬럼 내의 목록을 내림차순으로 정렬합니다.

메타데이터를 필터링해 원하는 사진을 찾는 방법에 대해 알아보겠습니다. 여기서는 라이트룸에 등록된 전체 사진 중에서 5D Mark III 카메라와 50mm 렌즈로 찍은 사진 중에서 ISO의 값이 100인 사진만 필터링해보겠습니다.

01 먼저 필터링 범위를 설정합니다. 전체 사진을 대상으로 필터링할 것이므로 [카탈로그] 패널에서 [모든 사진] 항목을 선택합니다.

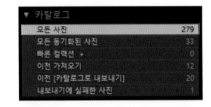

02 [라이브러리 필터 바]에서 [메타데이터] 필터링 메뉴를 클릭합니다. [라이브러리 필터 바] 아래로 네 개의 메타데이터 컬럼이 표시됩니다.

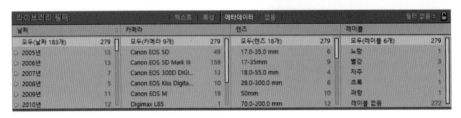

03 메타데이터 필터링은 왼쪽 컬럼부터 오른쪽으로 순서대로 설정합니다. ❶ 먼저 전체 사진을 대상으로 필터링할 것이므로 [날짜] 컬럼을 [모두(날짜 183개)]를 선택하고, ❷ [카메라] 컬럼은 [Canon EOS 5D Makr III] 선택합니다.

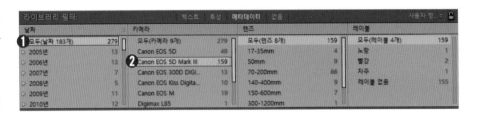

04 [렌즈] 컬럼은 [50mm]로 선택합니다. 컬럼을 선택할 때마다 이미지 표시 영역의 사진이 점점 줄어드는 것을 알 수 있습니다.

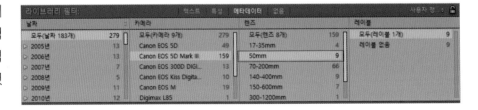

05 마지막 컬럼은 [레이블]로 되어 있습니다. ISO가 100인 사진을 필터링하기 위해 컬럼을 [레이블]에서 [ISO]로 변경해야 합니다. ❶ [레이블] 컬럼의 제목을 클릭하면 다른 컬럼을 선택할 수 있도록 팝업 메뉴가 표시됩니다. ❷ 이 메뉴에서 [ISO 속도]를 선택합니다.

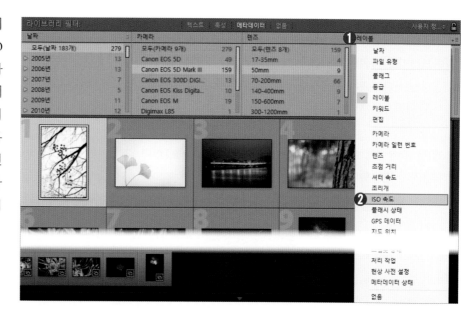

06 [ISO 속도] 컬럼이 표시되면 [ISO 100]을 선택합니다. 최종 필터링된 사진이 [라이브러리 필터 바] 하단에 표시됩니다.

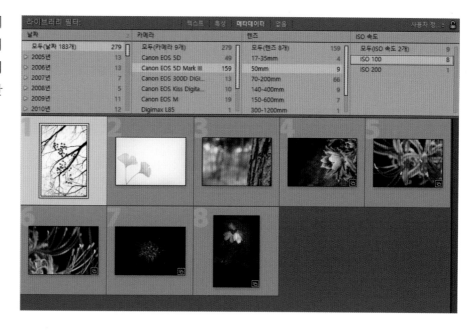

[라이브러리 필터 바]에서 필터링으로 사진을 검색하다 보면 자주 사용하는 설정이 있을 것입니다. 매번 동일한 필터링 설정을 한다면 번거롭습니다. 이러한 필터링 설정은 사전 설정으로 저장해 놓고 사용할 수 있습니다. 필터링 설정을 사전 설정으로 저장하는 것에 대해 알아보겠습니다.

01 필터링 설정이 끝나면 [라이브러리 필터 바] 우측에 [필터 없음]이 [사용자 정의]로 변경됩니다. 즉, 기본 설정에서 사용자가 변경했다는 것을 의미합니다.

02 ❶ 필터링 설정을 사전 설정으로 저장하기 위해 [사용자 정의] 항목을 클릭합니다. ❷ 팝업 메뉴가 표시되면 [현재 설정을 새 사전 설정으로 저장] 메뉴를 클릭합니다.

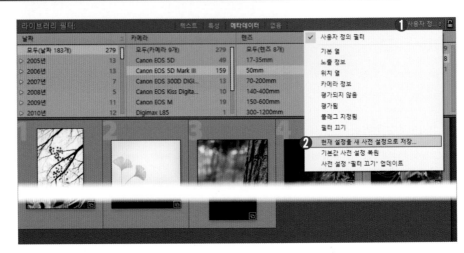

03 [새 사전 설정] 대화상자가 표시됩니다. ❶ [사전 설정 이름] 입력란에 저장할 이름을 입력하고, ❷ [만들기] 버튼을 클릭합니다.

04 [라이브러리 필터 바]의 [사용자 정의] 항목이 저장한 사전 설정 이름으로 변경되고, 이를 클릭하면 [사전 설정] 팝업 메뉴에 추가된 것을 알 수 있습니다.

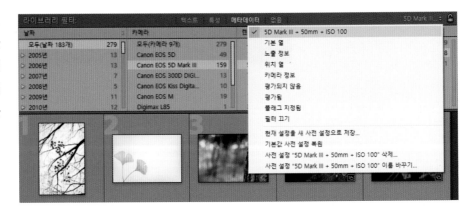

05 [사전 설정] 팝업 메뉴에서 [기본 열] 메뉴를 클릭합니다.

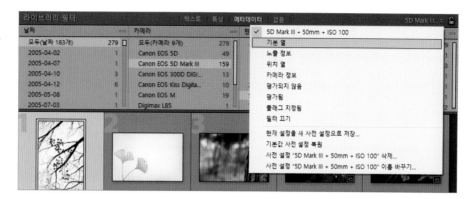

06 메테데이터의 기본 컬럼으로 되돌아 갑니다.

Adobe Lightroom Classic

디지털 현상하기

Chapter

01

이미지 프로세스와
프로파일

라이트룸에는 RAW 파일을 변환하고 현상 방식과 결과물에 영향을 주는 이미지 프로세스가 있습니다. 이미지 프로세스는 라이트룸 프로그램 버전과 별도입니다. 또한 이미지 프로세스에 의해 변환된 RAW 파일은 프로파일에 따라 색과 톤이 달라집니다. 이 장에서는 프로파일을 적용하는 방법과 카메라에 맞는 더 정확한 색과 톤을 표현하는 방법에 대해 알아봅니다.

01 현상 모듈의 구성

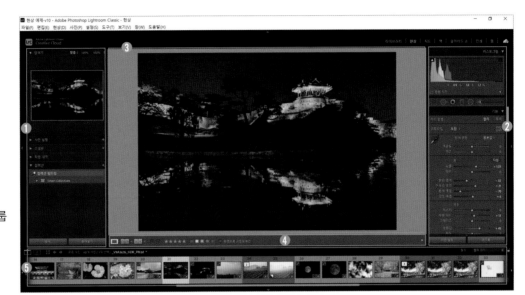

① 왼쪽 패널 그룹
② 오른쪽 패널 그룹
③ 작업 창
④ 옵션 바
⑤ 필름 스트립

왼쪽 패널그룹

• **[탐색기] 패널** : [작업 창]에 표시된 사진이 축소되어 표시되고 확대한 사진의 경우 탐색할 수 있습니다. [작업 창]
의 사진을 맞춤, 채움, 확대, 축소하는 메뉴를 포함합니다.

• **[사전 설정] 패널** : 현상 설정값을 저장하고 관리합니다. 저장한 현상 설정을 별도의 파일로 내보내 저장할 수 있
고, 외부 현상 사전 설정 파일을 불러와 사용할 수 있습니다.

• **[스냅숏] 패널** : 현재 작업 내역을 저장하고 관리합니다.

• **[작업 내역] 패널** : 사진 가져오기부터 내보내기까지 모든 현상 작업을 기록하고 관리합니다. 기록된 이전 단계별
로 모든 작업 과정을 되돌릴 수 있습니다.

• **[컬렉션] 패널** : 사진을 분류해 놓은 컬렉션을 관리합니다. 현상 작업은 현상할 사진을 분류해 놓은 컬렉션을 선택
해 작업하면 처리 속도가 향상됩니다.

오른쪽 패널 그룹

• **[히스토그램] 패널** : [작업 창]에 표시된 사진의 빛 분포를 시각적으로 표시합니다. 위쪽 좌우 모서리에는 어두운
영역과 밝은 영역의 클리핑이 표시되며, 아래에는 촬영 정보와 마우스 커서가 위치한 곳의 RGB 코드도 표시됩니
다. 사진의 상태와 RAW 변환에 사용된 프로세스 버전도 확인할 수 있습니다.

- **[툴 스트립]** : 로컬 보정 도구를 모아 놓은 곳입니다. 도구를 클릭하면 효과를 적용할 수 있는 확장 패널이 펼쳐집니다.
- **[기본] 패널** : 현상 작업에서 가장 기본이 되는 처리 방법, 프로파일, 화이트 밸런스(흰색 균형), 톤, 외관 보정을 진행합니다.
- **[톤 곡선] 패널** : 사진의 톤을 [밝은 영역], [밝은], [어두움], [어두운 영역] 네 부분으로 구분해 톤을 재조정하는 매개변수 곡선과 특정 밝기의 입력값과 출력값을 재조종하는 점 곡선 패널을 사용할 수 있습니다.
- **[HSL/컬러], [흑백] 패널** : [기본] 패널에서 처리 방법을 [컬러]로 설정하면 [HSL/컬러] 패널이 표시되어 색상별로 색조, 채도, 광도를 조정합니다. 처리 방법을 [흑백]으로 설정하면 [흑백] 패널이 표시되고 색상별로 톤을 조정합니다.
- **[색 보정] 패널** : 사진의 톤을 [어두운 영역], [중간 영역], [밝은 영역]으로 구분하여 색을 보정합니다. 기존 색과 혼합될 비율과 세 가지 톤 영역 간의 균형을 조정할 수 있습니다.
- **[세부 사항] 패널** : 사진의 선명도를 향상하고 노이즈를 감소하여 세부 묘사를 복구합니다.
- **[렌즈 교정] 패널** : 렌즈의 대표적인 왜곡 현상인 비네팅, 색수차, 술통형 왜곡을 자동 및 수동으로 교정합니다.
- **[변환] 패널** : 수직/수평 원근의 왜곡과 기울기 등을 자동 및 수동으로 변환합니다.
- **[효과] 패널** : 크롭한 사진에 비네팅을 추가하거나, 필름 그레인 효과를 적용합니다.
- **[보정]** : 이미지 프로세스를 설정하고, 색을 조정합니다.

작업 창

현상 작업할 사진이 표시되고 현상 조정 내역도 실시간으로 적용됩니다. 사진 아래 기본 [옵션 바]에서 [참조 보기]와 [보정 전후 보기] 작업 창으로 변경할 수 있습니다. 사진을 마우스로 클릭하면 [탐색기] 패널에서 설정한 확대 및 축소 비율로 전환할 수 있고, Shift를 누른 채 좌우로 드래그하면 확대 및 축소를 빠르게 할 수 있습니다. Ctrl을 누른 채 사각형 영역을 설정하면 해당 영역을 확대합니다.

옵션 바

글로벌 보정에서는 기본 [옵션 바]가 표시되면, [툴 스트립]에서 로컬 보정 도구를 사용하면 해당 도구의 [옵션 바]로 변경됩니다.

필름 스트립

현상할 사진을 선택합니다. 선택한 사진은 [작업 창]에 표시됩니다. 동기화나 HDR, 파노라마 병합 작업에서는 여러 장의 사진을 Ctrl을 누른 채 클릭해 선택합니다.

02 라이트룸의 이미지 프로세스

이미지 프로세스

라이트룸 버전이 업데이트되면 새로운 기능이 추가되고 기존 기능이 향상됩니다. 새로 출시된 카메라와 렌즈 프로파일도 추가됩니다. 이보다 더 중요한 것은 라이트룸 버전이 업데이트될 때 종종 이미지 프로세스 버전이 업데이트된다는 것입니다. 이미지 프로세스는 RAW 파일을 변환하고 현상 방법과 그 결과에 영향을 줍니다. 다음은 지금까지 업데이트된 이미지 프로세스의 버전을 라이트룸 버전에 따라 정리한 것입니다.

라이트룸 버전	이미지 프로세스 버전
라이트룸 1, 2	프로세스 1(2003)
라이트룸 3	프로세스 2(2010)
라이트룸 4, 5, 6(CC 2015)	프로세스 3(2012)
라이트룸 클래식 7	프로세스 4(2016)
라이트룸 클래식 8, 9, 10	프로세스 5(현재)

이미지 프로세스가 업데이트되면 RAW 파일을 변환하고 후보정하는 방식이 변경되고, 주목할 만한 새로운 현상 기능이 추가됩니다. 사용자는 새로운 현상 기능과 향상된 기존 기능으로 디지털 사진을 현상할 수 있습니다.

일반적으로 문서 파일의 경우에는 하위 버전으로 작성된 파일을 상위 버전으로 열어 편집하면 상위 버전 파일로 자동 변환됩니다. 변환된 파일은 상위 버전에서만 사용할 수 있습니다. 라이트룸도 마찬가지입니다. 라이트룸에서 문서 파일에 해당하는 것은 카탈로그입니다. 하위 버전으로 만들어진 카탈로그는 상위 버전에서 열면 상위 버전 카탈로그로 변환됩니다. 그러나 카탈로그에 저장된 현상 내역은 하위 버전의 프로세스로 처리된 값을 그대로 유지합니다. 하위 버전에서 현상한 사진은 필요에 따라 상위 버전으로 변환하거나, 하위 이미지 프로세스 버전으로 계속 현상할 수 있습니다.

하위 버전의 이미지 프로세스로 처리된 현상 내역이 유지되는 것은 여러 프로세스 버전이 하나의 라이트룸 프로그램에 공존할 수 있도록 만들었기 때문입니다. 예를 들어 라이트룸 3의 이미지 프로세스 2(2010)로 현상한 사진은 라이트룸 8에서 이미지 프로세스 5로 변경되는 것이 아니라, 이미지 프로세스 2(2010)로 현상한 상태로 유지됩니다.

현재 사용하고 있는 라이트룸의 이미지 프로세스 버전을 확인하거나, 이미 현상한 사진이 어떤 이미지 프로세스 버전으로 처리되었는지를 확인하려면 다음 세 가지 방법 중에서 하나를 수행합니다.

[현상] 모듈의 [설정 〉 프로세스 버전] 메뉴에서 어떤 이미지 프로세스가 선택되었는지 확인합니다.

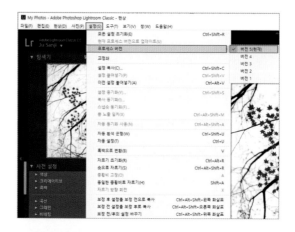

[현상] 모듈의 [보정] 패널에서 [프로세스] 항목에 어떤 프로세스가 선택되었는지 확인합니다.

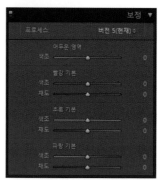

[현상] 모듈의 [보정] 패널에서 [프로세스] 항목에 어떤 프로세스가 선택되었는지 확인합니다.

 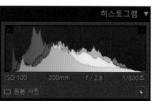

번개 아이콘이 표시되지 않는 경우　　　번개 아이콘이 표시되는 경우

번개 아이콘이 표시된다면 현재 실행 중인 라이트룸 버전의 이미지 프로세스보다 하위 이미지 프로세스 버전으로 현상한 것입니다. 번개 아이콘에 마우스 커서를 올려보면 선택한 사진에서 사용한 이미지 프로세스 버전이 표시됩니다.

또한 번개 아이콘을 클릭하면 [프로세스 버전 업데이트] 대화
상자가 표시됩니다. [업데이트] 버튼을 클릭하면 번개 아이콘
은 사라지고 현재 라이트룸에서 사용하는 최신 이미지 프로세
스 버전으로 전환됩니다. 이전 이미지 프로세스 버전을 보관하
려면 가상 사본을 만들면 됩니다.

이미지 프로세스 버전에 따른 후보정 방식의 차이

이미지 프로세스 버전은 RAW 파일을 변환하고 디지털 현상 방식에 영향을 줍니다. 다음은 이미지 프로세스 4와 5를
각각 적용하고 톤을 자동으로 보정한 사진입니다. 큰 차이를 찾기 어렵습니다.

이미지 프로세스 4   이미지 프로세스 5

그러나 다음 사진을 보면 다르다는 것을 알 수 있습니다. 왼쪽은 이미지 프로세스 2를 적용하고 톤을 자동으로 보정
했고, 오른쪽은 이미지 프로세스 5를 적용하고 톤을 자동으로 보정했습니다. 이미지 프로세스 2를 적용한 사진은 어
두운 영역과 채도가 짙어진 것을 알 수 있습니다.

이미지 프로세스 2   이미지 프로세스 5

이처럼 이미지 프로세스가 자동으로 업데이트되면 하위 프로세스 버전에서 현상한 사진이 상위 프로세스 버전으로 변경되어 사용자에게 혼동을 주기 때문에 현상된 것을 그대로 유지합니다.

또한 이미지 프로세스 버전에 따라 처리 방식이 다르니 그 결과 역시 다릅니다. 하위 버전에서 처리한 결과는 상위 버전에서 그대로 표시되지만, 상위 버전에서 처리한 것은 하위 버전에서 다르게 표시되거나 적용되지 않습니다. 이미지 프로세스가 현상 결과에도 영향을 미치기 때문입니다.

다음 [기본] 패널만 보아도 큰 차이를 한눈에 알 수 있습니다. [톤] 섹션의 슬라이드 명칭도 다르고, [외관] 섹션의 [디헤이즈], [텍스쳐] 슬라이더는 버전 2에는 없습니다.

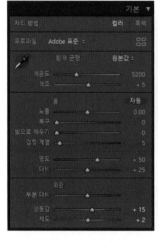 

이미지 프로세스 2의 [기본] 패널　　이미지 프로세스 5의 [기본] 패널

로컬 보정 도구에서도 그 차이를 알 수 있습니다. 적용할 수 있는 효과의 항목 수가 다릅니다

이미지 프로세스 2의
[방사형 필터] 패널

이미지 프로세스 5의
[방사형 필터] 패널

같은 이미지 프로세스를 사용하더라도 현상 방법이 다른 경우도 있습니다. 라이트룸 9에서는 [명암별 색 보정] 패널이 라이트룸 10에서는 기능이 확장되어 [색보정] 패널로 변경되었습니다.

TIP   최신 버전 업데이트

라이트룸 프로그램을 업데이트하면 새로운 기능과 렌즈 및 카메라 프로파일이 추가됩니다. 이러한 기능을 사용하지 않는다면 굳이 프로그램을 업데이트할 필요는 없습니다. 그러나 이미지 프로세스 버전이 업데이트된 라이트룸은 RAW 파일을 변환하고 이를 처리하는 방식이 변경된 것입니다. 따라서 예전보다 훨씬 더 향상된 결과물을 얻고자 한다면 최신 이미지 프로세스 버전이 업데이트된 라이트룸을 사용하는 것이 좋습니다.

라이트룸의 업데이트는 Creative Cloud Desktop 실행해보면 알 수 있습니다. Creative Cloud Desktop 왼쪽 앱 메뉴를 보면 [업데이트] 항목이 있습니다. 우측에 표시된 숫자는 업데이트할 수 있는 앱 또는 프로그램의 수를 나타냅니다. 프로그램 목록에는 프로그램별로 업데이트 가능 여부를 알 수 있습니다.

03 프로파일과 색 처리 방법

프로파일

라이트룸 클래식 7.3부터 [현상] 모듈의 [기본] 패널에 [프로파일] 섹션이 추가되었습니다. 7.3 이전 버전의 [보정] 패널에 있던 [프로파일]이 [기본] 패널로 옮겨졌습니다. [기본] 패널에 [프로파일] 섹션이 추가되면서 RAW 파일에 대한 색 처리 방법의 체계가 정립되었습니다.

JPEG 이미지 파일은 표준 프로파일을 사용합니다. 라이트룸도 이 표준 프로파일로 JPEG 사진을 표시하기 때문에 카메라에서 저장된 JPEG 사진의 색과 라이트룸 화면에 표시된 JPEG 사진의 색은 같게 됩니다. 색이 다르다면 그것은 모니터의 프로파일이 다르기 때문입니다.

RAW 파일은 JPEG 파일과 다릅니다. 카메라 제조사별, 모델별로 독립적인 방식으로 저장되고 화면에 표시되기 때문에 라이트룸에서는 어도비 프로파일을 사용하여 사진을 표시합니다. 라이트룸 클래식 7.3 이전 버전에서는 현상 패널 그룹 맨 아래에 있는 [보정] 패널에서 프로파일을 변경해야 했습니다. 7.3 버전부터는 [프로파일]을 현상 패널 그룹 맨 위인 [기본] 패널로 그 위치를 옮겨 조금 더 쉽게 변경할 수 있게 되었습니다. 어떤 프로파일을 선택했느냐에 따라 색 처리가 달라지므로 현상 작업 시 제일 먼저 설정할 수 있도록 한 것입니다.

프로파일은 RAW 파일에 대한 색 처리 시스템으로 색상과 색조가 사진에서 렌더링되는 방식을 컨트롤합니다. 같은 RAW 파일이라도 어떤 프로파일을 사용하느냐에 따라 색 처리가 달라집니다. 다음의 두 사진은 캐논 카메라에서 촬영된 RAW 파일로 프로파일에 따른 차이를 보여줍니다.

어도비 표준 프로파일을 적용한 RAW 파일

캐논 표준 프로파일을 적용한 RAW 파일

라이트룸 클래식 7.2까지 프로파일 설정은 [카메라 보정]
패널에서 했습니다. 라이트룸 클래식 7.3부터 [프로파일]
섹션이 [기본] 패널로 이동했고, [카메라 보정] 패널도
[보정]으로 이름을 변경했습니다.

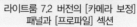

라이트룸 7.2 버전의 [카메라 보정]　　　라이트룸 클래식 7.3 이상
패널과 [프로파일] 섹션　　　　　　　　버전의 [보정] 패널

RAW 파일에 대한 색 처리의 체계적인 순서

무엇을 먼저 하느냐에 따라 그 결과가 달라지기 때문에 라이트룸에서 색 처리 순서는 매우 중요합니다. 톤 보정을 먼
저 할 것인지, 화이트 밸런스 보정을 먼저 할 것인지, 채도나 HSL 보정을 먼저 할 것인지를 결정하는 것은 어려운 일
입니다. 색을 처리하는 체계적인 순서가 있다면 고민할 필요가 없습니다. 이 순서는 프로파일이 [보정] 패널에서 [기
본] 패널로 위치를 이동하면서 자연스럽게 해결됐습니다. 가장 먼저 해야 할 것은 [프로파일] 설정입니다.

다음은 라이트룸에서 RAW 파일의 색을 보정하는 순서입니다. [기본] 패널의 항목을 먼저 보정하고 [HSL] 패널의 항
목을 보정합니다. [기본] 패널에서는 위쪽 섹션 항목을 먼저 보정합니다.

❶ [기본] 패널의 [처리 방법] 섹션에서 선택합니다. 컬러는 기본값이기 때문에 컬
　러 사진의 보정에서는 선택하지 않아도 됩니다. 흑백 사진으로 보정하려면 [흑
　백]을 선택합니다.

❷ [기본] 패널의 [프로파일] 섹션의 [Adobe] 프로파일 항목을 [카메라 일치]로 변
　경합니다. [Adobe]는 기본 설정값으로 [프로파일] 브라우저를 열고 [카메라 일
　치] 항목에서 촬영 상황에 맞는 프로파일을 선택합니다.

❸ [기본] 패널의 [흰색 균형] 섹션에서 화이트 밸런스를 교정합니다.

❹ [기본] 패널의 [톤] 섹션에서 톤의 균형을 조절합니다.

❺ [기본] 패널의 [외관] 섹션에서 [생동감] 또는 [채도]로 색을 조절합니다.

❻ [HSL] 패널에서 특정 색에 대한 [색조], [채도], [광도]를 조절합니다.

❷번과 ❸번 순서가 중요합니다. 화이트 밸런스를 후보정할 때는 반드시 프로파일을 먼저 설정하고 진행해야 합니다. 프로파일에 따라 화이트 밸런스 처리가 달라지기 때문입니다. 다음 첫 번째 사진은 [어도비 표준] 프로파일을 적용한 것이고, 두 번째 사진은 [캐논 풍경] 프로파일을 적용한 것입니다. 사진의 히스토그램을 보면 색의 분포가 다르다는 것을 알 수 있습니다. 따라서 화이트 밸런스 교정도 달라집니다.

[어도비 표준] 프로파일이 적용된 사진

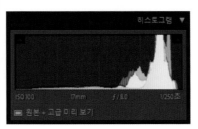

히스토그램_[캐논 풍경] 프로파일

[캐논 풍경] 프로파일이 적용된 사진

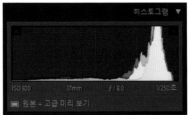

히스토그램_[어도비 표준] 프로파일

프로파일과 크리에이티브 효과

프로파일은 [카메라 보정] 패널에서 [기본] 패널로 위치만 변경된 것이 아닙니다. 선택된 사진에 대해 미리보기를 할 수 있는 [프로파일 브라우저]가 새로 생겼으며, 다양한 크리에이티브 효과도 추가되었습니다.

[기본] 패널의 [프로파일] 섹션에서 [프로파일 브라우저] 버튼을 클릭하면 오른쪽 패널 그룹이 [프로필 브라우저]로 변경됩니다.

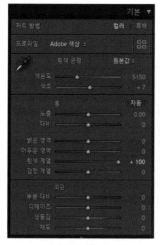

프로파일 브라우저 버튼

프로파일 브라우저

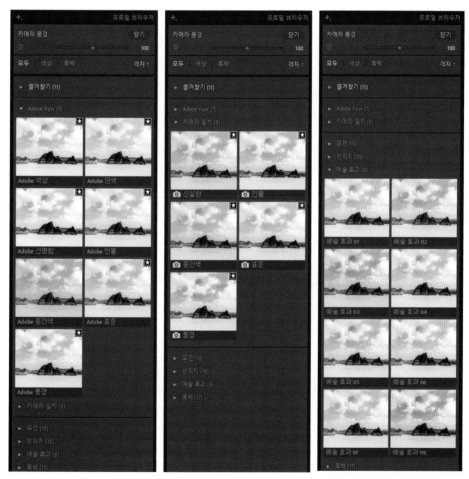

어도비 RAW 프로파일　　　　　카메라 일치 프로파일　　　　　크리에이티브 예술 효과

프로파일 브라우저의 구성

[프로파일 브라우저]는 [즐겨찾기], [RAW 프로파일], [크리에이티브 프로파일] 세 개의 섹션으로 구성되어 있습니다.

❶ 사진에 적용된 프로파일이 표시됩니다.

❷ 프로파일 브라우저를 닫으려면 [닫기] 버튼을 클릭합니다.

❸ 사진에 적용될 프로파일의 양을 설정합니다.

❹ 프로파일의 [분류] 목록이 표시됩니다.

❺ [즐겨찾기 프로파일] 섹션은 자주 사용하는 프로파일을 즐겨찾기로 등록해 놓은 것입니다. 즐겨찾기 목록에 프로파일을 등록하려면 해당 프로파일 항목에 마우스 커서를 올려 표시되는 별을 클릭합니다.

❻ [RAW 프로파일] 섹션은 RAW 파일에 사용되는 프로파일로 [Adobe Raw], [카메라 일치], [레거시]로 구성되어 있습니다. [Adobe Raw] 프로파일은 색상 렌더링을 크게 개선하고 RAW 이미지 편집에 적절한 시작 지점을 제공합니다. 특히 [Adobe 색상] 프로파일은 어떠한 이미지에도 적절한 색상/색조 균형을 제공하도록 설계되었으며, 라이트룸 클래식에 가져오는 RAW 파일에 적용됩니다. [카메라 일치] 프로파일은 라이트룸으로 가져온 RAW 파일에 대해 카메라 제조사/모델 맞는 프로파일을 표시합니다. 그러므로 선택된 RAW 파일에 따라 프로파일 목록이 다르게 표시됩니다. 사용자가 RAW 파일의 색상 렌더링을 카메라의 디스플레이 화면에 표시되는 색상과 일치하도록 하려면 카메라 일치 프로파일을 사용하는 것이 좋습니다. 마지막으로 [레거시] 프로파일은 이전 라이트룸 앱 버전에서 제공되었던 프로파일 목록입니다.

❼ [크리에이티브 프로파일] 섹션은 RAW, JPEG 및 TIFF를 포함한 모든 파일 유형에 적용할 수 있는 프로파일입니다. 이 프로파일은 사진에서 특정 스타일이나 효과를 표현하도록 만들어졌습니다. [예술 효과] 프로파일은 사진의 색상 렌더링을 더 강력한 색상의 변화로 더 날카롭게 표현할 수 있습니다. [흑백] 프로파일은 흑백 사진에 필요한 최적의 색조 변화를 표현할 수 있습니다. [모던] 프로파일은 현대적 사진 스타일에 맞는 독특한 효과를 표현할 수 있습니다. [빈티지] 프로파일은 사진에 빈티지 효과를 표현할 수 있습니다.

어도비 색상	어도비 단색	어도비 표준	어도비 풍경	카메라 표준
카메라 풍경	모던	빈티지	예술	흑백

프로파일을 설정하는 방법은 두 가지입니다. 먼저 [기본] 패널의 [프로파일] 섹션
에서 [프로파일] 팝업 메뉴를 클릭해 [즐겨찾기]에 등록된 프로파일을 빠르게 선
택하는 것입니다. [즐겨찾기]에 기본값으로 등록된 것은 [Adobe Raw] 프로파일
입니다.

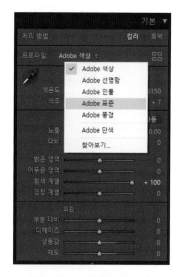

두 번째 방법은 [프로파일 브라우저]를 표시해 카테고리별로 분류된 프로파일 중
하나를 선택하는 것입니다. [프로파일 브라우저]는 [기본] 패널에서 [프로파일]
섹션 우측의 [프로파일 브라우저] 버튼을 클릭해 표시할 수 있습니다. 적용할 프
로파일이 즐겨찾기에 등록되어 있지 않거나, 적용할 프로파일을 미리 볼 때 사용
하면 유용합니다.

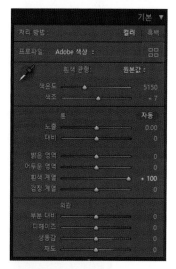

[프로파일 브라우저]는 세 가지 모드로 표시할 수 있습니다. 프로파일 브라우저
의 [분류] 목록 우측의 팝업 메뉴를 클릭하면 [격자], [대], [목록] 보기로 전환해
표시할 수 있습니다.

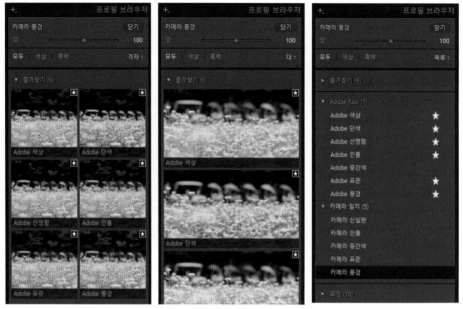

프로파일 격자 보기   프로파일 대 보기   프로파일 목록 보기

[프로파일 브라우저]의 보기 모드가 [격자 보기]나 [대 보기]로 설정되었을 때 프로파일 항목에 마우스 커서를 올리면 [편집 창]에 표시된 사진에 프로파일 적용 결과를 미리 볼 수 있습니다. 사진에 프로파일을 적용하려면 [프로파일 브라우저]에서 해당 프로파일을 클릭합니다.

04 프로파일 관리하기

프로파일 즐겨찾기

프로파일을 적용하기 위해 매번 프로파일 브라우저를 실행하는 것은 불편할 수 있습니다. 그래서 [프로파일 브라우저]를 표시하지 않고 사진에 프로파일을 빠르게 적용할 수 있도록 [즐겨찾기 프로파일] 섹션이 있습니다. 자주 사용하는 프로파일을 [즐겨찾기 프로파일] 섹션에 등록해 놓으면 [기본] 패널의 [프로파일] 팝업 메뉴에 추가되어 빠르게 프로파일을 적용할 수 있습니다.

[즐겨찾기 프로파일]에 프로파일을 추가하는 방법은 [프로파일 브라우저]에서 즐겨찾기에 등록할 프로파일 항목에 마우스 커서를 올리면 [즐겨찾기 추가] 버튼인 별이 표시됩니다. 이 별을 클릭하면 [즐겨찾기 프로파일] 섹션에 해당 프로파일이 추가되고 [프로파일] 팝업 메뉴에도 표시됩니다.

프로파일 격자 보기에서 　　프로파일 대 보기에서 　　프로파일 목록 보기에서
즐겨찾기 추가 버튼 　　　　즐겨찾기 추가 버튼 　　　　즐겨찾기 추가 버튼

[즐겨찾기 프로파일]에 추가된 프로파일에는 흰색 별이 고정됩니다. [즐겨찾기 프로파일]에서 해당 프로파일을 해제하려면 이 별을 다시 클릭합니다.

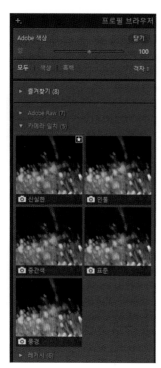

프로파일 목록에 즐겨찾기로
등록된 프로파일

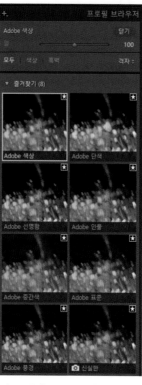

[프로파일] 브라우저의 [즐겨찾기]
섹션에 추가된 프로파일

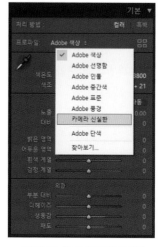

[기본] 패널의 [프로파일] 섹션의
목록에 추가된 프로파일

프로파일 감추기

[즐겨찾기 프로파일]이 자주 사용하는 프로파일을 관리한다면 거의 사용하지 않는 프로파일은 [프로파일 브라우저]에서 감출 수 있습니다. 감출 수 있는 대상은 각각의 프로파일이 항목이 아니라, 프로파일 항목입니다.

01 ❶ 프로파일을 감추려면 [프로파일 브라우저]에서 프로파일 카테고리 항목을 마우스 오른쪽 버튼으로 클릭합니다. ❷ 단축 메뉴가 표시되면 [프로필 관리]를 선택합니다.

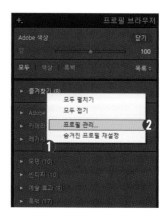

02 [프로필 관리] 대화상자가 표시됩니다. ❶ 감추고자 하는 프로파일 항목의 체크 박스를 해제하고 ❷ [저장] 버튼을 누릅니다. 여기서는 [레거시] 항목을 감춰 보겠습니다.

03 [프로파일 브라우저]에는 [레거시] 항목이 감춰진 것을 알 수 있습니다.

기본 RAW 프로파일 변경하기

라이트룸은 RAW 파일을 가져오면 기본 프로파일로 [Adobe 색상] 프로파일을 적용합니다. 사용자에 따라 [카메라 일치] 프로파일을 사용할 때 매번 적용해야 하는 불편함이 있습니다. 그래서 라이트룸에는 RAW 파일을 가져올 때 적용하는 기본 프로파일을 [Adobe 색상] 프로파일에서 [카메라] 일치 프로파일이나 다른 것으로 변경할 수 있도록 해놓았습니다. [카메라 일치] 프로파일로 설정하려면 해당 RAW 파일이 카탈로그에 등록되어 있어야 합니다.

01 기본 프로파일 환경 설정에서 변경합니다. 메뉴 바에서 [편집 > 환경 설정] 메뉴를 선택하여 [환경 설정] 대화상자를 열고 [사전 설정] 탭을 클릭합니다.

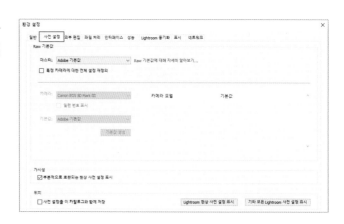

02 첫 번째 옵션 항목인 [Raw 기본값]의 [마스터]에 [Adobe 기본값]이 설정되어 있습니다. [마스터] 옵션을 [카메라 설정]으로 변경합니다.

03 제조사와 모델이 다른 여러 대의 카메라를 사용한다면 카메라별로 등록하는 것이 좋습니다. ❶ [특정 카메라에 대한 전체 설정 재정의] 옵션을 체크합니다. [카메라]와 [기본값] 옵션이 활성화됩니다. ❷ [카메라] 옵션은 목록에 RAW 기본값을 사용할 카메라를 선택하고, ❸ [기본값] 옵션은 [카메라 설정]을 선택합니다. ❹ 옵션 설정이 끝났으면 [기본값 생성] 버튼을 클릭합니다.

04 카메라에 대한 RAW 기본값이 등록됩니다.

05 ❶ 다른 카메라도 같은 방법으로 추가합니다. ❷ 설정이 끝났으면 [확인] 버튼을 클릭해 [환경 설정] 대화상자를 닫습니다.

TIP RAW 기본값 변경

RAW 파일에 대한 기본값을 변경해도 라이트룸에는 아무런 변화가 없습니다. 그러나 RAW 파일을 선택해 [초기화] 버튼을 클릭하면 [프로파일] 항목이 [카메라 표준] 프로파일로 변경됩니다. 예를 들어 RAW 기본값을 변경하기 전에 라이트룸으로 가져온 RAW 파일에 [Adobe 색상] 프로파일이 적용되었다면 이 프로파일은 변경되지 않습니다. 그러나 RAW 파일을 초기화하면 마치 새로 가져온 파일처럼 RAW 기본값인 [카메라 표준]으로 변경됩니다. 또한 RAW 기본값을 변경한 시점부터 라이트룸에 새로 가져오는 RAW 파일은 변경된 프로파일이 기본 프로파일로 적용됩니다.

Chapter

02

구도의 보정

구도의 보정은 프레임 내의 피사체를 보기 좋은 곳에 배치하고 사진의 기울기를 안정감 있게 바로 잡는 작업을 말합니다. 모든 사진의 구도를 보정할 수 있는 것은 아닙니다. 구도를 보정하면 사진이 크롭되기 때문에 피사체를 중심으로 넓게 찍은 경우에만 가능합니다. 이 장에서는 프레임의 종횡 비율을 조절하여 사용자가 원하는 비율로 크롭하거나, 인화지의 종횡 비율에 맞춰 크롭하는 방법과 기울기를 조정하는 방법에 대해 알아봅니다.

01 사진 자르기

[오버레이 자르기] 도구

이미 찍힌 사진의 구도와 앵글은 변경할 수 없습니다. 따라서 촬영할 때 구도와 앵글에 신경을 써야 합니다. 재촬영할 수 없는 사진이면 불필요한 부분을 잘라내거나, 프레임의 방향을 바꾸거나, 회전시켜 프레임 내의 피사체의 위치를 변경해 구도를 재설정할 수 있습니다. 단, 주 피사체 주변에 충분한 여유 공간이 있어야 합니다. 구도를 변경하면 어쩔 수 없이 잘리는 부분이 생기기 때문입니다. 또한 원본 사진의 크기에 비해 많이 잘리면 사진의 총해상도는 줄어드니 이 점도 고려해야 합니다. 사진을 잘라내는 것을 크롭(crop)이라 하고, 라이트룸에서는 [현상] 모듈의 [오버레이 자르기] 도구로 크롭합니다.

[오버레이 자르기] 도구의 구성

라이트룸에서는 [오버레이 자르기] 도구를 사용하여 불필요한 부분을 잘라내거나, 인화 비율을 조정하거나, 피사체의 배치를 변경합니다. [오버레이 자르기] 도구는 [히스토그램] 패널 아래에 있는 [툴 스트립]의 첫 번째 도구입니다.

[툴 스트립]에서 [오버레이 자르기] 도구를 클릭하면 [툴 스트립] 아래로 옵션 패널이 확장됩니다.

❶ 종횡비 : 종횡비는 세로/가로의 비율입니다. 사진의 세로/가로의 비율은 이미지 센서의 세로/가로 비율로 결정됩니다. 그러나 사진을 인화하면 인화지의 비율은 이미지 센서의 비율과 다릅니다. 인화할 인화지의 비율에 맞게 설정하고 구도를 변경할 수 있습니다.

❷ 각도 : 기울어진 사진을 수평 또는 수직으로 바로 잡습니다. 좌우 +/-45도 범위에서 사진을 회전하여 조정할 수 있습니다.

❸ 이미지 제한 : 파노라마를 만들거나 렌즈 교정에서 수동으로 왜곡을 보정했을 경우 흰 여백이 생깁니다. 설정된 종횡비에 따라 이 여백이 포함되지 않도록 크롭 영역을 자동으로 설정해 줍니다.

[툴 스트립]에서 [오버레이 자르기] 도구를 클릭하면 [편집] 창의 사진에는 삼등 분할선이 표시됩니다. 이 선은 피사체를 배치할 때 참고하기 위한 자르기 안내선으로 기본값입니다.

자르기 안내선은 삼등 분할선 외에 6개가 더 있습니다. 안내선을 변경하려면 메뉴 바의 [도구] 메뉴에서 [자르기 안내선 오버레이] 메뉴에서 변경할 자르기 안내선을 선택해 변경할 수 있습니다.

다음은 라이트룸에서 사용할 수 있는 8개의 자르기 안내선입니다.

격자 안내선

3×3(삼등 분할) 안내

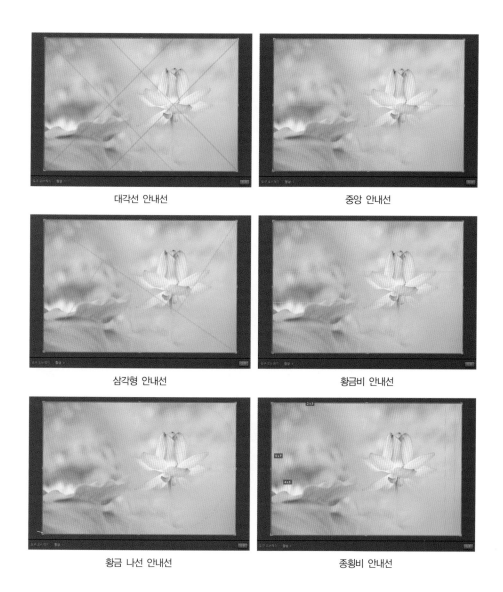

대각선 안내선   중앙 안내선

삼각형 안내선   황금비 안내선

황금 나선 안내선   종횡비 안내선

TIP   자르기 안내선 오버레이 단축키

자르기 안내선을 변경하려면 단축키 ⓞ를 누릅니다. 메뉴에 표시된 메뉴 순서대로 변경됩니다. 8개의 자르기 안내선 중 [삼각형 안내선]과 [황금 나선] 안내선의 경우에는 오버레이 방향을 바꿀 수 있습니다. 방향을 바꿀 때 Shift + ⓞ를 누릅니다.

피사체를 프레임 내 어디에 배치하느냐는 구도의 핵심입니다. 이에 따라 사진의 느낌도 달라집니다. 앞서 알아본 8개의 자르기 안내선은 이러한 배치를 안내해주는 역할을 합니다. 아무리 잘 찍은 사진이라도 주 피사체의 배치가 잘못되어 주목을 받지 못한다면 어색한 사진이 됩니다.

[오버레이 자르기] 도구를 이용하면 잘못된 구도를 변경할 수 있습니다. 주의할 점은 원본 사진의 종횡 비율을 유지해야 하며, 구도를 변경하면 사진의 크기가 작아지므로 최종 결과물에 영향을 준다는 것입니다. 구도를 제대로 잡았더라도 사진의 크기가 많이 줄어든다면 다양한 용도로 사용하지 못할 수 있습니다. 다음은 프레임 중앙에 있는 연꽃을 [오버레이 자르기] 도구로 크롭하여 삼등 분할 안내선의 두 번째 세로줄에 배치한 사진입니다.

프레임 내 주 피사체의 배치가 구도상 어울리지 않는다면 불필요한 부분을 크롭해서 프레임을 재구성하여 구도를 변경할 수 있습니다.

실습 파일 : _V9A4246.JPG

01 구도를 변경할 사진을 선택하고 [현상] 모듈로 전환합니다. [툴 스트립]에서 [오버레이 자르기] 도구를 클릭합니다.

02 [오버레이 자르기] 옵션 패널이 펼쳐지면 [종횡비] 항목이 [원본]으로 설정되어 있고, 우측에 있는 자물쇠가 잠겨 있는지 확인합니다. 이렇게 설정하면 원본 사진의 종횡 비율이 변경되지 않고 크롭됩니다. 자물쇠가 풀려 있으면 자물쇠 아이콘을 클릭합니다.

03 사진의 모서리와 테두리 중앙에는 사진의 크기를 조절할 수 있는 핸들러가 8개 있습니다. 여기서는 오른쪽 위 모서리의 포인터를 화살표 방향으로 드래그해 두 번째 세로줄이 연꽃 중앙에 오도록 합니다. [종횡비]가 [원본]으로 잠겨 있으므로 8개의 핸들러 중 하나를 드래그하더라도 원본 사진의 비율로 크롭됩니다.

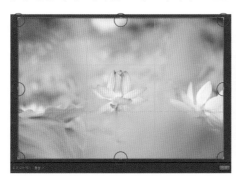 

04 크롭되는 영역은 사진의 원래 밝기로, 잘리는 부분은 어둡게 표시됩니다.

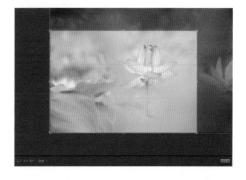

05 연꽃이 조금 높게 배치되었습니다. 크롭되는 영역을 아래로 드래그해 연꽃을 조금 내립니다.

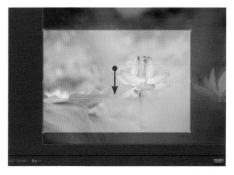

06 크롭 작업을 끝내려면 이미지 아래 [옵션 바] 오른쪽 끝에 있는 [완료] 버튼을 클릭합니다.

07 크롭한 영역이 전체 화면으로 표시됩니다.

TIP [완료] 버튼을 누르면 실제 사진이 크롭될까?

크롭 작업을 완료했다고 실제 원본 사진이 크롭되는 것은 아닙니다. 화면에 표시된 사진은 미리보기 이미지입니다. 언제든지 [오버레이 자르기] 도구를 클릭하여 수정하거나 초기화할 수 있습니다. 초기화는 [오버레이 자르기] 도구의 확장 패널 하단의 [초기화]를 클릭합니다. 크롭한 사진은 내보내기를 통해 저장해야 원본 사진에 적용되어 다른 파일로 저장됩니다.

프레임의 방향은 사진을 회전시켜 변경할 수 있지만, 사진은 크롭되지 않습니다. 회전은 세로 사진이 가로로 표시될 때 주로 사용합니다. 반면에 크롭은 사진을 회전하지 않고 주 피사체를 중심으로 프레임을 가로 또는 세로 프레임으로 잘라내는 것입니다. 다음은 가로 사진을 크롭해 세로 사진으로 변경한 것입니다.

실습 파일 : _V9A4281.JPG

01 프레임을 변경할 사진을 선택하고 [현상] 모듈로 전환합니다. [툴 스트립]에서 [오버레이 자르기] 도구를 클릭합니다.

02 [오버레이 자르기] 옵션 패널이 펼쳐지면 [종횡비] 항목이 [원본]으로 설정되어 있고, 우측에 있는 자물쇠가 잠겨 있는지 확인합니다.

03 사진 네 모서리의 핸들러 중 하나를 화면의 중심까지 드래그한 후, 수직으로 드래그합니다. 여기서는 오른쪽 아래 모서리의 핸들러를 드래그합니다.

04 그러면 가로 프레임이 세로 프레임으로 변경됩니다.

05 주 피사체인 연꽃이 오른쪽으로 피었으니 꽃을 왼쪽으로 배치하는 것이 더 나아 보입니다. 크롭된 영역을 오른쪽으로 드래그해 구도를 변경합니다.

06 주 피사체의 배치가 변경됩니다. 작업을 끝내려면 [옵션 바] 오른쪽 끝에 있는 [완료] 버튼을 클릭합니다.

07 사진이 세로로 크롭됩니다.

인화 비율

대부분의 디지털 카메라의 이미지 센서 종횡 비율은 2:3입니다. 따라서 사진의 종횡 비율도 2:3이 됩니다. 사진을 인화하려면 인화지의 종횡 비율에 맞춰야 합니다. 인화지의 종횡 비율은 다양하므로 미리 크롭해 내보내는 것이 좋습니다. 사진과 인화지의 종횡비가 다를 경우 인화지에 흰색 여백이 포함되거나, 사진을 임의로 크롭해 구도가 변경될 수 있습니다.

다음 사진을 통해 원본 사진의 종횡비가 2:3이고 인화지의 종횡비 11:14일 경우 인화 방식에 따른 차이를 알 수 있습니다. 이미지 풀(Image Full) 방식으로 인화하면 여백이 생기고, 페이퍼 풀(Paper Full) 방식으로 인화하면 사진이 잘립니다.

❶   ❷   ❸

❶ 원본 사진

❷ 이미지 풀(Image Full) : 사진의 원래 세로/가로 비율을 유지한 채 인화하는 방식. 좌우 또는 위아래에 여백이 생깁니다.

❸ 페이퍼 풀(Paper Full) : 사진을 인화지 비율에 맞게 크롭해 인화하는 방식. 원래 이미지의 좌우 또는 위아래가 잘립니다.

인화 비율로 크롭하기

인화지의 종횡비에 맞게 사진을 크롭합니다. 여기서는 인화 시 가장 많이 사용하는 11R(11:14) 종횡비로 설정합니다. 하지만 11R 종횡비는 사전 설정으로 등록되어 있지 않습니다. 따라서 사용자가 특정 종횡비를 등록해 사용하는 방법도 함께 알아봅니다.

실습 파일 : _V9A4330.CR2

01 인화할 사진을 선택하고 [현상] 모듈로 전환합니다. [툴 스트립]에서 [오버레이 자르기] 도구를 클릭하면 옵션 패널이 펼쳐집니다.

02 [오버레이 자르기] 패널에서 [종횡비]의 [원본]을 클릭합니다. 여러 가지 종횡비를 선택할 수 있는 팝업 메뉴가 표시됩니다. 그러나 인화지의 종횡 비율인 11:14 항목은 없습니다.

03 인화지에 해당하는 종횡 비율이 없는 경우 팝업 메뉴에서 [사용자 정의 값 입력] 메뉴를 선택합니다.

04 [사용자 정의 종횡비 입력] 대화상자가 표시됩니다. ❶ [종횡비] 입력란에 인화지의 종횡비인 11, 14를 각각 입력하고 ❷ [확인] 버튼을 클릭합니다.

05 설정한 종횡 비율로 사진이 크롭됩니다. 2:3 비율의 사진을 페이퍼 풀 방식인 11:14 비율로 인화하면 좌우가 크롭된다는 것을 알 수 있습니다.

06 크롭된 영역을 오른쪽으로 드래그해 구도를 조금 변경합니다. 구도 변경이 끝났으면 [완료] 버튼을 클릭합니다.

07 11:14 인화 비율의 사진으로 크롭됩니다. 이 사진을 내보내면 11R 인화 비율 이미지로 저장할 수 있습니다.

이미지 제한하기

[오버레이 자르기] 도구의 확장 패널에는 [이미지 제한] 옵션이 있습니다. 이 옵션은 사진의 왜곡을 보정하거나, 파노라마 사진을 합성한 후 생기는 프레임 내의 흰 여백을 설정된 종횡비에 맞게 크롭하는 옵션입니다.

사진의 왜곡을 보정하면 흰 여백이 생깁니다. 이런 사진을 최대한 종횡비에 맞게 크롭하려면 힘듭니다. 이 경우 [이미지 제한] 옵션을 선택하면 간단히 해결할 수 있습니다. 여기서는 원본 사진의 세로/가로 비율을 고정해 크롭합니다.

[이미지 제한] 옵션을 선택하면 크롭 영역이 설정됩니다. [완료] 버튼을 클릭해 사진을 크롭합니다.

02 사진의 기울기 바로잡기

구도의 기본은 프레임 내의 피사체의 배치와 안정감입니다. 피사체의 안정감은 수직/수평이 잘 맞아야 합니다. 기울어진 사진은 안정적이지 못하기 때문에 바로잡아주는 것이 좋습니다. 단, 사진가의 표현 의도에 의해 기울여 찍어 불안감을 강조하는 경우에는 바로잡을 필요가 없습니다.

라이트룸에서 기울기를 바로잡는 방법으로는 여러 가지가 있는데, 기울기를 조정하면 사진이 크롭됩니다. 여기서는 [오버레이 자르기] 도구로 기울기를 바로잡는 방법에 대해 알아보겠습니다.

[자동] 버튼을 클릭하여 기울기 바로잡기

자동 기울기 조정은 라이트룸 6/CC 2015 버전에서 새로 추가된 기능입니다(사진의 기울기가 자동으로 바로잡힙니다). 사진 내에 수직 또는 수평선이 있으면 정확성 더 높아집니다.

실습 파일 : _MG6980.CR2

01 다음 사진은 건물이 왼쪽으로 약간 기울어졌습니다. [툴 스트립]에서 [오버레이 자르기] 도구를 클릭합니다.

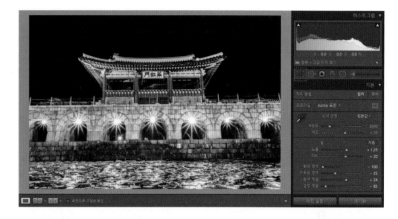

02 [오버레이 자르기] 옵션 패널이 펼쳐집니다. [각도] 섹션에서 [자동] 버튼을 클릭합니다.

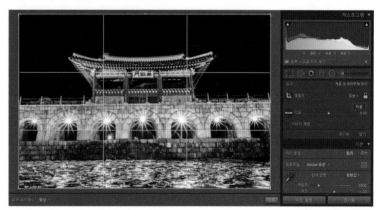

03 건물의 기울기가 조정됩니다. [각도] 슬라이더를 보니 0.59도 정도 회전한 것을 알 수 있습니다. [완료] 버튼을 클릭합니다.

04 사진이 크롭됩니다.

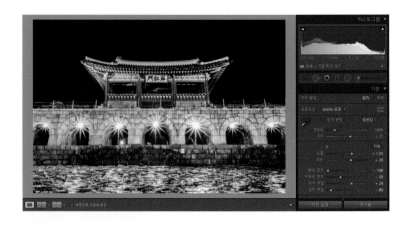

[각도] 슬라이더로 기울기 바로잡기

[각도] 슬라이더를 좌우로 조절하여 −45~+45 각도 내에서 기울기를 조정할 수 있습니다.

실습 파일 : _MG6980.CR2

01 이번에는 [각도] 슬라이더로 기울기를 조정해보겠습니다. [오버레이 자르기] 옵션 패널 하단의 [초기화]를 클릭합니다.

02 사진이 원래의 기울기로 초기화됩니다.

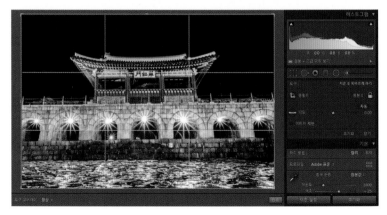

03 ❶ 건물이 오른쪽으로 회전되어야 하
므로 [각도] 슬라이더를 오른쪽으로 드래
그합니다. [각도] 슬라이더를 조정하면 자
르기 안내선이 격자로 변경됩니다. 격자를
보면서 수평을 맞춥니다. ❷ [완료] 버튼을
클릭합니다.

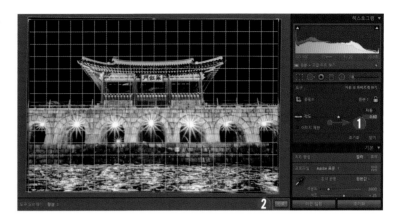

TIP   각도를 미세하게 조정하고 싶다면

미세한 기울기를 조정할 때는 슬라이더를 드래그해 기울기를 맞추는 것이 어려울 수 있습니다. 이런 경우에는 슬라이더를 클릭
하고 마우스 휠을 돌립니다. 0.1도 단위로 기울기를 조절할 수 있습니다.

---

04 사진이 크롭됩니다.

사진의 모서리를 드래그해 기울기 바로잡기

마우스를 이용한 기울기 조정은 마우스 커서를 사진의 네 모서리 부분에 가져가면 포인터의 모양이 변경됩니다. 이때
마우스를 화살표 방향으로 드래그하면 격자가 표시되고 격자를 보면서 사진의 기울기를 조정할 수 있습니다.

실습 파일 : _MG6980.CR2

01 [오버레이 자르기] 옵션 패널 하단의 [초기화]를 클릭하면 사진이 원래 기울기로 초기화됩니다.

02 사진의 모서리에 바깥쪽으로 마우스 커서를 가져가면 포인터가 구부러진 화살표로 바뀝니다.

03 마우스 커서가 변경될 때 클릭한 채 드래그합니다. 사진의 오른쪽을 낮춰야 하므로 아래로 조금씩 드래그합니다.

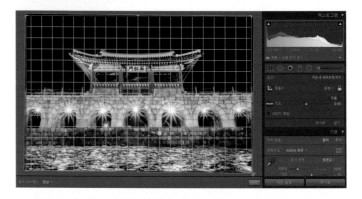

04 건물의 수평을 맞췄으면 마우스 버튼을 놓습니다. 기울기가 조정되면 [완료] 버튼을 클릭합니다.

05 사진이 크롭됩니다.

[똑바르게 하기] 도구로 바로잡기

마지막으로 [똑바르게 하기 도구] 도구를 이용한 기울기를 바로잡습니다. 사진 내에 기울어진 수평 또는 수직선이 있는 경우 유용하게 사용할 수 있습니다.

실습 파일 : _MG6980.CR2

01 [오버레이 자르기] 옵션 패널 하단의 [초기화]를 클릭합니다. 사진이 원래의 기울기로 초기화됩니다.

02 [오버레이 자르기] 옵션 패널에의 [각도] 슬라이더 앞에 있는 [똑바르게 하기] 도구를 클릭합니다.

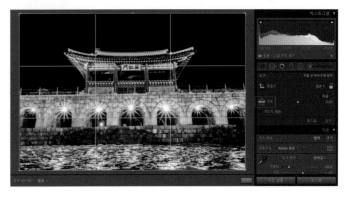

03 마우스 커서가 수평계 모양으로 바뀝니다.

04 사진 내에서 수평으로 보이는 곳을 되도록 길게 드래그합니다. 여기서는 건물의 지붕 양 끝을 드래그해 보겠습니다. 드래그하면 선이 그어집니다.

05 마우스 버튼을 놓으면 드래그한 선을 수평으로 사진의 기울기가 조정됩니다. [완료] 버튼을 누릅니다.

06 사진이 크롭됩니다.

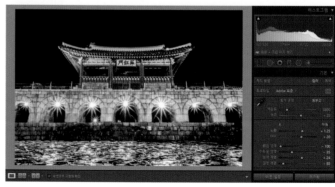

화이트 밸런스의 교정

프로파일을 설정하고 본격적으로 보정 작업에 들어갑니다. 제일 먼저 해야 할 일은 화이트 밸런스 교정입니다. 색이 정해져야 다른 보정 작업을 진행할 수 있습니다. 카메라에서 설정된 화이트 밸런스가 맞지 않는다면 라이트룸에서 제대로 교정할 수 있습니다. 반면에 사진의 전체적인 색 분위기를 표현하기 위해 의도적으로 화이트 밸런스를 맞지 않게 설정할 수 있습니다. 이 장에서는 화이트 밸런스의 교정에 대해 알아봅니다.

01 화이트 밸런스(White Balance)

톤 보정은 필수 사항입니다. 색도 마찬가지로 보정이 필수적이지만, 그 개념이 다릅니다. 톤과 달리 눈으로 보는 색은 피사체를 비추는 주 광원에 따라 원래 피사체가 가지고 있는 색이 아닌 다른 색으로 표현됩니다. 따라서 원래의 색을 표현하려면 색 보정 역시 필요합니다. 변경된 흰색을 그대로 표현할 것인지, 아니면 교정해 바로잡을 것인지는 사진가의 몫입니다.

색의 왜곡과 화이트 밸런스

사진가의 눈으로 본 색은 주 광원에 의해 변경된 색입니다. 같은 풍경도 대낮과 일몰에 찍으면 색감의 차이가 나는데, 대낮에는 빛의 삼원색인 Red, Green, Blue의 분포가 고르므로 흰색이 흰색으로 표현되지만, 일몰에는 Red가 Green, Blue보다 상대적으로 많으므로 흰색이 다른 색으로 표현됩니다. 이러한 색의 변화는 흰색뿐만 아니라 피사체의 다른 색에도 영향을 줍니다. 피사체의 원래 색으로 표현해야 한다면 디지털카메라에서 화이트 밸런스 모드나 색온도를 변경하고 교정해 촬영할 수 있습니다. 참고로 필름 카메라에서는 피사체를 비추는 주 광원의 색온도에 따라 그에 맞는 필름을 사용해 교정합니다.

사진의 색은 주변 환경의 빛이 어떤 색온도인지에 따라 변경되는데, 이를 색의 왜곡이라고 합니다. 풍경 사진은 주광의 색온도에 따라 왜곡된 색을 그대로 사용하는 경우가 많습니다. 그러나 인물 사진의 경우에는 주광의 빛에 따라 피부의 톤과 색이 왜곡되지 않도록 원래의 색으로 교정하는 경우가 많습니다. 이러한 교정을 '화이트 밸런스'라 하고 라이트룸에서는 색의 균형을 맞춘다고 하여 '흰색 균형'이라 합니다.

TIP 주광(晝光)

맑은 날 한낮의 햇빛을 말하며 일광이라고도 합니다. 태양의 직사광과 맑은 하늘의 빛이 합쳐진 것으로서 색온도는 5,500∼6,000k입니다. 피사체의 색은 주광을 기준으로 합니다.

흰색을 교정하는 이유

빛의 삼원색은 Red, Green, Blue입니다. RGB 삼원색을 같은 비율로 섞으면 흰색이 됩니다. RGB 색이 주변 환경의 다른 광원에 의해 왜곡되지 않았다면 흰색은 흰색으로 표현됩니다. 그러나 주변 환경의 다른 광원에 의해 왜곡되었다면 흰색은 다른 색으로 표현됩니다. 따라서 왜곡된 흰색을 원래의 흰색으로 교정하면 RGB 삼원색도 교정되고, RGB가 만들어 내는 다른 색들도 교정됩니다. 그래서 흰색을 기준으로 교정하는 것입니다.

화이트 밸런스 교정 방법

촬영 시 화이트 밸런스 값을 직접 설정해 찍는 것과 촬영 후 화이트 밸런스 값을 교정하는 방법 두 가지가 있습니다. 전자의 경우에는 사용자가 설정한 화이트 밸런스 교정 결과는 JPEG 파일에만 적용되어 저장되고, RAW 파일에는 별도의 값으로 저장됩니다. 촬영 후에는 RAW 파일에 저장된 화이트 밸런스 값을 교정합니다. 그렇다고 라이트룸에서 JPEG 파일의 화이트 밸런스를 교정할 수 없는 것은 아닙니다. 다만 RAW 파일에 비해 세밀한 교정을 할 수 없습니다. RAW 파일과 JPEG 파일의 차이를 [현상] 모듈의 [기본] 패널에서 [흰색 균형] 섹션을 보면 쉽게 알 수 있습니다.

RAW 파일   JPEG 파일

카메라에서 화이트 밸런스를 교정할 때 주광에 대한 색온도만 맞추는 경우가 있습니다. 색의 왜곡은 주광의 색온도(color temperature)에 의한 왜곡과 색조(tint)에 의한 왜곡을 함께 포함하고 있습니다. 그러므로 단순하게 색온도만 맞춘다고 색이 정확하게 교정되지 않습니다. 색조에 의한 왜곡은 주 광원의 파장이 불균형할 때 발생합니다. 따라서 주 광원의 특성을 제대로 파악한 후, 카메라에서 화이트 밸런스를 설정하는 것이 좋습니다.

카메라에서 색온도를 변경해 화이트 밸런스를 교정하기는 쉽습니다. 화이트 밸런스 설정에서 미리 설정된 화이트 밸런스 모드를 선택하거나 사용자 정의 색온도를 설정하면 됩니다. 그렇다면 색조는 어디서 설정할까요? 다음과 같이 화이트 밸런스 브라케팅으로 설정할 수 있습니다.

색 공간 그래프를 보면 B-A 수평축은 색온도의 왜곡을 교정할 수 있고, M-G 수직축은 색조의 왜곡을 교정할 수 있습니다. 색 공간 그래프의 포인터를 하나만 설정하면 단일 프레임에 적용되며, 포인터를 세 개 설정하면 세 장의 프레임에 각각 다른 색감이 적용됩니다.

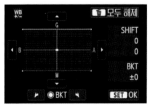 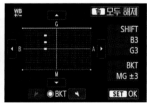

이러한 카메라 설정이 어렵다면 RAW 파일로 촬영한 사진을 라이트룸으로 가져와 색온도와 색조를 교정할 수 있습니다. 다음은 라이트룸 [현상] 모듈의 [기본] 패널에서 화이트 밸런스를 교정할 수 있는 [흰색 균형] 섹션입니다.

TIP 화이트 밸런스에 대한 오해 세 가지

오해 1 : 꼭 교정(보정)해야 한다.

화이트 밸런스는 꼭 교정해야 하는 것은 아닙니다. 주변 환경의 광원에 의해 색이 왜곡되는 것은 우리가 눈으로 보는 색과 거의 같습니다. 색의 왜곡이 사진에서 문제가 되면 교정해야겠지만, 사진의 분위기를 결정짓는 색감을 잃을 수 있습니다. 예를 들어 일출이나 일몰에서 화이트 밸런스를 설정하면 특유의 색감이 빠진 밋밋한 사진이 됩니다. 따라서 화이트 밸런스를 교정하지 않거나 조금 과하게 설정하는 것이 좋습니다. 참고로 카메라의 자동 화이트 밸런스 설정은 촬영 환경에 따라 자동으로 교정해 줍니다.

오해 2 : RAW 파일에도 적용된다.

RAW 파일에는 빛의 파장 정보가 그대로 기록되고, 카메라 설정값들은 별도로 저장됩니다. 그러므로 카메라에서 설정한 화이트 밸런스 설정값은 RAW 데이터에 적용되지 않고 별도의 수치로 저장됩니다. 이 값은 라이트룸과 같은 현상 프로그램에서 RAW 파일을 읽어 들이면서 RAW 데이터에 화이트 밸런스 설정값을 적용합니다. 따라서 이 수치를 변경하면 화이트 밸런스를 손쉽게 교정할 수 있습니다.

오해 3 : 흑백 사진에는 적용할 수 없다.

카메라에서 흑백으로 설정한 사진에도 화이트 밸런스를 설정할 수 있습니다. 결과는 흑백 JPEG 파일에 적용됩니다. RAW 파일과 컬러 JPEG 파일은 라이트룸에서 흑백으로 전환하더라도 화이트 밸런스를 교정할 수 있습니다. 그러나 컬러인 상태에서 교정을 먼저 하는 것이 좋습니다. 화이트 밸런스를 교정하면 사진의 톤이 달라지고 이는 흑백 사진의 톤에 그대로 영향을 줍니다.

TIP 라이트룸의 색 공간

라이트룸에는 색 공간을 설정하는 메뉴가 없습니다. ProPhoto RGB를 기본 색 공간으로 사용합니다. ProPhoto RGB는 디지털카메라가 캡처할 수 있는 모든 색상이 포함되어 있으므로 사진을 후보정할 때 탁월합니다. 모니터를 두 개 사용할 때 두 번째 모니터에 표시되는 사진의 색 공간은 Adobe RGB입니다. Adobe RGB는 지도, 책, 인쇄 모듈에서도 사용됩니다. 슬라이드 쇼와 웹 모듈에서는 sRGB를 사용합니다.

02 화이트 밸런스를 위한 촬영 기술

촬영 시 화이트 밸런스 설정은 흰색을 흰색으로 교정해 색의 왜곡을 바로잡는 경우와 색감을 조정하기 위해 의도적으로 색을 왜곡하는 경우로 구분할 수 있습니다. 앞서 촬영 시 설정한 화이트 밸런스 값은 JPEG 파일에만 적용된다고 했습니다. 따라서 JPEG 파일로만 사진을 찍을 때는 정확히 설정해야 합니다. RAW+JPEG로 촬영하였으면 RAW 파일의 화이트 밸런스 교정에 참조할 수 있도록 화이트 밸런스를 정확히 설정해 촬영하는 게 좋습니다.

화이트 밸런스 모드보다는 색온도 설정하기

대부분 카메라에는 주 광원에 따라 미리 설정해 놓은 화이트 밸런스 모드가 있습니다. 주 광원 환경에서 AWB(Auto White Balance), 백열등, 형광등, 태양, 구름, 그림자 모드를 선택할 수 있습니다. 이러한 화이트 밸런스 모드는 주 광원하에서 색의 왜곡을 빠르게 교정하기 위해 만들어 놓은 것입니다. 하지만 주 광원에 대한 근사치에 해당할 뿐, 실제 촬영 상황의 색온도와 정확히 일치하지 않는 경우가 많습니다.

| **AWB** Auto White balance | ☀ Tungsten/Incandescent | Fluorescent | ☀ Daylight |
| Cloudy | ⚡ Flash | Shade | **K** User Define (K) |

화이트 밸런스 모드를 주 광원과 맞춰 찍게 되면 눈으로 본 색감을 얻을 수 없습니다. 흰색을 교정하기 위해 화이트 밸런스 모드를 사용해야 한다면 테스트 샷을 찍으면서 주 광원에 대한 색온도의 근사치를 확인하고 더 정확한 색온도는 사용자 설정으로 지정하는 것이 좋습니다.

그레이 카드 또는 화이트 밸런스 필터 사용하기

흰색을 교정해 촬영하는 전통적인 방법으로 그레이 카드를 사용하는 것이 있습니다. 촬영 시 그레이 카드를 주 광원하에서 먼저 찍고, 이 사진을 사용자 정의 화이트 밸런스 모드로 등록해 놓습니다. 같은 환경에서 촬영할 때 유용하게 사용할 수 있는 방법입니다. 하지만 촬영 환경이 변경되면 다시 그레이 카드를 찍고 사용자 정의 화이트 밸런스에 재등록해야 하는 불편함이 있습니다. 이와 유사한 방법으로 화이트 밸런스 필터를 사용할 수 있습니다. 화이트 밸런스 필터를 렌즈에 장착한 후, 촬영 시 색의 왜곡을 일으키는 주 광원을 향해 사진을 찍고 사용자 정의 화이트 밸런스에 등록해 사용합니다.

그레이 카드로 화이트 밸런스 설정

화이트 밸런스 필터로 화이트 밸런스 설정

태양광 모드로 촬영하기

주 광원의 상황에 상관없이 사진을 태양광 모드로 촬영하면 눈으로 본 색감과 유사하게 표현됩니다. 만일 색감이 눈으로 본 것보다 약하다면 사용자 색온도를 태양광의 색온도(카메라에 따라 다소 차이가 있음)인 5500k보다 높이거나, 낮춰 색을 강하게 표현할 수 있습니다. 또한 RAW 파일에는 태양광 모드의 색온도가 기록되기 때문에 라이트룸에서 색온도를 교정하기가 비교적 쉽습니다. 태양광 모드로 촬영하는 것은 AWB 모드로 촬영하는 것과 상반됩니다.

프레임 내 명확한 흰색을 포함해 찍기

앞서 살펴본 세 가지 방법은 촬영 시 색을 교정하거나 의도적으로 왜곡시켜 더 풍부한 색감을 얻어내는 방법입니다. 그러나 카메라에서 매번 화이트 밸런스를 설정해야 한다면 매우 번거로울 것입니다. 라이트룸에서는 어떤 화이트 밸런스 모드를 선택해 촬영하든 프레임 내에 명확한 흰색이 포함되어 있다면 손쉽게 교정할 수 있습니다.

다음 네 장의 사진은 주광색 LED 광원에서 각각 다른 색온도를 설정해 촬영되었습니다. 태양광을 기준으로 놓고 볼 때 AWB가 근사치 색온도 값을, 백열등은 푸른 색감, 그늘은 붉은 색감으로 표현됩니다.

AWB 5500k

태양광 5200k

백열등 3200k

그늘 7000k

TIP 색온도와 색감

촬영 시 주 광원의 색온도보다 낮게 설정하면 사진은 푸른 색감으로 표현되고, 반대로 높게 설정하면 붉은 색감으로 표현됩니다. 앞선 사진의 경우 주 광원인 LED의 색온도는 태양광과 비슷하므로 이보다 낮은 색온도인 백열등으로 설정하면 푸른 색감으로 표현되고, 높은 색온도인 그늘로 설정하면 붉은 색감으로 표현됩니다. AWB로 설정하면 주 광원과 유사한 색온도가 자동으로 설정됩니다.

사용자가 촬영 시 어떠한 색온도 값이나 화이트 밸런스 모드를 사용했다 하더라도 라이트룸에서는 모두 같은 색감으로 교정할 수 있습니다.

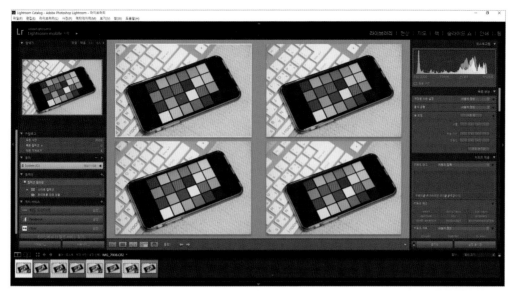

라이트룸의 [흰색 균형 선택기] 사용

03 라이트룸에서 화이트 밸런스 보정하기

색 보정 순서

색 보정 전에 화이트 밸런스를 먼저 교정해야 합니다. 의도적인 색감 표현도 마찬가지입니다. 일단 색을 일정한 기준에 맞춰 놓고 다른 색을 보정하는 것이 좋기 때문입니다. 그러나 화이트 밸런스를 교정하기 전에 해야 할 일이 또 있습니다. Chapter 1에서 살펴본 카메라 프로파일 설정입니다. 화이트 밸런스를 교정하기 전에는 [기본] 패널의 [프로파일] 섹션에서 사용자의 카메라와 촬영 상황에 맞는 프로파일을 선택해야 합니다. 기본값으로 설정된 [Adobe 색상] 프로파일을 그대로 사용해도 화이트 밸런스를 교정하는 데에는 큰 문제는 없습니다. 다만 프로파일이 변경되면 사진의 전체적인 색감이 조정되고, 이에 따라 화이트 밸런스 설정과 톤 보정이 달라질 수 있다는 것을 알아야 합니다.

색 보정은 일반적으로 다음과 같은 단계를 거칩니다. 톤 보정을 끝내고 하는 것이 좋으며 그 전에는 카메라 프로파일과 화이트 밸런스 교정을 한 후에 진행하는 것이 좋습니다.

❶ 카메라 프로파일 교정 → ❷ 화이트 밸런스 교정 → ❸ 톤 보정 → ❹ 색 보정

화이트 밸런스 교정하기

라이트룸에서 화이트 밸런스를 교정하기 전에 먼저 프레임 내의 흰색을 찾습니다. 명확하다고 생각되는 흰색이 다른 색으로 표현되었다면, 화이트 밸런스가 맞지 않아 그런 것이기 때문에 화이트 밸런스를 먼저 교정합니다. 그러나 흰색이 회색으로 표현되었다면, 노출이 어둡게 설정된 것이니 노출이나 톤을 보정합니다.

흰색을 흰색으로 판단하기 위해 마우스 커서를 사진 내에 명확히 흰색이라고 생각되는 색에 올립니다. 히스토그램 패널 하단에 RGB의 퍼센트가 거의 비슷한 수치면 흰색 또는 회색이고, 다르게 표시된다면 왜곡된 흰색입니다. 다음 화면은 RGB의 퍼센트가 거의 비슷합니다. 따라서 흰색이 흰색으로 표현되었다고 할 수 있습니다. 다만, 흰색의 평균 반사율이 93%이므로 [밝은 영역]의 톤을 조정해 수치를 높일 수 있습니다.

라이트룸에서 화이트 밸런스를 교정하려면 [기본] 패널의 [흰색 균형] 섹션에서 진행합니다. 화이트 밸런스를 교정하는 [흰색 균형] 섹션은 다음과 같이 구성되어 있습니다.

① 흰색 균형 선택기 : 이 도구를 사용하여 사진 내에 명확하게 흰색이라고 생각되는 색을 클릭합니다. 클릭한 색을 기준으로 화이트 밸런스가 조정됩니다.

② 흰색 균형 모드 : 카메라의 화이트 밸런스 모드처럼 색온도에 따른 화이트 밸런스 모드를 설정할 수 있습니다. 다만, [자동]은 카메라의 AWB와 다릅니다. JPEG 파일을 선택하면 화이트 밸런스 모드가 표시되지 않습니다.

③ 색온도 : 색온도를 수동으로 조정합니다. RAW 파일을 선택하면 촬영 시 색온도가 기본값으로 표시됩니다.

④ 색조 : 색조를 수동으로 조정합니다.

[흰색 균형] 섹션은 RAW 파일을 선택했을 때와 JPEG 파일을 선택했을 때 다르게 표시됩니다. RAW 파일은 JPEG 파일과 달리 색온도에 대한 부분을 수치로 기록하기 때문에 정확한 색온도에 대한 보정이 가능하며, 그 범위와 보정의 세밀함이 다릅니다. 다음은 RAW 파일과 JPEG 파일에서 표시되는 [색온도] 슬라이더입니다.

RAW 파일　　　　　　　　　JPEG 파일

왼쪽의 [흰색 균형] 섹션은 RAW 파일을 선택했을 때 표시되는 화면입니다. [색온도] 슬라이더 우측에 색온도가 5200k로 표시되어 있습니다. 촬영 시 카메라에서 설정한 색온도 값을 의미합니다. 카메라에서 AWB(Auto White Balance)로 설정하였으면 이 값은 유동적으로 바뀌지만, 화이트 밸런스 모드로 설정했으면 이 값이 고정으로 표시됩니다. 라이트룸에서 RAW 파일의 조절 가능 범위는 2,000k~50,000k까지 1k 단위로 48,000단계를 세밀하게 조정할 수 있습니다.

오른쪽의 [흰색 균형] 섹션은 JPEG 파일을 선택했을 때 표시되는 화면입니다. [색온도] 슬라이더 기본값은 0이고 −100~100까지 200단계를 조절할 수 있습니다. RAW 파일에 비해 세밀한 조정을 할 수 없을 뿐만 아니라, 촬영 당시의 색온도 값을 알 수 없다는 단점이 있습니다.

화이트 밸런스 설정에 있어 RAW 파일과 JPEG 파일의 다른 점은 또 있습니다. [흰색 균형 모드] 팝업 메뉴를 클릭하면 다음과 같이 메뉴가 다르게 표시됩니다.

[흰색 균형 모드]는 특정 주 광원에 따라 화이트 밸런스를 자동으로 교정할 수 있는 메뉴입니다. RAW 파일은 카메라에서 사용하는 화이트 밸런스 모드가 모두 표시되는 반면 JPEG 파일의 경우에는 이 메뉴가 표시되지 않습니다.

화이트 밸런스를 교정할 때 RAW 파일을 사용해야 하는 가장 궁극적인 이유는 이 두 가지 때문만은 아닙니다. 앞서 RAW 파일의 장점에 관해 이야기했듯이 RAW 파일은 색에 대한 풍부한 정보를 가지고 있으므로 색과 톤을 보정할 때 발생하는 손실을 최소화할 수 있습니다.

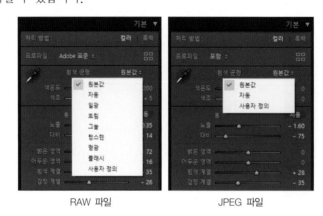

RAW 파일   JPEG 파일

자동 및 화이트 밸런스 모드 변경하기

화이트 밸런스를 빠르게 교정하려면 자동 교정을 진행합니다. 자동 교정은 [흰색 균형] 섹션 오른쪽에 [원본값]을 클릭하면 팝업 메뉴가 표시되고, 이 메뉴에서 [자동]을 클릭하면 됩니다. 또한 화이트 밸런스 모드를 선택해 빠르게 교정할 수 있습니다.

❶ 원본값 : 촬영 당시에 적용한 화이트 밸런스 값입니다.
❷ 자동 : 화이트 밸런스를 자동으로 교정합니다.
❸ 일광 : 색온도 5500k로 교정합니다.
❹ 흐림 : 색온도 6500k로 교정합니다.
❺ 그늘 : 색온도 7500k로 교정합니다.
❻ 텅스텐 : 색온도 2850k로 교정합니다.
❼ 형광등 : 색온도 3800k로 교정합니다.
❽ 플래시 : 색온도 5500k로 교정합니다.
❾ 사용자 정의 : 목록 이외의 값을 직접 슬라이더를 통해 설정합니다.

화이트 밸런스의 자동 교정은 주광 상황에서 촬영된 사진에 적합합니다. 자동으로 교정했더라도 100% 화이트 밸런스가 교정되었다고 볼 수 없습니다. 어디까지나 화이트 밸런스 교정을 위한 참고 수치 정도로 생각하고 세밀한 추가 교정해야 합니다.

다음은 라이트룸의 자동과 화이트 밸런스 모드만으로 교정한 사진입니다. 원본이 4950k이고 자동으로 보정한 것이 일광에 가까운 5250k입니다. 이보다 색온도가 높은 흐림과 그늘은 다소 노란 색감이 증가하고, 색온도가 낮은 텅스텐과 형광은 푸른 색감이 증가하는 것을 알 수 있습니다.

원본값(4950k)　　　자동(5250k)　　　일광(5500k)　　　흐림(6500k)

그늘(7500k)　　　텅스텐(2850k)　　　형광(3800k)　　　플래시(5500k)

슬라이드 조절로 화이트 밸런스 교정하기

화이트 밸런스를 교정하는 두 번째 방법은 슬라이더를 조정하는 것입니다. 여기에는 두 가지 교정 방향이 있습니다. 하나는 왜곡된 흰색을 원래의 흰색으로 교정하는 것이고, 다른 하나는 현재의 색감을 증감시키는 것입니다. 예를 들어 결혼식장에서 신부의 흰 드레스가 주 광원에 의해 다른 색으로 찍혔다면 슬라이더를 조절하여 흰색으로 교정할 수 있습니다. 반면에 일몰의 색감이 너무 밋밋하다면 슬라이더를 조절하여 일몰의 색감을 증가시킬 수 있습니다.

[색온도] 슬라이드를 왼쪽으로 조절하면 푸른 색감이 증가하고 오른쪽으로 조절하면 노란 색감이 증가합니다. 주 광원의 색온도로 인해 사진이 노란 색감으로 찍혔다면 슬라이더를 왼쪽으로 조절해 노란 색감을 줄이거나, 제거할 수 있습니다. 일몰을 AWB로 촬영해 색감이 밋밋하다면 슬라이더를 오른쪽으로 조절해 노란 또는 붉은 색감을 증가시킬 수 있습니다.

다음의 왼쪽 사진은 AWB로 촬영한 것입니다. AWB나 구름 모드로 촬영하면 색감이 밋밋하게 찍힙니다. 가능하다면 대낮이 아닌 상황에서는 AWB나 해당 광원의 색온도에 맞는 화이트 밸런스 모드를 사용하지 않는 것이 좋은 색감을 표현하는 방법입니다. RAW 파일의 경우에는 태양광 모드로 촬영한 후, 라이트룸에서 5500k 이하로 색온도를 조금씩 낮춰가며 원래의 색감을 표현할 수 있습니다.

흐린 날 AWB로 설정해 찍은 RAW 사진　　　색온도를 낮춰 보정한 RAW 사진

다음 왼쪽 사진은 화이트 밸런스를 태양광 모드로 설정해 찍은 것입니다. 오른쪽 사진은 태양광의 색온도보다 높은 7500k로 조절하여 노을의 분위기를 한층 더 증가시킨 후, [어두운 영역]의 톤만 낮춰 주 피사체를 실루엣으로 표현했습니다.

| 태양광 모드로 찍은 RAW 사진 | 태양광보다 높은 색온도로 보정한 RAW 사진 |

[색조] 슬라이더를 왼쪽으로 조절하면 초록 색감을 증가시킬 수 있고, 오른쪽으로 조절하면 자홍 색감을 증가시킬 수 있습니다. [색조] 슬라이더는 주광이 아닌 인공 광원의 불안정한 파장 때문에 색이 왜곡될 때 주로 사용하거나, 사진의 전체적인 색감을 초록 또는 자홍으로 변경하고자 할 때 사용합니다.

TIP 눈으로 본 색감 담아내기

촬영 시 눈으로 본 색감을 프레임에 담는 방법은 화이트 밸런스를 [태양광] 모드로 설정해 찍는 것입니다. 일출이나 일몰 사진을 찍을 때 화이트 밸런스를 태양광 모드로 설정해 촬영하면 일출과 일몰의 색온도보다 높게 설정했기 때문에 눈으로 본 색감을 그대로 담아내거나 좀 더 짙은 붉은 색감을 표현할 수 있습니다. 새벽도 푸르스름한 색감을 표현하기 위해 화이트 밸런스를 태양광 모드로 설정해 촬영하면 새벽의 색온도보다 낮으므로 눈으로 본 색감 또는 그보다 좀 더 짙은 푸른 색감으로 표현할 수 있습니다.

[흰색 균형 선택 도구]를 이용한 화이트 밸런스 교정하기

마지막으로 [흰색 균형 선택 도구]를 이용한 교정 방법이 있습니다. 이 방법은 프레임 내에 명확한 흰색을 포함하고 있는 경우 사용할 수 있습니다. 예를 들어 촬영 시 명확한 흰색 또는 흰색이 포함된 색상 차트를 프레임에 넣어 함께 촬영하거나, 같은 환경에서는 테스트 샷에만 포함해 촬영할 수 있습니다. 흰색을 포함해 찍은 뒤 [흰색 균형 선택기]를 사용해 클릭 한 번으로 화이트 밸런스 교정을 손쉽게 할 수 있습니다. 앞서 살펴본 그레이 카드 또는 화이트 밸런스 필터를 사용해 화이트 밸런스를 교정하는 방법은 시간대에 따라 다시 등록해주어야 합니다. 색온도를 설정하는 방법 역시 시간대에 따라 색온도를 변경해야 합니다. 그러나 라이트룸에서 [흰색 균형 선택 도구]를 사용할 때 카메라에서 화이트 밸런스를 설정할 필요 없이 프레임 내에 흰색을 포함하여 찍고, 라이트룸에서 화이트 밸런스를 교정하면 됩니다.

실습 파일 : V9A8760.CR2

TIP 여러 장의 사진 화이트 밸런스 보정하기

라이트룸의 일괄 보정 기능을 이용하면 모든 사진의 화이트 밸런스를 한 번에 보정할 수 있습니다. 일괄 보정에 대해서는 Chapter 12를 참조합니다.

01 다음은 17mm 광각 렌즈로 촬영하여 비네팅이 있어 [렌즈 교정] 패널에서 비네팅을 제거한 사진입니다. 화이트 밸런스를 보정하기 전에 먼저 카메라 프로파일을 적용하는 것이 좋습니다. [프로파일 브라우저] 버튼을 클릭합니다.

02 ❶ [프로파일 브라우저]가 표시되면 [카메라 일치] 항목에서 [풍경]을 선택합니다. 푸른색이 강조됩니다. ❷ 프로파일 선택이 끝났으면 [닫기] 버튼을 클릭해 [프로파일 브라우저]를 닫습니다.

03 [기본]의 [흰색 균형] 섹션에서 [흰색 균형 선택기]를 클릭합니다. 마우스 커서가 스포이트 모양으로 변경됩니다.

04 눈 위로 스포이트를 올립니다. 아래로 격자창이 표시됩니다. 격자창의 중심은 스포이트가 지시하는 지점을 의미하고, 격자창 하단에는 RGB 값이 표시됩니다. 여기서는 Red 84.3, Green 85.2, Blue 89.3으로 Blue의 비율이 높습니다. 스포이트로 다른 곳을 지시해도 Blue가 높다는 것을 알 수 있습니다. 눈을 클릭합니다.

05 눈을 기준으로 흰색 균형이 설정됩니다.

06 [흰색 균형 선택기]로 클릭한 지점에 스포이트를 다시 올려봅니다. RGB 값이 거의 비슷하게 표시됩니다. 여기서는 Red 83.5, Green 83.5, Blue 83.6 표시됩니다. 다른 곳도 확인합니다.

07 [톤] 섹션에서 [자동] 버튼을 클릭해 사진의 톤을 자동으로 보정합니다.

TIP 흰색을 흰색으로 만들기

RGB가 비슷하게 되었다고 현상 작업이 끝난 것은 아닙니다. 이 사진의 경우 RGB 값이 83%로 비슷합니다. 이 톤이 어둡다고 생각한다면 [밝은 영역] 슬라이더로 톤을 보정해야 합니다. 83%의 톤 영역이 [밝은 영역]이므로 [밝은 영역] 슬라이더를 상향 조정합니다.

톤 보정

사진의 전체적인 밝기인 톤은 사진에서 색과 함께 매우 중요한 요소입니다. 색
이 가지고 있는 밝기인 명도와 색의 농담인 채도가 사진의 전체적인 톤을 만들
기 때문입니다. 그러나 사진은 우리가 보는 모든 영역의 톤을 담아내지는 못합
니다. 따라서 톤 보정은 후보정에서 필수적인 사항이고 화이트 밸런스와 함께
[기본] 패널에서 처리하게 됩니다. 이 장에서는 톤 영역별로 톤을 보정하는 방
법에 대해 알아봅니다.

01 톤

톤

톤(tone)은 색의 3대 속성(색상, 명도, 채도) 중에 명도와 채도를 통합한 개념으로 색조(色調)라고 합니다. 사진에서는 명도와 채도의 변화에 따라 색상의 명암과 농담 등이 다르게 표현되므로 사진의 전체적인 밝기나 농담 등의 분위기를 말할 때 사용합니다. 색이 가지는 명도에 따라 색이 밝게 표현되면 '밝은 톤', 채도에 따라 색이 탁하게 표현되면 '탁한 톤'이라고 합니다. 그러나 사진의 결과물을 놓고 볼 때는 색이 가지고 있는 밝기를 의미하는 경우가 많습니다. 라이트룸의 톤 보정도 색이 가지는 밝기를 보정하는 것에 초점이 맞춰져 있습니다.

카메라에서는 톤을 노출이라고 하는데, 노출은 렌즈를 통해 들어오는 빛의 양을 조리개와 셔터 스피드로 조절합니다. 즉, 조리개와 셔터 스피드로 만들어지는 빛의 양이 결국 톤이 됩니다. 따라서 피사체 또는 프레임 전체에 대한 밝기를 제대로 담아내는 것이 무엇보다 중요합니다.

톤과 관용도

관용도는 톤이 제대로 표현되는 범위를 말합니다. 필름이나 이미지 센서는 우리가 눈으로 본 밝기 영역 전체를 표현하는 데 한계가 있습니다. 즉, 전체 영역의 밝기를 100%로 놓고 볼 때 70% 정도만 제대로 표현됩니다. 일반적으로 미들 톤을 기준으로 ±2 스톱의 범위를 벗어나면 어두운 영역은 더 어둡게, 밝은 영역은 더 밝게 찍힙니다. 이러한 영역이 사진에서 많은 부분을 차지하면 눈으로 본 피사체의 밝기와 다르게 됩니다. 사진가는 톤의 손실이 적은 영역을 빠르게 판단해서 노출을 결정해야 합니다. 다음 두 장의 사진에서 차이점을 찾아봅시다.

배경의 밝기를 포기하고 꽃에 노출을 맞춰 찍은 원본 사진 | 배경의 밝기를 후보정으로 복구한 사진

두 사진에서 가장 큰 차이를 보이는 것은 배경의 밝기입니다. 왼쪽 배경이 더 어둡습니다. 밝은 톤을 가진 꽃에 노출을 맞춰 찍다 보니 꽃 뒤의 어두운 배경이 실제보다 어둡게 찍힌 것입니다. 배경에 노출을 맞춰 찍었다면 꽃은 더 밝아져 하얗게 과다 노출되고 세부 묘사를 잃었을 것입니다. 따라서 왼쪽처럼 배경의 노출을 포기하고 주 피사체인 꽃의 밝기를 기준으로 노출을 설정해 찍은 후, 오른쪽처럼 배경의 톤을 라이트룸에서 조정해 복구할 수 있습니다. 카메라에서는 눈으로 본 전체 영역의 톤을 정확히 담아내지 못하기 때문에 피사체 톤에 맞춰 촬영한 후, 피사체 외의 부분은 후보정으로 복구하는 것입니다.

02 톤 보정 전 확인 사항

우리가 찍은 사진의 톤에는 명확한 한계가 있습니다. 그렇다고 톤 보정을 무작정 해서는 안 됩니다. 톤 보정을 할 수 있는 사진이 있고 없는 사진이 있으니 이를 먼저 확인한 후 진행해야 합니다.

파일 유형 확인하기

보정할 사진이 RAW 파일인지 먼저 확인합니다. 라이트룸에서 JPEG 파일을 보정할 수 없는 것은 아니지만, JPEG 파일은 카메라에서 이미 톤 보정이 끝난 파일로 톤 보정을 추가로 할 수 있는 데이터가 없으므로 추가 보정을 하지 않는 것이 좋습니다. 카메라에서 찍힌 JPEG 파일은 RAW 파일을 보정할 때 참조하는 용도로 사용하거나, RAW 파일을 보정할 시간이 없는 경우 임시로 사용하는 것이 좋습니다.

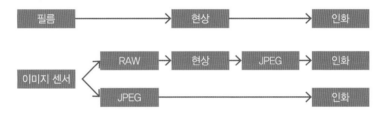

그렇다면 왜 RAW 파일로 톤 보정을 해야 하는 걸까요? 카메라에서 'RAW + JPEG' 방식으로 저장된 사진을 라이트룸으로 가져오면 RAW 파일만 카탈로그에 등록되는 것을 알 수 있습니다. 이는 라이트룸의 기본 설정으로 라이트룸에서 현상의 대상이 되는 파일이 RAW 파일이기 때문입니다.

TIP   RAW+JPEG로 찍은 사진을 라이트룸에 함께 가져오려면

JPEG 파일도 함께 카탈로그에 등록해 [현상] 모듈의 [참조 보기]를 통해 JPEG 파일을 보면서 RAW 파일을 보정할 수 있습니다. 이렇게 하려면 가져오기 기본 환경 설정을 변경해야 합니다. 'RAW + JPEG' 방식으로 저장된 사진을 모두 가져와 카탈로그에 등록하려면 [환경 설정] 대화 상자에서 [일반] 탭의 [가져오기 옵션] 섹션에서 [RAW 파일 바로 다음의 JPEG 파일을 별도의 사진으로 처리] 항목을 체크해야 합니다.

다음의 RAW 파일과 JPEG 파일의 보정 결과를 보면 RAW 파일을 사용해야 하는 이유를 쉽게 이해할 수 있습니다. 두 파일 모두 같은 방식으로 보정한 것으로, JPEG 파일에는 양귀비꽃 왼쪽 위로 윤곽화 현상(posterization)이 나타납니다. 이는 카메라에서 최적으로 저장한 JPEG 파일의 계조가 톤을 보정하는 과정에서 변형되었기 때문입니다. 이러한 현상은 색 보정에서도 발생하기 때문에 될 수 있으면 RAW 파일을 보정하는 것이 좋습니다.

원본 사진(RAW)

자동 보정 후, 노출을
1 스톱 내린 사진

원본 사진(JPEG)

자동 보정 후, 노출을
1 스톱 내린 사진

히스토그램 읽기

히스토그램은 사진에 포함된 모든 픽셀의 밝기를 시각적으로 그래프화한 것입니다. 사진가는 히스토그램을 보고 후보정의 방향을 잡을 수 있습니다. 히스토그램 그래프의 왼쪽은 어두운 톤이고, 오른쪽은 밝은 톤이 됩니다. 그래프의 높이는 해당 밝기의 상대적인 수치입니다. 컬러 사진에서 히스토그램은 RGB(빨강, 초록, 파랑)와 CYM(청록, 다홍, 노랑) 색상으로 표시되고 RGB 세 개 채널이 모두 겹쳐지는 곳에서는 회색이 됩니다. 또한 청록은 초록과 파랑, 다홍은 빨강과 파랑, 노랑은 빨강과 초록이 겹쳐질 때 표시됩니다. 흑백 사진에서는 회색 그래프만 표시됩니다.

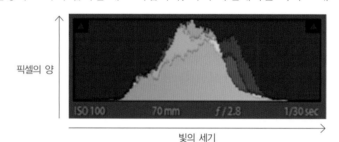

히스토그램 안쪽은 모두 밝기를 가진 픽셀을 의미합니다. 즉, 히스토그램의 맨 왼쪽은 검정이 아니라 가장 어두운 색의 픽셀을 의미하고, 반대로 히스토그램의 맨 오른쪽은 흰색이 아니라 가장 밝은색의 픽셀을 의미합니다. 검정과 흰색은 히스토그램을 벗어났을 경우를 의미하는데, 검정은 노출 부족(Under Exposure), 흰색은 노출 과다(Over Exposure) 시 발생합니다.

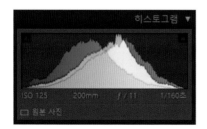

일반적인 사진에서 히스토그램 그래프가 산 모양으로 표시됩니다. 특히, 히스토그램 중앙에 피크(peak)가 있는 경우 빛의 분포가 미들 톤을 기준으로 ±2 스톱의 영역에 해당하므로 사진의 노출은 비교적 고르다고 할 수 있습니다. 따라서 라이트룸의 자동 톤 보정을 진행하는 것만으로 톤 보정을 빠르게 할 수 있습니다. 주로 빛이 충분하고 톤이 고른 대낮에 찍은 사진이 해당합니다.

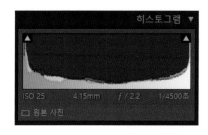

빛이 충분한 대낮에 찍은 사진이더라도 톤이 고르지 않으면 밝은 영역과 어두운 영역만 존재하게 되어 명암 대비가 강한 사진이 됩니다. 미들 톤을 기준으로 ±2 스톱의 영역을 벗어나 밝은 영역과 어두운 영역이 상대적으로 많습니다. 그래프가 U자 모양으로 양 끝이 올라갑니다. 이때 사진의 밝은 톤은 더 밝게, 어두운 톤은 더 어둡게 찍힙니다. 콘트라스트가 강하기 때문에 콘트라스트를 낮춰 보정하면 톤을 고르게 분포시켜 명암 대비를 부드럽게 처리할 수 있습니다. 그래프의 양 끝이 히스토그램 측면에 밀착되면 톤 보정이 어려운 클리핑(clipping)이 발생할 수 있습니다.

히스토그램의 그래프가 왼쪽으로 치우치면 어두운 톤이 많은 사진입니다. 빛이 부족한 상황에서 찍은 경우로, 야경 사진이 대표적입니다. 의도적으로 기준 노출을 낮춰 찍은 사진도 해당합니다. 자동 톤 보정을 적용하거나, 어두운 영역을 밝게 보정하면 사진은 밝아지고 그래프의 피크는 오른쪽으로 이동하게 됩니다. 이때 어두운 영역에는 노이즈가 발생합니다. 따라서 야경 사진이나 의도적으로 노출을 낮춰 찍은 사진이라면 자동으로 톤 보정을 하지 않는 것이 좋습니다. 그래프가 왼쪽으로 밀착되면 톤 보정이 어려운 어두운 영역 클리핑이 발생할 수 있습니다.

마지막으로 히스토그램의 그래프가 왼쪽으로 치우치면 밝은 톤이 많은 사진으로, 설경 사진이 대표적입니다. 의도적으로 기준 노출을 높여 찍은 사진도 해당합니다. 라이트룸에서 자동 톤 보정을 적용하거나, 밝은 영역을 어둡게 보정하면 사진은 어두워지고 그래프의 피크는 왼쪽으로 이동합니다. 의도적으로 노출을 높여 찍은 사진이라면 자동으로 톤을 보정하지 않는 것이 좋고, 그래프가 히스토그램 오른쪽으로 밀착되면 톤 보정이 어려운 밝은 영역 클리핑이 발생할 수 있습니다.

클리핑 유무 확인하기

톤 보정을 할 수 있는 사진은 [히스토그램] 패널에서 클리핑 여부로 쉽게 확인할 수 있습니다. 라이트룸의 [히스토그램] 패널은 두 종류인데, 하나는 [라이브러리] 모듈의 히스토그램이고 다른 하나는 [현상] 모듈의 히스토그램입니다. 두 개의 [히스토그램] 패널은 똑같아 보이지만 기능이 다릅니다.

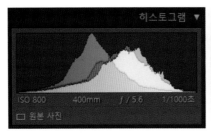
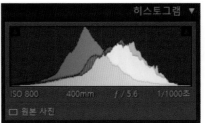

라이브러리 모듈의 히스토그램　　　　　　　현상 모듈의 히스토그램

[라이브러리] 모듈의 [히스토그램] 패널은 빛의 분포를 그래프로 표시만 해줍니다. 반면에 [현상] 모듈의 [히스토그램] 패널은 클리핑 표시, 영역별 톤 보정, LAB 색 상값 표시 기능도 가지고 있고 직관적으로 톤을 보정할 수 있습니다.

톤 보정에서 가장 중요한 것은 클리핑입니다. 클리핑은 히스토그램 범위 밖의 빛인 100% 검정과 100% 흰색이 있는 경우에 발생합니다. 100% 검정과 100% 흰색은 톤 보정을 할 수 없을 뿐만 아니라, 색에 대한 정보가 없으므로 색을 보정할 수 없습니다.

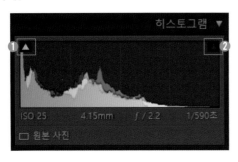

❶ 어두운 영역 클리핑 표시/버튼
❷ 밝은 영역 클리핑 표시/버튼

[히스토그램] 상단 좌우 코너에는 삼각형 버튼이 있는데 ❶을 [어두운 영역 클리핑(Shadows Clipping) 표시/버튼]이라 하고, ❷를 [밝은 영역 클리핑(Highlights Clipping) 표시/버튼]이라 합니다. 삼각형이 회색으로 표시되면 모든 색에서 클리핑이 일어났다는 것을 의미하고, RGB 또는 CMY 색으로 표시되면 해당 색에서만 클리핑이 일어났다는 것을 의미합니다.

클리핑 버튼 위로 마우스 커서를 올리면 사진 내 클리핑 영역을 쉽게 확인할 수 있습니다. 밝은 영역 클리핑은 빨간색으로, 어두운 영역 클리핑은 파란색으로 표시됩니다. 마우스 커서를 클리핑 버튼 밖으로 빼면 다시 원래의 사진으로 되돌아오고, 클리핑 버튼을 클릭하면 영역을 고정해 표시할 수 있습니다. 고정을 해제하려면 클리핑 버튼을 한 번 더 클릭합니다.

원본 사진　　　　밝은 영역 클리핑 표시　　　　원본 사진　　　　어두운 영역 클리핑 표시

03 디지털 존 시스템과 라이트룸의 다섯 가지 톤 영역

존 시스템

필름 카메라는 사진을 찍은 후 바로 볼 수 없으므로 노출이 제대로 되었는지 확인할 수 없습니다. 언셀 애덤스(Ansel Adams)에 의해 정립된 존 시스템(Zone System)은 필름 카메라에서 톤의 단계를 11단계 또는 15단계로 구분하여 정리한 차트를 촬영과 현상 시 노출을 보정하는 용도로 사용했습니다. 이를 존 시스템 또는 존 스케일(Zone Scale)이라 합니다.

디지털카메라에서도 존 시스템을 사용하는데 이를 디지털 존 시스템이라 합니다. 그러나 단계로 구분되는 아날로그 방식이 아니라, 퍼센트로 표시하는 디지털 방식을 사용합니다.

라이트룸에서 톤 보정을 할 때 존 시스템을 알고 있으면 한결 쉬워집니다. 라이트룸은 디지털카메라가 표현할 수 있는 톤의 전체 밝기 영역을 100%로 보고 이를 다시 다섯 개의 영역으로 구분해 독립적으로 톤을 보정하는 방식을 사용합니다. 히스토그램의 중심에서 좌우 20%의 영역을 [노출(Exposure)]이라고 합니다. 이 영역은 주로 카메라의 노출과 일치하는 영역입니다. [노출] 영역 좌우로 각각 20%의 영역은 [어두운 영역(Shadows)]과 [밝은 영역(Highlights)]이라 합니다. 이 영역은 눈으로 본 밝기보다 더 어둡거나 밝게 표현됩니다. 좌우 맨 끝 10% 영역은 각각 [검정 계열(Blacks)]과 [흰색 계열(Whites)]이라고 합니다. 주의할 것은 이 10% 영역이 눈으로 검정과 흰색으로 보일지라도 100% 검정과 100% 흰색이 아니라는 것입니다. 색이 너무 어두워 검정처럼 보이거나, 너무 밝아 흰색처럼 보이는 영역입니다.

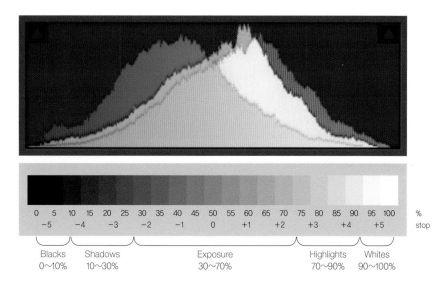

카메라에서 설정한 기준 노출로 히스토그램 30~70% 톤의 영역입니다. 미들 톤을 기준으로 ±2 스톱의 범위입니다. 이 영역에 빛이 많이 분포되어 있으면 사진 전체의 톤이 결정되고, 톤 보정을 거의 할 필요가 없습니다. 그러나 사진 전체의 톤이 어둡거나 밝다면, 카메라의 노출 설정이 잘못된 것이므로 노출 영역을 조정해주는 것이 좋습니다. 라이트룸의 [노출] 슬라이더는 카메라의 노출 인디케이터와 유사합니다. 최대 ±5 스톱까지 노출을 보정할 수 있고, 이는 카메라에서 설정한 노출 보정과 거의 일치합니다. 사진가의 의도적인 노출 과다(Over Exposure) 또는 노출 부족(Under Exposure)으로 찍힌 사진의 경우에는 노출을 보정할 필요가 없지만, 표현 의도를 강조하기 위해 사용할 수 있습니다.

[노출] 적용 전(RAW 파일)　　　　　[노출] 1 스톱 증가　　　　　[노출] 1 스톱 감소

밝은 영역(Highlights)

노출 영역에서 점점 밝아지는 70~90% 톤의 영역입니다. 이 영역은 계조에서 밝은 부분을 의미하는데 실제 눈으로 본 톤보다 밝게 찍힌 부분입니다. 이 영역의 톤이 눈으로 본 영역보다 밝아 세부 묘사가 표현되지 않는다면 [밝은 영역] 슬라이더를 조정하여 세부 묘사를 복구할 수 있습니다.

[밝은 영역] 적용 전(RAW 파일)　　　[밝은 영역]의 톤을 감소해 세부 묘사 표현　　　[밝은 영역]의 톤을 증가

노출 영역에서 점점 어두워지는 10~30% 톤의 영역입니다. 이 영역은 계조에서 어두운 부분으로 실제 눈으로 본 톤보다 어둡게 찍힙니다. 이 영역의 톤이 눈으로 본 영역보다 어두워 세부 묘사가 표현되지 않는다면 [어두운 영역] 슬라이드를 조정하여 세부 묘사를 복구할 수 있습니다.

[어두운 영역] 적용 전(RAW 파일)

[어두운 영역]의 톤을 증가해 세부 묘사 표현

[어두운 영역]의 톤을 감소

흰색 계열(Whites)

가장 밝은 90~100% 톤의 영역입니다. 사진에서 흰색으로 표현되는 영역입니다. 눈으로는 흰색으로 보이지만, 밝기와 색상 정보를 가지고 있어 톤과 색을 보정할 수 있습니다. 범위는 100%까지이지만 100%는 흰색을 의미하기 때문에 실제 범위는 100% 직전까지입니다. 톤이 100%가 되면 히스토그램을 벗어난 영역이 되고 색과 톤의 정보를 잃게 되는 밝은 영역 클리핑이 되고 톤과 색을 보정할 수 없습니다.

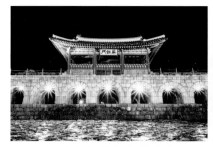
[흰색 계열] 적용 전(RAW 파일)

[흰색 계열]의 톤을 감소해 세부 묘사 표현

[흰색 계열]의 톤을 증가

가장 어두운 영역 0~10% 톤으로 사진에서 검은색으로 표현되는 영역입니다. 눈으로는 검은색으로 보이지만, 밝기와 색상 정보를 가지고 있어 톤과 색을 보정할 수 있습니다. 범위는 0%까지이지만 0%는 검정을 의미하기 때문에 실제 범위는 0% 직전까지입니다. 톤이 0%가 되면 완전 흑색이 되어 톤과 색의 정보를 잃게 되는 어두운 영역 클리핑이 되고 톤과 색을 보정할 수 없습니다.

[검정 계열] 적용 전(RAW 파일)

[검정 계열]의 톤을 증가해 세부 묘사 표현

[검정 계열]의 톤을 감소해 실루엣 표현

대비(Contrast)

사진의 명암 대비 즉, 톤의 계조인 콘트라스트를 조정합니다. 콘트라스트가 낮으면 계조의 범위가 세밀해져 명암이 부드러워지는 연조가 만들어지고 세부 묘사와 입체감이 상실됩니다. 반대로 콘트라스트를 높이면 계조의 범위가 늘어나 명암이 경직된 경조가 만들어지고 세부 묘사와 입체감은 강조됩니다. 지나친 경조는 사진을 더 어둡거나 더 밝게 표현해 현실감이 사라지게 됩니다.

콘트라스트를 낮게 조정

콘트라스트를 높게 조정

04 톤 보정

라이트룸에서 톤을 보정하는 방법에는 자동 톤 보정부터 특정 영역만 보정하는 로컬 보정에 이르기까지 여러 가지 방법이 있습니다. 이번에는 톤 보정의 기본이 되는 네 가지 보정 방식에 대해 알아보겠습니다.

자동 톤 보정하기

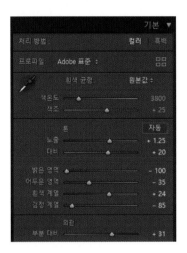

먼저 사진의 톤을 자세히 분석해야 합니다. 기준 노출은 정확한지, 영역별로 제대로 표현되었는지 등을 살펴봐야 합니다. 처음에 사진 분석을 라이트룸에 일임할 수 있습니다. 바로 자동으로 톤을 보정해보는 것입니다. 자동으로 톤을 보정하는 것은 라이트룸 초기부터 수많은 사진가가 보정해 온 빅데이터를 기반으로 어도비의 인공지능 Sensei로 처리됩니다. Sensei를 이용해 자동으로 톤을 보정하려면, [기본] 패널의 [톤] 섹션에서 [자동] 버튼을 클릭합니다.

다음은 자동 톤 보정을 적용한 것입니다.

원본 사진

자동 톤 보정한 사진

단, 특별한 상황에 대한 사진과 사진가의 의도적인 노출로 찍은 사진에 대해 자동으로 톤을 보정하면 다음 사진처럼 원하지 않은 결과가 나올 수 있으니 주의해야 합니다.

원본 사진

자동 톤 보정한 사진

자동으로 톤이 어떻게 보정되는지 그 방식을 파악하는 것이 중요합니다. 특히, 사진의 유형별로 자동 톤 보정 방식이 다르니 자신이 주로 촬영하는 유형에 따라 유심히 살펴봅니다.

실습 파일 : _MG_2218.CR2

01 보정할 사진을 [현상] 모듈에 표시합니다. ❶ [프로파일]을 [카메라 풍경]으로 선택하고 ❷ [흰색 균형]을 [자동]으로 설정합니다.

02 [기본] 패널의 [톤] 섹션에서 [자동] 버튼을 클릭합니다. 사진의 톤이 자동으로 조정됩니다.

03 [기본] 패널에서 [톤]과 [외관]이 자동으로 조정됩니다. 먼저 [노출] 슬라이더를 보면 +0.29 스톱 높아졌습니다. 즉, 원본 사진보다 밝아졌는데, [히스토그램]을 보면 그래프가 전체적으로 오른쪽으로 이동한 것을 알 수 있습니다. 또한 프레임 좌측에 있는 나무의 톤이 밝아졌는데, 나무의 톤이 어두운 영역에 해당하기 때문에 [어두운 영역] 슬라이더가 높아졌습니다. 마지막으로 색이 전체적으로 짙어졌습니다. [채도]와 [생동감] 슬라이더가 다소 상향 조정된 것을 알 수 있습니다.

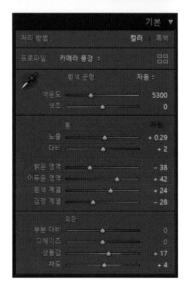

TIP 자동 톤 보정 이후

자동 톤 보정이 끝났다고 사진이 완성된 것은 아닙니다. 불필요하게 자동 조정된 항목이 있다면 재조정을 할 수 있습니다. 또한 사진가의 표현 의도에 따른 필요한 보정 항목에 대해서는 추가로 조정할 수 있습니다.

앞서 자동 톤 보정에서 히스토그램이 전체적으로 오른쪽으로 이동된 것을 알 수 있었습니다. 이처럼 [히스토그램] 패널에서 영역별 그래프를 드래그하여 톤 보정을 직관적으로 하는 방법이 있습니다.

다음과 같이 히스토그램 위로 마우스 커서를 올리면 모양이 좌우 화살표 (↔)로 변경됩니다. 마우스를 클릭한 채 좌우로 드래그하란 의미입니다. 마우스 커서를 좌우로 드래그하면 그래프가 좌우로 이동되기 때문에 톤 조절을 직관적으로 할 수 있습니다.

마우스 커서를 올려놓는 영역에 따라 조절 범위가 달라집니다. 톤이 조절되는 영역은 옅게 표시되고 히스토그램 왼쪽 아래에 해당 톤 영역의 이름이 표시됩니다. [히스토그램]에서 영역별로 조절하면 [기본] 패널의 [톤] 섹션에서 해당 영역의 슬라이더도 같이 움직입니다.

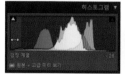 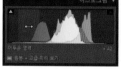  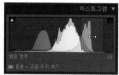 

| 검정 계열 영역 | 어두운 영역 | 노출 영역 | 밝은 영역 | 흰색 계열 영역 |

[히스토그램] 패널에서 톤 영역을 드래그해 톤을 보정합니다. [히스토그램]을 보면서 톤에 문제가 있는 영역을 곧바로 조정하거나, 톤 영역별로 조정 결과를 빠르게 확인하고자 할 때 유용합니다.

실습 파일 : _MG_0634.CR2

01 보정할 사진을 [현상] 모듈에 표시합니다. ❶ 프로파일을 [카메라 표준]으로 선택하고 ❷ [흰색 균형]을 [자동]으로 설정합니다. 빨간 단풍잎이 밝은 배경 때문에 어둡게 찍혔습니다. 단풍잎을 기준 노출로 설정해 촬영했다면 배경은 하얗게 클리핑되었을 것입니다. 이런 상황에서는 배경을 기준 노출로 촬영하고 어두운 영역을 밝게 보정합니다. 단, 어두운 영역을 지나치게 밝게 조정하면 노이즈가 표시됩니다.

02 ❶ 마우스 커서를 단풍잎 위에 올립니다. ❷ 히스토그램 하단에 RGB %가 표시됩니다. R이 18.1%로 표시됩니다. 따라서 빨간색 톤이 [어두운 영역(10~30%)]이라는 것을 알 수 있습니다. [히스토그램] 패널을 보면 [어두운 영역]에 빨간색 그래프가 보입니다.

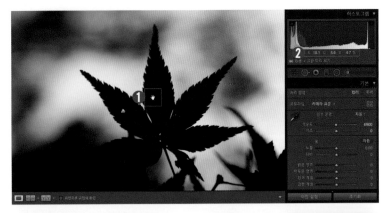

03 ❶ 히스토그램의 [어두운 영역]을 클릭한 채 오른쪽으로 천천히 드래그합니다. 단풍잎이 밝아지는 것을 알 수 있습니다. 빨간색 그래프의 피크가 [어두운 영역]과 [노출] 영역의 경계에 걸쳐질 때 마우스 버튼을 놓습니다. [어두운 영역] 슬라이더도 오른쪽으로 이동된 것을 알 수 있습니다.

04 이번에는 배경의 톤을 조금 밝게 해보겠습니다. 마우스 커서를 히스토그램의 [흰색 계열] 톤 영역에 올려놓습니다. ❶ 히스토그램의 [흰색 계열]을 클릭한 채 오른쪽으로 천천히 드래그합니다. 그래프가 히스토그램 우측 측면에 거의 닿을 때 마우스 버튼을 놓습니다. ❷ [흰색 계열] 슬라이더가 오른쪽으로 이동된 것을 알 수 있습니다.

톤을 보정하는 가장 일반적인 방법은 [기본] 패널의 [톤] 섹션에서 톤 영역의 슬라이더를 조절하는 것입니다. 슬라이더를 사용하면 좀 더 세밀한 조정을 할 수 있습니다. 먼저 다섯 개의 톤 영역과 [대비] 슬라이드에 대해 알아보겠습니다.

❶ 노출(Exposure) : 사진을 찍을 때 설정한 기준 노출을 조정합니다. 오른쪽으로 드래그해 톤을 높이고, 반대로 좌측으로 드래그해 톤을 내립니다. [노출] 슬라이더를 조절하는 것은 카메라에서 노출을 보정하는 것과 같습니다.

❷ 대비(Contrast) : 사진 전체의 명암 대비를 조정합니다. 주로 중간 톤에 영향을 미칩니다. 오른쪽으로 드래그해 명암 대비를 높이면 중간 톤이 사라져 어두운 영역은 더 어두워지고 밝은 영역은 더 밝아집니다. 반대로 왼쪽으로 드래그해 명암 대비를 낮추면 중간 톤이 풍부해집니다. 대비는 사진의 입체감과 현실감에 밀접한 관계가 있으므로 지나친 값으로 입체감과 현실감이 상실되지 않도록 주의해야 합니다.

❸ 밝은 영역(Highlights) : 밝은 영역의 톤을 조정합니다. 왼쪽으로 드래그하면 밝은 영역이 어두워져 세부 묘사를 복구할 수 있습니다. 반대로 오른쪽으로 드래그하면 클리핑을 최소화하면서 밝은 영역을 더 밝게 표현할 수 있지만, 세부 묘사가 사라질 수 있습니다.

❹ 어두운 영역(Shadows) : 어두운 영역의 톤을 조정합니다. 오른쪽으로 드래그하면 어두운 영역이 밝아져 세부 묘사를 복구할 수 있습니다. 반대로 왼쪽으로 드래그하면 클리핑을 최소화하면서 어두운 영역을 더 어둡게 표현할 수 있지만, 세부 묘사가 사라질 수 있습니다.

❺ 흰색 계열(Whites) : 흰색으로 표현된 톤을 조정합니다. 밝은 영역 클리핑이 있는 경우 왼쪽으로 드래그하면 밝은 영역 클리핑을 줄일 수 있습니다. RGB가 각각 100%인 경우에는 클리핑 영역이 제거되지 않습니다. 반대로 오른쪽으로 드래그하면 밝은 영역 클리핑이 증가합니다.

❻ 검정 계열(Blacks) : 검정으로 표현된 톤을 조정합니다. 오른쪽으로 드래그하면 어두운 영역의 클리핑을 줄일 수 있습니다. RGB가 각각 0%인 경우에는 클리핑 영역이 제거되지 않습니다. 반대로 왼쪽으로 드래그하면 어두운 영역 클리핑이 증가합니다.

일반적인 풍경 사진의 톤을 톤 영역별 슬라이더를 사용해 보정합니다. 히스토그램에 클리핑이 있는지, 그 범위가 얼마나 되는지 먼저 확인하고, RAW 파일인 경우 [카메라 풍경] 또는 [카메라 표준] 프로파일을 적용합니다.

실습 파일 : _V9A7811.CR2

01 보정할 사진을 [현상] 모듈에 표시합니다. [히스토그램] 패널을 보니, [어두운 영역 클리핑] 버튼에는 청록색이 표시되어 있고, [밝은 영역 클리핑] 버튼에는 회색이 표시되어 있습니다.

히스토그램의 [검정 계열] 톤 영역을 보면 그래프가 왼쪽으로 낮아집니다. 클리핑이 발생했더라도 프레임 내에는 거의 없다고 봐도 무방합니다. [흰색 계열] 톤 영역을 보면 히스토그램 그래프가 오른쪽으로 급격히 높아집니다. 프레임 내에 클리핑이 있다는 것을 의미합니다. 이 사진의 경우 하늘 부분에 밝은 영역 클리핑이 있습니다. 클리핑 영역을 확인하려면 클리핑 버튼을 클릭해 범위를 확인합니다. 대부분의 하늘이 나무에 가려졌으므로 이 사진의 경우 클리핑은 크게 신경 쓰지 않아도 됩니다.

02 보정하기 전에 프로파일을 [카메라 풍경]으로 선택합니다.

03 히스토그램의 그래프는 오른쪽으로 약간 이동하면서 [어두운 영역 클리핑]이 사라지고 [흰색 계열] 톤 영역의 그래프는 오른쪽으로 더 높아졌습니다. 따라서 [밝은 영역 클리핑]이 더 증가한 것을 알 수 있습니다.

04 ❶ [기본] 패널의 [톤] 섹션에서 [자동] 버튼을 클릭해 자동 톤 보정을 합니다. 보정 전과 큰 차이가 없습니다. ❷ 오른쪽 패널 그룹 하단의 [초기화] 버튼을 클릭해 사진을 초기화합니다.

05 노출부터 조정해보겠습니다. [히스토
그램]을 보면 회색을 포함해 전체 색상이
왼쪽으로 치우쳐 있기 때문에 사진이 다소
어둡습니다. [노출] 슬라이더를 오른쪽으
로 드래그해 밝게 조정합니다.

06 이번에는 [밝은 영역 클리핑]이 제거되
는지 확인해 보겠습니다. [흰색 계열] 슬라
이더를 왼쪽으로 드래그합니다. [흰색 계
열] 슬라이더를 −100까지 이동해도 클리
핑이 남습니다.

07 [밝은 영역] 슬라이더를 왼쪽으로 드래
그합니다. [밝은 영역 클리핑] 버튼에 회색
이 사라지는 지점에서 드래그를 멈춥니다.

08 [어두운 영역] 슬라이더를 오른쪽으로
드래그하여 어두운 영역을 복구합니다.

09 [기본] 패널의 [외관] 섹션에서 [부분 대비] 슬라이더를 오른쪽으로 드래그합니다. 미들 톤의 대비가 높아지면 사진이 조금 뚜렷해지는 것을 알 수 있습니다.

10 마지막으로 [기본] 패널의 [외관] 섹션에서 [생동감] 슬라이더를 오른쪽으로 드래그하여 미들 톤의 채도를 높여 전체 색의 균형을 맞춥니다.

총 노출 일치하기

라이트룸에는 여러 사진을 동시에 보정해 주는 다양한 일괄 처리 기법이 있습니다. 이 중에 여러 사진의 노출을 같게 맞추는 [총 노출 일치]라는 노출 보정 방법이 있습니다.

네 장의 사진 중에 두 번째 사진을 제외한 나머지 세 장의 사진은 노출이 어둡습니다. 이런 경우 노출이 좋은 사진을 기준으로 나머지 사진의 노출을 같게 맞추는 것이 [총 노출 일치]입니다.

다음은 두 번째 사진을 기준으로 [총 노출 일치]를 사용하여 나머지 사진의 노출을 같게 맞춘 것입니다.

[총 노출 일치]는 [노출] 슬라이더만 조정됩니다. 노출의 정확도를 높이려면 촬영 환경이 유사해야 합니다. 여기서는 1 스톱의 간격을 두고 브라케팅 촬영한 사진을 가지고 노출을 일치시켜보겠습니다.

실습 파일 : _V9A7891.CR2, _V9A7892.CR2, _V9A7893.CR2

01 노출을 일치할 사진을 [현상] 모듈의 [필름 스트립]에서 선택합니다. 첫 번째 사진과 비교하면 두 번째 사진은 어둡고, 세 번째 사진은 밝습니다.

02 [현상] 모듈의 [필름 스트립]에서 [총 노출 일치]의 기준이 되는 노출이 될 사진을 먼저 선택합니다. 여기서는 첫 번째 사진을 선택합니다.

03 첫 번째 사진의 노출을 적용할 다른 사진을 순서에 상관없이 Ctrl을 누른 채로 선택합니다. 여기서는 두 번째 사진과 세 번째 사진을 추가로 선택합니다.

04 사진 선택이 끝났으면 메뉴 바의 [설정] 메뉴에서 [총 노출 일치]를 선택합니다.

05 첫 번째 사진의 노출과 같게 나머지 사
진의 노출이 설정됩니다.

06 [총 노출 일치] 실행 결과는 사진별로 변경된 [노출] 값을 보면 알 수 있습니다. 노출의 기준이 된 사진의 [노출]
값은 변화가 없고, 노출이 어두운 사진은 [노출] 값이 +로, 노출이 밝은 사진은 [노출] 값이 −로 설정됩니다.

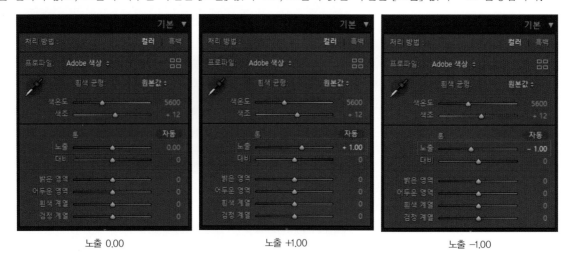

노출 0.00 　　　　　　　　　 노출 +1.00 　　　　　　　　　 노출 −1.00

05 톤 곡선 패널

톤 곡선

[톤 곡선] 패널에서는 사진의 톤 비율을 재조정할 수 있습니다. 변경된 비율은 즉시 사진에 반영되고 [히스토그램] 패널의 그래프도 바뀝니다. 다음은 톤 비율을 조정할 수 있는 [톤 곡선] 패널입니다. [톤 곡선] 패널은 [조정] 항목에 따라 [매개변수 곡선]과 [점 곡선]으로 구분됩니다.

 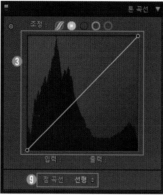

❶ 대상 조정 도구 : 사진의 특정 영역의 톤을 직접 조정할 때 사용합니다. 도구를 클릭하면 마우스 커서가 변경됩니다. 변경된 포인터로 조정할 영역을 클릭한 채 위아래로 드래그해 비율을 조정합니다. 해제하려면 버튼을 다시 클릭합니다.

❷ 매개변수 곡선 : 매개변수 곡선을 조정합니다. 톤 영역(매개변수) 범위에 따라 적용 범위가 달라집니다. 그래프 하단의 [톤 영역 분할 컨트롤] 슬라이더를 조정해 범위를 설정할 수 있습니다.

❸ 점 곡선 : 점 곡선을 조정합니다. 톤 영역 범위 없이 톤을 조정합니다. 회색은 RGB 채널을 함께 조정하며, 빨강, 초록, 파랑은 채널별 색상에 대한 톤을 조정합니다.

❹ 톤 영역 분할 컨트롤 슬라이더 : 매개변수 곡선에서 톤의 영역 범위를 설정합니다.

❺ 밝은 영역 : 매개변수 곡선에서 [밝은 영역] 영역의 톤을 조정합니다.

❻ 밝음 : 매개변수 곡선에서 [밝음] 영역의 톤을 조정합니다.

❼ 어두움 : 매개변수 곡선에서 [어두움] 영역의 톤을 조정합니다.

❽ 어두운 영역 : 매개변수 곡선에서 [어두운 영역] 영역의 톤을 조정합니다.

❾ 점 곡선 : 점 곡선의 유형을 선택합니다.

[톤 곡선] 패널에서 그래프의 가로축은 원본 사진의 톤을 의미합니다. 이를 [입력값]이라 하며, 왼쪽은 어두운 값을 갖고 오른쪽으로 갈수록 점점 밝은 값을 갖습니다. 세로축은 사용자가 변경한 톤을 의미합니다. 이를 [출력값]이라 하며, 아래쪽이 어두운 값을 갖고 위로 갈수록 점점 밝은 값을 갖습니다. 기본 패널에서 톤 보정이 원활하지 않으면 사진의 톤 비율을 재조정한 후, 톤을 보정할 수 있습니다.

톤 곡선 그래프에는 45도 기울기로 된 직선이 있습니다. 직선은 원본 사진의 톤을 의미합니다. 이 선의 특정 지점을 클릭한 채 위아래로 드래그하여 톤을 재조정할 수 있는데, 위로 드래그하면 밝은 톤, 아래로 드래그하면 어두운 톤으로 재조정됩니다. 따라서 곡선 형태가 되면 톤의 비율이 재조정되었음을 의미합니다.

원본 사진

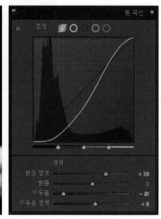

톤 커브로 톤을 재조정한 사진

톤 곡선을 사용하는 세 가지 방법

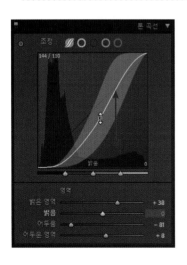

톤 [곡선] 패널에서 톤을 재조정하는 방법은 여러 가지입니다. 일반적으로 많이 사용하는 방법은 그래프를 드래그하는 것입니다. 재조정할 지점의 그래프를 클릭하고 위아래로 드래그합니다. 위로 하면 해당 영역의 톤이 밝아지고 아래로 하면 어두워집니다. [매개변수 곡선]에서는 주변 다른 영역에 얼마큼 영향을 끼치는지 옅은 회색으로 그 범위가 표시되고 해당 영역까지 조정할 수 있습니다. [어두움] 및 [밝음] 슬라이더는 주로 톤 곡선 그래프 중간 영역의 톤에 영향을 주고, [밝은 영역]과 [어두운 영역] 슬라이더는 주로 톤 곡선 그래프 양 끝부분 톤에 영향을 줍니다.

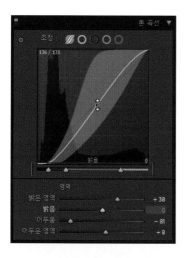

두 번째 방법은 그래프 하단의 [톤 영역 분할 컨트롤] 슬라이더로 톤의 적용 범위를 조절하는 것입니다. 톤 곡선이 설정되어 있을 때 영역을 조정하면 적용 범위를 확장 또는 축소할 수 있습니다.

세 번째 방법은 [대상 조정] 도구를 사용하여 사진을 보며 직관적으로 톤을 재조정하는 것입니다. [대상 조정 도구] 버튼을 클릭하고 사진에서 재조정할 곳을 클릭한 채 위아래로 드래그하여 재조정할 수 있습니다. 이렇게 조정된 사항은 [톤 곡선] 패널의 그래프와 영역 슬라이더에도 그대로 반영됩니다.

점 곡선

톤의 명암 대비를 조절하기 위해 [조정] 항목에서 [점 곡선] 또는 RGB 채널별 [점 곡선]을 클릭합니다. [점 곡선] 화면으로 변경되면 하단 [점 곡선] 옵션 항목을 [선형], [중간 대비], [강한 대비]로 설정할 수 있습니다. 옵션 설정이 곡선에 반영되지만, 영역 슬라이더에는 반영되지 않습니다. 명암 대비를 강조하기 위해 중간이나 강한 대비를 설정할 수 있습니다.

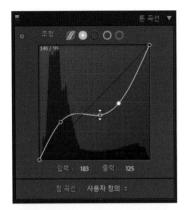

조정할 톤 영역에 해당하는 부분을 클릭하면 [제어 포인트]가 추가됩니다. 해당 제어 포인트를 위아래로 드래그하여 톤을 조정할 수 있습니다.

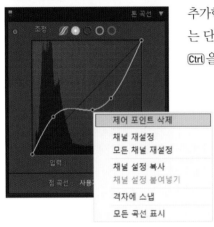

추가한 포인트를 제거하려면 해당 점을 마우스 오른쪽 버튼을 클릭하여 표시되는 단축 메뉴에서 [제어 포인트 삭제] 메뉴를 선택합니다. macOS 운영체제에서는 Ctrl 을 누른 채 클릭하면 단축 메뉴가 표시됩니다.

[톤 곡선] 이용해서 내 마음에 드는 사진으로 보정하기

[톤 곡선] 패널의 [매개변수 곡선]을 이용하여 톤의 비율을 재조정하고, [점 곡선]을 이용해 명암 대비를 조정해보겠습니다.

실습 파일 : 0V9A5111.CR2

01 보정할 사진을 [현상] 모듈에 표시합니다. ❶ [어두운 영역 클리핑] 버튼에 회색이 표시되어 있지만, ❷ 클리핑 영역을 확인해보니 오른쪽 아래에 약간 있는 것을 확인할 수 있습니다. 또한 히스토그램 그래프 전체가 왼쪽으로 치우쳐 톤이 어둡다는 것도 알 수 있습니다.

02 ❶ [기본] 패널의 [프로파일]을 [카메라 풍경] 프로파일로 설정합니다. ❷ [흰색 균형]은 변경 없이 원본 설정을 그대로 사용하겠습니다.

03 ❶ [톤 곡선] 패널의 [조정] 항목에서 [매개변수 곡선]을 클릭하고 ❷ [밝음]의 비율을 넓히기 위해 분할 지점을 설정합니다. 상대적으로 [어두움]과 [어두운 영역]의 비율은 줄어듭니다.

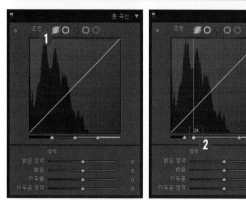

04 [밝음] 슬라이더를 +77 정도 올립니다. 사진이 밝아졌지만, 여전히 어둡습니다. 톤 곡선을 드래그해도 되지만 세밀한 조정을 위해 슬라이더를 조정합니다.

05 [어두움] 슬라이더를 +54 정도 올립니다. 꽃이 훨씬 밝아집니다.

06 [히스토그램] 패널의 그래프의 모양이 변경된 것을 알 수 있습니다.

07 꽃의 세부 묘사를 높이기 위해 [기본] 패널의 [톤] 섹션에서 [밝은 영역] 슬라이더를 +66, [어두운 영역] 슬라이더를 −100으로 설정합니다. 톤의 대비가 경직된 느낌입니다.

08 경직된 톤을 연하게 표현하기 위해 다시 [톤 곡선] 패널로 내려가서 [조정] 항목에서 [점 곡선] 버튼을 클릭합니다.

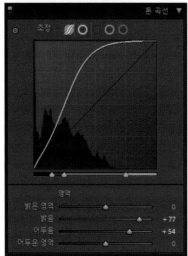

09 점 곡선 그래프의 왼쪽 끝에 있는 핸들러를 위로 천천히 드래그합니다. 어두운 톤이 점점 연해지는 것을 알 수 있습니다.

06 HSL 패널에서 색상별 톤 보정

보정을 하다 보면 특정 색의 밝기만 보정해야 할 경우도 있습니다. [HSL] 패널의 [광도]는 색이 가지고 있는 밝기를 독립적으로 조정할 수 있습니다. 같은 밝기를 가지는 색이라도 특정 색의 밝기만 조정합니다.

[HSL] 패널에서 색상별 밝기 조절하기

[HSL] 패널의 [광도] 섹션에서는 색상별로 밝기를 조절할 수 있습니다. 라이트룸에서 밝기를 조절할 수 있는 색상은 [HSL] 패널에 나와 있듯이 빨강, 주황, 노랑, 초록, 바다색, 파랑, 자주, 자홍 여덟 가지입니다.

[HSL] 패널은 색상별로 색조(Hue), 채도(Saturation), 광도(Luminance)를 조절할 수 있는 패널입니다. 색상별로 톤을 조절하려면 [HSL] 패널에서 [광도] 섹션을 선택한 후, 해당 색상의 슬라이더를 조절합니다. 슬라이더를 좌측으로 조정하면 색이 어두워지고, 우측으로 조정하면 밝아집니다.

다음은 원본 RAW 사진을 자동 톤 보정한 후, [HSL] 패널에서 꽃잎과 꽃술의 톤만 어둡게 조절한 사진입니다.

프레임 내에 [HSL] 패널에서 조정할 수 있는 여덟 가지 색이 명확히 있으면
해당 색의 슬라이더로 조절하면 됩니다. 그러나 색은 슬라이더에 있는 여덟 개
의 색으로만 표현되지는 않습니다. 이런 경우 사용하는 것이 [대상 조정 도구]
입니다. 앞서 [톤 곡선] 패널에서 살펴본 [대상 조정 도구] 버튼과 사용법이 같
습니다. [대상 조정 도구] 버튼을 클릭하고 사진에서 광도를 조절할 곳을 클릭
한 채 위아래로 드래그하면 여덟 개의 색이 아니더라도 해당 색의 톤을 조절할
수 있습니다. 이렇게 조절된 광도는 [HSL] 패널의 섹션 슬라이더에도 그대로
반영됩니다. 보통 두 개의 슬라이드에 결과값이 반영됩니다.

특정 색상의 밝기 조절하기

특정 색의 밝기만 조정하고자 한다면 [HSL] 패널의 [광도] 섹션에서 해당 색의 슬라이더로 조정합니다. 조정할 색이
슬라이더에 없다면 [대상 조정 도구]를 사용해 색의 밝기를 조정할 수 있습니다.

실습 파일 : _V9A5356.CR2

01 보정할 사진을 [현상] 모듈에 표시합니다.

02 ❶ [기본] 패널의 [프로파일] 섹션에서
[카메라 풍경] 프로파일로 설정합니다. ❷
[흰색 균형]은 변경 없이 원본 설정을 그대
로 사용합니다.

03 [기본] 패널의 [톤] 섹션에서 [자동] 버튼을 클릭하여 자동으로 톤을 보정합니다. 사진의 톤이 약간 밝아지고 원경이 보일 정도로 시야도 맑아졌습니다.

04 배추밭의 밝기를 높이기 위해 [HSL] 패널의 [광도] 섹션에서 [대상 조정 도구] 버튼을 클릭합니다. 해당 사진의 경우 [톤] 섹션에서 [어두운 영역]과 [검정 계열]을 상향 조정해도 배추밭의 톤은 밝아집니다. 여기서는 [대상 조정 도구]로 색의 밝기를 조절합니다.

05 배추밭의 어두운 부분을 클릭한 채 마우스를 위로 드래그합니다. [광도] 섹션의 [노랑]과 [초록] 슬라이더가 같이 움직이는 것을 알 수 있습니다.

06 미들 톤의 색과 대비를 조절하기 위해 [기본] 패널의 [외관] 섹션에서 [생동감]과 [부분 대비] 상향 조정합니다.

07 로컬 톤 보정

지금까지 알아본 톤 보정은 프레임 전체에 적용되는 글로벌(global) 보정입니다. 글로벌 보정은 [현상] 모듈의 각 패널에서 슬라이더를 조절해 보정합니다. 반면에 특정 영역만 보정하는 로컬(local) 보정도 있습니다. 로컬 보정은 사진의 특정 영역을 지정해야 하므로 도구를 사용합니다. [히스토그램] 패널 아래에는 도구들을 모아놓은 [툴 스트립]이 있으며, 이 도구 중에 [점진적 필터], [방사형 필터], [조정 브러시]를 사용합니다.

❶ 점진적 필터
❷ 방사형 필터
❸ 조정 브러시

해당 도구를 클릭하면 [툴 스트립] 아래로 패널이 확장됩니다. 도구로 설정한 영역만 조정하기 위한 것입니다. 도구 아이콘을 다시 클릭하거나, 하단 [닫기]를 클릭하면 확장 패널은 감춰집니다. 각 로컬 도구의 사용법은 Chapter 9에서 다룹니다. 여기서는 도구를 이용한 톤 보정에 대해 알아보겠습니다.

점진적 필터 확장 패널

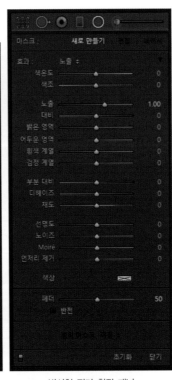

방사형 필터 확장 패널

조정 브러시 확장 패널

[점진적 필터]로 톤 보정하기

[점진적 필터]는 사용자가 설정한 지점에서 한 방향으로 점진적 필터 효과를 적용합니다. 필터 효과를 적용할 영역과 방향을 설정한 후, 톤과 관련된 [노출], [대비], [밝은 영역], [어두운 영역], [흰색 계열], [검정 계열] 슬라이드를 조절하면 점진적인 톤을 조정할 수 있습니다.

왼쪽 화면은 원본을 자동으로 톤을 보정한 후, [점진적 필터] 도구로 프레임 위쪽에서 아래로 드래그하여 영역을 설정한 것입니다. [점짐적 필터]의 중심선이 산허리에 걸치게 합니다. 오른쪽 화면은 [점진적 필터] 확장 패널에서 [노출] 슬라이더를 내려 하늘의 색을 살리고, [어두운 영역] 슬라이더를 높여 산의 톤을 복구한 것입니다.

[방사형 필터]로 톤 보정하기

[방사형 필터]는 사용자가 특정 영역에 원 또는 타원을 설정하고 그 지점에 바깥쪽 또는 안쪽으로 점진적인 필터 효과를 적용할 때 사용합니다. 필터 효과를 원 안쪽으로 전환하려면 [마스크 반전] 옵션을 선택합니다. 방사형 필터 설정 후, 톤과 관련된 [노출], [대비], [밝은 영역], [어두운 영역], [흰색 계열], [검정 계열] 슬라이드를 조절하면 점진적인 톤을 조정할 수 있습니다.

[점진적 필터]와 [방사형 필터]가 점진적인 영역을 설정한다면, [조정 브러시]는 점진적인 효과 없이 특정 영역을 설정해 보정합니다. 영역 설정 방식은 [조정 브러시] 도구로 설정할 영역을 브러싱합니다. 브러싱으로 영역을 설정한 후, 톤과 관련된 [노출], [대비], [밝은 영역], [어두운 영역], [흰색 계열], [검정 계열] 슬라이드를 조절하면 점진적인 톤을 조정할 수 있습니다.

첫 번째 화면은 원본입니다. 두 번째 화면은 [조정 브러시] 도구로 꽃만 브러싱하여 영역을 설정한 것입니다. 세 번째 화면은 브러싱한 영역에 [노출] 슬라이더를 올려 톤을 밝게 조절한 것입니다.

Chapter

05

색 보정

톤 보정을 끝마쳤으면 색 보정을 합니다. RAW 파일은 색 보정을 해야 색이 현실감 있게 살아납니다. 이 장에서는 채도와 생동감으로 색의 선명함을 적용하고, 부족한 색은 색상별로 색조, 채도, 광도를 조정하는 방법에 대해 알아봅니다.

01 채도와 생동감

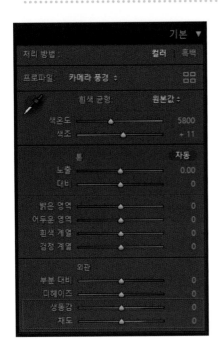

색의 3대 지각 요소는 색조(Hue), 채도(Saturation), 명도(Brightness)입니다. 이는 우리가 눈으로 보는 색을 의미합니다. 빛이 가지는 색의 3대 요소는 색조(Hue), 채도(Saturation), 광도(Luminance)입니다. 차이는 명도와 광도인데, 명도는 색이 가지는 밝기를 의미하고, 광도는 색의 밝기를 표현하기 위한 빛의 양을 의미합니다. 용어는 달라도 우리가 눈으로 보는 색의 밝기를 의미합니다.

사진은 빛을 담아낸 결과이기 때문에 색조(Hue), 채도(Saturation), 광도(Luminance)를 사용해 색을 보정합니다. 이 중 색의 선명함과 순도를 지각하는 것이 채도입니다. [기본] 패널의 [외관] 섹션에 사진 전체에 포함된 색에 대한 채도를 조절하는 [생동감]과 [채도] 슬라이드가 있습니다. 사진의 채도를 조절하면 색의 선명함과 순도를 조절하여 더욱 현실감 있는 사진을 표현할 수 있습니다.

[생동감]과 [채도] 슬라이더는 사진에 포함된 모든 색에 대해 선명함과 순도를 조절할 때 사용하지만 각각 용도가 다릅니다. 먼저 [채도]는 모든 색의 채도를 같게 조절할 때 사용합니다. 즉, 사진 내에 모든 색의 채도를 높이거나 낮출 때 사용합니다. 반면에 [생동감]은 미들 톤의 채도만 조절합니다.

채도

채도는 카메라에서 설정할 수 있는데, RAW 파일에는 이 값이 별도로 저장될 뿐 적용되지는 않습니다. RAW 파일은 색과 계조의 범위가 넓으므로 다음과 같이 채도가 낮은 것처럼 표현됩니다.

채도를 높이면 프레임 내의 모든 색의 채도가 같은 수치로 높아집니다. 이때 제일 낮은 채도를 가진 색을 기준으로 채도를 높이면 이미 높은 채도를 가진 색은 클리핑이 발생해 색이 번져 세부 묘사가 사라집니다. 다음 사진처럼 꽃잎의 채도가 높아지면서 세밀한 부분이 사라지고, 오른쪽 잎의 초록색은 지나치게 높아지면서 색이 번지게 됩니다.

채도를 높인 경우

채도를 높인 경우

채도를 낮추면 색의 농도가 줄어듭니다. 채도가 0이 되면 밝기만 남은 흑백 사진이 됩니다.

생동감을 낮춘 경우

생동감

생동감은 미들 톤의 채도만 조절하기 때문에 생동감을 높이면 프레임 내의 모든 색의 채도가 같게 높아지는 것이 아니라, 미들 톤의 채도만 높아져 전체적인 클리핑 현상이 발생하지 않아 세부 묘사를 그대로 유지할 수 있습니다. 다음은 생동감으로 미들 톤의 채도만 조정한 사진입니다. 꽃잎의 세밀한 부분이 그대로 살아 있고, 잎의 초록색도 번지지 않은 것을 알 수 있습니다.

생동감을 높인 경우

생동감은 세부 묘사를 유지함

생동감을 낮추면 모든 색의 채도가 같게 낮아지는 것이 아니라, 미들 톤의 채도만 낮아집니다. 생동감을 0으로 설정해도 미들 톤을 제외한 다른 톤 영역의 색은 그대로 유지됩니다.

생동감을 낮춘 경우

채도 교정하기

채도를 세 가지 방식으로 조절해보겠습니다. 먼저 [기본] 패널에서 [채도] 슬라이더와 [생동감] 슬라이더로 채도를 조정해보고 그 차이를 확인합니다. 그리고 [HSL] 패널에서 특정 색상에 대한 채도를 조절합니다. 결과를 비교해 보기 위해 조정값을 과하게 설정했습니다.

실습 파일 : V9A5653.CR2

01 보정할 사진을 선택하고 [현상] 모듈로 전환합니다. [기본] 패널에서 [프로파일]을 [카메라 풍경]으로 설정합니다.

02 [기본] 패널의 [외관] 섹션에서 [채도]를 [+70]으로 설정합니다. 해바라기, 꽃, 배경 등 프레임 전체 색의 농담이 짙어집니다. 꽃술에 빨강 계열의 색이 드러납니다.

03 이번에는 [채도]를 [+100]으로 설정합니다. 채도가 높아지면 색의 농담이 더 짙어집니다. 해바라기 꽃술은 더욱 붉어집니다.

04 해바라기 꽃잎 부분을 클릭해 확대합니다. 꽃잎에서 붉은 계열이 짙어지면서 세부 묘사가 잘 표현되지만, 꽃잎 테두리 주변에 색상 앨리어싱(color aliasing) 현상이 나타납니다.

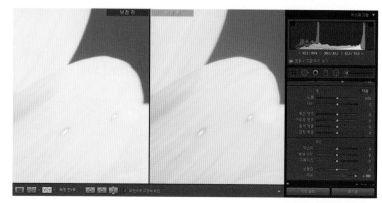

05 해바라기 꽃술을 확대합니다. 빨강 계열의 색이 클리핑되면서 세부 묘사가 사라집니다.

06 사진을 초기화하고 이번에는 [생동감]을 [+100]으로 조정합니다. 꽃과 배경의 농담이 짙어지지만, 배경이 더 많이 짙어진 것을 알 수 있습니다.

07 꽃잎을 확대해 보면 세부 묘사는 유지
되고, 꽃잎의 테두리는 [채도]를 적용했을
때와 달리 깔끔합니다.

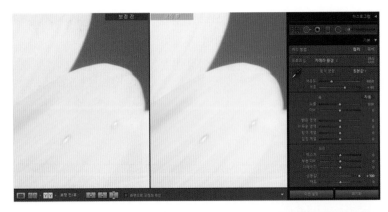

08 꽃술을 확대해 보면 색의 농담은 짙어
졌지만, 세부 묘사는 유지된 것을 알 수 있
습니다.

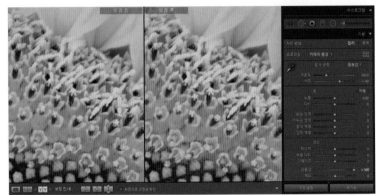

09 사진을 초기화하고 이번에는 [HSL] 패
널의 [채도] 섹션에서 [노랑]을 [+100]으로
조정합니다. 배경의 농담에는 변화가 거의
없고 꽃잎이 짙어집니다.

10 꽃잎을 확대해 보면 세부 묘사는 유지
되고, 꽃잎의 테두리도 큰 차이가 없습니다.

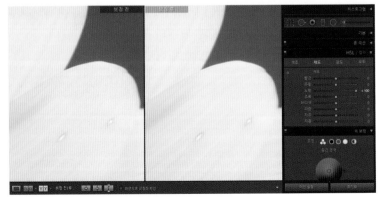

11 꽃술을 확대해 보면 색의 농담과 세부 묘사는 그대로인 것을 알 수 있습니다. 결과로 보아 꽃술에는 노랑이 거의 없었던 것을 알 수 있습니다.

세 가지 채도 적용에 있어서 [기본] 패널의 [채도]는 너무 과하게 적용하면 색의 번짐, 세부 묘사 유실, 테두리의 색상 앨리어싱 현상 등이 나타납니다. 따라서 사진 전체의 채도가 빈약할 때 적절하게 사용합니다. [기본] 패널의 [생동감]은 채도가 상대적으로 낮거나 미들 톤의 색에 적용됩니다. 과하게 적용해도 세부 묘사와 프레임 전체 색의 균형을 유지합니다. 마지막으로 [HSL] 패널의 [채도] 섹션에서 색상별로 적용되므로 다른 색에 영향을 주지 않습니다.

02 HSL 패널에서 색 보정

화이트 밸런스, 생동감, 채도는 프레임 내의 모든 색에 적용됩니다. 그러나 특정 색만 조정할 때가 있습니다. 지금부터 알아볼 [HSL] 패널에서의 색 조정은 프레임 내의 특정 색을 조정합니다.

[HSL] 패널

[HSL] 패널에서 색을 보정할 때에는 [색조], [채도], [광도] 섹션을 먼저 선택하거나, [모두] 섹션을 선택한 후 특정 색을 보정합니다. 즉, HSL을 기준으로 색을 교정하는 것입니다. 교정할 수 있는 색은 8가지로 색상환에서 서로 인접하는 색입니다. 예를 들어 빨강은 자홍과 주황, 파랑은 바다색과 자주가 인접해 있습니다. 따라서 슬라이더의 색을 차례로 이으면 색상환이 됩니다.

[컬러] 패널

[컬러] 패널은 색을 기준으로 HSL을 교정합니다. 두 패널 중 어떤 것을 사용하더라도 결과는 같습니다. 따라서 사용자가 편한 패널을 선택해 교정하면 됩니다.

색조(Hue) 조정

[HSL] 패널의 [색조] 섹션에서 특정 색을 다른 색으로 변경할 수 있습니다. 피사체의 색이 눈으로 본 색과 다르게 표현되었다면 눈으로 본 색으로 복구해야 합니다. 반대로 눈으로 본 색을 전혀 다른 색으로 표현할 수도 있습니다.
색조 조정은 인접하는 색으로만 바꿀 수 있다는 원칙이 있습니다. 원래의 색으로 재현하려면 해당 색에 인접하는 색을 조절합니다. 예를 들어 빨간 단풍잎이 주황 또는 자홍에 가깝게 찍혔다면 인접하는 색인 [주황]과 [자홍] 슬라이더를 조정해 빨간 단풍잎의 색을 복구할 수 있습니다. 다음 사진처럼 빨강 단풍잎이 주황에 가깝다면 원래의 [주황] 슬라이더를 왼쪽으로 조정해 복구합니다.

조정 전   조정 후

색 자체를 바꾸려면 해당 색의 슬라이더를 조절합니다. 예를 들어 프레임 내의 주황을 다른 색으로 바꾸려면 [주황] 슬라이더를 조절해 인접하는 색인 빨강이나 노랑으로 바꿀 수 있습니다. 주황에 가까운 양귀비꽃을 빨강으로 표현하려면 [주황] 슬라이더를 왼쪽으로 드래그합니다.

조정 전   조정 후

TIP   인접하는 색이 아닌 다른 색으로 바꾸려면

인접 색이 아닌 다른 색으로 바꾸려면, 인접하는 색으로 조정한 후 사진을 내보내 저장합니다. 주황을 초록으로 변경하려면 먼저 노랑으로 변경해 저장한 뒤 노랑을 초록으로 변경합니다.

❶ 사진을 내보낼 때는 [내보내기] 대화상자의 [내보내기 위치] 옵션 항목에서 [내보낼 위치]를 [원본 사진과 같은 폴더]로 설정하고, ❷ [이 카탈로그에 추가]와 [스택에 추가] 옵션을 설정합니다.

이렇게 내보낸 노랑 양귀비꽃은 원본 사진 옆에 표시되며 이 사진을 선택하고 [노랑] 슬라이더로 조정해 초록으로 변경할 수 있습니다.

채도(Saturation) 조정하기

[HSL] 패널의 [채도] 세션에서는 특정 색의 농담을 조절합니다. 다음은 노랑의 채도를 높인 사진입니다.

원본 RAW 사진 　　　　　　　　　　　　　[노랑]의 채도를 높인 사진

채도 조정을 응용하면 특정 색만 남기는 셀렉티브 컬러(selective color) 사진을 표현할 수 있습니다. 다음은 빨강을 제외한 나머지 색의 채도를 모두 [−100]으로 설정해 표현한 사진입니다.

원본 RAW 사진 　　　　　　　　빨강을 제외한 나머지 색의 채도를 0으로 설정한 사진

[HSL] 패널에서 채도 조정으로 셀렉티브 컬러 사진 표현하기

[HSL] 패널에서 특정 색의 채도를 −100으로 설정하면 색의 밝기만 남습니다. 이를 응용하여 특정 색만 남기고 다른 색은 흑백으로 처리하는 셀렉티브 컬러 사진을 만들어 보겠습니다. 되도록 [HSL] 패널에 있는 8가지 색이 명확히 포함된 사진이면 작업이 수월합니다.

실습 파일 : _V9A7741.CR2

01 [프로파일]을 [카메라 풍경]으로 설정합니다. 빨강 대추의 색이 조금 맑아집니다.

02 [HSL] 패널에서 [채도] 섹션을 클릭합니다.

03 [노랑] 슬라이더를 제외한 다른 색상의 슬라이더를 [–100]으로 조정합니다. 빨강 대추의 색이 흑백으로 바뀝니다.

04 노랑 은행잎을 조금 더 강조하기 위해 [노랑] 슬라이더의 상향 조정합니다.

TIP 색이 명확하지 않거나, 여러 색이 포함되어 있다면

[HSL] 패널의 8가지 색을 명확하게 포함하고 있는 사진은 [HSL] 패널에서 해당 색의 채도를 조절해 셀렉티브 컬러 사진을 표현할 수 있습니다. 그러나 색이 명확하지 않거나 컬러로 표현할 피사체가 여러 색을 가지고 있는 경우에는 영역을 설정해 셀렉티브 컬러 사진을 표현할 수 있습니다. 영역 설정은 로컬 도구인 [조정 브러시]로 설정합니다. [조정 브러시]로 피사체를 제외한 나머지 영역을 브러싱한 뒤, 확장 패널에서 [채도]를 –100으로 설정하면 다음과 같이 여러 색이 포함된 피사체일지라도 셀렉티브 컬러 사진으로 표현할 수 있습니다.

광도(Luminance) 조정하기

[HSL] 패널의 [광도] 섹션에서는 특정 색의 밝기를 조절합니다. 다음은 [노랑]과 [초록]의 광도를 밝게 조절한 사진으로 배경인 하늘의 밝기에는 큰 영향을 주지 않습니다.

원본 RAW 사진

노랑과 초록의 광도를 밝게 조절한 사진

[대상 조정 선택 도구]를 사용하여 특정 색 보정하기

[HSL] 패널의 [색조], [채도], [광도] 섹션에는 8가지 색을 조절하는 슬라이더가 있습니다. 사진에 이 8가지 색이 명확하게 눈에 들어온다면 해당 색의 슬라이더를 조절해 색을 보정할 수 있습니다. 그러나 명확하게 구별되지 않는 색상이라면 [대상 조정 선택 도구]를 사용합니다. 예를 들어 노랑과 초록의 경계에 있는 색은 [노랑] 슬라이더를 조절해야 하는지 [초록] 슬라이더를 조절해야 하는지 판단하기 어렵습니다. 이런 경우에는 두 개의 슬라이더를 모두 조절해야 하는데, 어느 슬라이더를 얼마큼 조절해야 하는지 또 문제가 됩니다. [대상 조정 선택 도구]를 사용하면 두 가지 색을 동시에 조정할 수 있습니다.

[대상 조정 선택 도구] 버튼

[HSL] 패널에서 [대상 조정 선택 도구] 버튼을 클릭하고 마우스 커서를 사진 위로 올리면 마우스 커서가 변경됩니다. 색을 조정할 곳을 포인터의 십자로 클릭한 채 마우스를 위아래로 드래그합니다. [HSL] 패널의 색상 슬라이더도 함께 조정됩니다. 마우스를 위로 드래그하면 클릭한 색에 해당하는 슬라이더의 값이 상향 조정되고, 아래로 드래그하면 클릭한 색의 슬라이더 값이 하향 조정됩니다.

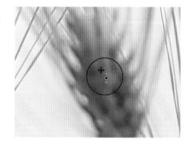

[대상 조정 선택 도구]를 사용하여 [HSL] 패널에서 [색상], [채도], [광도] 조정하기

[HSL] 패널에서 [대상 조정 선택 도구]를 사용하여 [색상], [채도], [광도]를 조정하면서 색이 어떻게 변하는지 알아봅니다.

실습 파일 : 0V9A6490.CR2

01 다음은 원본 RAW 파일로 [Adobe 색상] 프로파일이 기본 적용된 사진입니다. ❶ [기본] 패널의 [프로파일] 섹션에서 [프로파일]을 [카메라 풍경]으로 변경하고, ❷ [톤] 섹션에서 [자동] 버튼을 클릭하여 톤을 자동으로 보정합니다.

02 톤이 자동으로 보정되고 [생동감]이 +14 증가하여 미들 톤의 색이 살아납니다.

03 하늘의 색이 다소 짙으니 하늘의 채도만 조금 내려보겠습니다. ❶ [HSL] 패널에서 [채도]를 클릭하고, ❷ [대상 조정 선택 도구] 버튼을 클릭합니다.

04 변경된 마우스 커서로 하늘을 클릭한 채로 아래로 조금 드래그합니다. 하늘 색이 옅어집니다.

05 이번에는 칠면초의 색을 강조해보겠습니다. [HSL] 패널에서 [색조]를 클릭합니다.

06 [탐색기] 패널에서 사진을 100% 확대하고 칠면초가 듬성듬성 자란 곳을 표시합니다.

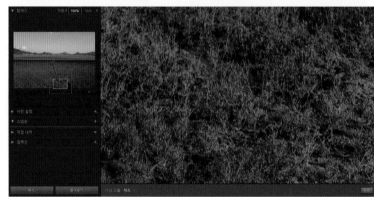

07 변경된 마우스 커서로 칠면초를 클릭한 채 아래로 드래그합니다. [주황] 슬라이더가 조정되면서 칠면초의 색이 변경되는 것을 알 수 있습니다.

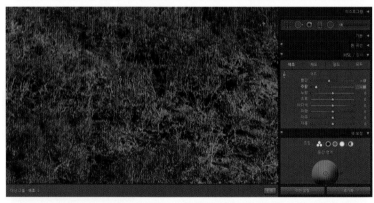

08 이번에는 칠면초 사이의 누런 갯벌을 클릭한 채 아래로 드래그합니다. [주황]과 [노랑] 슬라이더가 조정되면서 색이 변경됩니다. 누런색의 갯벌이 다소 붉은 톤이 되면서 칠면초가 많은 것처럼 표현됩니다.

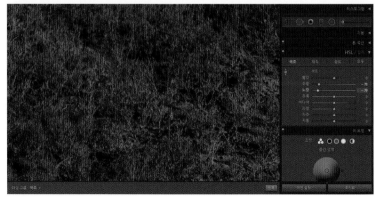

09 사진을 [맞춤]으로 설정합니다. [탐색기] 패널에서 [맞춤]을 클릭합니다.

10 칠면초와 갯벌의 색을 조절하면서 바닷가 근처의 칠면초들이 다소 어두워졌습니다. 색의 밝기를 조절하기 위해 [HSL] 패널에서 [광도]를 클릭합니다.

11 바닷가 가까이에 있는 칠면초를 클릭한 채 위로 드래그합니다. 칠면초의 색이 밝아집니다.

12 보정 전후 사진을 비교해 보면 다음과 같습니다.

Chapter

06

흑백 보정

컬러 사진은 다양한 색으로 표현합니다. 그러나 흑백 사진은 색이 가지는 밝기
만으로 표현합니다. 그래서 촬영 시 카메라 설정이나 장비가 필요합니다. 이 장
에서는 라이트룸의 다양한 필터 효과와 색조 효과를 사용하여 흑백 촬영과 장
비를 대체하는 흑백 후보정에 대해 알아봅니다.

01 흑백 사진의 촬영과 후보정

흑백 사진을 찍고 보정하기

흑백 사진을 후보정할 때 가장 많이 혼동되는 것은 컬러 사진을 흑백으로 전환해 후보정하는 것이 좋은지, 아니면 흑백으로 찍은 사진을 후보정하는 것이 좋은지 결정할 때입니다. 이러한 고민은 JPEG 파일에만 경우에 해당합니다. RAW 파일은 프로파일에 따라 컬러 또는 흑백으로 전환되므로 고민할 필요가 없습니다. 라이트룸에 가져온 RAW 파일이 컬러로 보이는 것은 기본값으로 적용된 프로파일이 컬러이기 때문입니다. 언제든지 흑백 프로파일을 적용해 흑백 사진 작업을 할 수 있습니다.

JPEG 파일은 촬영 시 컬러와 흑백 사진으로 명확히 구별되어 저장됩니다. 컬러 JPEG 사진을 흑백으로 보정하려면 흑백으로 전환해야 합니다. 일반적으로 포토샵의 [이미지 〉 모드] 메뉴에서 [회색 음영]을 설정하면 곧바로 흑백 사진이 되지만 이 방법은 사진에서 색만 제거한 것일 뿐 제대로 된 흑백 사진이라 할 수 없습니다.

카메라에서 저장된 흑백 JPEG 파일도 마찬가지입니다. 단순히 흑백 촬영 모드로 설정했다고 해서 흑백 사진이 되는 것은 아닙니다. 카메라에서 흑백 촬영에 필요한 추가 설정을 해야 합니다. 추가 설정을 전혀 하지 않으면 컬러 사진에서 색만 제거한 것과 다를 것이 없습니다.

포토샵에서 컬러 사진을 흑백 사진으로 제대로 전환하려면 [이미지 〉 조정] 메뉴에서 [흑백]을 선택합니다. 라이트룸에서 컬러 사진을 흑백 사진으로 전환해 후보정하는 작업과 비슷합니다. 촬영 시 사용되는 다양한 필터 효과와 색조 효과를 적용하여 흑백 사진을 표현할 수 있습니다.

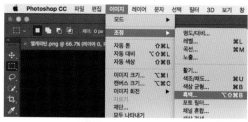

포토샵에서 [이미지 〉 조정 〉 흑백] 메뉴를 실행하면 사진은 흑백으로 전환되고 [흑백] 대화상자가 표시됩니다. 사진이 흑백으로 전환되었어도 원본 사진이 가지고 있는 색을 기반으로 톤을 조절할 수 있고, 색조 효과를 적용할 수 있습니다.

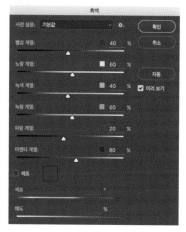

카메라에서 저장되는 사진은 RAW 파일, 컬러 JPEG 파일, 흑백 JPEG 파일 세 가지입니다. 먼저 컬러 JPEG 파일과 흑백 JPEG 파일은 카메라에서 이미 후처리되고 압축되어 저장된 최적화 파일로 라이트룸에서 후보정의 대상은 아니지만, 후보정할 수는 있습니다. 다만 RAW 파일을 보정한 것만큼의 화질은 기대할 수 없습니다. 또한 흑백 JPEG 파일에는 색에 대한 정보가 없으므로 색상별 톤을 조절할 수 없습니다. 따라서 흑백 사진 보정은 RAW 파일로 하는 것이 가장 좋습니다.

후보정하지 않으려면

사진을 후보정하지 않고 흑백 사진을 얻으려면 카메라에서 흑백 사진을 완성해야 합니다. 이는 단순히 흑백 모드를 선택해 촬영하는 것만을 의미하지는 않습니다. 디지털카메라에서 흑백 사진의 촬영과 설정은 여러분이 생각하는 것 이상으로 어렵습니다. 무엇보다 색이 가지는 밝기를 먼저 이해해야 합니다.

색의 밝기를 이해하기 위해 빛의 삼원색인 Red, Green, Blue 색종이를 태양광 아래에서 놓고 디지털카메라에서 흑백 모드로 찍어봅니다.

다음과 같이 거의 비슷한 회색으로 표시됩니다. 이 회색의 밝기는 검정과 흰색의 중간으로 미들 톤 또는 18% 회색(Gray)이라고 합니다. 여기서 18%는 빛의 반사율을 의미합니다. 즉, 빛의 삼원색은 82%의 빛을 흡수하고 18%를 반사한다는 것을 의미한다. 파란 하늘과 빨간 장미꽃이 만발한 정원을 흑백 모드로 찍는다면 하늘의 파란색, 장미꽃의 빨간색, 잎의 초록색이 거의 같은 밝기로 표현됩니다. 따라서 컬러 사진의 느낌이 사라집니다.

이러한 흑백 사진에서 빨간 장미를 하늘의 파란색과 잎의 초록색보다 더 강조하려면 카메라로 들어오는 빨강 계열의 빛의 양을 줄여 어둡게 찍을 수 있습니다. 그렇게 하기 위해서는 흑백 모드로 촬영할 때 렌즈에 녹색 색상 필터를 장착하거나, 카메라에서 녹색 색상 필터를 설정해 촬영할 수 있습니다.

다음 표는 일반적인 색이 가지는 밝기를 정리한 것입니다. 색이 가진 밝기를 모두 외우는 것은 시간 낭비일지 모르지만, Red, Green, Blue, 18% Gray를 기준으로 어떤 색이 밝고, 어떤 색이 어두운지 정도만 알고 있어도 촬영 시 도움이 됩니다.

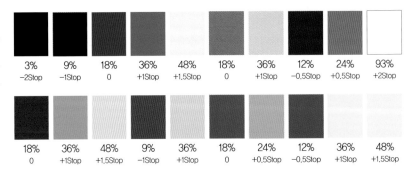

3%	9%	18%	36%	48%	18%	36%	12%	24%	93%
-2Stop	-1Stop	0	+1Stop	+1.5Stop	0	+1Stop	-0.5Stop	+0.5Stop	+2Stop
18%	36%	48%	9%	36%	18%	24%	12%	36%	48%
0	+1Stop	+1.5Stop	-1Stop	+1Stop	0	+0.5Stop	-0.5Stop	+1Stop	+1.5Stop

카메라에서 단순히 흑백 모드로 흑백 사진을 찍는 것보다 피사체의 색에 따라 어떤 톤이 좋은지 정하고, 카메라의 필터 효과와 색조 효과를 설정합니다. 단, 카메라에서 설정한 효과는 JPEG 파일에만 적용되고, RAW 파일에는 이 값을 별도로 저장합니다.

TIP 카메라에서 설정한 필터 효과와 색조 효과를 RAW 파일에 적용하려면

라이트룸에서는 카메라에서 설정한 필터 효과와 색조 효과가 적용되지 않은 채 RAW 파일이 표시됩니다. 필터 효과와 색조 효과가 적용된 RAW 파일을 보려면 카메라 제조사에서 제공하는 RAW 파일 뷰어나 보정 프로그램을 사용해야 합니다.

다음 카메라 설정을 보면 [모노크롬]에 3, 0, N, N이라고 설정되어 있습니다. 순서대로 샤프니스, 콘트라스트, 필터 효과, 색조 효과를 의미합니다. 이는 캐논 EOS 5D Mark III의 기본 설정값입니다. 여기서 중요한 것은 필터와 색조입니다. 둘 다 N(None)으로 표시되어 있는데 효과를 적용하지 않았다는 것을 의미합니다. 기본 설정값으로 촬영하기보다는 주 피사체의 색과 밝기를 먼저 확인한 후, 필터와 색조 효과를 추가로 설정해야 제대로 된 흑백 사진을 얻을 수 있습니다.

[모노크롬]의 상세 설정에서 필터 효과를 살펴보면 황색, 오렌지, 적색, 녹색을 설정할 수 있습니다. 이는 흑백 필름으로 촬영할 때 해당 색상의 필터를 렌즈에 장착하고 찍는 것과 유사한 효과입니다.

TIP 색상별 필터 효과의 특징

황색은 노란색(Yellow)으로 푸른 하늘을 자연스럽게 표현하고, 흰색 구름을 산뜻하게 표현합니다. 오렌지는 푸른 하늘을 어둡게 표현하지만, 노을이나 일출은 선명하게 표현합니다. 적색은 오렌지보다 푸른 하늘이 더 어둡게 표현되지만, 가을 단풍 풍경과 같이 붉은색이 많이 포함된 풍경을 강조합니다. 녹색은 적색과 반대로 한여름의 나뭇잎이 강조되고 피부의 톤을 부드럽게 표현합니다.

색조 효과는 흑백의 사진에 색상 셀로판지를 대고 보는 것 같은 효과입니다. 즉, 컬러 톤을 가진 단일 색상으로 표현되는 모노크롬 사진을 의미합니다.

세피아, 블루, 퍼플, 녹색의 색조 효과는 각각의 컬러 톤으로 단색의 사진을 표현합니다. 다음은 보정된 흑백 사진에 각각의 색조 효과를 적용한 것입니다.

| 흑백(없음) | 세피아 | 블루 | 퍼플 | 녹색 |

카메라에서 흑백 사진을 제대로 찍는 방법을 정리해보면 한 장의 흑백 사진을 찍기 위해 카메라를 흑백 모드로 설정해야 합니다. 그다음 찍을 피사체의 색과 밝기를 고려해 필터 효과를 설정하고 단색의 컬러 모노크롬 사진을 원한다면 색조 효과도 설정합니다. 이렇게 흑백 사진을 찍는 것이 번거롭다면 RAW 파일을 후보정하여 같은 표현을 할 수 있습니다.

후보정으로 흑백 사진을 완성하려면

가장 최상의 흑백 사진 작업은 카메라에서 RAW 파일로 저장된 사진을 흑백 사진으로 후보정하는 것입니다. RAW 파일을 사용해야 하는 이유는 가공되지 않은 빛의 데이터만 저장되므로 흑백 사진의 표현을 위한 명암의 단계가 매우 높기 때문입니다. 반면에 JPEG로 저장된 컬러와 흑백 사진은 카메라에서 가공된 최종 결과물이므로 명암의 단계도 낮을 뿐만 아니라, 이 사진을 다시 후보정한다는 것은 사진의 질을 더 떨어트리는 결과를 초래합니다. 따라서 카메라에서 흑백 모드로 촬영하든, 일반 모드로 촬영하든, 중요한 설정은 사진을 RAW 파일로 저장하는 것입니다. 다음은 RAW+JPEG 파일로 저장되도록 설정한 화면입니다.

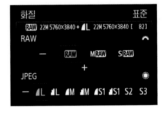

RAW 파일을 보정하는 또 다른 이유는 카메라에서는 흑백 모드(모노크롬)와 필터, 색조 효과가 매우 제한적이기 때문에 사진가의 느낌과 스타일을 제대로 표현하기 어렵습니다. RAW 파일을 후보정하면 이러한 제한 없이 자유롭게 표현할 수 있습니다. 예를 들어 카메라에는 제한적인 색조 효과만 설정할 수 있지만, 후보정을 통해 이보다 더 많은 색조 효과를 적용할 수 있습니다.

RAW+JPEG로 설정해 사진을 찍으면 두 장의 사진이 메모리 카드에 함께 저장됩니다. RAW 파일을 흑백 사진으로 후보정한다면, JPEG 파일은 RAW 파일을 후보정하기 위해 참고용으로 사용할 수 있습니다. 따라서 라이트룸에 사진을 가져올 때 두 장의 사진을 함께 등록해야 합니다.

다음은 카메라에서 RAW+JPEG로 설정하여 흑백 모드로 찍은 사진을 라이트룸으로 가져와 표시한 것입니다. 라이트룸에서 RAW 파일은 기본 프로파일이 적용되어 컬러로 표시되고 카메라에서 설정한 흑백 모드가 적용되지 않습니다. 반면에 JPEG 파일은 카메라에서 흑백 모드 설정값이 적용된 것이므로 라이트룸에서 흑백으로 표시되지만, 색에 대한 어떠한 정보도 가지고 있지 않습니다.

RAW 파일

JPEG 파일

JPEG 파일로도 흑백 후보정을 할 수 있습니다. 다만 섬세한 보정을 하기가 어렵습니다. 여기서 섬세한 보정이란 흑백 사진의 표현에서 가장 중요한 명암이 만들어 내는 계조를 보정하는 것을 말합니다.

일반적인 RAW 파일은 빛의 정보를 14~16비트로 저장합니다. 그래서 8비트로 저장되는 JPEG 파일보다 파일의 용량이 상대적으로 큽니다. 두 파일을 겉으로 보기에는 큰 차이가 없지만, 히스토그램으로 보면 차이가 명확합니다. 다음은 8비트와 16비트 이미지의 명암의 단계를 표현한 것입니다. 겉으로 보기에는 큰 차이를 찾아보기 어렵습니다.

16비트

8비트

그러나 각 이미지에 대한 히스토그램을 보면 그 차이를 바로 알 수 있습니다. 첫 번째 화면은 16비트 이미지의 히스토그램으로 밝기에 따라 빛의 양이 비교적 고르게 표시됩니다. 반면에 두 번째 화면은 8비트 이미지의 히스토그램으로 밝기에 따라 빛의 양이 적은 곳이 있어 그래프의 높낮이가 들쑥날쑥합니다. 즉, 눈으로 본 것과는 다르게 명암의 변화인 계조가 자연스럽지 않은 것을 알 수 있습니다.

RAW 파일   JPEG 파일

8비트 이미지의 자연스럽지 못한 계조는 톤을 후보정하면 결과에서도 차이가 납니다. 다음은 16비트와 8비트 이미지를 각각 같은 값으로 톤을 후보정한 것입니다. 후보정한 16비트 이미지는 계조의 변화가 자연스럽게 유지되지만, 8비트 이미지는 자연스럽지 못합니다. 히스토그램에서 빛의 양이 적은 곳은 다른 곳에 비해 상대적으로 적게 보정되어 더 두드러지게 표현되는 현상입니다.

16비트

8비트

앞서 살펴본 RAW+JPEG로 찍은 사진을 각각 흑백으로 같게 보정해보면 JPEG 파일은 다음 같은 결과가 됩니다. JPEG 파일의 계조가 원본에 비해 자연스럽지 못하다는 것을 알 수 있습니다. JPEG 파일의 계조에 나타나는 등고선 모양을 윤곽화(posterization) 현상이라고 합니다.

RAW 파일   JPEG 파일

02 RAW 파일의 흑백 보정 – 색상 필터 효과

RAW 파일을 흑백 사진으로 보정하려면 다음의 두 가지 방법 중 하나를 진행합니다.

[처리 방법]을 [흑백]으로 설정하기

[기본] 패널에서 [처리 방법]을 [흑백]으로 설정합니다. 프로파일 항목에 [Adobe 단색] 프로파일이 설정됩니다. [기본] 패널의 [처리 방법] 섹션은 사진을 컬러로 표시할지 흑백으로 표시할지를 설정합니다. 기본값은 [컬러]로 설정되어 있습니다. [처리 방법]을 [흑백]으로 설정하면 사진은 흑백으로 전환됩니다. 컬러 JPEG 파일도 흑백으로 전환할 수 있습니다. [처리 방법]을 [흑백]으로 설정했다고 원본 사진이 흑백으로 바뀌는 것은 아닙니다. [편집] 창에 표시된 미리보기 이미지가 흑백으로 전환되는 것입니다. 따라서 언제든지 [처리 방법]을 [컬러]로 변경하면 다시 컬러 사진으로 표시됩니다.

흑백 프로파일 설정하기

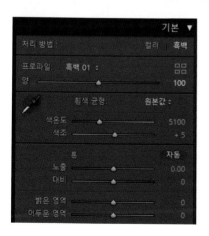

[기본] 패널에서 [프로파일]을 흑백 관련 프로파일로 설정합니다. 흑백 관련 프로파일은 [Adobe RAW] 항목의 [Adobe 단색], [카메라 일치] 항목의 [카메라 단색], 크리에이티브 아트 효과의 [흑백] 항목의 흑백 프로파일이 있습니다.

두 가지 방법에서 하나를 설정하면 [기본] 패널의 [생동감]과 [채도] 슬라이더가 비활성화되고, [HSL] 패널이 [흑백] 패널로 변경됩니다. [흑백] 패널에서는 색상별로 톤을 조절해 색상 필터 효과를 적용할 수 있습니다.

❶ 대상 조정 선택 도구 : 이 버튼을 클릭한 후, 사진 내의 특정 색을 직접 드래그하여 톤을 조정합니다.

❷ 색상별 톤 조정 슬라이더 : 색상별 톤을 수동으로 조정합니다. 슬라이더를 왼쪽으로 조정하면 톤이 어두워지고, 오른쪽으로 조정하면 톤이 밝아집니다.

❸ 자동 : 색상별 톤을 자동으로 조정합니다.

흑백 사진의 자동 톤 보정하기

RAW 파일을 흑백으로 전환하고 [흑백] 패널에서 색상별로 톤을 자동으로 조절해보겠습니다.

실습 파일 : _V9A1170.CR2

01 다음은 원본 RAW 파일을 [Adobe 색상] 프로파일을 적용하고 크롭만 한 사진입니다. 전체적인 톤을 조절하기 위해 [기본] 패널의 [톤] 섹션에서 [자동] 버튼을 클릭합니다.

02 톤이 자동으로 조정됩니다. 이 사진을 흑백으로 전환하기 위해 [기본] 패널의 [처리 방법]에서 [흑백]을 클릭합니다.

03 흑백으로 전환됩니다. ❶ [히스토그램] 패널의 그래프도 회색으로 표시되고, ❷ [기본] 패널의 [프로파일] 섹션에 [Adobe 단색] 프로파일이 설정됩니다. ❸ [외관] 섹션의 [생동감]과 [채도] 슬라이더는 비활성화됩니다.

04 [현상] 패널을 아래로 내려 [흑백] 패널을 찾아봅니다. [HSL] 패널이 [흑백] 패널로 변경됩니다. 흑백 보정을 자동으로 하기 위해 [흑백] 패널에서 [자동] 버튼을 클릭합니다.

TIP 흑백 전환과 흑백 자동 보정의 차이

흑백 전환은 사진에서 색 정보를 제거해 톤만 남은 것을 의미합니다. 흑백 자동 보정은 흑백 전환 후, 사진의 컬러 톤을 분석하여 자동으로 색상별 톤을 조정합니다. 단순히 컬러 정보를 삭제한 왼쪽 사진보다 흑백 자동 보정을 통해 톤이 보정된 오른쪽의 단풍잎 색이 더 어두운 것을 알 수 있다.

흑백 전환

흑백 자동 보정

05 흑백 사진의 색상별 톤이 자동으로 보정됩니다. 자동 보정 전의 사진에 비해 붉은 계열과 초록 계열의 톤이 어두워진 것을 알 수 있습니다.

흑백 사진의 색상별 톤 보정하기

자동 흑백 보정은 사진가의 느낌이나 보정 스타일을 반영하지 않습니다. 사진가의 느낌을 표현하려면 [흑백] 패널에서 색상별 슬라이더를 수동으로 조절하는 것이 좋습니다.

실습 파일 : _V9A1170.CR2

01 다음은 흑백으로 전환한 후, [흑백] 패널에서 자동 톤 보정한 사진입니다. 색상별로 톤을 조절하기 위해 [흑백] 패널에서 [대상 조정 선택 도구] 버튼을 클릭합니다.

02 마우스 커서가 대상을 지정할 수 있도록 변경됩니다. 조정할 색상을 클릭한 채 위아래로 드래그하여 톤을 조절합니다. 여기서는 붉은 계열의 색을 조금 더 어둡게 표현하기 위해 양귀비꽃을 클릭한 채 아래로 드래그합니다.

03 양귀비꽃이 어두워집니다. [흑백] 패널의 [빨강]과 [주황] 슬라이더가 자동 보정 때보다 더 감소한 것을 알 수 있습니다.

04 이번에는 수레국화꽃을 더 밝게 해보겠습니다. [대상 조정] 마우스 커서로 수레국화꽃을 클릭한 채로 위로 드래그합니다.

05 꽃이 밝아집니다. [흑백] 패널의 [파랑] 슬라이더가 자동 보정 때보다 더 증가한 것을 알 수 있습니다.

03 흑백 사진의 명암별 색 보정 – 색조 효과

[흑백] 패널에서 색상별 톤을 조정해 필터 효과를 적용했다면, [색 보정] 패널에서는 톤 영역별로 색을 설정해 색조 효과를 적용할 수 있습니다. 색조 효과는 흑백의 밋밋함에 색을 입힌 단색 모노크롬 사진으로 주로 오랜 추억이 담긴 색바랜 사진의 느낌을 표현하거나, 피사체가 가지고 있는 특유의 색을 강조할 때 사용합니다. 컬러 사진에도 적용할 수 있지만, 색에 색을 입히면 생각한 것 이상의 효과를 얻지 못합니다.

[색 보정] 패널

라이트룸 9.x까지는 [명암별 색 보정] 패널에서 색조 효과를 적용했습니다. 라이트룸 10부터는 기능이 확장된 [색 보정] 패널에서 색조 효과를 적용합니다. 버전별 차이는 색을 적용할 수 있는 톤의 범위입니다. 라이트룸 9.x까지는 색을 설정할 수 있는 톤의 범위를 [밝은 영역]과 [어두운 영역]으로 구분하였지만, 라이트룸 10부터는 [밝은 영역], [중간 톤], [어두운 영역]으로 구분하여 색을 설정할 수 있습니다.

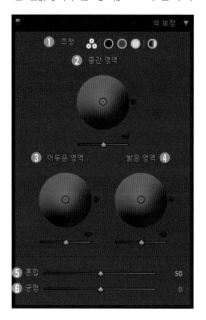

❶ 조정 : 색을 조정할 항목을 선택합니다. 3방향, 어두운 영역, 중간 영역, 밝은 영역, 전체 아이콘을 클릭하여 선택합니다.

❷ 중간 영역 : 중간 영역 톤에 적용할 색을 지정합니다.

❸ 어두운 영역 : 어두운 영역 톤에 적용할 색을 지정합니다.

❹ 밝은 영역 : 밝은 영역 톤에 적용할 색을 지정합니다.

❺ 혼합 : 원래 색과의 혼합 비율을 설정합니다.

❻ 균형 : 밝은 영역과 어두운 영역에 지정된 색의 비율을 조절합니다. 슬라이더를 왼쪽으로 드래그하면 밝은 영역의 비율이 감소하고, 반대로 오른쪽으로 드래그하면 어두운 영역의 비율이 감소합니다.

[색 보정] 패널에서 흑백으로 전환된 사진의 [밝은 영역]과 [어두운 영역]에 색을 적용하여 색조 효과를 표현합니다.
실습 파일 : _V9A0861.CR2

01 다음은 원본 RAW 파일을 [Adobe 색상] 프로파일을 적용한 사진입니다. 전체적인 톤을 조절하기 위해 [기본] 패널의 [톤] 섹션에서 [자동] 버튼을 클릭합니다.

02 노출이 조금 올라가 사진이 밝게 보정됩니다. [처리 방법] 섹션에서 [흑백]을 클릭하여 흑백으로 전환합니다.

03 흑백으로 전환되면 [흑백] 패널에서 [자동] 버튼을 클릭해 색상별 톤을 자동으로 보정합니다.

04 자동으로 색상별 톤이 보정되니 배경인 하늘이 다소 어둡습니다. 하늘 톤만 조정하기 위해 [흑백] 패널에서 [대상 조정 선택 도구] 버튼을 클릭합니다.

05 마우스 커서가 변경되면 하늘을 클릭한 채 위로 드래그합니다.

06 [파랑] 슬라이더가 상향 조정되어 하늘 톤이 밝게 조정됩니다.

07 색조 효과를 적용하기 위해 [색 보정] 패널로 이동합니다. [색 보정] 패널의 [조정] 항목에서 [밝은 영역] 아이콘을 클릭합니다.

08 [밝은 영역] 섹션이 표시되면 색상환에서 색을 클릭합니다. 또는 [색조], [채도], [광도]를 직접 입력할 수 있습니다.

TIP 색상환에서 색 지정하기

색상환에서 색을 지정하기 위해 여러 번 클릭할 필요는 없습니다. 클릭한 채로 드래그하다 원하는 색이 표시될 때 마우스 버튼을 놓습니다. 색상환의 각도에 따라 색이 다르며 중심으로 갈수록 채도가 낮아집니다. 색의 밝기는 색상환 하단의 [광도] 슬라이더로 조정합니다.

---

09 ❶ 같은 방법으로 [조정] 항목에서 [어두운 영역] 아이콘을 클릭하고, ❷ [어두운 영역] 섹션이 표시되면 색상환에서 색을 클릭합니다. [밝은 영역]에 지정한 색과 같은 색을 지정합니다. [밝은 영역]과 [어두운 영역]의 색을 같게 지정하니 색이 더 짙어지는 것을 알 수 있습니다.

10 [어두운 영역]의 색을 바꿔보겠습니다. [어두운 영역] 섹션의 색을 다음과 같이 지정합니다.

11 [밝은 영역]과 [어두운 영역]의 상대적인 비율을 조절해보겠습니다. [균형] 슬라이드를 오른쪽으로 드래그하면 [어두운 영역]에서 설정한 색이 감소합니다.

12 반대로 [균형] 슬라이더를 왼쪽으로 드래그하면 [밝은 영역]에서 설정한 색이 감소합니다.

13 [밝은 영역]의 색과 [어두운 영역]의 색이 적절하게 표현되도록 [균형] 슬라이드를 조절합니다.

04 흑백 프로파일과 사전 설정

흑백 프로파일

카메라 설정 중 필터 효과는 라이트룸의 흑백 프로파일을 사용하면 카메라에서 설정하듯 간단히 처리할 수 있습니다.

다음은 [기본] 패널의 [흑백] 프로파일에 포함된 흑백 필터 항목입니다. 프로파일로 적용할 수 있는 색상 필터는 다섯 가지로 파랑, 녹색, 노랑, 주황, 빨강입니다. 이 프로파일은 RAW 파일과 JPEG 파일 모두 적용할 수 있습니다.

TIP

카메라에서 필터 효과를 적용하면 JPEG 파일에 적용되지만, RAW 파일에는 적용되지 않습니다. RAW 파일에 필터 효과가 적용된 것을 보려면 카메라 제조사에서 제공하는 RAW 파일 뷰 또는 보정 프로그램을 사용해야 합니다. 다음 차트를 통해 컬러 필터를 끼우고 흑백 사진을 찍었을 때 어떻게 톤이 표현되는지 미리 알 수 있습니다. 주로 필터의 색이 다른 색에 비해 밝게 찍힌다는 것을 알 수 있습니다.

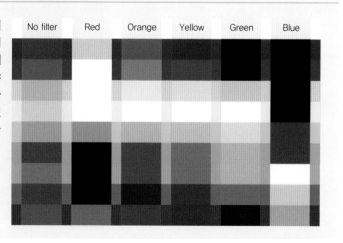

RAW 파일에 흑백 필터 프로파일을 적용해 보겠습니다. 여기서는 [흑백 녹색 필터] 프로파일을 적용하여 초록 계열과
보색 계열의 색에 어떠한 영향을 미치는지 알아보겠습니다.

실습 파일 : _V9A1916.CR2

01 ❶ 다음은 원본 RAW 파일로 [Adobe
색상] 프로파일을 적용한 사진입니다. ❷
[기본] 패널의 [톤] 섹션에서 [자동] 버튼을
클릭하여 톤을 자동으로 보정합니다.

02 흑백 필터 프로파일을 적용하기 위해
[기본] 패널의 [프로파일] 섹션에서 [브라
우저] 버튼을 클릭합니다.

03 [프로파일 브라우저] 패널이 열리면
[흑백] 항목을 클릭합니다.

04 흑백 프로파일이 표시되면 아래로 스크롤 해 [흑백 녹색 필터]를 찾아 클릭합니다.

05 사진에 [흑백 녹색 필터]가 적용됩니다. 초록과 가까운 노랑은 밝은 톤으로, 보색 계열인 빨강은 어둡게 표현됩니다. [프로파일 브라우저] 패널에서 [닫기] 버튼을 클릭하여 [프로파일 브라우저]를 닫습니다.

06 현상 패널을 아래로 드래그하여 [흑백] 패널을 표시합니다. 프로파일로 필터 효과를 적용했음에도 아무런 변화가 없습니다. 슬라이더를 조정하여 추가 보정을 할 수 있습니다.

프로파일은 라이트룸 7.3부터 추가된 기능입니다. 7.3 이전 버전에서는 [사전 설정]에 [Lightroom 흑백 필터 사전 설정] 항목에서 사전 설정으로 적용했습니다.

7.3 이전 버전의 [사전 설정] 패널

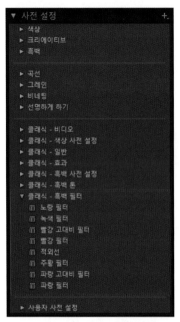

7.3 이후 버전의 [사전 설정] 패널

흑백 필터 사전 설정은 7.3 이후 버전에도 클래식이라는 이름으로 [사전 설정]에 그대로 포함되어 있습니다.

흑백 필터 프로파일과 흑백 필터 사전 설정은 비슷한 것 같지만 차이가 있습니다. 사진에 흑백 필터 프로파일을 적용하면 현상 패널의 값에는 변함이 없습니다. 그러나 사진에 흑백 필터 사전 설정을 적용하면 프로파일과 현상 패널의 값이 변경됩니다. 프로파일은 원본 데이터를 변환하여 표시하는 것이기 때문에 다른 설정을 하지 않습니다. 그러나 사전 설정은 프로파일을 적용하고 현상하는 것을 모두 포함합니다.

TIP [사전 설정] 패널의 [클래식] 항목

[사전 설정] 패널의 [클래식] 항목은 라이트룸 7.3 이전 버전에서 사용하던 사전 설정 형식입니다. 7.3 이후 버전에서도 사용할 수 있으나, [사전 설정] 항목에 감춰져 있습니다. [사전 설정] 패널에서 [+] 버튼을 클릭하여 [사전 설정 관리] 메뉴를 선택하면 [사전 설정 관리] 창이 표시됩니다. 여기서 선택되지 않은 [클래식] 항목을 선택하고 [확인] 버튼을 클릭하면 [사정 설정] 패널에 [클래식] 항목이 표시됩니다.

이번에는 흑백 필터 사전 설정과 흑백 필터 프로파일과 어떻게 다른지 [흑백 필터] 사전 설정을 사진에 적용해 보겠습니다.

실습 파일 : _V9A1916.CR2

01 [기본] 패널에서 [프로파일] 섹션에 [흑백 녹색 필터]를 클릭해 표시되는 팝업 메뉴에서 [Adobe 색상]을 클릭합니다.

02 [Adobe 색상] 프로파일이 적용되고 사진은 컬러로 표시됩니다.

03 왼쪽 패널 그룹 중에 [사전 설정] 패널에서 [클래식 – 흑백 필터] 항목을 클릭하여 [녹색 필터]를 클릭합니다.

04 사전 설정이 적용되면 사진이 흑백으로 전환됩니다. 프로파일은 [Adobe 표준 B&W]로 변경되고 [흑백] 패널은 색상별로 톤이 조정됩니다. 녹색 필터 프로파일과 달리 초록의 보색 계열인 [빨강], [주황]의 슬라이더가 상향 조정되었습니다.

TIP   사전 설정 적용

사진에 사전 설정이 적용되면 기존에 설정된 값이 사전 설정값으로 대치됩니다. 다음 [기본] 패널은 사전 설정을 적용하기 전후 화면입니다. [기본] 패널의 [프로파일], [흰색 균형], [톤], [외관] 설정값이 모두 사전 설정값으로 대치됩니다.

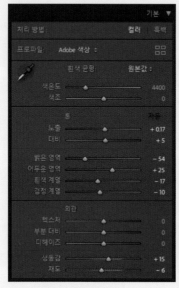
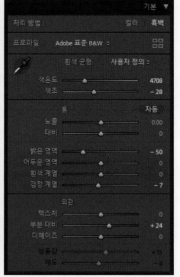

Chapter

07

선명도 향상

디지털 사진은 찍은 후 LCD 화면으로 바로 확인해 볼 수 있지만, 컴퓨터로 옮겨 모니터 화면으로 보면 선명하지 않은 사진이 있습니다. 라이트룸에는 다양한 방법으로 사진의 선명도를 끌어올리는 방법이 있습니다. 촬영 환경과 선명하지 않게 찍힌 원인에 따라 선명도를 향상할 수 있습니다. 이 장에서는 사진의 선명도를 향상하는 다양한 방법에 대해 알아봅니다.

01 선명도 향상

사진의 선명도는 '보정한다'라는 말보다 '향상한다'라는 말을 사용합니다. 사진의 선명함은 일차적으로 카메라에서 결정되는 것이므로 사진을 찍을 때 선명도에 영향을 주는 초점, 흔들림, 심도, 색수차 등에 신경을 써야 합니다. 그런데도 사진의 선명도에 문제가 있다면 선명도 향상을 위한 여러 기능을 사용할 수 있습니다.

선명도와 샤픈

선명도를 향상하는 방법은 다양합니다. 가장 대표적인 기능으로 대부분의 그래픽 편집 프로그램에서 사용하는 샤픈(Sharpen)이 있습니다. 라이트룸에도 샤픈과 유사한 [선명하게 하기(Sharpening)]라는 기능을 갖추고 있습니다.

샤픈은 피사체 내의 테두리와 선을 강조해 선명도를 향상하는데, 과하게 사용하면 선은 더 뚜렷해져 피사체가 선명해지는 효과를 얻을 수 있지만, 선 이외의 면에는 불규칙한 텍스처(질감 효과)가 나타나는 단점이 있습니다. 그래서 면에 생긴 텍스처를 다시 제거하는 언샵 마스크(Unsharp Mask) 기능을 사용합니다.

원본 400% 확대

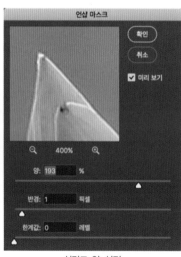
선명도 양 설정

언샵 마스크 설정

선명도를 향상하는 여러 기능

사진은 다양한 상황에서 찍히므로 샤프닝 또는 언샵 마스크 기능 하나만으로 선명도를 향상하는 것에 한계가 있습니다. 그래서 다양한 기술이 필요한 것입니다. 예를 들어 고감도 ISO를 사용해 생긴 노이즈는 샤프닝 기능 대신 '노이즈 감소(Noise Reduce)'를 사용합니다. 이는 다시 노이즈의 발생 원인에 따라 광도 또는 색상 노이즈로 구분되고, 이 두 노이즈에 따라 선명도를 향상합니다.

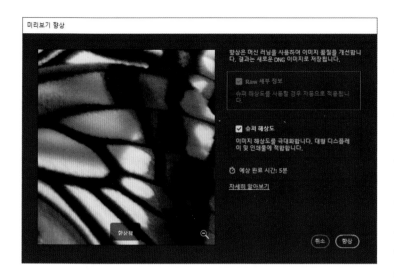

라이트룸과 ACR(Adobe Camera RAW)에는 RAW 파일에 대해 전용 인공지능 선명도 향상 기능이 있습니다.

[편집] 창의 사진을 마우스 오른쪽 버튼으로 클릭해 표시되는 단축 메뉴에서 [향상]을 선택합니다. 다른 방법으로도 선명도를 향상하는 효과를 얻을 수 있습니다. 고해상도 이미지의 경우에는 필요한 크기로 축소하면 선명하지 않은 부분도 함께 축소되기 때문에 선명도 향상 효과를 얻을 수 있습니다. 사진의 사용 용도가 명확하지 않다면 카메라의 최대 해상도로 촬영하는 것도 좋은 촬영 방법입니다.

라이트룸에서 사진의 선명도를 향상하는 다양한 방법

• 사진의 용도에 최적화된 리사이즈를 이용한다.

• [대비]와 [부분 대비]로 테두리의 명암 대비를 조절한다.

• [채도]와 [생동감]으로 색의 채도를 조절한다.

• 색수차를 제거하여 피사체 테두리의 선명도를 향상한다.

• 언샵 마스크 기능인 [선명하게 하기]를 사용한다.

• 광도와 색상 노이즈를 제거한다.

• 사진을 내보낼 때 사용 목적에 따른 미디어 타입을 설정한다.

• 내보내기 시 플러그인을 이용한다.

• 외부 연결 프로그램을 이용한다.

라이트룸에서 사진의 선명도를 향상하는 순서

사진의 선명도가 좋지 않다고 해서 [세부] 패널의 [선명하게 하기] 섹션부터 바로 조절하는 것보다 사진의 기본 보정인 톤과 색을 보정한 다음 전체적인 선명도가 좋지 않다면 그 원인을 찾아야 합니다. 선명도 향상은 다음 순서로 진행합니다.

Step 01　선명도를 향상하기 전에 사진을 1:1로 확대해 세심히 살펴봅니다. 모니터 화면은 사진 전체를 축소해 표시해주기 때문에 리사이즈한 사진처럼 선명해 보입니다.

Step 02　웹에 게시하거나 작은 사이즈로 인화 또는 출력할 사진의 경우 리사이즈로 선명도를 향상합니다. 사진을 내보낼 때 필요한 크기로 리사이즈해 저장하고 사진의 선명도를 확인합니다.

Step 03 사진에 색수차가 있다면 색수차를 제거합니다. 색수차가 크지 않으면 내보낼 때 리사이즈만으로 해결할 수 있습니다. 그러나 대형 인화 시에는 색수차를 반드시 제거하는 것이 좋습니다.

Step 04 [기본] 패널의 [부분 대비]와 [생동감]을 조절합니다. [부분 대비]와 [생동감]은 명암과 채도를 이용해 사진을 현실감 있게 표현하지만, 선명도를 향상하는 효과도 얻을 수 있습니다.

Step 05 사진에 노이즈가 있다면 노이즈를 감소시킵니다. [어두운 영역] 또는 [검정 계열]을 밝게 보정했을 경우에도 노이즈가 발생합니다. 따라서 톤을 보정한 후에 [어두운 영역]과 [밝은 영역]의 노이즈가 발생했는지 확인합니다.

Step 06 위 단계로 향상되지 않는다면 [세부] 패널의 [선명하게 하기]를 사용하고, 면에 발생하는 텍스처는 [마스크]로 제거합니다.

Step 07 마지막으로 사진을 내보낼 때 사용 목적에 따른 미디어 타입에 따라 선명도를 적용합니다. [선명하게 하기]를 적용하면 중복으로 적용되므로 사용하지 않는 것이 좋습니다.

촬영 시 선명도를 높이는 방법

후보정을 통해 향상하기보다는 촬영 시 선명하게 찍는 것이 무엇보다 중요합니다. 사진을 찍은 후, LCD 화면을 1:1로 확대해 선명도를 확인하는 것이 좋습니다.

다음은 촬영 시 선명도를 높여 찍는 일반적인 방법입니다.

• 사진의 크기는 카메라의 최고 해상도로 설정합니다. 사진을 리사이즈할 경우 선명도가 향상되는 효과를 얻을 수 있습니다.

• 초점 모드는 AF보다는 MF를 사용하여 주 피사체에 초점을 정확하게 맞춰 찍습니다.

• 카메라는 흔들리지 않게 삼각대를 거치해 찍습니다.

• 삼각대가 없는 경우 렌즈의 손 떨림 방지 기능을 사용하거나, 렌즈의 초점 길이를 분모로 한 셔터 스피드를 설정해 흔들림을 최소화합니다. 200mm 렌즈를 사용한다면 최소 셔터 스피드를 1/200s로 설정하거나 그보다 빨라야 합니다.

• 조리개 우선 모드에서 필요한 조리개 값을 고정해 사용하고 불필요한 아웃 포커스를 만들지 않습니다.

• 필요 이상의 고감도 ISO 값을 사용하지 않습니다. 고감도 ISO는 노이즈를 발생합니다. 파일 형식을 JPEG 파일로 설정했을 때 고감도 노이즈가 카메라에서 제거되도록 [고감도 ISO 노이즈 감소] 기능을 활성화합니다. RAW 파일에는 이 기능이 적용되지 않습니다.

02 리사이즈를 이용한 선명도 향상

카메라에서 최대 해상도로 찍은 사진은 웹에 게시하거나, 4×
6인치의 작은 사진으로 인화하기에는 너무 큽니다. 이러한 용
도의 사진은 물리적인 크기를 줄이는 것만으로도 선명도를 향
상할 수 있습니다. 사진의 크기를 반으로 줄이면 선명도는 제
곱에 비례해 향상됩니다.

먼저 사진을 웹에 게시할 경우, 사진이 표시되는 영역에 맞게
리사이즈하는 것이 좋습니다. 예를 들어 웹에 사진이 표시되

원본 사진　　　　　　　사이즈를 1/2로 축소

는 영역의 폭이 740픽셀이고 6000×4000(2400만 화소)픽셀의 사진을 게시한다면, 6000픽셀의 사진 폭을 740픽셀로
리사이즈합니다. 그러면 740×493(약 36만 화소)픽셀이 됩니다. 사진의 크기는 약 66배 작아졌지만 그만큼 사진은
선명해 보입니다. 초점이 맞지 않았거나, 흔들려 찍혔거나, 노이즈가 있는 사진에 적용하면 효과적입니다.

그러나 인화용 사진은 크기를 줄이면 총 화소 수가 줄어들어 인화할 수 있는 크기가 작아집니다. 따라서 리사이즈로
선명도를 향상하는 방법은 대형 인화 사진에는 적당하지 않습니다. 예를 들어 평균 인화 해상도가 150DPI라고 할
때, 6000×4000(2400만 화소)의 사진은 40×26.6인치 크기까지 인화할 수 있습니다. 사진의 가로와 세로의 크기를

각각 반으로 줄이면 20×13.3인치 크기
까지 인화할 수 있습니다. 그러나 4×
6인치 정도의 작은 크기로 인화하면 선
명도 향상 효과를 얻을 수 있습니다. 4×
6인치와 같은 작은 크기의 사진의 경우,
150DPI 해상도로 600×900(54만 화소)
크기로 리사이즈해 인화할 수 있습니다.
라이트룸에서 사진을 리사이즈하려면,
사진을 내보낼 때 [내보내기] 대화상자
에서 [이미지 크기 조정] 옵션 항목에서
리사이즈 크기를 설정할 수 있습니다.

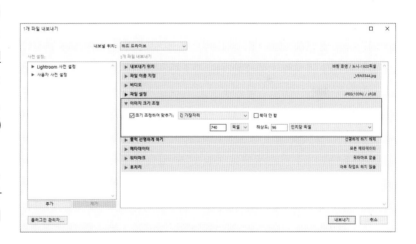

→ 현상한 사진을 저장하는 내보내기는 [Part 05 내보내기]를 참조하세요.

TIP　리사이즈하여 저장하기

❶ 리사이즈할 사진을 선택하고 [내보내기] 대화상자를 실행합니다.
❷ [파일 설정] 항목에서 내보낼 파일의 유형이 JPEG이면 [품질]을 100으로 설정합니다.
❸ [이미지 크기 조정] 항목의 [크기 조정하며 맞추기] 옵션을 선택하고, [긴 가장자리]를 선택합니다.
❹ 리사이즈할 크기를 입력합니다.

03 명암을 이용한 선명도 향상

평면적인 사진을 입체감 있게 표현하는 요소 중에 하나로 명암이 있습니다. 명암은 밝고 어두운 것을 의미하고, 이 명암의 차이를 명암 대비(contrast)라고 합니다. 흰색과 검정처럼 명암 차이가 크면 고대비(high contrast), 비슷비슷한 회색처럼 명암 차이가 거의 나지 않으면 저대비(low contrast)라고 합니다.

라이트룸에서 명암에 관련된 기능으로 대비(Contrast), 부분 대비(Clarity), 명암별 색보정(Split Toning)이 있습니다. 이 중에 사진의 선명도를 향상하는 효과를 얻을 수 있는 것은 대비와 부분 대비입니다. 두 기능은 [기본] 패널에 함께 있지만, [대비]는 [톤] 섹션에, [부분 대비]는 [외관] 섹션에 있습니다.

대비

대비는 사진 전체를 대상으로 밝고 어두운 단계의 차이인 계조를 조절합니다. 대비를 높이면 밝은 톤과 어두운 톤의 차이가 벌어져 피사체가 뚜렷해지는 경조가 됩니다. 반대로 대비를 낮추면 밝은 톤과 어두운 톤의 차이가 줄어들어 부드럽게 표현되는 연조가 됩니다.

다음은 톤 보정을 자동으로 적용한 뒤, [대비]를 +50으로 설정한 사진입니다. 왼쪽이 원본이고 오른쪽이 대비를 적용한 것입니다. 대비를 높이면 입체감이 증가하고 사진의 선명도가 높아지는 효과를 얻을 수 있습니다. 오른쪽 나뭇잎의 잎맥과 테두리가 더 선명해진 것을 알 수 있습니다. 대비를 높이면 사진이 선명해지는 것은 중간 계열의 톤이 줄어들고 밝은 계열 톤과 어두운 계열 톤으로 양극화되기 때문입니다. 따라서 사진에 밝은 톤이 많으면 전체적으로 밝아지고, 어두운 톤이 많으면 전체적으로 어두워지는 특성을 보이게 됩니다.

다음은 [대비]를 −50으로 설정한 사진입니다. 중간 계열의 톤이 많아져 사진의 입체감은 떨어지고 테두리와 선이 흐릿해지는 효과가 나타납니다. 원본 사진보다 입체감과 피사체의 선명도가 덜한 것을 알 수 있습니다.

 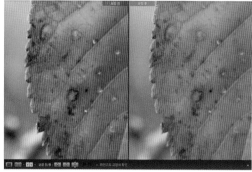

부분 대비

부분 대비는 사진 내의 특정 부분인 테두리와 선에 있는 미들 톤의 명암 대비를 조절합니다. 따라서 부분 대비를 높이면 테두리와 선이 뚜렷해지는 효과를 얻습니다. 예를 들어 사람 얼굴의 경우에는 턱선, 콧등, 눈동자, 머리카락, 주름살 등이 부분 대비의 적용을 받으면 선명해집니다. 반대로 부분 대비를 낮추면 테두리와 선이 흐려지는 후광 효과를 얻을 수 있습니다.

대비는 사진 전체를 대상으로 명암 대비를 조절할 때 주로 사용합니다. 대비를 조절하면 선명도가 증가하지만 사진 전체의 톤이 밝아지거나 어두워지고 명암이 극단적으로 표현되어 세부 묘사가 줄어드는 단점이 있습니다. 선명도를 향상하려면 대비보다 부분 대비를 사용하는 것이 훨씬 더 좋은 결과물을 얻는 방법입니다. 부분 대비는 테두리와 선에 있는 미들 톤의 명암 대비만을 조절하기 때문에 전체 톤에는 거의 영향을 주지 않고 피사체의 선명도만 향상할 수 있습니다.

다음은 [부분 대비]를 +50으로 설정한 사진입니다. 왼쪽이 원본이고 오른쪽이 부분 대비를 적용한 것입니다. 대비를 적용했을 때는 나뭇잎의 톤에도 영향을 끼쳤지만, 부분 대비는 그렇지 않습니다. 테두리와 선에만 적용되어 선명도가 더 살아납니다. 자세히 보면 원본에 희미한 잎맥들이 뚜렷하게 표현되고 입체감도 향상된 것을 알 수 있습니다. 에지는 얼굴의 윤곽선이 될 수 있고, 머리카락처럼 가는 선일 수도 있습니다. 이 사진의 나뭇잎에서는 나뭇잎의 테두리, 잎맥이 에지라 할 수 있습니다.

 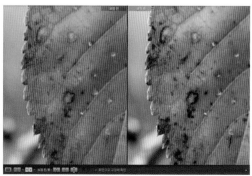

다음은 [부분 대비]를 −50으로 설정한 사진입니다. 전체의 톤은 크게 변하지 않고 에지의 명암 대비가 낮아져 마치 블러 효과를 적용한 것처럼 표현됩니다. 원본보다 선명도는 덜하고 테두리와 선은 흐리게 표현됩니다.

 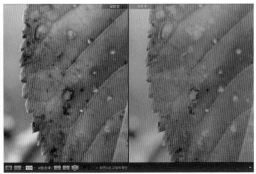

04 채도를 이용한 선명도 향상

채도(Saturation)는 색이 가지는 순도 또는 농담이라고 합니다. 하나의 색이 가지고 있는 옅고 짙은 정도를 말하는데, 옅은 색의 채도를 높이면 선명해지는 효과를 얻을 수 있습니다. 반대의 경우 탁해지기 때문에 선명도가 낮아집니다.

라이트룸에서 채도를 조절하는 방법으로는 [기본] 패널에서 사진 전체 색에 대해서 같은 수치로 채도를 조절하거나, [HSL] 또는 [컬러] 패널에서 특정 색에 대해서만 채도를 조절하는 방법이 있습니다. 두 가지 방법은 사진 전체를 대상으로 채도를 조절하기 때문에 원하지 않는 부분의 채도도 조절되는 단점이 있습니다. 앞서 살펴본 부분 대비처럼 채도도 특정 부분에만 적용할 수 있는데 이 기능이 생동감(Vibrance)입니다. 생동감을 조절하면 사진의 선명도를 향상하는 효과를 얻을 수 있습니다.

[기본] 패널의 [외관] 섹션에는 채도와 관련된 두 개의 슬라이더가 있습니다. 하나는 [생동감]이고 다른 하나는 [채도]입니다. 이 둘의 차이점에 대해 먼저 알아보겠습니다.

채도

[채도]는 사진 전체를 대상으로 모든 색의 채도를 같은 수치로 조절합니다. 사진에 따라 차이는 있겠지만, 선명도를 향상하는 결과를 얻을 수 있습니다. 예를 들어 한 장의 사진에서 빨간색의 채도가 50%, 40%, 30%로 섞여 있을 때 채도를 50% 높이면 각각 100%, 90% 80%가 됩니다. 채도가 높아지면 색이 선명해지므로 선명도가 향상되는 효과를 얻을 수 있습니다.

그러나 채도를 과다 적용하면 사진의 세밀한 부분을 잃을 수 있습니다. 채도를 70%로 높이면, 수치상으로는 120%, 110%, 100%가 되지만 100% 이상의 채도는 없으므로 모두 100%가 됩니다. 따라서 사진에는 모두 같은 채도로 표현되어 색의 짙고 옅음이 사라집니다. 또한 불필요한 색의 채도도 함께 높아지므로 피사체의 입체감과 세부 묘사, 질감 등이 사라지는 단점이 있습니다. 이런 경우 생동감을 사용하면 입체감과 질감이 살아 있는 보다 생생한 사진으로 표현할 수 있습니다.

다음은 채도를 +40까지 올린 사진입니다. 왼쪽이 원본이고 오른쪽이 채도를 적용한 사진입니다. 양귀비 꽃잎에 있던 질감과 선이 주변의 높은 채도에 묻힙니다. 꽃잎 아랫부분의 명암도 사라졌습니다. 이러한 현상을 과채도 또는 색의 클리핑(Color Clipping)이라고 하는데, 채도를 보정할 때에는 색의 클리핑이 나타나기 전까지 하는 것이 좋습니다.

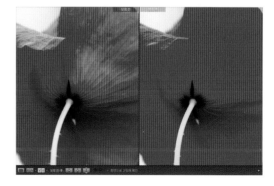

채도가 높은 사진에서는 선명도를 향상하기가 어렵습니다. 예를 들어 채도가 높은 색을 기준으로 채도를 높이면 채도가 낮은 색들에는 큰 변화가 없습니다. 그렇다고 낮은 색의 채도를 기준으로 보정하면 채도가 높은 색에는 색 클리핑이 발생합니다.

생동감

생동감은 특정 부분의 채도를 조절해 색의 균형을 맞춥니다. 특히 미들 톤의 채도를 조절합니다. 생동감 슬라이더를 높이면 미들 톤을 가진 색의 채도가 높아집니다. 반대로 생동감 슬라이더를 낮추면 미들 톤을 가진 색의 채도가 낮아집니다. 따라서 채도를 조절했을 때보다 색의 클리핑이 거의 발생하지 않습니다.

다음은 생동감을 +40으로 설정한 사진입니다. 앞서 채도만 조절한 사진과 달리 미들 톤을 가진 색의 채도만 조정되어 과채도 현상이 발생하지 않고, 명암도 유지됩니다.

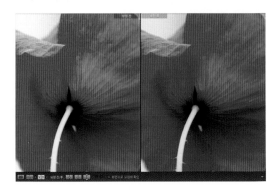

생동감 + 부분 대비

생동감은 부분 대비와 함께 사용하면 에지와 질감 표현을 더욱 강조할 수 있습니다. 다음은 생동감과 부분 대비를 함께 적용한 사진입니다. 꽃잎의 질감과 가는 선들, 꽃잎 아래의 명암까지도 살아나는 더욱 생생한 사진을 표현합니다.

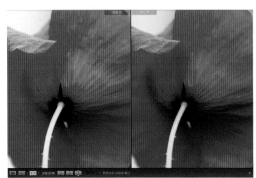

05 색수차 제거를 통한 선명도 교정

수차는 크게 색수차(Chromatic Aberration)와 단색수차(Monochromatic Aberration)로 구분됩니다. 색수차는 렌즈의 여러 수차 중의 하나로 렌즈를 통과한 빛이 파장에 따라 굴절률이 달라져서 색이 한곳에 모이지 않거나, 상이 일그러지는 왜곡 현상을 말합니다. 이는 렌즈의 매질이 가지는 분산 특성에서 비롯된 수차입니다. 단색수차는 분산과 관계없이 렌즈나 거울의 기하학적인 형태에서 비롯된 것으로 구면수차, 코마수차, 비점수차, 만곡수차, 왜곡수차 등이 있습니다.

렌즈의 수차를 후보정으로 모두 해결할 수 있는 것은 아니지만, 라이트룸의 [현상] 모듈의 [렌즈 교정] 패널에서 색수차와 단색수차 중에 왜곡수차를 교정할 수 있습니다. 특히 색수차는 사진의 선명도에 영향을 주기 때문에 이를 교정해 주면 사진의 선명도가 향상되는 효과를 얻을 수 있습니다.

색수차 확인하기

다음 사진의 흰색 벚꽃은 어두운 배경과 대조를 이루어 표현되었습니다. [현상] 모듈의 편집 영역의 보기 방식이 [맞춤] 또는 [채움]으로 설정되면 사진은 축소되어 표시되기 때문에 색수차를 확인하기 어렵습니다. 색수차는 피사체의 테두리 부분에 미세하게 나타나기 때문에 1:1로 확대해 살펴봐야 합니다.

[탐색기] 패널에서 편집 영역 보기 방식을 [1:1]로 설정하면 하얀 꽃잎 바깥 테두리에 파란색 선이 보입니다. 흰색은 RGB가 정확히 하나의 상으로 겹쳐야 하는데 파란색이 제대로 겹쳐지지 않아 상이 어긋난 것입니다. 이렇게 상이 어긋나는 것을 색수차라 합니다.

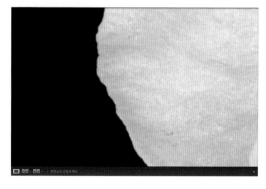

색수차 교정하기

[렌즈 교정] 패널의 [프로필] 섹션에서
[색수차 제거] 옵션을 체크합니다.
색수차가 자동으로 교정됩니다.

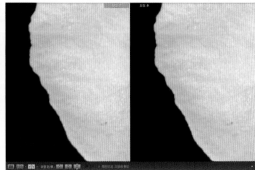

자주(Purple), 녹색(Green) 색수차 제거하기

색수차는 크게 배율 색수차와 축상 색수차 두 가지로 나눌 수 있습니다. 배율 색수차는 Red-Green, Blue-Yellow 색
수차가 발생하는데 주로 초점이 맞은 부분에서 발생합니다. 이런 색수차는 앞서 살펴본 바와 같이 [색수차 제거] 옵션
을 체크하는 것만으로 색수차를 손쉽게 교정할 수 있습니다.

아웃 포커스처럼 블러(blur)가 발생한 부분 또는 강한 콘트라스트가 일어난 부분에는
Purple-Green 색수차가 발생하는데 이를 축상 색수차라 합니다. Purple은 초점 평면 전
면에서 발생하며, Green은 초점 평면 후면에서 발생합니다. 이런 색수차는 [색수차 제
거]로 제거할 수 없습니다. [렌즈 교정] 패널의 [수동] 섹션에서 [언저리 제거]로 교정합
니다. 언저리 제거는 Purple과 Green에만 적용할 수 있습니다.
언저리 제거는 슬라이더를 조절해 제거할 수 있지만, [언저리 색상 선택기]를 클릭한 후
편집 영역에서 직접 자주 또는 초록을 클릭해 손쉽게 제거할 수 있습니다.

RAW 파일과 JPEG 파일의 색수차 교정 차이

색수차 제거는 파일 형식에 따라 다르게 적용됩니다. RAW 파일
은 빛의 정보를 그대로 담고 있는 파일이지만, JPEG 파일은 카메
라에서 설정된 값이 적용되어 렌더링된 파일입니다. 따라서 RAW
파일과 JPEG 파일의 색수차 교정 결과는 차이가 있습니다. 당연
히 RAW 파일의 결과물이 더 우수합니다. 다음은 RAW+JPEG로
찍은 사진 중에 JPEG 파일의 색수차를 자동 교정한 것입니다. 앞
서 살펴본 RAW 파일과 달리 완전히 제거되지 않는 것을 알 수
있습니다.

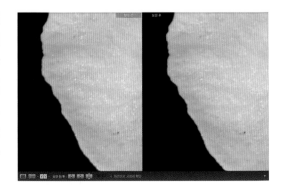

06 노이즈 감소를 통한 선명도 향상

초점도 맞고 흔들리지 않은 사진이라도 노이즈가 있다면 사진은 선명하지 않습니다. 노이즈를 줄이면 사진은 매끄럽게 표현되고 세밀한 부분을 살릴 수 있습니다.

노이즈

노이즈(noise)는 디지털카메라에서 고감도 ISO를 사용해 촬영할 때 주로 발생합니다. 고감도 ISO는 어두운 빛을 증폭해 저장하는데 이때 부정확한 아날로그 신호도 함께 증폭되어 비정상적으로 전환된 픽셀이 노이즈가 됩니다. 다시 말해 색과 밝기를 정확하게 표현하지 못하는 픽셀이 노이즈입니다.

노이즈는 주로 어두운 영역을 밝게 후보정할 때 발생합니다. 고감도 필름을 사용할 때 나타나는 필름의 질감인 그레인(grain)과는 다릅니다. 노이즈는 카메라에서 감소시켜 저장할 수 있으나, 이는 JPEG 파일에만 적용됩니다. RAW 파일에는 노이즈가 그대로 남아있으므로 후보정을 통해 제거하거나 감소시켜야 합니다.

카메라의 LCD 화면 또는 모니터 화면에서는 사진이 축소되어 표시되기 때문에 노이즈를 제대로 확인하기가 어렵습니다. 이렇게 축소된 사진은 노이즈 없이 깨끗하고 선명하게 보입니다.

노이즈는 주로 ISO를 높여 찍은 야경 사진에서 주로 나타난다고 생각하지만 화창한 대낮에도 고감도 ISO를 사용하면 발생합니다.

이 사진을 다음과 같이 1:1의 비율로 확대해 보면 노이즈가 보입니다. 매끈해야 할 하늘에 모래알 같은 질감이 표현되었고, 그림자가 드리워진 어두운 영역에는 여러 가지 색이 혼합되어 있습니다.

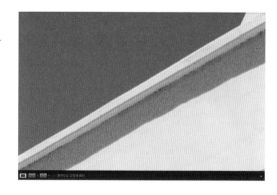

라이트룸에서 RAW 파일의 노이즈 감소하기

라이트룸의 [현상] 모듈에서는 RAW 파일뿐만 아니라 JPEG 파일의 노이즈도 감소할 수 있습니다.

먼저 사진에 노이즈가 있는지 확인해야 합니다. 노이즈를 확인하기 위해 사진을 100% 실제 크기로 확대해 봐야 합니다. 사진의 전체적인 톤을 보정할 경우에는 축소해 작업해도 무방하지만, 노이즈 보정에서는 1:1(100%)로 확대해 작업해야 합니다. [탐색기] 패널에서 [1:1]을 클릭합니다.

노이즈 보정은 [세부] 패널의 [노이즈 감소] 섹션에서 진행합니다. [노이즈 감소] 섹션은 [광도]와 [색상] 두 부분으로 구분되는데 사진의 표현된 노이즈 형태에 따라 각각 사용합니다.

광도(luminance) 노이즈

광도 노이즈는 노출이 과하거나, 부족한 픽셀에서 발생합니다. 주로 장노출 사진에서 나타납니다. 광도 노이즈가 발생한 부분을 살펴보면 유사한 색의 톤이 다르게 표현됩니다. [세부] 패널의 [미리보기] 섹션에서 노이즈 부분을 1:1 또는 2:1로 확대해 볼 수 있습니다. 파란 하늘의 색이 톤이 다르게 표현된 것을 알 수 있습니다.

❶ 광도 : 슬라이드를 오른쪽으로 이동하면 톤이 다른 픽셀을 유사한 톤으로 조정합니다.

❷ 세부 : [세부] 슬라이드를 조절해 세부 묘사를 복구합니다. 기본값은 50이며, 슬라이더를 50 이상으로 설정하면 사진의 세부 묘사를 살려낼 수 있지만, 텍스처 효과가 발생합니다. 슬라이더를 50 이하로 설정하면 텍스처 효과는 줄지만, 세부 묘사가 줄어듭니다.

❸ 대비 : 광도 노이즈를 보정하면 픽셀이 가지고 있는 톤들이 비슷해져 명암 대비가 낮아집니다. [대비] 슬라이더를 조절해 명암 대비를 복구할 수 있습니다. 슬라이더를 오른쪽으로 이동하면 명암 대비가 높아지지만, 얼룩이나 반점이 나타날 수 있습니다. 낮은 값을 사용하면 명암 대비가 낮아지지만, 사진의 톤은 부드러워집니다.

색상(color) 노이즈

색상 노이즈는 노출이 부족한 어두운 영역에서 종종 발생합니다. [세부] 패널의 미리보기 섹션에 표시된 사진 일부처럼 다양한 색을 포함하고 있습니다. 이러한 색을 하나의 색으로 조정합니다. 단, 색상의 톤이 다를 경우 조정된 색의 톤이 다를 수 있습니다.

❶ 색상 : [색상] 슬라이더의 기본값은 RAW 파일과 JPEG 파일에 따라 다릅니다. RAW 파일은 25가 기본값이고, JPEG 파일은 0이 기본값입니다. 슬라이드를 오른쪽으로 이동하면 서로 다른 색들이 유사한 색으로 조정합니다.

❷ 세부 : 색상 노이즈를 바로잡으면 노이즈는 감소하지만, 세부 묘사가 사라집니다. 이때 [세부] 슬라이드를 조절해 세부 묘사를 복구합니다. 기본값은 50이며, 50 이상으로 설정하면 가늘고 세밀한 선에 들어간 색은 보호하지만 색상 반점이 생길 수 있습니다. 50 이하면 색상 반점이 제거되지만, 색이 번질 수 있습니다.

❸ 매끄러움 : 색상 노이즈로 보정된 색의 매끄러움을 조절합니다. [색상]과 [세부]를 조절했음에도 여전히 색상 노이즈가 남아있다면 슬라이더를 조절해 조금 더 매끄럽게 제거할 수 있습니다. 노이즈 감소 작업을 마무리할 때 사용합니다.

노이즈 감소하기

야경 사진에는 어두운 영역이 많고, 이 영역의 톤을 밝게 보정하면 노이즈가 보입니다. 빛이 비친 곳은 주로 광도 노이즈가 보이고, 그림자가 진 영역에는 색상 노이즈가 보입니다. RAW 파일의 경우 색상 노이즈는 자동으로 보정되지만, 일반적으로 노이즈 감소는 색상 노이즈를 보정한 후, 광도 노이즈를 보정하는 순으로 진행합니다.

실습 파일 : _16A0534.DNG

01 다음은 ISO 800으로 촬영한 야경 사진을 기본 톤 보정한 DNG 파일입니다. [편집] 창에 [맞춤]으로 축소되어 노이즈가 없는 것처럼 보입니다.

02 RAW에 대해 색상 노이즈는 기본으로 설정되지만, 밤하늘을 확대하면 색상 노이즈가 약간 남아있습니다.

03 색상 노이즈가 얼마나 제거되었는지 확인하기 위해 [세부] 패널에서 [노이즈 감소] 섹션의 [색상] 슬라이더를 [0]으로 설정합니다. 하늘에 다양한 색상 노이즈가 표시됩니다.

04 먼저 색상 노이즈부터 감소합니다. [색상] 슬라이더를 조금씩 상향 조정하면서 색상 노이즈가 사라지는 지점에서 멈춥니다. 또한 [매끄러움] 슬라이더를 조금씩 상향 조정하면서 남은 색상 얼룩을 감소합니다.

05 [편집] 창의 사진을 드래그하여 건물을 표시합니다. 건물 유리 벽에 광도 노이즈가 있습니다.

06 [광도] 슬라이더를 조금씩 상향 조정하면서 광도 노이즈가 사라지는 지점에서 멈춥니다.

07 다음은 300% 확대해 보정 전후를 비교해 본 것입니다. 노이즈가 많이 감소한 것을 알 수 있습니다.

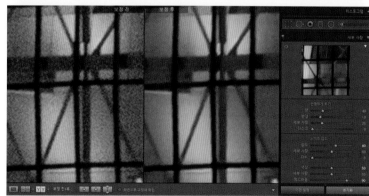

08 사진을 축소해 전체적으로 문제가 없는지 확인합니다.

07 선명하게 하기(Sharpening)를 이용한 사진의 선명도 향상

앞서 살펴본 여러 가지 선명도 향상 방법으로 사진의 선명도가 향상되지 않는다면 마지막으로 [선명하게 하기] 기능을 사용합니다. 이 기능은 포토샵의 [가장자리 선명하게] 기능과 [언샵 마스크] 기능이 하나로 합쳐진 것입니다. [선명하게 하기]로 사진의 선명도를 향상하려면 [세부] 패널의 [선명하게 하기] 섹션에서 진행합니다.

[세부] 패널 살펴보기

[세부] 패널은 세 개의 섹션으로 구성되어 있습니다.

❶ 미리보기 : 사진의 특정 부분을 1 : 1 또는 2 : 1로 확대해 선명도 향상이나 노이즈 감소를 미리 볼 수 있도록 표시합니다.
❷ 선명하게 하기 : 사진의 선명도를 조절합니다.
❸ 노이즈 감소 : 사진의 노이즈 감소를 조절합니다.

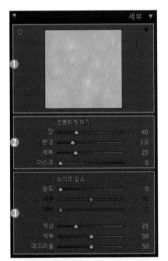

[미리보기]는 사진의 특정 부분을 정사각형으로 확대해 표시해줍니다. [선명하게 하기] 섹션과 [노이즈 감소] 섹션에서 조정한 값이 곧바로 적용되어 사진이 선명해지는 상태를 확인할 수 있습니다. [선명하게 하기]를 과도하게 적용하면 텍스처 현상이 나타나기 때문에 [미리보기] 섹션이나 1:1로 확대한 [편집] 창의 사진을 보면서 진행하는 것이 좋습니다.

[세부] 패널 왼쪽 위에는 미리보기 할 부분을 선택할 수 있는 [영역 지정] 버튼이 있습니다. [영역 지정] 버튼을 클릭한 후, [편집] 창의 사진에서 확대해 볼 영역을 클릭하면 [미리보기]에 표시됩니다. 다른 방법으로 [미리보기]의 정사각형 이미지를 드래그하면 다른 곳을 표시할 수 있습니다.

[미리보기]의 정사각 이미지를 마우스 오른쪽 버튼을 클릭하면 단축 메뉴가 표시됩니다. [미리보기]를 1:1 또는 2:1로 표시할 수 있습니다. 그러나 표시되는 영역이 작으므로 [미리보기]에서 선명도를 확인하는 것보다 [편집] 창의 사진을 1:1로 확대해 놓고 [선명하게 하기]를 적용하며 확인하는 것이 더 효율적입니다.

[세부] 패널의 [선명하게 하기] 섹션에 있는 네 가지의 슬라이더 기능이 있습니다.

❶ 양 : 선명도 효과를 얼마큼 적용할지 그 양을 설정합니다.

❷ 반경 : 선명도의 양이 적용되는 범위를 설정합니다.

❸ 세부 : 세부는 양이 적용된 사진에서 가장자리를 더 강조합니다.

❹ 마스크 : 선명도 적용 시 면에 발생하는 텍스처를 제거합니다.

[양]의 적용

선명도 효과는 테두리와 선을 강조하지만 지나치게 적용하면 면에 텍스처가 생깁니다. 사진에 맞는 적절한 양을 적용하는 것이 중요합니다. [양]이 0이면 선명도 효과가 적용되지 않고 다른 슬라이더는 비활성화됩니다. [양] 슬라이더는 다음과 같이 RAW 파일과 JPEG 파일이 다르게 표시됩니다. RAW 파일은 40이 기본값이고, JPEG는 0이 기본값입니다. 즉, RAW 파일 특성상 40 정도의 양을 기본으로 적용해야 한다는 것이

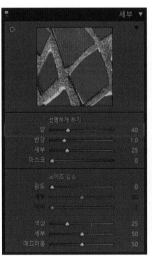

RAW 파일의 기본값

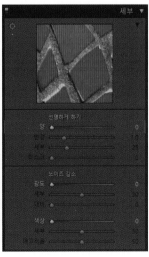

JPEG 파일의 기본값

다음은 원본 RAW 파일에 선명도의 양을 각각 50, 75, 100으로 설정한 사진입니다. 선명도의 양이 증가할수록 선명해 보입니다. 그러나 아래쪽에 텍스처가 생긴 것을 알 수 있습니다. 75와 100을 적용한 것은 텍스처가 더 두드러집니다.

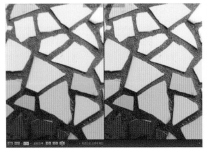

선명도 양 설정 : 원본 25 / 보정 50

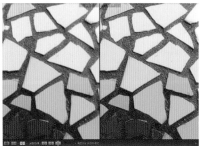

선명도 양 설정 : 원본 25 / 보정 75

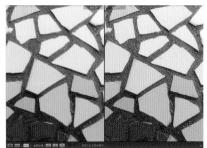

선명도 양 설정 : 원본 25 / 보정 100

[반경] 설정하기

선명도에서 반경은 설정한 양이 적용되는 범위를 말합니다. [선명하게 하기]는 에지를 선명하게 만드는데, 에지와 에지 사이의 간격이 좁으면 서로 간섭 현상이 일어나 역효과가 발생합니다. 따라서 간격이 좁으면 작은 반경을 사용하고 넓으면 큰 반경을 사용해 간섭 현상을 해결할 수 있습니다. 예를 들어 머리카락처럼 간격이 좁은 경우에는 당연히 작은 반경을 사용해야겠지만, 머리카락을 포함해 얼굴 전체가 다 들어간 사진이면 좀 더 큰 반경을 사용하는 것이 좋습니다. 또한 얼굴이라도 풍경을 배경으로 전신이 작게 들어갔다면 작은 반경을 사용해야 합니다. 배경을 제외한 얼굴의 선명도만을 설정하고 싶다면 조정 브러시를 사용해 선명도를 조절할 수 있습니다.

대체로 반경을 조절할 필요는 없습니다. 사진에는 선과 선 사이의 간격이 넓은 곳과 좁은 곳이 같이 존재하기 때문입니다. 다음 사진은 에지의 간격이 좁은 경우에 해당하는데, 반경을 기본값 1.0과 3.0으로 설정한 것의 차이를 보여줍니다. 반경이 넓어지니 에지의 간격이 좁은 경우 더 선명해지는 것처럼 보이지만, 실은 더 거칠어진 것입니다.

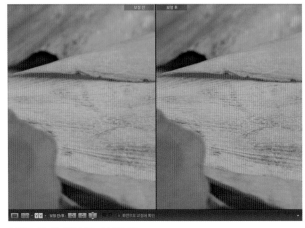

선명도 양 설: 원본 25 / 보정 75
반경 설정 : 원본 1.0 / 보정 1.0

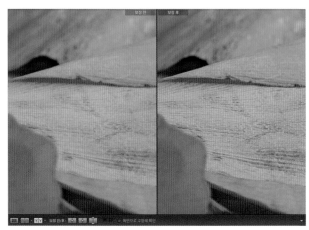

선명도 양 설정 : 원본 25 / 보정 75
반경 설정 : 원본 1.0 / 보정 3.0

낮은 값을 적용하면 가장자리 주변의 블러가 생겨 흐려지지만, 높은 값을 적용하면 선명해집니다. 그러나 너무 높은 값을 사용하면 텍스처 효과가 더 두드러지므로 주의해야 합니다.

다음은 세부의 값을 25, 50, 100을 적용한 사진입니다. 큰 값이 적용될수록 사진은 더 선명해지지만 텍스처가 발생하는 것을 알 수 있습니다.

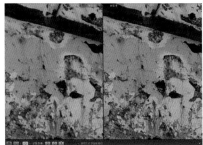

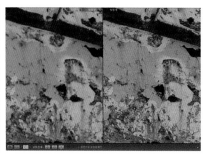

선명도 양 설정 : 원본 40 / 보정 50
반경 설정 : 원본 1.0 / 보정 1.0
세부 설정 : 원본 25 / 보정 25

선명도 양 설정 : 원본 25 / 보정 50
반경 설정 : 원본 1.0 / 보정 1.0
세부 설정 : 원본 25 / 보정 50

선명도 양 설정 : 원본 25 / 보정 50
반경 설정 : 원본 1.0 / 보정 1.0
세부 설정 : 원본 25 / 보정 100

[마스크] 설정하기

마지막 슬라이더인 [마스크]는 선명도 향상 과정에서 발생하는 텍스처를 제거해주는 역할을 합니다. [양]과 [세부]를 적용한 뒤, [마스크] 슬라이더로 테두리와 선 이외의 영역에 생긴 텍스처를 제거하면 더욱 선명해집니다. 마스크를 적용했음에도 선 주변에 텍스처가 남아있다면 이는 [반경] 또는 [세부] 값을 낮추어 해결합니다.

왼쪽은 선명도의 양을 높여 나비의 문양을 선명하게 한 사진입니다. 마스크를 설정하지 않았기 때문에 에지 주변으로 텍스처가 보입니다. 오른쪽은 마스크를 적용해 텍스처를 제거한 사진입니다.

마스크를 설정하지 않은 사진 보정 전후   마스크를 설정한 사진 보정 전후

지금까지 [세부] 패널의 [선명하게 하기] 섹션에 있는 슬라이더 기능에 대해 각각 알아보았습니다. 아직 각 슬라이더를 어디까지 조정하는 것이 최적인지 감을 잡기 어려울 것입니다. 그 답은 슬라이더에 있습니다. 슬라이더를 조절할 때 Alt를 누른 채로 조절하면 [편집] 창에서 조절 범위를 미리 볼 수 있습니다. macOS에서는 Option을 누른 채 슬라이더를 조절합니다.

그럼 어떻게 사용하는지 알아보겠습니다. [마스크] 값이 0이면 텍스처를 제거하지 않습니다. 슬라이더를 조절할 때 Alt를 누르면 화면이 흰색으로 바뀝니다. 흰색은 [선명하게 하기]의 [양]이 적용된 범위를 의미합니다. 즉, [마스크] 값이 0이면 사진 전체에 [선명하게 하기]의 [양]이 적용된 것입니다.

마스크를 설정하지 않은 사진

[마스크] 값을 증가시키면 흰색이 검은색으로 바뀝니다. 검은색으로 표시되는 부분은 텍스처가 제거된 부분을 의미합니다. 단, 테두리와 선에는 흰색이 그대로 남습니다. 흰색으로 남겨지는 부분이 가장 선명해지는 지점까지 [마스크]를 조절합니다.

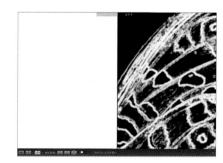

마스크를 설정한 사진

TIP   [양], [반경], [세부] 슬라이더 조정하기

Alt를 누른 채 조절하면 어디까지 값을 설정해야 하는지 알 수 있습니다.

08 미디어 타입에 따른 출력 선명도 설정

RAW 파일을 용도에 맞게 촬영하는 경우는 드뭅니다. RAW 파일은 후보정 과정을 거쳐 용도에 맞는 사진으로 저장해 사용하는 것이 일반적입니다. 라이트룸으로 후보정한 사진을 저장하기 전에 사용 목적에 맞는 미디어 타입에 따라 선명도를 설정할 수 있습니다. 즉, 웹에 게시할 사진인지, 인화할 사진인지 등을 고려해 최적의 선명도를 설정해 저장할 수 있습니다.

[내보내기] 대화상자의 [출력 선명하게 하기] 옵션에서는 사진의 사용 목적에 맞는 미디어 타입을 설정할 수 있습니다. 단, 이 기능을 사용하려면 보정 시 [선명하게 하기]를 사용하지 않거나, 너무 과하게 적용하지 않는 것이 좋습니다. 저장된 결과물에 텍스처가 나타날 수 있습니다.

최종 결과물과 미디어 타입

디지털 사진은 웹에 게시되는 사진과 인화할 사진으로 가장 많이 사용합니다. 이러한 사진 대부분은 JPEG 파일로 내보내 저장합니다. JPEG 파일은 압축되어 저장되기 때문에 원본을 아무리 잘 보정하더라도 압축된 사진에서는 색, 명암, 그리고 선명도가 다를 수 있습니다.

웹에 게시되는 사진은 디스플레이 장치로 보아야 하고, 인화에 사용되는 사진은 인화지로 보아야 합니다. 그러나 같은 사진일지라도 모니터와 인화지는 사진을 표시하는 방법이 다르므로 각각의 미디어 타입에 맞는 선명도를 설정해 최적으로 표시해야 합니다. 미디어의 타입에 따른 출력 선명도 설정은 [내보내기] 대화상자와 [인쇄] 모듈에서 설정할 수 있습니다.

❶ 화면 : 모니터와 같은 디스플레이 장치로 볼 사진을 내보낼 때 출력 선명도를 적용합니다. 즉, 웹에 업로드 하거나, 디스플레이 장치로 슬라이드 쇼 할 사진에 적용합니다.

❷ 매트 용지 : 무광 인화지에 인화할 사진의 경우 출력 선명도를 적용합니다.

❸ 광택 용지 : 유광 인화지에 인화할 사진의 경우 출력 선명도를 적용합니다.

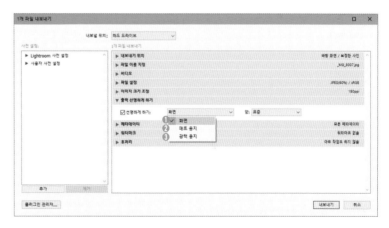

TIP 디스플레이용 사진을 내보낼 때

웹에 게시되는 사진은 웹에 표시되는 영역과 그 크기가 일치하거나 작게 리사이즈하고, 디스플레이 장치에 표시되는 사진은 디스플레이의 해상도와 같거나 이보다 작게 리사이즈합니다. 이보다 큰 사이즈로 내보내면 웹과 디스플레이 장치에서 자체적으로 리사이즈하므로 선명도가 제대로 표현되지 않을 수 있습니다.

[인쇄] 모듈에서 미디어 타입에 따른 선명도 설정하기

라이트룸이 설치된 컴퓨터와 연결된 출력상치에서 직접 출력할 때 [인쇄] 모듈의 [인쇄 작업] 패널에서 인쇄할 용지의 유형에 따라 선명도를 다르게 설정할 수 있습니다.

01 ❶ 먼저 [인쇄 선명하게 하기] 옵션을 선택합니다. ❷ 우측 팝업 메뉴를 클릭하여 ❸ 선명도의 단계를 선택합니다.

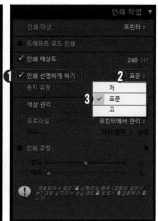

TIP   [인쇄 선명하게 하기] 옵션이 비활성화되어 있다면

[인쇄 선명하게 하기] 옵션이 비활성화되어 있다면 [인쇄 작업] 패널에서 다음의 두 가지를 확인합니다.
- 인쇄 대상 항목이 프린터로 설정되었는지
- [드래프트 모드 인쇄] 옵션이 해제되어 있는지

---

02 ❶ 마지막으로 인쇄할 용지의 유형을 [용지 유형] 팝업 메뉴를 클릭하여 ❷ [매트] 또는 [광택] 중에 하나를 선택합니다.

TIP   인쇄 해상도를 높이면

인쇄 해상도(Print Resolution)를 높게 설정하면 사진의 선명도가 높아진다는 생각은 오해입니다. 인쇄 해상도가 높아지면 실제 인쇄되는 사진의 크기가 줄어듭니다. 폭이 3000픽셀인 사진을 300DPI로 인쇄하면 10인치의 사진을 얻을 수 있지만, 150DPI로 인쇄하면 20인치 사진을 얻을 수 있습니다.

렌즈 교정과 변환

렌즈의 특성으로 인해 눈으로 본 것과 다른 모양으로 사진이 찍히는 것을 렌즈에 의한 왜곡 현상이라고 합니다. 비네팅, 어안 효과 등과 같은 렌즈의 특성을 그대로 사용하기도 하지만, 현실성과 거리가 멀기 때문에 눈으로 본 모양으로 교정할 필요가 있습니다. 이 장에서는 렌즈 프로파일에 의한 자동 또는 수동 교정과 변환에 대해 알아봅니다.

01 렌즈 교정과 변환

렌즈 교정과 변환

렌즈 교정(Lens Corrections)과 변환(Transforms)은 렌즈의 특성에 의해 발생하는 여러 왜곡 현상을 교정 및 변환하는 것을 말합니다. 라이트룸에서 교정할 수 있는 왜곡 현상은 색수차, 언저리, 광각 렌즈의 술통형 왜곡, 비네팅이 있고, 변환은 수직/수평 원근 바로잡기, 기울기, 종횡비, 초점 길이, 오프셋 등이 있습니다.

렌즈 교정은 [렌즈 교정] 패널에서, 변환은 [변환] 패널에서 진행합니다. 사진의 메타데이터에 렌즈 정보가 있으면 렌즈 프로파일에 의해 자동으로 교정 및 변환할 수 있습니다. 라이트룸에서 지원하지 않는 렌즈를 사용했더라도 수동으로 할 수 있습니다.

[렌즈 교정] 패널

[변환] 패널

[렌즈 교정] 패널

[렌즈 교정] 패널에서는 색수차, 언저리, 광각 렌즈의 술통형 왜곡, 비네팅을 교정할 수 있습니다. [렌즈 교정] 패널 상단에는 렌즈 교정을 자동 또는 수동으로 할 수 있는 [프로필]과 [수동] 섹션 항목이 있습니다. [프로필]을 선택하면 렌즈 프로파일을 기반으로 렌즈 교정을 자동으로 수행할 수 있고, [수동]을 선택하면 사용자가 교정 항목을 직접 조절할 수 있습니다.

❶ 프로필 : 렌즈 교정을 자동으로 수행합니다.

❷ 수동 : 렌즈 교정을 사용자가 직접 조정합니다.

[프로필] 섹션

[수동] 섹션

[프로필 섹션]에서 렌즈 교정을 자동으로 수행하려면 선택한 사진을 촬영할 때 사용한 렌즈의 정보가 있어야 합니다. 렌즈 프로파일은 RAW 파일과 JPEG 파일에 따라 다르게 적용됩니다. RAW 파일에 대해서는 최근 출시된 렌즈까지 프로파일을 제공합니다. 최신 렌즈가 지원되지 않는다면 현재 사용 중인 라이트룸을 최신 버전으로 업데이트해야 합니다. 새로운 카메라와 렌즈가 출시되면 카메라와 렌즈 프로파일이 업데이트된 라이트룸이 릴리즈됩니다. 업데이트 간격은 약 2개월입니다.

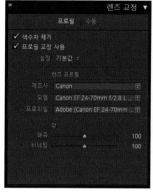
렌즈 프로파일이 지원 되는 경우

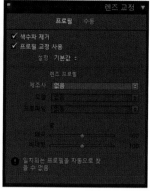
렌즈 프로파일이 지원 되지 않는 경우

❶ ❷ ❸ ❹

| Canon 6.1-30.5mm f/2.8-4.5 |
| Canon EF 15mm f/2.8 |
| Canon EF 17-40mm f/4 L USM |
| ✓ Canon EF 24-70mm f/2.8 L USM |
| Canon EF 24-105mm f/4 L IS USM |
| Canon EF 28-135mm f/3.5-5.6 IS USM |
| Canon EF 50mm f/1.4 USM |
| Canon EF 70-200mm f/2.8L IS USM |
| Canon EF 70-300mm f/4-5.6 IS USM |
| Canon EF 85mm f/1.8 USM |
| Canon EF-S 10-22mm f/3.5-4.5 USM |
| Canon EF-S 17-55mm f/2.8 IS USM |
| Canon EF-S 17-85mm f/4-5.6 IS USM |
| Canon EF-S 18-55mm f/3.5-5.6 IS |

JPEG 파일의 경우에는 렌즈 제조사와 렌즈 프로파일에 제한이 있을 수 있습니다. 왼쪽 목록은 RAW 파일과 JPEG 파일에 따라 렌즈 제조사와 지원되는 렌즈 리스트입니다.

❶ RAW 파일에 지원되는 렌즈 제조사 목록
❷ RAW 파일에 지원되는 Canon 렌즈 프로파일 목록(일부)
❸ JPEG 파일에 지원되는 렌즈 제조사 목록
❹ JPEG 파일에 지원되는 Canon 렌즈 프로파일 목록

자동 교정 후에 원하지 않은 결과가 나오거나, 추가 조정이 필요하다면 [프로필] 항목 하단에 있는 [양] 섹션에서 [왜곡]과 [비네팅] 슬라이더 사용합니다.

자동 교정 후, 추가 조정

[변환] 패널

피사체를 바라볼 때 정면이 아닌 경우 수평으로 원근이 왜곡되거나, 정면이더라도 수직으로 원근이 왜곡될 수 있습니다. 이러한 왜곡은 [변환] 패널에서 원근이나 기울기를 바로잡아 해결할 수 있습니다. 또한 [변환] 패널에서 종횡비와 초점 길이를 변경할 수 있고, 오프셋을 적용해 프레임 내의 사진의 위치를 변경할 수 있습니다.

❶ 업라이트(Upright) : 수직, 수평 원근과 기울기를 자동으로 교정합니다.
❷ 변환 : 수직 원근, 수평 원근, 기울기(회전), 종횡비, 초점 길이(비율), 오프셋 등을 사용자가 직접 조정합니다.

수직/수평 원근과 기울기를 자동으로 교정해 주는 기능을 업라이트(upright)라 하는데, [자동], [수준], [수직], [전체] 버튼을 클릭하면 사진의 왜곡을 자동으로 바로잡아줍니다. 자동 교정은 프레임 내의 피사체에 왜곡된 직선이 있으면 더 나은 결과물을 얻을 수 있습니다. 자동으로 원하는 결과물을 얻을 수 없는 경우 [도우미] 버튼이나 [업라이트 격자 도구]를 클릭해 사진에 기준선을 만들어 왜곡을 바로잡을 수 있습니다.

❶ [업라이트 격자] 도구
❷ [도우미] 버튼

TIP 자동 변환 교정을 하기 전에

자동 변환 교정을 진행하기 전에 [렌즈 교정] 패널에서 [프로필 교정 사용] 옵션을 먼저 적용하면 업라이트 교정을 위한 이미지 분석이 더 잘 수행됩니다.

02 렌즈 교정

렌즈 프로파일 교정하기

렌즈의 특성에 의해 발생하는 술통형 왜곡과 비네팅을 자동으로 교정합니다.
[프로필 교정 사용] 옵션을 선택하면 아래 [렌즈 프로필]이 자동으로 설정됩니다.

❶ 프로필 교정 사용 : 렌즈 프로파일을 사용하여 자동으로 교정합니다.

❷ 렌즈 프로필 : 렌즈 자동 교정에 사용된 렌즈 프로필 항목이 표시됩니다.

❸ 양 : 자동 교정이 미비하거나 과할 때 추가로 왜곡과 비네팅을 조정합니다.

자동 왜곡 교정의 세밀함을 추가로 조정할 수 있습니다.
실습 파일 : _V9A4486-HDR.dng

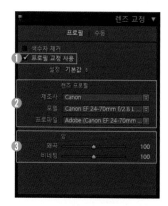

01 다음은 브라케팅으로 촬영한 RAW 파일을 라이트룸에서 HDR로 병합한 후, 자동 톤 보정한 사진입니다. 모서리에 비네팅이 있는 것을 알 수 있습니다.

02 [렌즈 교정] 패널에서 [프로필 교정 사용] 옵션을 체크하여 렌즈 교정을 자동으로 수행합니다. 모서리에 있던 비네팅이 사라지고, 술통형 왜곡도 교정됩니다.

03 [프로필 교정 사용] 옵션을 체크하면 아래 [렌즈 프로필]과 [양] 섹션이 활성화됩니다. [렌즈 프로필]의 [제조사], [모델], [프로파일]은 자동으로 설정됩니다.

04 자동으로 설정된 [렌즈 프로필]은 사용자가 변경할 수 있습니다. 여기서는 [제조사]를 [Samyang], [모델]을 [Samyang 8mm f/2.8 UMC...]로 변경해봅니다.

05 실제 사진의 화각보다 더 큰 화각의 렌즈 프로파일을 사용했기 때문에 교정이 과하게 적용되어 나비넥타이형으로 왜곡됩니다.

06 [양] 항목은 렌즈 프로파일에 의해 교정된 사진에서 비네팅이 남아 있다거나, 왜곡 교정이 미비한 경우 추가로 교정할 때 사용합니다. 여기서는 [비네팅] 슬라이더를 오른쪽으로 드래그해 약간 남아있는 비네팅을 제거합니다.

07 모서리가 조금 더 밝아집니다.

수동 렌즈 교정하기

수동 렌즈 교정은 사진에 렌즈 정보가 없어 왜곡과 비네팅을 자동 교정할 수 없거나, 자동 교정을 할 수 없는 색수차인 언저리를 제거할 때 사용자가 직접 교정합니다.

❶ 왜곡 : 렌즈의 술통형 왜곡을 교정합니다.

❷ 언저리 제거 : 축상 색수차인 언저리를 교정합니다.

❸ 비네팅 : 사진의 비네팅을 교정합니다.

수동 교정을 활용하면 사진에 왜곡이 적용될 수 있습니다.

실습 파일 : _V9A4486-HDR.dng

01 렌즈 교정을 수동으로 하려면 [렌즈 교정] 패널에서 [수동] 항목을 클릭합니다. 수동 조정 항목이 표시됩니다.

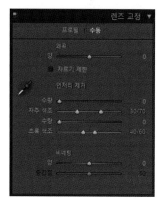

02 [왜곡] 섹션에서 [양] 슬라이더를 왼쪽으로 조정합니다. 여기서는 어떻게 교정되는지 알아보기 위해 [-100]까지 슬라이더를 드래그합니다. 초광각 렌즈로 촬영한 사진처럼 가운데가 볼록해지면서 술통형 왜곡이 강조됩니다.

03 이번에는 [양] 슬라이더를 오른쪽으로 조정합니다. 역시 어떻게 교정되는지를 알아보기 위해 [+100]까지 슬라이더를 드래그합니다. 가운데 부분이 오목해지면서 나비넥타이형 왜곡이 발생합니다.

04 사진이 오목해지면서 불필요한 부분이 생기므로 크롭해야 합니다. [자르기 오버레이] 도구로 크롭해도 되지만, [자르기 제한] 항목을 체크하여 크롭할 수 있습니다.

TIP [자르기 오버레이]와 [자르기 제한]의 차이

[자르기 오버레이] 도구로 사진을 크롭한 경우 언제든지 크롭 전 상태로 초기화가 가능하지만, [자르기 제한]으로 크롭한 경우에는 이 항목을 해제해도 크롭 전 상태로 초기화되지 않습니다. 초기화하려면 [자르기 오버레이] 도구를 클릭하고 확장 패널 하단의 [초기화]를 클릭합니다.

수동 교정을 활용하여 비네팅을 생성하거나, 화이트 비네팅을 적용할 수 있습니다.

실습 파일 : _V9A4486-HDR.dng

01 [렌즈 교정] 패널에서 [수동] 항목을 클릭하면 수동 조정 항목이 표시됩니다.

02 [비네팅]에서 [양] 슬라이더를 왼쪽으로 조정합니다. 여기서는 어떻게 교정되는지를 알아보기 위해 [−100]까지 슬라이더를 드래그합니다. 비네팅이 더 짙어집니다.

03 비네팅의 [양]을 조정하면 아래 [중간점] 슬라이더가 활성화됩니다. [중간점] 슬라이더를 왼쪽으로 드래그합니다. 프레임 안쪽으로 비네팅 영역이 넓어집니다.

04 이번에는 [양] 슬라이더를 오른쪽으로 조정합니다. 역시 어떻게 교정되는지 알아보기 위해 [+100]까지 슬라이더를 드래그합니다. 비네팅이 제거되는데, 비네팅이 없는 사진의 경우에는 흰색으로 밝아지는 화이트 비네팅이 생기기도 합니다.

TIP   색수차 교정하기

사진에 색수차가 있는 경우 [색수차 제거] 항목을 클릭하여 자동으로 교정합니다. RAW+JPEG로 촬영된 사진의 경우 RAW 파일의 교정이 더 정확하며, 초점이 맞은 영역의 배율 색수차를 대상으로 합니다. 초점이 맞지 않은 부분 또는 강한 하이라이트에서 발생한 축상 색수차는 언저리(fringe)라 부르며 [수동] 섹션에서 [언저리 제거]로 교정합니다.

→ 색수차 교정에 대해서는 [Part 05, Chapter 07, Section 05 색수차 제거를 통한 선명도 교정]을 참조하세요.

색수차 제거와 언저리 교정하기

언저리는 색수차의 한 종류이지만, [프로필] 섹션에서 [색수차 제거] 항목을 선택해도 자동으로 교정되지 않습니다. [수동] 섹션에서 [언저리 색상 선택기]를 사용하거나, 언저리에서 발생하는 자주와 초록 색상의 범위를 조절해 교정할 수 있습니다.

실습 파일 : _V9A1795.CR2

01 다음은 RAW 원본의 톤을 자동으로 보정한 후, 배경의 톤만 어둡게 처리한 사진입니다.

02 색수차를 확인하기 위해 [탐색기] 패널에서 [1:1]을 클릭한 후, 앞에 핀 꽃의 왼쪽 꽃잎의 테두리를 확인합니다. 꽃잎의 테두리를 따라 선이 보입니다.

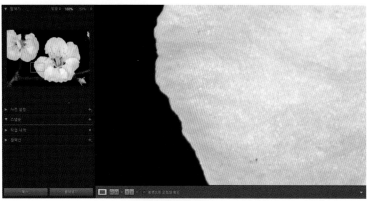

03 오른쪽 꽃잎의 테두리도 확인합니다. 꽃잎의 테두리를 따라 선이 보입니다. 왼쪽보다는 선이 다소 굵습니다.

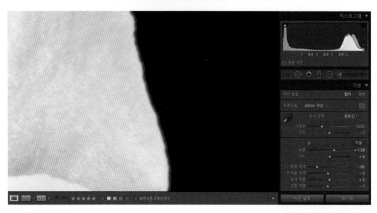

04 [렌즈 교정] 패널에서 [색수차 제거] 항목을 체크하면 색수차가 제거됩니다.

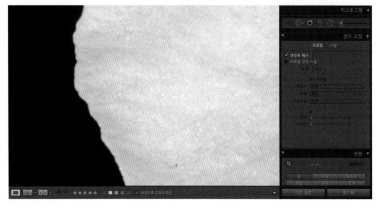

05 오른쪽 꽃잎에는 여전히 색수차가 남아있습니다. 선의 굵기는 조금 줄었고 색도 푸른색에서 자주색으로 변경되었습니다. 오른쪽에 남아있는 색수차를 제거하기 위해 [렌즈 교정] 패널에서 [수동] 항목을 클릭합니다.

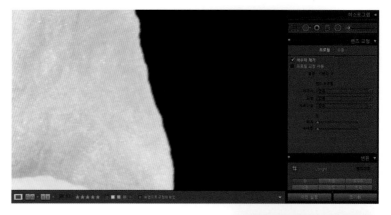

06 [언저리 제거] 항목에서 [언저리 색상 선택기]를 클릭합니다.

07 [언저리 색상 선택기]를 클릭하면 마우스 커서가 스포이트 모양으로 변경됩니다. 변경된 마우스 커서로 오른쪽 꽃잎에 남아 있는 테두리를 클릭합니다. 이때 스포이트 포인터의 끝이 자주색 또는 녹색으로 변할 때 클릭해야 합니다.

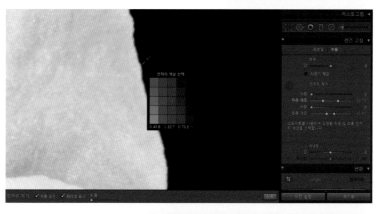

08 언저리가 제거됩니다.

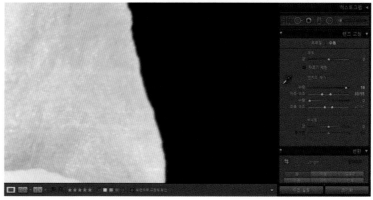

03 변환

변환 교정은 [변환] 패널의 [Upright] 섹션에서 교정 버튼을 클릭하거나 업라이트 격자 도구를 이용하는 자동 변환 교정과 [변환] 섹션에서 슬라이더를 조절해 교정하는 수동 변환 교정으로 진행할 수 있습니다.

자동 변환 교정하기

자동 변환 교정은 [변환] 패널의 [Upright] 섹션에서 교정 버튼과 업라이트 격자 도구를 사용합니다. 가장 빠른 교정은 [자동] 버튼을 클릭하는 것입니다. [자동] 버튼은 전체 이미지의 균형을 조정하고 가능한 한 원본 이미지를 유지하면서 수직/수평 원근의 왜곡과 기울기, 종횡비를 함께 교정합니다.

❶ [Upright] 격자 도구

❷ 자동 변환 교정 버튼

- 끔 : 원근 교정을 자동으로 적용하지 않습니다.
- 도우미 : 사진에서 두 개 이상의 안내선을 그려서 원근을 교정합니다.
- 수준 : 기울기 왜곡을 교정합니다.
- 수직 : 수직 원근과 기울기 왜곡을 교정합니다.
- 자동 : 전체 이미지의 균형을 조정하고 가능한 한 원본 이미지를 유지하면서 수직/수평, 원근의 왜곡과 기울기, 종횡비를 함께 교정합니다.
- 전체 : 수직/수평 원근의 왜곡과 기울기 원근을 교정합니다.

수직/수평 원근이 왜곡된 사진을 자동으로 변환하여 건물을 똑바로 세웁니다. 자동 변환이 잘 되려면 사진에 수직, 수평선이 있어야 합니다.

실습 파일 : _MG-5438.CR2

01 다음은 현상하지 않은 RAW 원본 사진입니다. 건물 바로 앞에서 광각 렌즈로 찍어 건물에 수직 왜곡이 발생했고, 오른쪽으로 약간 기울었습니다.

02 자동 변환 교정을 하기 전에 [렌즈 교정] 패널에서 자동 프로필 교정을 먼저 하는 것이 좋습니다. [렌즈 교정] 패널의 [프로필] 섹션에서 [프로필 교정 사용]을 클릭합니다.

03 [변환] 패널의 [Upright] 섹션에서 [수준] 버튼을 클릭합니다. 기울기가 자동으로 교정됩니다

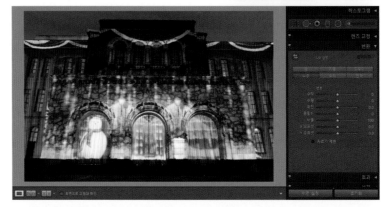

04 [변환] 패널의 [Upright] 섹션에서 [끔] 버튼을 클릭해 사진을 원래 형태로 되돌려 놓습니다. [수직] 버튼을 클릭합니다. 수직 원근과 기울기가 자동으로 교정됩니다. 아래쪽이 좁아져 흰 여백이 생깁니다. 불필요하기 때문에 나중에 크롭해야 합니다.

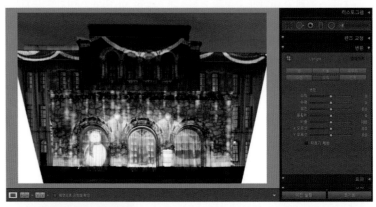

05 [변환] 패널의 [Upright] 섹션에서 [끔] 버튼을 클릭해 사진을 원래 형태로 되돌려 놓고 [전체] 버튼을 클릭합니다. 수직/수평 원근과 기울기가 자동으로 교정됩니다. 건물 오른쪽 부분이 앞으로 당겨집니다.

06 마지막으로 [자동] 버튼을 클릭해 교정합니다. [변환] 패널의 [Upright] 섹션에서 [끔] 버튼을 클릭해 사진을 원래 형태로 되돌려놓습니다. 그리고 [자동] 버튼을 클릭합니다. 전체 균형을 고려해 최적으로 교정됩니다.

[Upright 격자 도구]를 이용한 자동 변환 교정하기

자동으로 변환 교정을 하는 다른 방법으로 [Upright 격자 도구]를 사용하는 방법이 있습니다. [Upright 격자 도구] 버튼을 클릭한 후, 바로잡을 왜곡에 있는 곳을 드래그해 선을 긋기만 하면 됩니다. [Upright] 버튼으로 자동 변환 교정이 제대로 되지 않는 경우 사용하면 유용합니다.
[Upright 격자 도구]를 사용하여 사진의 수직/수평 왜곡과 기울기를 교정할 수 있습니다. 최소 두 개의 선을 그어야 자동으로 교정됩니다.

실습 파일 : _MG-5438.CR2

01 앞서 변환 교정에 사용한 사진을 초기화해 진행해보겠습니다. [현상] 패널 그룹 하단의 [초기화] 버튼을 클릭하거나, [변환] 패널의 [Upright] 섹션에서 [끔] 버튼을 클릭합니다.

02 [변환] 패널의 [Upright] 섹션에서 [Upright 격자 도구] 버튼을 클릭합니다.

03 [Upright 격자 도구] 버튼을 클릭하면 마우스 커서가 십자로 바뀌고, 오른쪽 아래에 마우스 커서가 지시하는 부분이 확대되어 표시됩니다.

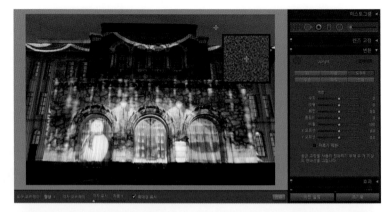

04 먼저 사진의 수평 왜곡부터 교정해보 겠습니다. 건물 위쪽 라인을 따라 드래그 합니다.

05 이번에는 건물 아래쪽 라인을 따라 드 래그합니다.

06 수평 왜곡이 자동 교정됩니다.

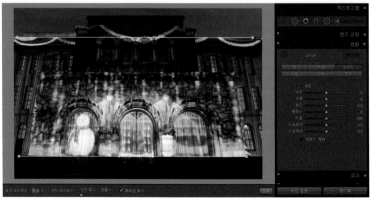

07 이번에는 수직 왜곡을 교정해보겠습니다. 건물 왼쪽 기울어진 선을 따라 드래그합니다.

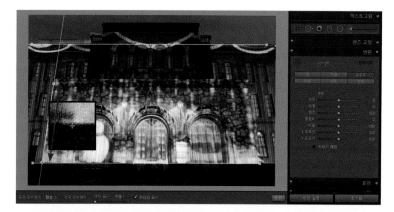

08 드래그한 후, 곧바로 왼쪽 수직 왜곡이 자동 교정됩니다.

09 오른쪽 수직 왜곡도 교정해보겠습니다. 건물 오른쪽의 기울어진 선을 따라 드래그합니다.

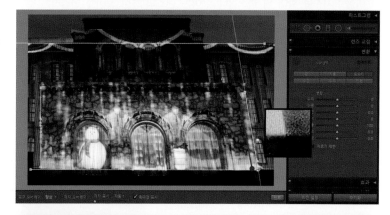

10 드래그한 후, 곧바로 오른쪽 수직 왜곡이 자동 교정됩니다. [도구 바]에서 [완료] 버튼을 클릭합니다.

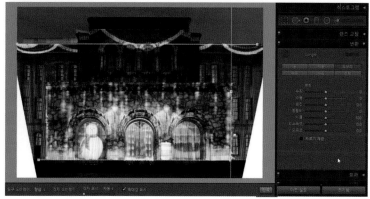

11 변환 교정 작업이 완료됩니다.

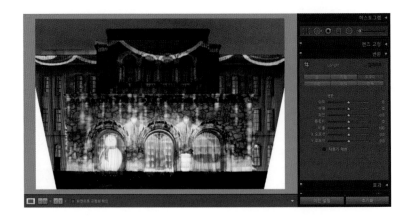

수동 변환 교정하기

[변환] 패널의 [변환] 섹션의 슬라이더를 사용해 교정합니다. 자동 변환 교정이 제대로 되지 않았다면 추가로 교정하거나, 처음부터 수동으로 교정할 수 있습니다.

1 수직 : 수직 원근을 교정합니다.

2 수평 : 수평 원근을 교정합니다.

3 회전 : 기울기를 교정합니다.

4 종횡비 : 사진의 종횡비를 교정합니다.

5 비율 : 사진을 확대 및 축소합니다. 이는 렌즈의 초점 길이를 변경하는 것과 유사합니다.

6 X 오프셋 : 프레임 내에 사진의 가로 위치를 변경합니다.

7 Y 오프셋 : 프레임 내에 사진의 세로 위치를 변경합니다.

[변환] 섹션의 슬라이더를 사용해 수동으로 건물을 똑바로 세워봅니다. 자동 변환과 어떠한 차이가 있는지 알아봅니다.
실습 파일 : _MG-5438.CR2

01 앞서 [Upright 격자 도구]로 변환 교정에 사용한 사진을 초기화해 진행해보겠습니다. [현상] 패널 그룹 하단의 [초기화] 버튼을 클릭하거나, [변환] 패널의 [Upright] 섹션에서 [끔] 버튼을 클릭합니다.

02 슬라이더 순서대로 진행해보겠습니다. 수직 원근 왜곡을 교정하기 위해 [수직] 슬라이더를 왼쪽으로 건물의 세로 선들이 수직이 될 때까지 드래그합니다.

03 이번에는 수평 원근을 교정합니다. [수평] 슬라이더를 오른쪽으로 드래그합니다. 건물 오른쪽이 앞으로 조금 당겨집니다.

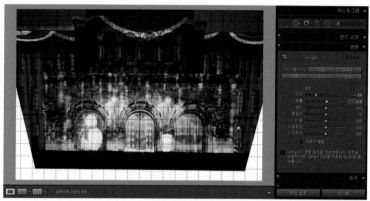

04 [회전] 슬라이더를 왼쪽으로 드래그하여 건물의 기울기를 바로잡습니다. 건물 윗부분이 잘리고 아래에는 여백이 생겼습니다.

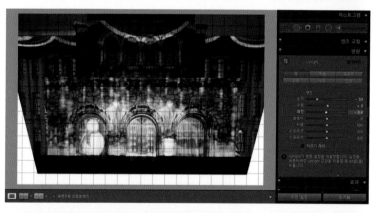

05 [Y 오프셋] 슬라이더를 왼쪽으로 드래그해 사진의 위치를 아래로 조정합니다. 건물 윗부분을 살리고 아래에 있던 여백도 자연스럽게 해결됩니다.

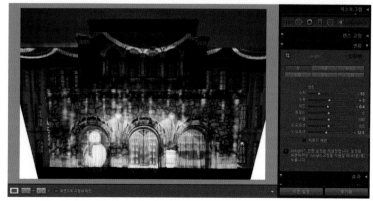

Chapter

09

효과의 적용

라이트룸에서 적용할 수 있는 효과는 크롭한 사진에 비네팅 효과를 추가하는 '자른 후 비네팅' 효과와 필름의 질감 효과를 적용할 수 있는 '필름 그레인' 효과가 있습니다. 또한 디헤이즈 기능을 사용하여 풍경 사진의 시야를 맑게 하거나 반대로 안개가 낀 효과를 만들 수 있습니다. 이 장에서는 라이트룸에서 적용할 수 있는 효과에 대해 알아봅니다.

01 자른 후 비네팅(Post-crop Vignetting)

[자른 후 비네팅]

[효과] 패널의 [자른 후 비네팅]은 크롭한 사진에 비네팅을 생성하는 효과입니다. [자른 후 비네팅]을 [렌즈 교정] 패널이 아닌 [효과] 패널에 둔 이유는 사진이 크롭되면 프레임의 중심이 변경되므로 변경된 중심에서 새로운 비네팅을 만들어야 하기 때문입니다.

[효과] 패널의 [자른 후 비네팅] 섹션

크롭한 사진에 비네팅 효과를 적용하려면 [효과] 패널의 [자른 후 비네팅] 섹션에서 진행합니다. 주의할 사항은 원본 사진에 비네팅이 있으면 이를 먼저 제거하고 [자른 후 비네팅]을 적용해야 합니다. 비네팅 제거는 [렌즈 교정] 패널에서 자동 및 수동으로 비네팅을 제거할 수 있습니다.

❶ 스타일 : 비네팅의 스타일을 설정합니다. 크롭된 사진의 노출을 적절히 조정하여 원본 사진의 대비를 유지하면서 적용합니다. 다음의 세 가지 스타일을 설정할 수 있습니다.

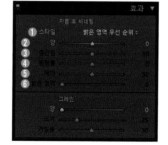

- 밝은 영역 우선 순위 : 사진에 밝은 영역이 포함되었으면 밝은 영역을 복구하여 비네팅 효과를 적용합니다. 단, 어두운 영역은 색이 변경될 수 있습니다. 클리핑된 밝은 영역이 포함된 사진에 적합합니다.
- 색상 우선 순위 : 사진에 어두운 영역이 포함되었으면 어두운 영역의 색상 변경을 최소화해 비네팅 효과를 적용합니다. 단, 밝은 영역은 복구되지 않은 채 비네팅이 적용됩니다.
- 페인트 오버레이 : 크롭된 이미지에 비네팅이 적용될 때 검정 또는 흰색 픽셀과 혼합합니다. 모양이 균일해질 수 있습니다.

❷ 양 : 비네팅을 적용합니다. 슬라이더를 왼쪽으로 조정하면 어두운 비네팅이 증가하고, 오른쪽으로 조정하면 밝은 비네팅이 증가합니다.

❸ 중간점 : 프레임의 중심에서 적용될 범위를 설정합니다. 슬라이더를 왼쪽으로 조정하면 프레임의 중심점에서 가까이 비네팅이 생성되어 넓은 영역에 적용됩니다. 슬라이더를 오른쪽으로 조정하면 프레임의 중심점에서 멀리 비네팅이 생성되어 좁은 영역에 적용됩니다.

❹ 원형률 : 비네팅의 모양을 설정합니다. 슬라이더를 왼쪽으로 조정하면 비네팅 효과가 타원형이 됩니다. 슬라이더를 오른쪽으로 조정하면 원형에 가까워집니다.

❺ 페더 : 비네팅의 부드러움을 설정합니다. 슬라이더를 왼쪽으로 조정하면 부드러움이 감소하고 경직된 계조가 만들어져 인위적인 느낌이 강해집니다. 슬라이더를 오른쪽으로 조정하면 부드러운 계조가 만들어지고 비네팅의 자연스러움이 증가합니다.

❻ 밝은 영역 : 비네팅의 스타일을 [밝은 영역 우선 순위]와 [색상 우선 순위]를 선택했을 때 활성화됩니다. [양]이 음수일 때 유지되는 밝은 영역의 대비 정도를 제어합니다. 촛불이나 등불과 같이 작은 밝은 영역이 있는 사진에 적합합니다.

가로 프레임 사진을 세로 프레임으로 크롭하고 비네팅을 설정해봅니다.

실습 파일 : _V9A4486-HDR.dng

01 다음은 라이트룸에서 HDR로 합성한 후, 자동으로 톤을 보정한 사진입니다.

02 [자른 후 비네팅]을 적용하기 전에 먼저 기존 비네팅을 제거합니다. [렌즈 교정] 패널의 [프로필] 섹션에서 [프로필 교정 사용] 항목을 선택합니다. 원본 사진의 비네팅이 자동으로 교정되어 제거됩니다. 사진의 톤도 밝아졌습니다.

03 ❶ [툴 스트립]에서 [오버레이 자르기] 도구를 클릭하고 세로 프레임으로 크롭 영역을 설정합니다. ❷ 설정이 끝났으면 [완료] 버튼을 클릭합니다.

04 [효과] 패널로 이동합니다. ❶ [자른 후 비네팅] 섹션에서 [스타일]을 [밝은 영역 우선 순위]로 선택하고 ❷ [양]을 [−30]으로 설정합니다. 크롭된 사진의 네 모서리에 비네팅이 설정됩니다.

05 비네팅이 타원형으로 되어 있습니다. [원형률] 슬라이더를 끝까지(+100) 드래그하여 비네팅을 원형으로 만듭니다.

06 이번에는 [중간점]을 변경해보겠습니다. [중간점]을 [60]으로 설정하여 비네팅 바깥으로 조금 확장합니다. [중간점]을 변경하니 프레임 안쪽의 풍경이 훨씬 자연스럽습니다.

07 [페더]를 [70]으로 설정하여 자연스러움을 더 강조합니다. 자연스러운 계조로 비네팅이 적용됩니다.

02 필름 그레인

필름 그레인(Film Grain)은 고감도 필름의 입자가 인화될 때 표현되는 질감입니다. 디지털카메라에서는 이러한 질감이 표현되지 않습니다. 간혹 노이즈를 필름 그레인으로 혼동하는데 이는 엄연하게 다른 것입니다. 라이트룸에는 고감도 필름의 질감 표현을 디지털 사진에 적용할 수 있도록 [그레인] 효과가 있습니다. 필름에 따라 표현되는 다양한 질감을 라이트룸의 [그레인]으로 만들 수 있습니다.

[효과] 패널의 [그레인] 섹션

사진에 필름 그레인 효과를 적용하려면 [효과] 패널의 [그레인] 섹션에서 진행합니다. 그레인은 질감에 나타나는 입자를 말하며 양, 크기, 거칠음을 조정할 수 있습니다.

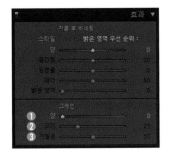

❶ 양 : 슬라이더를 왼쪽으로 조정하면 그레인의 양이 감소하고, 오른쪽으로 조정하면 그레인의 양이 증가합니다.

❷ 크기 : 크기를 설정합니다. 그레인의 크기가 25 이상이면 파랑이 추가되고, 노이즈 감소가 적용됩니다.

❸ 거칠음 : 배열을 조정합니다. 왼쪽으로 드래그하면 그레인이 균일하게 배열되고, 오른쪽으로 드래그하면 균일하지 않아 거칠음이 증가합니다.

크롭한 사진에 비네팅 적용하기

그레인은 전역 보정과 지역 보정을 끝낸 후, 마지막으로 적용하는 것이 좋습니다. 그레인의 크기가 노이즈를 감소시키는 효과가 있으므로 중복되지 않게 [노이즈 감소]를 너무 강하게 설정하지 않는 것이 좋습니다. 특히, 초점이 맞지 않거나 흔들린 사진에 적용하면 초점과 흔들림을 감출 수 있는 트릭이 됩니다. 그레인 적용 시 편집 화면을 1:1 확대해 미세하게 표현되는 그레인을 확인하면서 설정합니다.

실습 파일 : _V9A7415.CR2

01 다음은 불필요한 부분을 약간 잘라낸 원본 사진으로 [카메라 풍경] 프로파일을 적용하고, 톤을 자동으로 설정했습니다.

02 필름 그레인 효과를 적용하기 전에 사진을 1:1로 확대하고 초점이 맞은 억새와 하늘이 함께 있는 곳을 다음과 같이 표시합니다.

03 필름 그레인 효과를 적용하기 위해 [효과] 패널로 이동합니다. [그레인] 섹션에서 [양] 슬라이드를 오른쪽으로 드래그해 [50]으로 설정합니다. 매끈했던 하늘에 질감이 표현되었습니다.

04 [그레인] 섹션에서 [크기] 슬라이드를 오른쪽으로 드래그해 [60]으로 설정합니다. 그레인의 크기가 증가하니 선명도는 낮아집니다.

05 [그레인] 섹션에서 [거칠음] 슬라이드를 오른쪽으로 드래그해 [90]으로 설정합니다. 그레인이 더 거칠게 표현됩니다.

03 디헤이즈 효과

디헤이즈(Dehaze)는 헤이즈(옅은 안개, 연기)를 제거하는 기능입니다. 안개와 연기뿐만 아니라, 미세먼지, 연무, 플레어 등으로 시야가 좋지 않은 촬영 상황에서 찍은 사진에 사용하면 효과를 볼 수 있습니다. [디헤이즈]를 반대로 사용하면 안개를 더 짙게 표현할 수도 있습니다.

[기본] 패널의 [디헤이즈] 슬라이더

디헤이즈는 효과이지만 사진의 외관이 선명해지고 색이 살아나기 때문에 [기본] 패널의 [외관] 섹션에 포함되어 있습니다. 디헤이즈의 적용 원리는 채도와 대비에 있습니다. 채도와 대비를 적용하기 전에 디헤이즈를 먼저 적용하는 것이 좋습니다. 디헤이즈 슬라이더를 왼쪽으로 조정하면 헤이즈가 짙어지고 오른쪽으로 조정하면 제거할 수 있습니다.

헤이즈 제거하기

시야가 좋지 않은 원경 사진은 색이 선명하지 않습니다. 디헤이즈를 이용하여 시야를 맑게 하여 색이 선명한 사진으로 표현합니다.

실습 파일 : _MG_0761.CR2

01 다음은 산 아래 풍경을 망원렌즈로 찍은 사진입니다. 원경이라 색이 선명하지 않습니다.

02 [프로파일]을 [카메라 풍경]으로 설정하고 자동 톤 보정을 하면 색이 복구됩니다. [대비]와 [생동감]이 증가합니다.

03 디헤이즈와 중복되는 [대비]와 [생동감], [채도]를 각각 [0]으로 설정합니다. 시야가 다시 흐려집니다.

04 [디헤이즈] 슬라이더를 [60]까지 드래그합니다. 색이 짙어지고 시야가 선명해지는 것을 알 수 있습니다.

TIP   안개 낀 풍경을 표현하려면

[디헤이즈] 슬라이더를 왼쪽으로 드래그하면 헤이즈가 증가하여 마치 안개 낀 풍경을 표현할 수 있습니다. 이는 전역 보정으로 프레임 전체에 같게 적용됩니다. 특정 부분에만 헤이즈를 적용하고자 한다면, 로컬 도구를 사용하여 영역을 설정한 후, 로컬 도구 확장 패널에서 [헤이즈] 슬라이더를 조정합니다.

Chapter

10

로컬 보정

사진 전체가 아닌 특정 부분만 보정하려면 로컬 조정 도구를 사용합니다. 로컬 조정은 [툴 스트립]의 여섯 개의 도구를 사용해 영역을 설정해 보정합니다. 이 장에서는 로컬 보정에 주로 사용하는 [얼룩 제거], [점진적 필터], [방사형 필터], [조정 브러시] 도구에 대해 알아봅니다.

01 글로벌 보정과 로컬 보정

글로벌 보정과 로컬 보정

라이트룸에서 현상(후보정) 방법은 크게 두 가지로 나눌 수 있습니다. 하나는 이전까지 살펴본 프로파일, 화이트 밸런스, 톤, 색, 흑백, 렌즈 교정 및 변환, 효과 등과 같이 패널에서 작업하는 글로벌(global) 보정이고, 다른 하나는 툴 스트립(tool strip)의 도구를 사용해 현상하는 로컬(local) 보정입니다.

글로벌 보정은 프레임 전체를 대상으로 보정하는 방식입니다. 반면에 로컬 보정은 로컬 도구를 사용하여 프레임 내의 특정 영역을 설정하고 이 영역을 대상으로 보정하는 방식입니다. 예를 들어 글로벌 보정은 [기본] 패널에서 [노출] 슬라이드를 조정해 프레임 전체의 노출을 보정합니다. 로컬 보정은 툴 스트립의 도구로 프레임 내의 특정 영역을 설정한 후, 로컬 도구 확장 패널에서 [노출] 슬라이더를 조정해 해당 영역의 노출만 보정할 수 있습니다(노출 조정은 점진적 필터, 방사형 필터, 조정 브러시 도구에만 해당합니다).

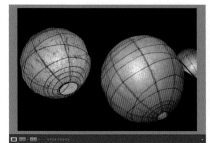 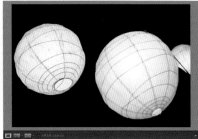 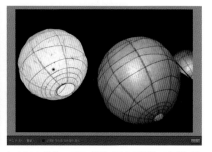

원본 사진 | [기본] 패널에서 [노출] 슬라이더를 조정해 글로벌 보정한 사진. 등의 노출도 증가하지만, 배경의 노출도 증가합니다. | [조정 브러시] 도구로 왼쪽 등만 영역을 설정한 후, [조정 브러시]의 [노출] 슬라이더를 조절해 로컬 보정한 사진 영역으로 설정된 부분의 노출만 증가합니다.

로컬 보정 도구(툴 스트립)

로컬 도구를 사용해 특정 영역만 보정하려면 대상 영역을 설정해야 합니다. 영역 설정은 [툴 스트립]의 로컬 도구를 사용합니다. [툴 스트립]은 [히스토그램] 패널 아래에 있습니다.

툴 스트립에는 모두 여섯 개의 로컬 도구가 있습니다. 각 로컬 도구의 명칭을 알아보면 다음과 같습니다.

❶ 오버레이 자르기(crop overlay) : 사진을 자르거나 기울기를 바로잡을 때 사용합니다.

❷ 얼룩 제거(spot removal) : 사진 내에 불필요한 요소를 제거할 때 사용합니다.

❸ 적목 현상 수정(red eye correction) : 플래시 빛에 의해 발생하는 적목을 제거합니다.

❹ 점진적 필터(graduated filter) : 한 방향으로 점진적인 효과를 적용합니다.

❺ 방사형 필터(radial filter) : 특정 지점에서 방사형으로 점진적인 효과를 적용합니다.

❻ 조정 브러시(adjustment brush) : 브러시로 설정한 영역에만 효과를 적용합니다.

[툴 스트립]에서 각 로컬 도구 아이콘을 클릭하면 [툴 스트립] 밑으로 로컬 도구로 설정한 영역을 조정할 수 있는 확장 패널이 펼쳐집니다.

[오버레이 자르기] 도구의 확장 패널 [얼룩 제거] 도구의 확장 패널 [적목 현상 수정] 도구의 확장 패널

[점진적 필터] 도구의 확장 패널 [방사형 필터] 도구의 확장 패널 [조정 브러시] 도구의 확장 패널

로컬 도구별 확장 패널 맨 아래에는 [초기화]와 [닫기] 메뉴가 공통으로 있습니다. [초기화]는 로컬 도구별 확장 패널에서 설정된 조정값을 모두 초기화합니다. [닫기]는 로컬 도구 사용을 완료하고 확장 패널을 닫습니다.

02 얼룩 제거 도구

얼룩(spot)은 이미지 센서에 붙은 먼지가 빛의 입사를 방해해 프레임 내에 어둡거나 검게 찍히는 점을 말합니다. [얼룩 제거] 도구는 사진의 얼룩을 제거하기 위해 만들어진 것이지만, 특정 영역을 드래그하는 힐링 브러시 방법을 사용하면 프레임 내의 불필요한 피사체를 제거하거나 복제할 수 있습니다.

[얼룩 제거] 도구의 확장 패널

[얼룩 제거] 도구를 클릭하면 [툴 스트립] 아래로 확장 패널이 펼쳐집니다.

❶ 브러시 : 얼룩을 제거하는 방식을 선택합니다. [복제]는 [샘플 영역]을 [선택 영역]에 똑같이 복제할 때 사용합니다. [복구]는 [샘플 영역]을 [선택 영역]에 복제하면서 텍스처, 조명, 음영 등을 일치시킵니다.

❷ 크기 : [선택 영역]의 크기를 즉, 브러시의 크기를 설정합니다. 이 크기는 [샘플 영역]의 크기로도 사용됩니다.

❸ 페더 : [선택 영역] 경계의 자연스러움을 조절합니다.

❹ 불투명도 : [선택 영역]에 덮인 [샘플 영역]의 불투명도를 조절합니다. 불투명도가 100이면 [선택 영역]이 [샘플 영역]으로 완전히 가려집니다. 100 미만으로 설정하면 [선택 영역]이 조금씩 보이고, 0으로 설정하면 [샘플 영역]이 사라집니다.

선택 영역과 샘플 영역

❺ 선택 영역 : 복제 또는 복구 대상 영역으로 브러싱한 곳입니다. 편집 중인 선택 영역은 굵은 흰색 선으로 표시됩니다.

❻ 샘플 영역 : 복제 또는 복구에 사용되는 영역입니다. 브러싱하면 자동으로 설정됩니다. 또한 드래그하여 위치를 변경할 수 있습니다. 화살표가 선택 영역을 지시합니다.

❼ 편집 중이지 않은 선택 영역입니다. 가는 흰색 선으로 표시됩니다. 이 영역을 클릭하면 편집할 수 있습니다.

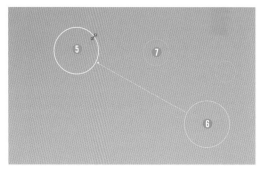

선택 영역과 샘플 영역

[얼룩 제거] 도구로 사진의 얼룩을 제거해 보겠습니다. 얼룩을 제거하는 작업은 모든 후보정 작업이 끝난 마지막에 하는 것이 좋습니다. 얼룩 제거를 먼저하고 다른 후보정 작업을 하면 이미지 처리가 느려질 수 있습니다.

실습 파일 : _MG_2218.CR2

01 다음은 후보정 작업이 끝난 사진입니다. 사진 내의 나무 오른쪽 위를 보면 얼룩이 확연히 눈에 들어옵니다.

02 축소된 사진에서는 아주 작은 피사체가 얼룩처럼 보일 수도 있습니다. 사진을 [1:1] 비율로 확대합니다. 피사체가 아닌 것을 확인할 수 있지만, 오른쪽으로 희미한 얼룩이 하나 더 있습니다. 축소된 사진에서 보이지 않던 것이 확대하니 보이는 것입니다.

03 다시 사진을 축소하고, [현상] 모듈의 [툴 스트립]에서 [얼룩 제거] 도구를 클릭합니다.

04 ❶ [얼룩 제거] 도구의 확장 패널이 펼쳐지고, ❷ [편집] 창 아래에는 [도구 바]에 옵션이 표시됩니다.

05 흐릿한 얼룩과 눈에 보이지 않는 작은 얼룩을 쉽게 찾기 위해 [도구 바]의 옵션에서 [얼룩 시각화] 옵션을 선택합니다.

06 다음과 같이 검정과 흰색으로 된 2bit 이미지로 표시됩니다. [얼룩 시각화]는 얼룩을 시각화해 표시해주므로 눈에 훨씬 잘 보이고, 작은 피사체와 구분되도록 표시합니다.

07 얼룩이 잘 표시되지 않으면 [얼룩 시각화] 항목 오른쪽에 있는 슬라이드를 오른쪽으로 조절하면 얼룩이 훨씬 더 두드러집니다.

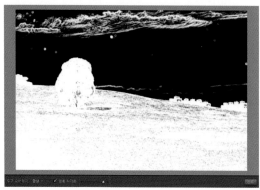

08 사진을 확대해 보면 이미지 선세에 입사되는 빛을 방해하는 얼룩은 링 모양을 하고 있습니다. 따라서 얼룩과 작은 피사체를 구별할 수 있습니다.

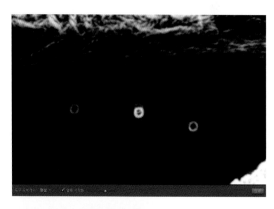

09 [얼룩 편집] 복구를 클릭합니다.

10 마우스 커서를 편집 화면 위로 올리면 가운데 십자가 있는 조준경 모양의 원으로 변경됩니다. 이 원을 브러시라 합니다. 마우스 휠을 돌려 브러시의 크기를 조절합니다. 제거할 얼룩의 크기보다 조금 크게 설정합니다.

11 확장 패널의 [크기] 슬라이드를 조절하여 브러시 크기를 설정할 수 있습니다. 브러시의 크기는 마우스 휠로 간단히 조절할 수 있지만, [페더]와 [불투명도]는 확장 패널에서 슬라이더로 조절합니다. 얼룩 제거 방식을 [복구]로 설정하고 [페더]는 0, [불투명도]는 100으로 설정합니다.

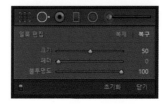

12 얼룩을 클릭합니다. 두 개의 원이 생기고 화살표가 그어집니다. ❶ 얼룩이 있던 자리의 원은 [선택 영역], ❷ 화살표가 시작되는 부분의 원은 [샘플 영역]이라 합니다. 따라서 화살표의 방향을 잘 보면 어느 영역으로 얼룩을 제거했는지 알 수 있습니다.

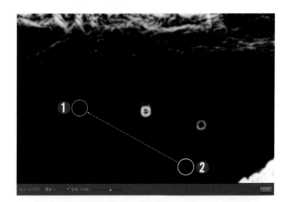

13 브러시 크기를 조절해가면서 얼룩을 제거합니다. 다른 얼룩을 클릭하면 이전 얼룩의 [샘플 영역]과 [화살표]가 사라지는 것을 할 수 있습니다. 이는 [선택 영역], [샘플 영역], [화살표]가 많아지면 작업하기 혼란스러우므로 [선택 영역]만 표시해주는 것입니다.

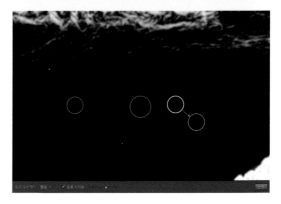

14 이전 작업의 [샘플 영역]과 [화살표]를 보려면 화면에 표시된 [선택 영역]에 마우스 커서를 올리면 [샘플 영역]과 [화살표]를 표시해줍니다. [선택 영역]을 클릭하면 [선택 영역], [샘플 영역], [화살표]가 고정되어 [선택 영역]을 삭제, 수정할 수 있으며 [샘플 영역]을 드래그하여 다른 곳으로 변경할 수 있습니다.

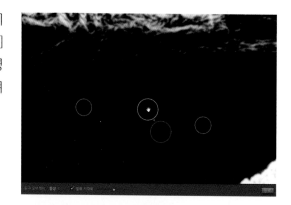

15 얼룩 시각화 화면에서 얼룩으로 확인되는 것을 제거합니다.

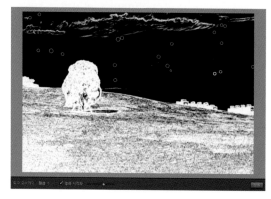

16 ❶ 얼룩이 제대로 제거되었는지 [얼룩 시각화] 옵션을 해제합니다. 이 옵션이 해제되어도 [선택 영역]이 표시되기 때문에 확인이 어렵습니다. **❷** [도구 바]의 옵션에서 [완료] 버튼을 클릭하거나, 확장 패널에서 [닫기]를 클릭합니다.

[완료] 버튼을 클릭해 얼룩 제거 작업을 완료했더라도, 언제든지 [얼룩 제거] 도구 아이콘을 다시 클릭하면 얼룩 제거 작업을 이어서 할 수 있습니다. 얼룩 제거 작업 중에는 [선택 영역]을 클릭하여 선택한 후, 수정 및 삭제할 수 있고, [샘플 영역]을 다른 곳으로 변경할 수 있습니다. 이번에는 [선택 영역]과 [샘플 영역]을 편집해 보겠습니다.

실습 파일 : _MG_2218.CR2

01 [툴 스트립]에서 [얼룩 제거] 도구 아이콘을 클릭해 얼룩 제거 작업으로 전환합니다. 사진에 표시된 선택 영역에 마우스 커서를 올려보면 손바닥 모양으로 변경되고 [샘플 영역]과 [화살표]가 표시됩니다. 이때 [선택 영역]을 클릭하면 [선택 영역], [샘플 영역], [화살표]가 고정됩니다.

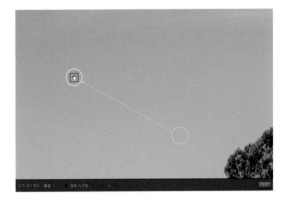

02 확장 패널에서 브러시의 크기, 페더, 불투명도를 변경할 수 있습니다. 이 작업은 클릭한 얼룩 제거 영역에만 적용됩니다. 먼저 [선택 영역] 또는 [샘플 영역]의 테두리로 마우스 커서를 가져가면 양방향 화살표가 표시됩니다. 이때 마우스를 클릭한 채 드래그합니다.

03 브러시의 크기가 조절됩니다.

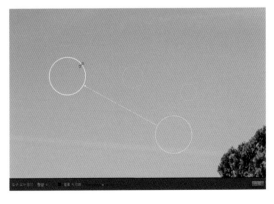

04 [샘플 영역]은 자동으로 설정되나, 얼룩 제거가 제대로 되지 않는다면 사용자가 다른 곳을 지정할 수 있습니다. [샘플 영역]을 변경하려면 [샘플 영역] 위로 마우스 커서를 올립니다. 손바닥 모양으로 변경되면 클릭한 채 다른 곳으로 드래그합니다.

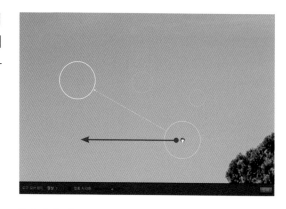

05 [샘플 영역]이 변경됩니다. [선택 영역]도 같은 방법으로 변경할 수 있습니다.

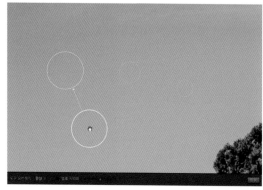

06 설정된 얼룩 제거 영역을 삭제하려면 **Delete**를 누릅니다. 이 작업은 오직 선택된 얼룩 제거 영역만 삭제됩니다. 전체 얼룩 제거 영역을 삭제하려면 확장 패널에서 [초기화]를 클릭합니다.

힐링 브러시로 불필요한 피사체 제거하기

얼룩 제거가 점을 제거하는 것이라면 선이나, 불필요한 피사체는 어떻게 제거할까요? 이는 비교적 간단합니다. 점을 이으면 선이 되기 때문입니다. 그렇다고 전깃줄을 지우기 위해 선을 따라 클릭할 필요는 없습니다. 선을 따라 드래그만 하면 됩니다. 선이 길거나, 피사체의 형태가 복잡하다면 조금씩 나눠 드래그해야 합니다.

실습 파일 : _MG_9969.CR2

01 다음은 자동으로 톤 보정만 한 사진입니다. 프레임 좌측면에 불필요한 것이 찍혔습니다. 이러한 사진은 보통 크롭하지만, [얼룩 제거] 도구의 힐링 브러시 기능을 이용하면 간단히 처리할 수 있습니다.

02 [현상] 모듈에서 [얼룩 제거] 도구 아이콘을 클릭하고, 제거할 부분이 있는 곳을 확대합니다. 먼저 형태가 비교적 둥글고 단순한 윗부분은 [얼룩 편집]을 [복구]로 설정하고 브러시의 크기를 조절하여 얼룩 제거하듯 클릭합니다.

03 [샘플 영역]이 설정됩니다. 드래그하여 다른 곳을 설정할 수도 있습니다. 아래 그림자 부분은 수평으로 긴 형태를 가지고 있는데, 면적이 큰 [샘플 영역]이 필요하게 됩니다. 이런 경우에는 그림자의 두께만큼 브러시의 크기를 설정해 브러싱합니다. 이 방법을 '힐링 브러시'라고 합니다.

04 브러싱은 어느 지점에서 시작해도 상관없지만, 작은 영역이면 한 번에 드래그해 [선택 영역]으로 설정합니다. 긴 영역을 제거하려면 일정한 길이로 끊어가서 드래그합니다. 수평으로 드래그하여 브러싱합니다.

05 마우스를 놓으면 [샘플 영역]이 자동으로 설정됩니다. [얼룩 제거] 도구를 힐링 브러시로 사용하면 드래그를 시작한 지점에 핀이 하나 꽂힙니다. 이 핀은 힐링 브러시 영역을 편집할 때 클릭합니다.

06 같은 방법으로 프레임 우측에 있는 길게 솟은 코스모스도 제거합니다.

07 사진을 축소합니다. 전체적으로 어색한지 확인합니다. 확인이 끝났으면 [완료] 버튼을 클릭합니다.

08 프레임 좌우에 불필요한 피사체가 제거됩니다.

03 점진적 필터 도구

[점진적 필터] 도구는 촬영 시 렌즈 앞에 장착하는 여러 종류의 그러데이션 필터를 대신하는 아주 유용한 도구입니다. 예를 들어 ND 그러데이션 필터를 장착하면 한 방향으로 밝기가 점진적으로 어두워집니다. 필터를 회전하면 방향을 바꿀 수 있습니다. 이러한 그러데이션 필터는 ND 필터뿐만 아니라, 흑백 사진 촬영에서 사용하는 색상 그러데이션 필터 등 다양합니다. 로컬 도구의 [점진적] 필터는 노출, 색상 외에 텍스처, 디헤이즈, 채도, 선명도, 노이즈 등 다양한 효과를 적용할 수 있습니다.

[점진적 필터] 도구의 확장 패널

[툴 스트립]에서 [점진적 필터] 도구를 클릭하면 아래로 확장 패널이 펼쳐집니다. [점진적 필터] 도구의 확장 패널은 [마스크], [효과], [범위 마스크] 세 부분으로 구성됩니다.

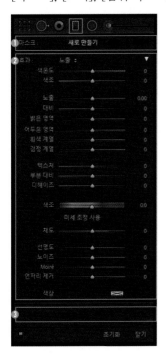

❶ 마스크 : 마스크는 [점진적 필터]로 설정한 영역을 의미합니다.
- 새로 만들기: 사진에 [점진적 필터]를 새로 추가하고 효과를 적용할 영역을 설정합니다. 촬영 시 여러 개의 필터를 사용하듯이 여러 마스크를 만들어 중첩해 사용할 수 있습니다.
- 편집 : 마스크 영역이 설정되면 [편집]으로 자동 전환됩니다. [점진적 필터]로 설정된 영역에 효과를 적용하거나, 여러 개의 마스크를 사용하였을 때 선택된 마스크의 효과를 수정합니다.
- 브러시 : 마스크 영역에서 제거할 영역 또는 추가할 영역을 브러싱합니다.

❷ 효과 : 마스크 영역에 적용할 효과를 설정합니다.
- 색온도 : 색상 온도를 조정합니다. [점진적 필터]의 색온도 효과는 혼합 조명 조건에서 촬영된 이미지를 향상할 수 있습니다.
- 색조 : 초록 또는 자홍 색상 경향성을 보정합니다.
- 노출 : 밝기를 조정합니다. 로컬 보정을 적용하면 기존의 닷지 및 번과 유사한 결과를 얻을 수 있습니다.
- 대비 : 대비를 조정하며, 주로 중간 톤에 영향을 줍니다.
- 밝은 영역 : 노출이 과도한 영역의 세부 묘사를 복구합니다.
- 어두운 영역 : 노출이 부족한 영역의 세부 묘사를 복구합니다.
- 흰색 계열 : 흰색으로 보이는 영역을 조정합니다.
- 검정 계열 : 검정으로 보이는 영역을 조정합니다.
- 텍스처 : 세부적인 텍스처를 완만하게 하거나 강조합니다. 슬라이더를 왼쪽으로 조정하면 세부 사항이 완만해지고, 오른쪽으로 움직이면 세부 사항이 강조됩니다. [텍스처] 슬라이더를 조절해도 색상이나 톤 구성은 변하지 않습니다.
- 부분 대비 : 테두리와 선에 포함된 대비를 증가시켜 이미지에 입체감을 강조합니다.
- 디헤이즈 : 헤이즈를 줄이거나 늘립니다.
- 색조 : 라이트룸 클래식 9.3 버전부터 추가된 효과로 마스크 영역의 색을 조정합니다.
- 채도 : 색상 선명도를 조정합니다.
- 선명도 : 테두리를 더욱 뚜렷하게 하여 사진의 세부 묘사를 나타냅니다. 음수 값을 사용하면 세부 묘사가 흐려집니다.

- 노이즈 : 광도 노이즈를 줄입니다.
- Moiré : Moiré 아티팩트 또는 색상 앨리어싱(color aliasing)을 제거합니다.
- 언저리 제거 : 테두리에 발생한 언저리 색상을 제거합니다.
- 색상 : 마스크 영역에 색을 오버레이합니다. 색상 견본을 클릭하여 색을 선택합니다. 사진을 흑백으로 전환할 때도 색상 효과는 유지됩니다.

❸ 범위 마스크 : 마스크에 적용할 효과의 범위를 색상, 광도, 깊이로 제한할 수 있습니다.

[점진적 필터] 영역 설정하기

그러데이션이 포함된 사진에서 그러데이션을 향상하기 위해 [점진적 필터]를 사용합니다. 그러데이션이 없더라도 새로운 그러데이션을 만들 수 있습니다. 먼저 [점진적 필터]로 영역을 설정하는 방법부터 알아봅니다.

실습 파일 : _V9A4705.CR2

01 다음은 기본 보정을 끝낸 사진입니다. 사진 속 하늘을 보면 왼쪽에서 오른쪽으로 색과 밝기가 점진적으로 변합니다. 그러데이션을 향상하기 위해 [점진적 필터]를 사용합니다. 노을 색감과 푸른 색감을 살려보겠습니다.

02 [현상] 모듈의 [툴 스트립]에서 [점진적 필터] 도구 아이콘을 클릭합니다.

03 ❶ [점진적 필터] 도구의 확장 패널이 펼쳐지고, ❷ [편집] 창 아래에는 [도구 바]의 옵션이 표시됩니다.

TIP 확장 패널의 [효과] 섹션이 초기화되었는지 확인합니다.

마스크 영역 설정 전에 확장 패널의 모든 효과 슬라이더가 초기화되었는지 확인합니다. 초기화되지 않았다면 섹션 타이틀인 [효과]를 더블클릭하여 초기화합니다. [효과] 슬라이더의 제목을 더블클릭하면 해당 슬라이더만 초기화됩니다.

04 사진 위로 마우스 커서를 올리면 십자 모양으로 변경됩니다. 프레임 위에서 아래로 드래그합니다. 드래그 시 선이 세 개 생깁니다. 가운데 선이 언덕에 위치할 때까지 드래그합니다.

TIP **[점진적 필터]의 세 개의 선**

점진적 필터가 설정되면 세 개의 선이 생깁니다. 드래그를 시작한 지점에 생기는 시작 선과 드래그를 끝냈을 때 생기는 끝 선이 있고, 이 두 선 사이가 필터의 적용 범위입니다. 드래그한 방향으로 적용된 효과가 점점 옅어집니다. 두 선 중 하나를 드래그하면 적용 범위를 조절할 수 있습니다. 가운데 선은 중심선으로 필터를 회전할 때 사용합니다. 중심선에는 마스크 핀이 표시되어 있는데 마스크를 선택하거나, 이동할 때 사용합니다.

---

05 편집 화면 아래의 [점진적 필터] [도구 바]의 옵션 항목에서 [선택한 마스크 오버레이 표시] 항목을 선택하면 그러데이션이 어떻게 적용되는지 지정된 색상으로 오버레이해 미리 볼 수 있습니다. 기본으로 지정된 색은 빨강입니다. 드래그를 시작한 지점이 가장 짙고, 드래그를 끝낸 지점이 가장 옅게 표현됩니다. 즉, 선택 영역에 적용된 효과는 드래그를 시작한 부분에서 점진적으로 옅어집니다.

[점진적 필터]의 그러데이션 범위 조절, 방향 회전, 위치 이동하기

영역이 설정된 마스크는 고정된 것이 아니라, 그러데이션의 범위, 방향, 위치를 언제든지 수정할 수 있습니다. 여러 마스크가 사용되었다면 해당 마스크의 핀을 클릭해 선택한 후, 진행합니다.

실습 파일 : _V9A4705.CR2

01 사진의 그러데이션 방향과 마스크의 그러데이션 방향을 같게 해주는 것이 좋습니다. 마스크의 가운데 선 주위로 마우스 커서를 가져가면 다음과 같이 회전 포인터로 변경됩니다. 이때 마우스로 클릭한 채 화살표 방향으로 드래그하면 마스크가 회전됩니다.

02 오른쪽이 기울어지도록 회전합니다. 이번에는 마스크를 이동시켜보겠습니다. 중심선이 있는 핀에 마우스 커서를 가져가면 포인터가 손바닥 모양으로 변경됩니다. 이때 핀을 클릭한 채 드래그하면 마스크를 이동할 수 있습니다.

03 마스크가 이동됩니다. 그러데이션 범위는 마스크의 시작 선 또는 끝 선 중 하나에 마우스 커서를 가져가면 포인터가 손바닥 모양으로 변경됩니다. 이때 드래그하면 그러데이션 간격을 조절할 수 있습니다.

04 그러데이션 간격이 조정됩니다.

영역이 설정된 마스크에 효과는 [옵션 바]의 [선택한 마스크 오버레이 표시] 옵션을 해제하고 [점진적 필터]의 확장 패널에서 적용합니다.

실습 파일 : _V9A4705.CR2

01 [점진적 필터] [옵션 바]의 [선택한 마스크 오버레이 표시] 옵션을 해제합니다. 아직 마스크에 효과를 설정하지 않았기 때문에 변화가 없습니다.

02 먼저 왼쪽 하늘의 밝기를 조절합니다. ❶ RGB가 95% 이상이므로 [점진적 필터] 확장 패널에서 [흰색 계열] 슬라이더를 [-30]으로 낮추고, ❷ [밝은 영역] 슬라이드도 [-75]로 낮춥니다.

03 왼쪽 하늘의 노을 색감이 살아납니다. 그러나 오른쪽 도라지밭과 하늘은 다소 어두워졌습니다.

04 [점진적 필터] 확장 패널에서 [어두운 영역] 슬라이더를 [30]으로 설정합니다.

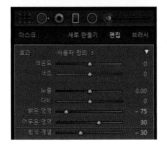

05 도라지밭의 어두운 영역이 복구됩니다.

06 하늘의 색감을 짙게 하려면 [점진적 필터] 확장 패널에서 [채도] 슬라이더를 [50]으로 설정합니다.

07 하늘의 색이 다소 짙어집니다.

08 하늘의 파란색을 조금 더 강조하기 위해 [점진적 필터] 확장 패널에서 [색상]을 파랑으로 설정합니다.

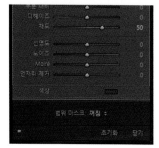

09 하늘이 이전보다 청명한 색감으로 표현됩니다.

범위 마스크 설정하기

[점진적 필터]로 설정된 영역에 효과가 불필요하게 적용된 곳이 있습니다. 마스크 영역에 설정한 효과가 하늘에만 적용되어야 하는데 도라지밭에도 적용되었습니다. 이 문제를 해결하기 위해 [범위 마스크]로 효과의 적용 범위를 제한할 수 있습니다.

실습 파일 : _V9A4705.CR2

01 ❶ [점진적 필터] 확장 패널 맨 아래에 있는 [범위 마스크]를 [색상]으로 설정합니다. ❷ 색상 범위를 설정하기 위해 [범위 마스크] 섹션에서 [색상 범위 선택기]를 클릭합니다.

02 마우스 커서를 사진 위로 가져가면 스포이트 모양으로 변경됩니다. 하늘의 파란색 부분을 클릭합니다.

03 오른쪽 도라지밭에 적용된 효과가 제거됩니다. 즉, 마스크 설정 영역 내에 [색상 범위 선택기]로 클릭한 색상에 대해서만 효과가 적용됩니다. 그러다 보니 왼쪽 노을 색감에는 효과가 적용되지 않습니다.

04 이번에는 Shift 를 누른 상태에서 왼쪽 하늘의 노을 부분을 클릭합니다.

05 왼쪽 하늘에도 마스크가 적용되어 노을 색이 표현됩니다.

06 ❶ 색상 범위를 하나 더 추가하면 훨씬 자연스러워집니다. ❷ [완료] 버튼을 클릭하여 작업을 종료합니다.

04 방사형 필터 도구

[방사형 필터] 도구는 프레임 내의 특정 지점에서 방사형 그러데이션을 만듭니다. 예를 들어 광각 렌즈 촬영 시 주변이 어둡게 표현되는 비네팅 현상이 발생합니다. 비네팅은 프레임 중심에서 바깥으로 점점 어두워지는 대표적인 방사형 그러데이션입니다. 비네팅이 프레임 중심에 고정된 것이라면, [방사형 필터]는 사용자가 프레임 내에 지정한 곳에 방사형 그러데이션을 만들 수 있다는 특징이 있습니다.

[방사형 필터] 도구는 [점진적 필터] 도구와 기능은 거의 같습니다. 다만 다른 점이 있다면 [페더]와 [반전] 기능이 더 있다는 것입니다. [페더]는 설정 영역 경계와의 자연스러움을 만들어 줍니다. [반전]은 그러데이션의 진행 방향을 반대로 변경하는 것입니다.

[방사형 필터] 도구의 확장 패널

[방사형 필터] 도구를 클릭하면 [툴 스트립] 아래로 확장 패널이 펼쳐집니다. [점진적 필터]와 마찬가지로 [방사형 필터]의 확장 패널도 [마스크], [효과], [범위 마스크]가 있고, [페더/반전]이 별도로 있습니다.

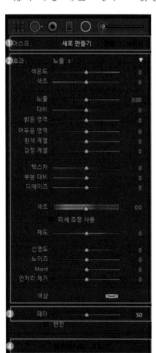

❶ 마스크 : 마스크는 [방사형 필터]로 설정한 영역을 의미합니다.

❷ 효과 : 마스크 영역에 적용할 효과를 설정합니다.

❸ 페더/반전 : [페더]는 효과가 적용될 그러데이션의 범위를 설정합니다. [반전]은 그러데이션의 방향을 반대로 변경합니다.

❹ 범위 마스크 : 마스크에 적용할 효과의 범위를 색상, 광도, 깊이로 제한할 수 있습니다.

[방사형 필터]의 영역 설정하기

사진 내의 특정 피사체를 강조하려면 해당 피사체를 [방사형 필터] 영역으로 설정합니다. 영역은 피사체의 모양에 따라 정원, 타원으로 설정할 수 있습니다.

실습 파일 : _V9A4330.CR2

01 다음은 톤 보정만 한 사진입니다. [방사형 필터] 도구를 사용하여 연꽃 주변을 어둡게 처리해보겠습니다.

02 [현상] 모듈의 [툴 스트립]에서 [방사형 필터] 도구 아이콘을 클릭합니다.

03 ❶ [방사형 필터] 도구의 확장 패널이 펼쳐지고, ❷ [편집] 창 아래에는 [옵션 바]가 표시됩니다.

TIP   확장 패널의 [효과] 섹션이 초기화되었는지 확인하기

마스크 영역 설정 전에 확장 패널의 모든 효과 슬라이더가 초기화되었는지 확인합니다. 초기화가 되지 않았다면 섹션 타이틀인 [효과]를 더블클릭하여 초기화합니다.

04 마우스 커서를 사진 위로 올려보면 포인터가 십자 모양으로 표시됩니다.

05 방사형 그러데이션이 시작될 곳을 클릭한 채로 드래그하면 원이 그려집니다. 이 원이 마스크 영역이 됩니다. (Shift)를 누른 채 드래그하면 정원이 그려집니다. 꽃보다 큰 정원을 그립니다.

06 [편집] 창 아래의 [방사형 필터] [도구 바]의 옵션 항목에서 [선택한 마스크 오버레이 표시] 항목을 선택하면 그러데이션 영역 범위를 지정된 색상으로 오버레이해 표시합니다. 기본으로 지정된 색은 빨강입니다. 방사형 필터이기 때문에 원 중심에서 바깥으로 그러데이션이 강하게 적용됩니다.

[방사형 필터]의 그러데이션 크기, 회전, 위치 이동, 페더 조정하기

영역이 설정된 마스크는 고정된 것이 아니라, 그러데이션의 크기, 회전, 위치, 페더 등을 언제든지 수정할 수 있습니다. 여러 마스크가 사용되었다면 해당 마스크의 핀을 클릭해 선택한 후, 진행합니다.

실습 파일 : _V9A4330.CR2

01 먼저 마스크의 크기를 변경합니다. 방사형 필터의 원 위아래와 좌우에는 필터 핸들러가 있습니다. 마우스 커서를 필터 핸들러에 가져가면 포인터가 양방향 화살표로 표시됩니다. 이때 드래그하면 마스크의 크기를 변경할 수 있습니다. Shift를 누른 채 드래그하면 모양을 유지하면서 마스크를 확대 및 축소할 수 있습니다.

02 여기서는 Shift를 누른 채 드래그하여 정원 모양을 유지해 확대합니다.

03 마스크를 회전시킵니다. 원 근처로 마우스 커서를 가져가면 포인터가 구부러진 화살표로 표시됩니다. 이때 클릭한 채 화살표 방향으로 드래그하면 마스크를 회전할 수 있습니다. 참고로 마스크가 정원이면 회전해도 의미가 없지만, 타원이면 피사체의 형태에 따라 회전할 필요가 있습니다.

04 [마스크]가 회전됩니다. 중심에 마스크의 위치를 알려주는 핀이 표시되어 있습니다. 여러 개의 마스크가 사용되었을 때 핀을 클릭해 해당 마스크를 수정할 수 있습니다. 또한 핀 위로 마우스 커서를 올리면 포인터가 손바닥 모양으로 변경됩니다. 이때 클릭한 채 드래그하면 마스크의 위치를 변경할 수 있습니다.

05 마스크의 위치를 오른쪽으로 조금 움직입니다.

06 마지막으로 [페더]를 설정해보겠습니다. 페더는 그러데이션이 점진적으로 적용되는 범위입니다. 기본값은 [50]으로 설정되어 있습니다. [0]으로 설정합니다.

07 페더가 적용되지 않아 점진적인 변화가 없어 원 안과 밖이 명확히 구별됩니다. 즉, 원 안쪽으로는 그러데이션이 적용되지 않습니다.

08 이번에는 [페더]를 100으로 설정합니다.

09 원 중심에서 바깥쪽으로 그러데이션이 점진적으로 적용됩니다.

설정된 마스크에 효과를 적용해 보겠습니다. 연꽃이 강조되도록 주변을 어둡게 처리해보겠습니다. 촬영 시 플래시를
사용한 것처럼 배경이 어두워지는 효과입니다. 여기서는 기존 마스크를 복제해 두 개의 마스크를 사용해보겠습니다.
실습 파일 : _V9A4330.CR2

01 적용된 효과를 바로 확인하려면 마스크 오버레이가 없어야
합니다. [방사형 필터] [옵션 바]에서 [선택한 마스크 오버레이
표시] 옵션을 해제합니다.

02 [방사형 필터] 확장 패널에서 [노출]을 [-1.2]로 설정합니다.
더 어둡게 처리하기 위해 [노출]을 많이 내리면 마스크 영역 바
깥만 어두워져 자연스럽게 표현되지 않습니다.

03 연꽃 주변이 어두워집니다. 마스크 바깥을 더 어둡게 처리
하기 위해 새로운 마스크를 추가합니다. 여기서는 기존 마스크
를 복제해 사용해보겠습니다. 마스크 중심의 핀을 마우스 오른
쪽으로 클릭하면 단축 메뉴가 표시됩니다. [복제]를 선택합니다.

04 마스크가 하나밖에 없는 것처럼 보이지만, 같은 마스크 두
장이 겹친 것입니다. 효과도 두 배가 되어 하나일 때보다 더 어
두워집니다.

마스크의 핀을 드래그해 옮겨보면 겹친 다른 마스크의 핀이 보입니다. 다른 핀을
선택하면 해딩 마스크를 수정할 수 있습니다.

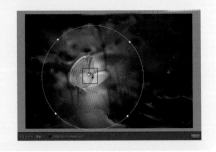

05 복제된 마스크의 크기를 변경해 보겠습니다. Shift를 누른 채
로 필터 핸들러를 원 바깥으로 드래그합니다.

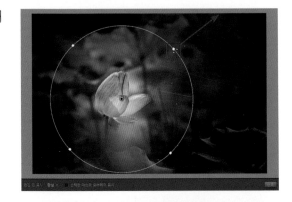

06 기존 마스크보다 크게 설정합니다.

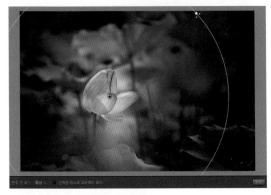

07 [방사형 필터] 확장 패널에서 [노출]을 [−2]로 조정합니다.

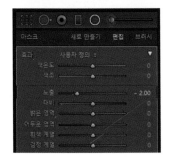

08 복제해 겹쳤을 때보다 훨씬 자연스러운 그러데이션이 설정됩니다.

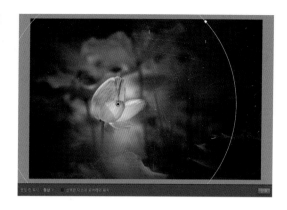

새로운 마스크 추가와 반전 설정하기

마지막으로 새로운 [방사형 필터] 마스크를 추가해 그러데이션의 방향을 반전시켜 꽃에만 효과를 적용해보겠습니다. 특히, 꽃 주변의 연잎에 적용되지 않도록 [범위 마스크]를 설정합니다.

실습 파일 : _V9A4330.CR2

01 [방사형 필터] 확장 패널에서 [새로 만들기]를 클릭합니다.

02 기존 마스크의 겹친 핀 옆에 새로운 [방사형 필터] 마스크를 꽃보다 약간 크게 만듭니다.

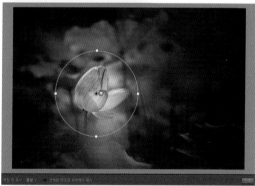

03 새로 생성된 마스크의 핀을 드래그해 기존 마스크 위로 겹쳐 놓습니다.

04 [방사형 필터] [옵션 바]에서 [선택한 마스크 오버레이 표시] 옵션을 선택합니다.

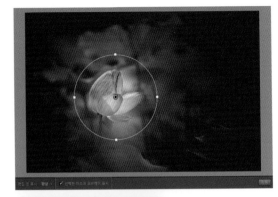

05 연꽃에만 마스크 영역을 설정할 것이므로 [방사형 필터] 확장 패널에서 [반전]을 선택합니다.

06 그러데이션의 방향이 마스크 원 안쪽으로 변경됩니다.

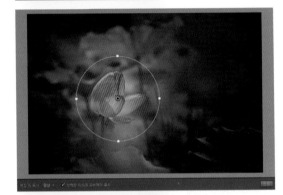

07 연꽃에 고루 효과가 적용되어야 하므로 그러데이션이 없는 것이 좋습니다. [방사형 필터] 확장 패널에서 [페더]를 [0]으로 설정합니다.

08 마스크가 설정됩니다.

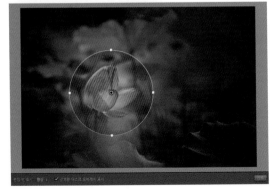

09 이제 [범위 마스크]로 꽃만 설정합니다. ❶ [범위 마스크]를 [색상]으로 설정하고, ❷ [색상 범위 선택기] 아이콘을 클릭합니다.

10 마우스 커서를 [편집] 창 위로 올리면 스포이트 모양으로 변경됩니다. 연꽃잎의 분홍색을 클릭합니다.

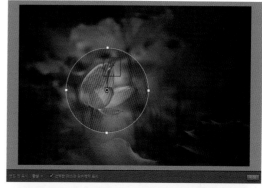

11 연꽃잎만 마스킹됩니다.

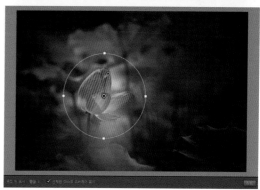

TIP   마스크 색상 변경하기

분홍 꽃잎에 빨강으로 마스크 영역이 오버레이 되니 제대로 설정되었는지 확인하기가 어렵습니다. 오버레이 되는 마스크의 색상은 빨강, 녹색, 흰색, 검정으로 변경할 수 있습니다. [현상] 모듈의 [도구 〉 조정 마스크 오버레이] 메뉴에서 다른 색상을 설정할 수 있습니다.

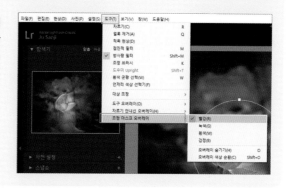

12 효과를 적용해야 하니 [옵션 바]에서 [선택한 마스크 오버레이 표시] 옵션을 해제합니다.

13 [방사형 필터] 확장 패널의 [효과] 섹션의 [밝은 영역], [부분 대비], [채도], [선명도]를 다음과 같이 설정합니다.

14 연꽃에만 효과가 적용됩니다.

05 조정 브러시

앞서 살펴본 [점진적 필터]와 [방사형 필터]는 사용자가 설정한 선형 또는 방사형 로컬 영역에 다양한 점진적 효과를 적용하는 도구였습니다. 이번에 살펴볼 [조정 브러시]는 브러싱이라는 방법으로 로컬 영역을 설정하고 다양한 효과를 적용할 수 있는 로컬 보정 도구입니다.

[조정 브러시]의 확장 패널

[툴 스트립]에서 [조정 브러시] 도구를 클릭하면 [조정 브러시] 확장 패널이 펼쳐집니다. [조정 브러시] 도구의 확장 패널은 [마스크], [효과], [브러시], [범위 마스크] 네 부분으로 구성됩니다.

❶ 마스크 : 마스크는 [조정 브러시]로 설정한 영역을 의미합니다.

❷ 효과 : 마스크 영역에 적용할 효과를 설정합니다.

❸ 브러시 : 마스크 브러싱에 사용할 브러시의 유형을 설정합니다.
- A | B : 자주 사용하는 조정 브러시의 유형을 A, B 두 가지로 설정해 놓고 사용할 수 있습니다.
- 지우기 : 이미 브러싱으로 설정된 영역 일부를 지울 때 사용하는 브러시입니다.
- 크기 : 브러시의 크기를 설정합니다. 지름을 픽셀 단위로 지정합니다.
- 페더 : 브러시 적용 영역 가장자리의 부드러움을 조정합니다. 브러시를 사용할 때 내부 원과 외부 원 사이의 거리가 페더의 양을 나타냅니다.
- 플로우 : 조정 브러시의 적용 비율을 설정합니다.
- 자동 마스크 : 브러시 획을 비슷한 색상 영역으로 제한합니다.
- 밀도 : 획의 투명도 양을 제어합니다.

❹ 범위 마스크 : 마스크에 적용할 효과의 범위를 색상, 광도, 깊이로 제한할 수 있습니다.

툴 스트립에서 [조정 브러시] 도구를 클릭하면 마우스 커서가 원으로 변경됩니다. 이 원이 조정 브러시로 다음과 같이 구성됩니다.

❶ 핀 : 브러싱의 시작점을 의미합니다. 마스크를 새로 만들 때마다 추가됩니다. 여러 개의 마스크를 사용한 경우에는 이 핀을 클릭해 해당 마스크를 선택하고 [편집] 모드로 전환해 수정할 수 있습니다.

❷ 브러시 크기 : 브러시의 크기 조절은 확장 패널의 [브러시] 섹션에서 [크기] 슬라이더를 조절하거나, 마우스 휠을 돌려 조절합니다.

❸ 페더 : 마스크의 가장자리와 주변 픽셀이 점진적으로 부드럽게 처리되는 범위입니다. 페더 구간의 조절은 확장 패널의 [브러시] 섹션에서 [페더] 슬라이더를 조절합니다. 마스크에 적용된 효과를 자연스럽게 처리하기 위해 페더 값을 높일 수 있습니다.

마스크 영역 설정과 효과 적용하기

[기본] 패널에서 톤을 보정하는 글로벌 보정과 로컬 도구인 [조정 브러시]로 마스크 영역을 설정하고 톤을 보정하는 로컬 보정의 차이를 알아봅니다.

실습 파일 : _V9A7055.CR2

01 다음은 보정하지 않은 원본 RAW 파일입니다. 역광에서 단풍잎에만 빛이 비친 것을 찍은 것입니다. 배경의 나뭇잎에 짙은 어두운 영역이 있고 단풍잎의 밝기도 어둡습니다. 여기서는 배경에 어두운 영역을 짙은 부분만 조정 브러시로 밝게 처리해 보겠습니다.

02 [기본] 패널의 [톤] 섹션에서 [자동] 버튼을 클릭해 자동 톤 보정을 진행합니다.

03 원본에 비해 단풍잎의 밝기와 색이 한층 더 살아나고 배경도 밝아졌습니다.

04 배경의 나뭇잎을 밝게 보정하기 위해 [기본] 패널의 [톤] 섹션에서 [어두운 영역] 슬라이드를 최대로 높여 봅니다.

05 [어두운 영역] 슬라이드는 글로벌 보정으로 어두운 영역의 톤을 높여 불필요한 다른 부분도 함께 밝아집니다.

06 원하는 부분만 밝게 보정하기 위해 Ctrl + Z를 눌러 직전 작업을 취소하고, [툴 스트립]에서 [조정 브러시] 도구를 클릭합니다.

07 왼쪽 아래의 어두운 나뭇잎을 클릭한 채로 드래그하여 브러싱합니다. 최초 브러싱을 시작한 지점에 핀이 표시됩니다.

08 브러싱한 영역이 표시되지 않아 마스크가 어떻게 설정되었는지 알기가 어렵습니다. [옵션 바]에서 [선택한 마스크 오버레이 표시] 옵션을 선택합니다. 마스크 영역이 붉게 표시됩니다.

09 어두운 나뭇잎을 브러싱합니다. 브러싱은 새로운 마스크를 설정하기 전까지 하나의 마스크에 적용됩니다.

10 효과를 적용하기 전에 [선택한 마스크 오버레이 표시] 옵션을 해제합니다.

11 ❶ [조정 브러시] 확장 패널의 [효과] 섹션에서 [노출] 슬라이더를 [0.7], ❷ [어두운 영역] 슬라이드를 [85]로 설정 합니다.

12 브러싱한 영역의 톤만 밝아집니다.

[자동 마스크]로 브러싱하기

[자동 마스크]는 마스크 영역의 가장자리를 깔끔하게 브러싱할 수 있습니다. 마스크의 안쪽과 바깥쪽 톤의 차이가 크면 더 깔끔하게 처리할 수 있습니다. [자동 마스크] 옵션을 설정하고 브러싱을 하면 페더가 설정되어 있더라도 적용되지 않습니다. 여기서는 사진 내의 빨간 단풍잎을 자동 마스크로 브러싱해 톤과 색을 조정해보겠습니다.

실습 파일 : _V9A7055.CR2

01 빨간 단풍잎 부분을 [1:1]의 비율로 확대합니다.

02 단풍잎이 빨간색이어서 마스크 오버레이 색과 같으므로 제대로 마스크 영역이 설정되었는지 확인하기 어렵습니다. 마스크 오버레이 색을 다른 색으로 변경합니다. [툴 스트립]에서 [조정 브러시] 도구를 클릭하고, [도구 〉 조정 마스크 오버레이 〉 녹색]을 선택합니다.

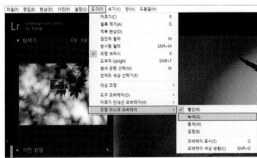

03 [자동 마스크] 브러싱을 하기 위해 [조정 브러시] 확장 패널의 [브러시] 섹션에서 [자동 마스크] 옵션을 선택합니다.

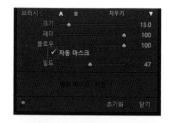

04 [옵션 바]에서 [선택한 마스크 오버레이] 옵션을 선택한 후, 단풍잎 가장자리 안쪽을 따라 브러싱합니다. 이때 브러시의 중심(⊕)이 단풍잎 바깥으로 나가지 않아야 합니다.

05 단풍잎 두 장의 가장자리를 자동 마스크로 브러싱합니다.

06 마스크 안쪽은 일반 브러시로 브러싱하는 것이 좋습니다. [조정 브러시] 확장 패널의 [브러시] 섹션에서 [자동 마스크] 옵션을 해제합니다.

07 마스크 안쪽을 브러싱하여 로컬 영역 설정을 마칩니다.

08 설정된 로컬 영역에 효과를 적용하기 위해 [옵션 바]에서 [선택한 마스크 오버레이] 옵션을 해제합니다.

09 ❶ [조정 브러시] 확장 패널의 [효과] 섹션에서 [노출] 슬라이드를 [1.5], ❷ [어두운 영역] 슬라이드를 [55], ❸ [채도] 슬라이드를 [70]으로 설정합니다.

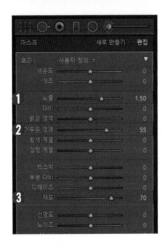

10 로컬 영역으로 설정된 단풍잎에만 효과가 적용됩니다. [옵션 바]에서 [완료] 버튼을 클릭합니다.

마스크 편집하기

[조정 브러시] 도구로 브러싱한 마스크는 언제든지 편집 및 수정할 수 있습니다. 브러싱 중에는 마스크가 선택되어 있으므로 [편집] 모드 상태입니다. [옵션 바]에서 [완료] 버튼을 클릭해 브러싱 작업을 완료했을 때는 [툴 스트립]에서 [조정 브러시] 도구를 다시 클릭하고 편집할 마스크의 [핀]을 클릭하면 해당 마스크의 [편집] 모드로 전환됩니다.

실습 파일 : _V9A7055.CR2

01 다음 사진에서 표시된 부분의 톤이 밝습니다. 나뭇잎의 가장자리를 자동 마스크로 브러싱할 때 브러시의 중심(⊕)이 나뭇잎 바깥으로 나간 모양입니다. 마스크 편집을 통해 해결해 보겠습니다.

02 [툴 스트립]에서 [조정 브러시] 도구를 클릭합니다.

03 ❶ [옵션 바]에서 [선택한 마스크 오버레이 표시] 옵션을 체크하고, ❷ 편집할 마스크의 [핀]을 클릭합니다.

04 ❶ [핀]이 선택되면 가운데 검은 점이 표시되고, ❷ 마스크 영역이 지정된 색상으로 오버레이 됩니다. 마스크 영역이 색상으로 오버레이 되니 단풍잎 바깥으로 브러싱된 것을 알 수 있습니다.

05 나뭇잎 바깥으로 브러싱된 것을 지워보겠습니다. ❶ [조정 브러시] 확장 패널의 [브러시] 섹션에서 [지우기]를 선택합니다. ❷ 또한 나뭇잎의 바깥 가장자리만 깔끔하게 지우기 위해 [자동 마스크] 옵션도 선택합니다.

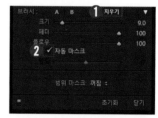

06 [지우기] 브러시는 중심에 ⊖가 표시됩니다.

07 먼저 나뭇잎 바깥 가장자리를 따라 브러싱합니다. 이때 브러시의 중심(⊖)이 나뭇잎 안쪽으로 넘어가지 않도록 합니다.

08 남아 있는 영역도 브러싱합니다. [지우기] 작업이 끝났으면 [옵션 바]에서 [완료] 버튼을 클릭합니다.

09 나뭇잎 바깥쪽에 밝은 톤이 있었던 부분이 사라집니다.

마스크 복제, 이동, 삭제하기

마스크 편집 모드에서는 마스크에 효과를 적용하거나 잘못 브러싱된 마스크를 지울 수 있습니다. 또한 효과를 증가하기 위해 복제할 수 있으며, 필요 없는 마스크는 삭제할 수 있습니다. 이번에는 [조정 브러시]로 설정된 마스크를 복제하고 삭제하는 방법에 대해 알아보겠습니다. 마스크 복제는 같은 마스크를 사용할 필요가 있을 때와 효과를 증가시킬 필요가 있을 때 주로 사용합니다.

실습 파일 : _V9A7055.CR2

01 다음은 [조정 브러시]의 [편집] 모드 화면입니다. 하나의 마스크가 설정되어 있고 마스크가 선택되지 않은 상태에서는 [옵션 바]에서 [선택된 마스크 오버레이 표시] 옵션이 선택되어 있더라도 지정된 색으로 오버레이 되지 않습니다.

02 마스크의 [핀]에 브러시를 올려보면 마우스 커서가 손모양으로 변경되고, 마스크가 지정된 색으로 오버레이 됩니다.

03 [핀]에 마우스 커서가 올려졌을 때 마우스 오른쪽을 클릭합니다. 단축 메뉴가 표시되면 [복제]를 선택합니다.

04 마스크가 복제되어 기존 마스크 위로 겹칩니다. 또한 복제된 마스크는 [편집] 모드로 전환됩니다.

05 [옵션 바]에서 [선택된 마스크 오버레이 표시] 옵션을 해제합니다. 그러면 단풍잎에 적용된 [조정 브러시] 효과가 2배 증가한 것을 알 수 있습니다.

06 이번에는 마스크가 어떻게 겹쳤는지 알아보기 위해 복제된 마스크를 드래그해 이동해 보겠습니다. 복제된 마스크의 [핀]을 클릭한 채로 드래그합니다. 겹쳤던 복제 마스크의 효과도 함께 이동되는 것을 알 수 있습니다. 단풍잎은 원래 적용된 효과로 바뀝니다.

07 이번에는 이동한 마스크를 삭제해보겠습니다. 이동한 마스크의 [핀]을 마우스 오른쪽 버튼으로 클릭해 표시되는 단축 메뉴에서 [삭제]를 선택합니다.

08 마스크가 삭제됩니다.

Chapter

11

인물 사진의 리터칭

인물 사진의 리터칭은 인물을 보기 좋게 향상하는 보정입니다. 리터칭은 기본 보정이 끝난 다음에 진행하며, 대부분 로컬 도구인 [점진적 필터], [방사형 필터], [조정 브러시]를 사용합니다. 도구별 특성이 있지만 어떠한 도구를 사용하느냐보다 어떤 효과를 적용해야 원하는 결과물을 얻을 수 있는지 미리 생각해야 합니다. 또한 라이트룸 클래식 8.0부터 추가된 [범위 마스크] 기능을 사용하면 마스크 영역의 불필요한 부분을 제외할 수 있을 뿐만 아니라, 마스크 영역을 이전에 비해 세밀하게 제어할 수 있습니다. 이 장에서는 인물 사진을 보정하는 여러 방법에 대해 알아봅니다.

인물 사진 리터칭에서는 다음 웹사이트에서 제공하는 고해상도 무료 이미지를 사용했습니다(pexels.com/pikwizard.com/burst.shopify.com).

01 피부 톤 유지하기

인물 사진에서 글로벌 보정으로 배경이나, 인물이 입고 있는 옷의 색의 채도를 보정하면 인물의 피부 채도도 같이 조정됩니다. 전역 보정이기 때문에 피부색과 유사한 색의 채도를 조정하면 피부 채도에도 영향을 주기 때문입니다. 이를 해결하는 방법은 글로벌 보정이 아닌 로컬 보정을 사용하는 것인데, 인물의 얼굴 또는 피부만 영역 설정하기는 쉽지 않습니다. 이럴 때 사용하는 것이 [생동감] 슬라이드입니다.

[생동감] 슬라이더로 피부 채도 유지하기

[생동감] 슬라이더는 앞서 살펴보았듯이 색의 채도를 조정할 때 사용합니다. 이 기능 외에 [생동감]의 기능이 하나 더 있는데, 바로 피부의 채도가 과도하게 높아지는 것을 방지합니다.

다음은 [채도]를 조정한 보정 전후 사진입니다. [보정 전] 사진을 보면 옅은 분홍색 담벼락을 배경으로 하고 있습니다. [기본] 패널의 [외관] 섹션에서 [채도]를 높였습니다. [보정 후] 사진처럼 담벼락의 옅은 분홍색이 짙어지지만, 얼굴의 채도도 함께 짙어지는 것을 알 수 있습니다.

다음은 [생동감]을 조정한 보정 전후 사진입니다. [채도]를 조정했을 때와 다르게 얼굴의 채도는 크게 영향을 받지 않는 것을 알 수 있습니다. 또한 [채도]를 설정했을 때와 유사한 배경의 채도를 표현하다 보니 [생동감] 조정값이 [채도] 조정값의 두 배가 됩니다.

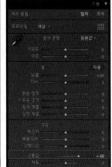

배경이 단색일 경우 채도만 높이거나 낮추기 위해 [HSL] 패널에서 조정할 수 있습니다.
다음은 보정 전후 사진입니다. [HSL] 패널에서 [채도] 섹션의 [자홍] 슬라이더를 조정했습니다. 얼굴에 자홍색이 포함되어 있지 않기 때문에 배경의 채도만 조정한 효과를 얻을 수 있습니다. 이 방법으로 배경의 채도를 조정하려면 얼굴색과 다른 색의 배경에서 촬영하는 것이 좋습니다. 배경색과 유사한 색이 얼굴에 포함되어 있으면 얼굴의 채도도 높아집니다.

로컬 조정 도구인 [방사형 필터] 도구로 배경의 채도를 조정할 수 있습니다. 특히, 배경이 단색이라면 [색상] 범위 마스크를 사용하여 간단히 처리할 수 있습니다. [방사형 필터] 도구를 사용해 얼굴만 영역을 설정한 후, [채도] 슬라이더를 조정하고, [색상] 범위 마스크를 배경색으로 지정합니다. 로컬 보정 도구인 [방사형 필터] 도구로 얼굴의 채도는 유지된 채 주변 채도를 높게 설정합니다.

실습 파일 : portrait_retouching_a.jpg

01 [툴 스트립]에서 [방사형 필터] 도구를 선택합니다.

02 인물의 얼굴이 [방사형 필터] 마스크 안에 여유 있게 포함되도록 영역을 설정합니다.

03 [방사형 필터] 확장 패널에서 [페더]를 [100]으로 설정합니다.

04 [방사형 필터] 확장 패널에서 [채도]를 조
정합니다. 배경의 채도가 높아진 것을 알 수
있습니다.

05 ❶ 특정 색에만 [방사형 필터] 효과를 적용하기 위해 [범위
마스크]를 클릭해 ❷ [색상]으로 설정합니다.

06 특정 색을 지정하려면 [색상 범위 선택기]를 클릭합니다.

07 마우스 커서를 사진 위로 올려보면 스포이트 모양으로 변경
된 것을 알 수 있습니다. 배경인 담벼락의 색을 클릭합니다. 얼
굴에 미약하게 적용되었던 채도가 제거됩니다.

08 담벼락의 채도가 약간 낮아진 것 같습니다. ❶ [양] 슬라이더를 [100]으로 설정합니다. ❷ [완료] 버튼을 눌러 로컬 도구 조정을 끝냅니다.

09 다음은 보정 전후를 비교한 사진입니다. 담벼락의 채도만 조정된 것을 알 수 있습니다.

TIP [색상] 범위 마스크로 여러 색 선택하기

색상 범위 마스크로 특정 색을 선택하면 해당 색상에만 조정 효과가 적용됩니다. 앞서 적용한 결과를 보면 색상을 지정한 후, 채도가 약간 낮아진 것을 알 수 있습니다. 담벼락이 단색일지라도 여러 색이 포함되어 있을 수 있습니다. 따라서 한 곳만 선택하기보다 여러 곳을 함께 선택해주는 것이 좋습니다. 이 방법은 여러 색이 포함된 배경에서도 사용할 수 있습니다. 여러 색상을 선택하는 방법은 Shift를 누른 채로 색상을 선택하는 것입니다. Shift를 누르면 마우스 커서인 스포이트에 [+] 표시가 추가되며 최대 5개의 색을 지정할 수 있습니다. 지정한 색을 제거하려면 Alt를 누른 채로 사진에 표시된 스포이트를 클릭합니다.

02 얼굴의 피부 톤 조정하기

인물 사진에서 피부의 톤은 매우 중요합니다. 촬영 시 피부에 노출을 맞추는 것도 그런 이유입니다. 그러나 노출이 피부가 아닌 다른 곳에 맞춰지면 피부의 톤은 밝거나 어둡게 표현됩니다. 피부 톤을 조정하는 방법에 대해 알아보겠습니다.

[방사형 필터] 도구로 얼굴의 톤 조정하기

피부 톤만 조정하려면 로컬 보정을 해야 합니다. 글로벌 보정을 하면 얼굴의 톤과 유사한 다른 영역도 함께 조정되기 때문입니다. 얼굴만 영역을 설정하는 가장 간단한 방법은 [방사형 필터] 도구를 사용하는 것입니다.

둥그런 형태의 얼굴만 조정하기에는 [방사형 필터] 도구가 제격입니다. 마스크 안쪽으로만 효과를 적용하기 위해 효과의 점진적 적용 방향을 반대로 바꿔야 합니다.

실습 파일 : portrait_retouching_b.jpg

01 [툴 스트립]에서 [방사형 필터] 도구를 선택합니다.

02 [방사형 필터]로 얼굴이 필터 안에 여유가 있게 포함되도록 영역을 설정합니다.

03 [방사형 필터] 마스크 영역 안쪽으로 효과가 적용되어야 하므로 [반전]을 선택합니다.

04 얼굴의 톤이 미들 톤 영역이므로 [노출] 슬라이드를 상향 조정하여 톤을 밝게 합니다.

05 ❶ [밝은 영역]을 높이고 [어두운 영역]을 낮춰 명암 대비를 증가시킵니다. **❷** [완료] 버튼을 클릭하여 [방사형 필터]의 조정 작업을 끝냅니다.

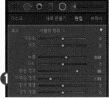

06 다음은 보정 전후 사진입니다.

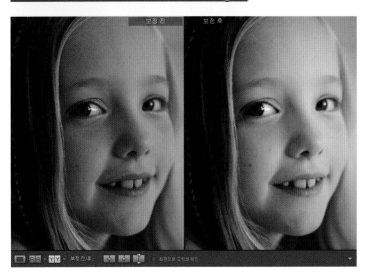

[조정 브러시] 도구로 얼굴의 톤 조정하기

앞서 [방사형 필터] 도구는 얼굴 영역을 쉽게 설정할 수 있는 장점이 있지만, 필터 영역 중심이 가장 효과가 많이 적용되는 단점이 있습니다. 얼굴 전체에 같은 효과를 적용하려면 [조정 브러시] 도구로 영역을 설정하는 것이 좋습니다. [조정 브러시] 도구를 사용해 인물의 얼굴만 브러싱하여 영역을 설정하고 톤을 보정합니다. 얼굴 주변과 자연스러움을 유지하려면 [페더]를 적용합니다.

실습 파일 : portrait_retouching_b.jpg

01 [툴 스트립]에서 [조정 브러시] 도구를 선택합니다.

02 얼굴과 다른 부분의 경계선을 부드럽게 처리하기 위해 [페더]를 [100]으로 설정하고 브러시의 크기를 다음과 같이 설정합니다. 얼굴 안쪽에서 경계선을 따라 얼굴의 아웃라인을 브러싱합니다. 이때 브러시의 굵은 선이 경계선을 넘어가지 않도록 해야 합니다. 브러시의 페더 영역은 경계선을 넘어가도 상관없습니

03 [옵션 바]에서 [선택한 마스크 오버레이 표시] 옵션을 선택하여 브러싱한 영역을 미리 봅니다.

04 브러싱한 아웃라인 안쪽에 남은 영역도 브러싱합니다.

05 효과를 적용하기 전에 [옵션 바]에서 [선택한 마스크 오버레이 표시] 옵션을 해제합니다.

06 얼굴의 톤을 밝게 조정합니다. ❶ 조정 항목은 앞서 [방사형 필터] 도구에서 설정한 값과 같게 설정합니다. ❷ [완료] 버튼을 클릭하여 [방사형 필터]의 조정 작업을 끝냅니다.

07 다음은 보정 전후 사진입니다.

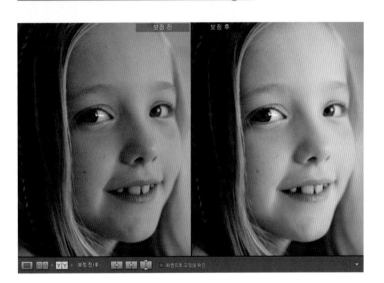

03 점 지우기

인물 사진 리터칭에서 가장 많이 보정하는 곳이 얼굴입니다. 특히 얼굴에 있는 점을 제거하거나, 주름살을 줄이는 보정이 많습니다. 이번에는 얼굴의 점이나 점과 비슷한 형태를 가진 여드름, 주근깨 등을 제거하는 방법에 대해 알아봅니다.

[얼룩 제거] 도구로 점 지우기

[얼룩 제거] 도구는 이미지 센서의 붙은 먼지로 인해 사진에 생기는 얼룩을 제거하는 도구입니다. 이 기능을 이용하여 인물 피부의 점, 여드름, 잡티, 주근깨, 모공, 수두 자국 등을 지울 수 있습니다.

실습 파일 : portrait_retouching_b.jpg

01 라이트룸 10.0에서 추가된 블록 확대 기능으로 점이 있는 부분을 확대해 보겠습니다. 마우스 커서를 인물의 눈 밑에 위치하고 Ctrl을 누르면 돋보기 포인터가 점선 사각형과 함께 표시됩니다. 블록 확대 상태입니다.

02 Ctrl을 누른 채로 대각선 방향으로 드래그하여 인물의 오른쪽 볼을 사각형 영역으로 설정합니다.

03 마우스 버튼을 놓으면 설정한 사각형 영역이 확대됩니다.

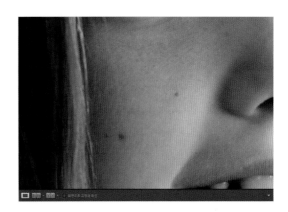

TIP **확대된 비율 확인하기**

확대된 비율은 탐색기 패널에 표시됩니다.

04 [툴 스트립]에서 [얼룩 제거] 도구를 선택합니다

05 ❶ [얼룩 제거] 도구의 확장 패널에서 [브러시]의 타입을 [복구]로 설정하고 ❷ [페더]는 [0], [불투명도]는 [100]으로 설정합니다.

06 마우스 커서를 사진 위로 올려보면 포인터가 조준경처럼 변경됩니다. 점의 중심에 포인터의 십자를 위치하고 마우스 휠을 돌려 브러시의 크기를 조절합니다. 점의 직경 크기보다 2~3배 정도 크게 설정합니다.

07 마우스로 해당 점을 클릭하면 자동으로 점 주변에서 유사한 색상과 명도를 가진 피부를 복제해 붙입니다.

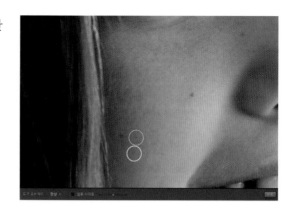

TIP [선택 영역]과 [샘플 영역]

[얼룩 제거] 도구로 클릭한 곳을 [선택 영역]이라 하고, 복제한 곳을 [샘플 영역]이라 합니다. 두 개의 영역 사이에는 화살표가 있습니다. 화살표의 방향을 보면 [샘플 영역]에서 [선택 영역]으로 향하고 있어 어떤 영역이 [선택 영역]이고 [샘플 영역]인지 확인할 수 있습니다.

---

08 다른 점들도 같은 방법으로 지워봅니다. [완료] 버튼을 클릭하여 [얼룩 제거] 작업을 끝냅니다.

09 다음은 보정 전후 사진입니다.

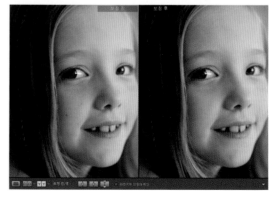

앞서 작업한 것은 점 주변에 아무것도 없어 다른 곳을 복제해 붙여도 전혀 티가 나지 않습니다. 그러나 점 주변에 무늬나 패턴이 있으면 이 패턴까지 맞춰야 하므로 라이트룸에서 자동으로 지정해주는 [샘플 영역]이 정확히 맞지 않을 수 있습니다. 이런 경우에는 [샘플 영역]을 이동해 주변 무늬나 패턴을 맞출 수 있습니다.

[선택 영역] 주변에 무늬나 패턴이 있으면 티가 나지 않게 맞춰줍니다.

실습 파일 : portrait_retouching_b.jpg

01 다음과 같이 입술 부분을 확대합니다. 아랫입술 가운데 뽀루지 같은 것이 보입니다.

02 [툴 스트립]에서 [얼룩 제거] 도구를 클릭한 후, [얼룩 제거] 도구로 입술의 뽀루지를 클릭합니다.

03 자동으로 설정된 [샘플 영역]이 입술이 아닌 다른 곳으로 지정되었습니다. [선택 영역]과 비교해 보면 색상과 패턴도 다릅니다.

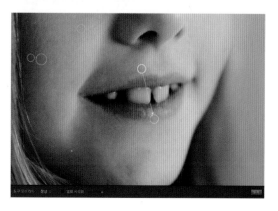

04 [샘플 영역]을 [선택 영역]의 주변으로 드래그하여 유사한 부분을 찾습니다. ❶ [샘플 영역]을 드래그하면 곧바로 [선택 영역]에 오버레이 되기 때문에 입술 패턴과 유사할 때 마우스 버튼을 놓습니다. ❷ [완료] 버튼을 클릭하여 [얼룩 제거] 작업을 끝냅니다.

05 다음은 보정 전후 사진입니다.

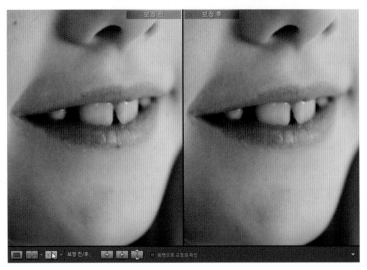

04 문신(또는 흉터) 지우기

[얼룩 제거] 도구는 클릭 방식으로 불필요한 것을 제거하기도 하지만 브러싱하여 제거하는 [힐링 브러시] 기능도 있습니다. 인물 사진에서 흉터, 상처, 수술 자국, 문신, 삐져나온 머리카락 등을 제거할 때 주로 이 기능을 사용합니다. 일반적으로 점 또는 그보다 큰 둥근 형태의 것은 앞서 살펴본 [얼룩 제거] 기능을 사용하지만, 모양이 둥글지 않거나, 긴 형태의 것은 [힐링 브러시] 기능을 사용합니다.

[힐링 브러시]의 사용법은 클릭한 채로 드래그하는 것입니다. [조정 브러시]의 사용법과 유사합니다. 다른 점은 [힐링 브러시]는 드래그할 때마다 새로운 영역이 설정되지만 [조정 브러시]는 새로운 마스크를 만들어 작업하지 않는 한 여러 번 드래그하더라도 하나의 영역으로 설정됩니다.

실습 파일 : portrait_retouching_c.jpg

01 인물의 오른쪽 팔뚝에 문신이 긴 형태로 새겨져 있습니다. [얼룩 제거] 도구의 [힐링 브러시] 기능으로 제거해 보겠습니다.

02 문신이 새겨진 팔뚝 부분을 확대하고 [툴 스트립]에서 [얼룩 제거] 도구를 클릭합니다.

03 문신이 가는 글씨로 세 단어로 되어 있습니다. 마우스 휠을 돌려 브러시의 크기를 글씨의 두께보다 2~3배 크기 정도로 설정합니다.

04 ❶ [얼룩 제거] 도구의 확장 패널에서 [브러시]의 타입을 [복구]로 설정하고, ❷ [페더]는 [0], [불투명도]는 [100]으로 설정합니다.

05 마치 글씨를 베껴 쓰듯이 첫 번째 단어를 한 번에 드래그합니다. 세 단어로 되어 있으니 한 단어씩 제거합니다.

06 첫 번째 단어 드래그가 끝났으면 마우스 버튼을 놓습니다. [샘플 영역]이 자동으로 설정되고 첫 번째 단어가 제거됩니다.

07 나머지 단어들도 각각 같은 방법으로 제거합니다. 제거된 [선택 영역]이 티가 난다면 자동으로 설정된 [샘플 영역]을 드래그하여 티가 나지 않는 곳으로 이동합니다. 그래도 티가 난다면 [선택 영역] 설정이 잘못된 것일 수 있습니다. Ctrl+Z를 눌러 이전 작업을 취소하고 다시 브러싱합니다. [완료] 버튼을 클릭하여 [얼룩 제거] 작업을 끝냅니다.

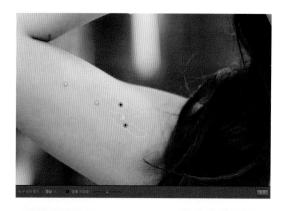

08 다음은 보정 전후 사진입니다.

05 피부 부드럽게 하기 – 소프트 스킨

보정된 수많은 인물 사진을 보면 피부가 부드럽게 표현된 것을 볼 수 있습니다. 이러한 피부 보정을 소프트 스킨 효과라고 합니다. 피부에는 잔주름, 질감, 모공, 솜털 등이 있는데 디지털 사진에서는 이러한 것들이 너무 현실감 있게 표현됩니다. 그래서 조금이라도 감추려고 소프트 스킨 효과를 적용합니다.

[조정 브러시] 도구로 얼굴의 피부 톤을 부드럽게 하기

피부를 부드럽게 처리하기 위해 어떤 로컬 도구를 사용하는지는 중요하지 않습니다. 어떤 효과를 적용해야 피부가 부드러워지는지 이해하는 것이 중요합니다. 피부를 부드럽게 처리하기 위해 꼭 알아두어야 할 효과는 바로 [부분 대비]입니다. 소프트 스킨 효과에 사용되는 [부분 대비]는 테두리와 선에 있는 미들 톤의 명암을 조정합니다. [부분 대비]를 높이면 선명도를 향상하는 효과로 사용하지만, 낮으면 흐려지는 반대의 효과가 적용됩니다.

실습 파일 : portrait_retouching_d.jpg

01 다음은 얼굴을 클로즈업해 촬영한 사진입니다. [현상] 모듈 편집 화면에 축소되어 표시되었기 때문에 피부의 상태를 알 수 없습니다. [탐색기] 패널에서 편집 화면 축소/확대율을 [50%] 설정합니다.

02 50%로 확대했음에도 피부의 질감이 보이고, 눈 주변에는 잔주름도 보입니다. [탐색기] 패널에서 편집 화면 확대/축소비율을 [맞춤]으로 설정합니다.

03 [툴 스트립]에서 [조정 브러시]를 선택합니다.

04 ❶ 얼굴의 경계선을 부드럽게 처리하기 위해 [페더]를 [100]으로 설정하고, ❷ 브러시의 크기를 다음과 같이 설정합니다. 얼굴의 경계선 안쪽을 따라 브러싱합니다. 이때 중요한 것은 브러시의 페더 영역을 얼굴의 경계선에 맞춰 브러싱하는 것입니다.

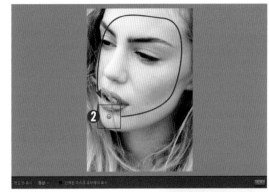

05 [옵션 바]에서 [선택한 마스크 오버레이 표시] 옵션을 선택하면 브러싱한 영역을 미리 봅니다.

06 아웃라인 안쪽 영역도 마저 브러싱합니다.

07 소프트 스킨 효과를 적용하기 전에 [옵션 바]에서 [선택한 마스크 오버레이 표시] 옵션을 해제합니다.

08 피부가 어느 정도로 부드럽게 처리되는지 비교해 보기 위해 [보정 전후 보기] 화면으로 전환해 놓고 효과를 적용합니다. [옵션 바]에서 [보정 전후 보기] 버튼을 클릭합니다.

09 사진을 조금 확대해 보겠습니다. [탐색기] 패널에서 편집 화면 확대/축소비율을 [25%]로 설정합니다.

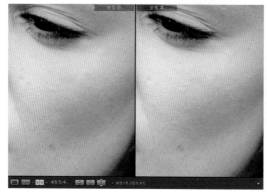 

10 [조정 브러시] 확장 패널에서 [부분 대비]를 [-30]으로 설정합니다. 피부의 질감과 잔주름이 감소하는 것을 알 수 있습니다.

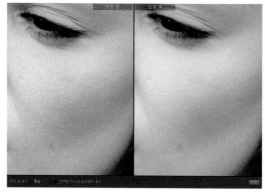 

11 ❶ 이번에는 [부분 대비]를 [-60]으로 설정해 봅니다. 더 매끈한 피부로 표현되는 것을 알 수 있습니다. ❷ [완료] 버튼을 클릭하여 [조정 브러시] 작업을 끝냅니다.

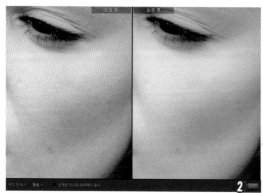 

12 다음은 보정 전후 사진입니다.

[조정 브러시] 도구로 눈썹 복구하기

앞서 작업한 것을 되짚어보면 [조정 브러시]로 얼굴 전체를 브러싱했습니다. 그리고 [부분 대비] 효과를 적용했습니다. 피부는 부드러워졌지만, 눈썹과 같은 가는 선은 세밀함이 감소하게 됩니다.

크게 문제 될 것은 없지만, 눈썹을 강조하려면 이 부분만 복구해야 합니다. 이때 중요한 것은 새로운 [조정 브러시]를 사용해야 한다는 것입니다. 로컬 보정 과정에서 불필요한 효과가 적용되는 부분이 있을 수 있습니다. 이런 부분은 새로운 마스크를 만들어 영역을 설정하고 이미 적용한 효과를 반대로 적용해 원래 상태로 복구할 수 있습니다.

실습 파일 : portrait_retouching_d.jpg

01 눈썹 부분만 확대합니다.

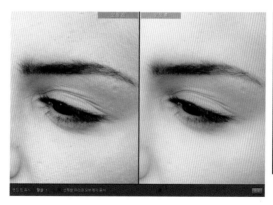 

02 ❶ 앞서 진행한 소프트 스킨 효과는 이미 작업을 끝냈기 때문에 [툴 스트립]에서 [조정 브러시] 도구를 다시 클릭합니다. 이 경우 바로 새로운 브러시로 작업을 시작할 수 있습니다. ❷ 작업을 완료하지 않은 상태라면 [조정 브러시] 확장 패널의 [마스크]에서 [새로 만들기]를 클릭합니다.

03 마우스 휠을 돌려 눈썹 폭보다 작게 브러시의 크기를 조정합니다. 눈썹을 따라 드래그합니다.

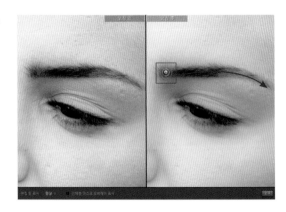

04 [옵션 바]에서 [선택한 마스크 오버레이 표시] 옵션을 선택하면 브러싱한 영역을 미리 봅니다.

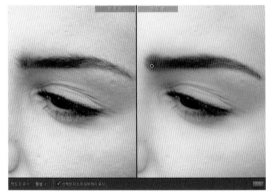

05 눈썹을 강조하는 효과를 적용하기 전에 [옵션 바]에서 [선택한 마스크 오버레이 표시] 옵션을 해제합니다.

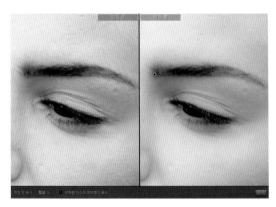

06 [조정 브러시] 확장 패널에서 [부분 대비]를 [80]으로 설정합니다. 눈썹이 짙어지는 것을 알 수 있습니다.

소프트 스킨 작업에서 [부분 대비]를 [-60]으로 설정했으므로 [60]으로 설정하면 원본과 같아지거나, 큰 효과를 얻지 못합니다. 따라서 눈썹이 강조되는 효과를 얻으려면 [부분 대비]를 [80] 이상으로 설정해야 합니다.

07 반대쪽 눈썹도 같은 방법으로 강조합니다. [완료] 버튼을 클릭하여 작업을 마칩니다.

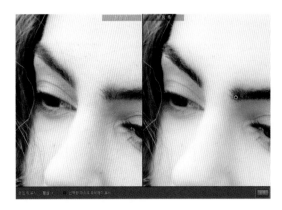

08 [옵션 바]에서 [보정 전후 보기] 버튼을 클릭하여 원본과 비교합니다.

06 잔주름 줄이기

이번에는 얼굴의 일부 영역에만 있는 잔주름을 브러싱한 후, 효과를 적용해 잔주름을 줄여보겠습니다.
피부의 잔주름을 제거하려면 [얼룩 제거] 도구의 [힐링 브러시] 기능으로 제거할 수 있습니다. 그러나 잔주름의 길이에 따라 복제할 [샘플 영역]이 없거나, 제거했더라도 잔주름 영역이 어색할 수 있습니다. 이런 경우 제거보다는 잔주름이 덜 표현되도록 처리하는 것이 좋습니다.

실습 파일 : portrait_retouching_e.jpg

01 사진을 [100%]로 확대한 후, 이마 부분을 표시합니다. 이마와 눈 밑에 잔주름이 남아 있습니다.

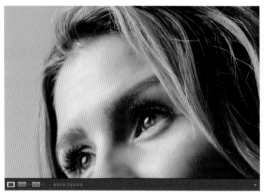 

02 [툴 스트립]에서 [조정 브러시] 도구를 클릭합니다.

03 ❶ [조정 브러시] 확장 패널의 [브러시] 섹션에서 [페더]를 [100]으로 설정하고, ❷ 브러시의 크기는 마우스 휠을 돌려 다음의 크기 정도로 설정합니다.

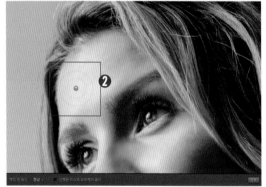 

04 인물의 이마를 브러싱합니다. 브러싱한 영역을 확인하려면 [옵션 바]에서 [선택한 마스크 오버레이 표시] 옵션을 선택합니다.

05 ❶ 마스크 영역 설정이 끝났으면 [옵션 바]에서 [선택한 마스크 오버레이 표시] 옵션을 해제한 후, ❷ [조정 브러시] 확장 패널에서 [부분 대비]와 [텍스처]를 하향 조정합니다.

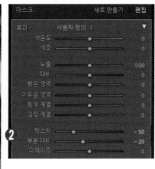

06 왼쪽 눈 밑의 잔주름도 같은 방법으로 브러싱합니다. 추가 브러싱을 하더라도 하나의 마스크이므로 별도의 효과를 적용할 필요 없습니다. [완료] 버튼을 클릭하여 [조정 브러시] 작업을 마칩니다.

07 [옵션 바]에서 [보정 전후 보기] 버튼을 클릭하여 원본과 비교합니다.

TIP   눈 밑의 주름을 더 줄이고 싶다면

이마의 잔주름과 눈 밑의 잔주름은 패인 정도가 다릅니다. 하나의 마스크에서 브러싱한 영역이므로 적용된 효과만큼 각각 감소합니다. 이런 경우에는 깊게 팬 쪽보다는 덜 패인 쪽을 기준으로 효과를 적용하는 것이 좋습니다. 두 영역의 주름을 같게 표현하려면 두 영역별로 마스크를 각각 만들어 효과를 적용합니다. 즉, 이마를 브러싱할 마스크와 눈 밑의 잔주름을 브러싱할 마스크를 각각 만들어 브러싱한 후, 효과를 다르게 적용합니다. 효과를 적용하거나 변경할 때는 해당 마스크 핀을 클릭해 선택한 후, 조정합니다.

07 립스틱 색 변경하기

색은 사진의 분위기를 결정하는 중요한 요소 중 하나입니다. 인물 사진에서도 인물이 입고 있는 옷이나 화장 색도 인물의 분위기를 결정합니다. 이번에는 입술의 립스틱 색을 변경해보는 보정을 해보겠습니다.

로컬 보정에서 색의 조정은 로컬 도구의 확장 패널에서 [채도]와 [색상]에서 조정합니다. 그러나 사진가가 원하는 색으로 정확히 변경하기는 어렵습니다.

[채도]는 원래 색의 짙고 옅음만 조정할 수 있었고, [색상]은 원래 색에 오버레이 되어 다른 색으로 표현되었기 때문입니다. 최근 라이트룸 클래식 9.3부터 로컬 색조 조정이 가능합니다. 추가된 [색조] 슬라이더를 사용하면 원래 색을 다른 색으로 변경하는 것이 훨씬 수월합니다.

특정 영역을 깔끔하게 선택하려면 [조정 브러시]의 [자동 마스크]를 사용합니다. 여기서는 입술만 마스크 영역으로 설정한 후, 라이트룸 클래식 9.3부터 추가된 [색조] 슬라이더를 사용해 입술의 색을 변경해보겠습니다.

실습 파일 : portrait_retouching_f.jpg

01 [탐색기] 패널에서 [100%]를 클릭하여 사진을 100%로 확대한 후, 입술 부분을 표시합니다.

02 입술만 로컬 영역으로 설정하기 위해 [툴 스트립]에서 [조정 브러시] 도구를 클릭합니다.

03 입술을 브러싱할 차례입니다. 입술은 얼굴에서 색과 질감으로 명확히 구별되는 피부입니다. 따라서 기존 브러싱 방식과 다릅니다. 확장 패널의 ❶ [브러시] 섹션에서 [자동 마스크] 옵션을 선택한 후, 마우스 휠을 돌려 ❷ 브러시의 크기를 다음과 같은 크기 정도로 설정합니

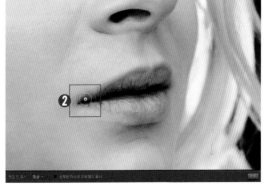

04 입술 안쪽으로 아웃라인을 따라 브러싱합니다. 이때 브러시의 ⊕가 아웃라인을 넘어가지 않도록 주의합니다. [옵션 바]에서 [선택한 마스크 오버레이 표시] 옵션을 선택하여 브러싱 영역을 확인합니다.

05 입술의 색과 마스크 오버레이 색이 비슷해 브러싱 영역이 구분되지 않습니다. 이런 경우에는 마스크 오버레이 색을 변경할 수 있습니다. [도구 〉 조정 마스크 오버레이] 메뉴에서 [녹색]을 선택합니다.

06 입술 안쪽으로 브러싱 되지 않은 부분도 마저 합니다.

07 [옵션 바]에서 [선택한 마스크 오버레이 표시] 옵션을 해제하고 브러싱한 영역에 효과를 적용해보겠습니다.

08 새로 추가된 [색조] 슬라이더를 조절해 색을 변경합니다.

09 색이 옅습니다. ❶ [채도] 슬라이더를 조절해 채도를 높입니다. ❷ [완료] 버튼을 클릭하여 [조정 브러시] 작업을 마칩니다.

10 [옵션 바]에서 [보정 전후 보기] 버튼을 클릭하여 원본과 비교합니다.

08 눈동자 선명하게 하기

눈에는 다양한 색과 모양이 담겨있습니다. 사람마다 홍채의 색과 모양이 다르기 때문인데 이를 잘 표현하면 인물의 독특한 특징이 될 수 있습니다. 그러나 인물 사진의 눈을 유심히 들여다보면 대부분 어둡습니다. 로컬 보정으로 눈동자를 밝고 생기있게 표현해보겠습니다.

눈동자 보정의 핵심은 밝기, 색, 선명도입니다. 밝기는 홍채의 [톤]을 조정합니다. 색은 홍채의 [채도]를 조정합니다. 마지막으로 선명도는 홍채의 [부분 대비]를 조절합니다. 밝기를 과하게 조절하면 노이즈가 생깁니다. 이러면 추가로 [노이즈] 보정을 해야 합니다.

실습 파일 : portrait_retouching_g.jpg

01 먼저 홍채를 포함한 전체 눈동자의 밝기를 조정합니다. 눈이 가로로 된 타원 모양이므로 [방사형 필터] 도구로 간단히 영역을 설정할 수 있습니다. [툴 스트립]에서 [방사형 필터] 도구를 클릭합니다.

02 ❶ 눈보다 조금 크게 타원형으로 영역을 설정하고, 시계 반대 방향으로 조금 회전합니다. ❷ 눈과 눈 주변이 자연스럽게 표현되도록 [페더]를 [100]으로 설정하고, ❸ 효과가 마스크 영역 안쪽으로 적용되도록 [반전] 옵션을 선택합니다.

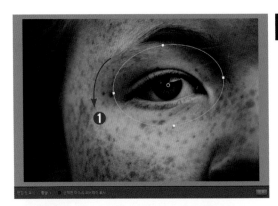

03 눈동자의 흰색에 청록 색감이 있어 [색온도]와 [색조]로 흰색에 가깝게 보정합니다.

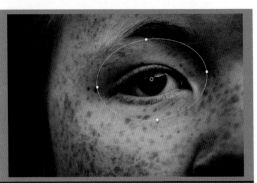

04 ❶ [노출]을 올려 어두운 눈동자를 밝게 표현합니다. 너무 밝게 하면 눈동자 주변도 밝아져 어색해지니 주의해야 합니다. ❷ 설정이 끝났으면 [완료] 버튼을 클릭합니다.

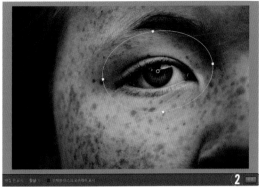
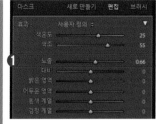

05 이번에는 홍채를 보정합니다. 홍채는 [조정 브러시]로 브러싱합니다. ❶ [툴 스트립]에서 [조정 브러시] 도구를 클릭하고 ❷ 브러시 크기는 동공 크기 정도로 설정합니다.

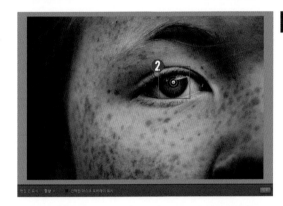

06 ❶ 홍채만 영역으로 설정해야 하므로 확장 패널의 [브러시] 섹션에서 [자동 마스크] 옵션을 선택하고 홍채를 브러싱합니다. ❷ [옵션 바]에서 [선택한 마스크 오버레이] 옵션을 선택해 브러싱 영역을 확인합니다.

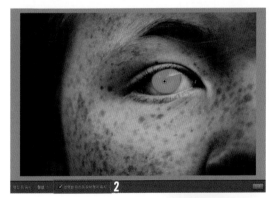

07 홍채에 효과를 적용하기 위해 [옵션 바]에서 [선택한 마스크 오버레이] 옵션을 해제합니다.

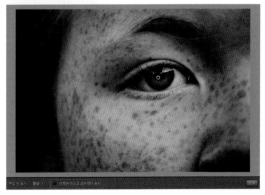

08 먼저 홍채의 톤을 조정합니다. [어두운 영역] 슬라이더를 높여 어두운 부분을 밝게 합니다.

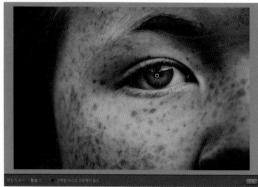 

09 [채도] 슬라이더를 높여 홍채 색을 짙게 합니다. 너무 짙으면 클리핑이 발생할 수 있으니 주의합니다.

10 마지막으로 선명도를 높입니다. ❶ 여기서는 [부분 대비]를 높여 선명하게 표현합니다. ❷ [완료] 버튼을 클릭하여 [조정 브러시] 작업을 마칩니다.

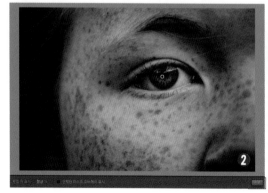 

11 [옵션 바]에서 [보정 전후 보기] 버튼을 클릭하여 원본과 비교합니다.

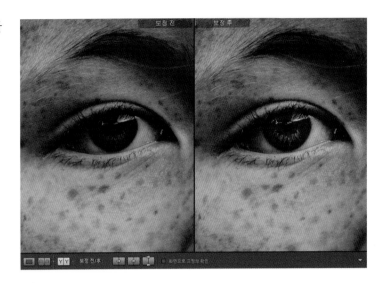

TIP

[색조]를 조정하면 홍채의 색을 변경할 수 있습니다.

09 치아 미백

치아 미백은 치아의 톤을 밝게 조정한다고 되는 것은 아닙니다. 치아의 톤이 밝아지더라도 색을 가지고 있기 때문입니다. 톤을 과하게 적용하면 [밝은 영역] 클리핑이 발생해 100% 백색 치아가 됩니다.

보통 순백색 치아가 보기 좋다고 생각하지만, 막상 적용해보면 어떤 얼굴과도 어울리지 못할 정도로 어색합니다. 참고로, 우리 눈으로 보는 흰색의 반사율은 90~93% 정도이므로 치아의 RGB는 각각 90% 내외가 적당합니다.

치아만 마스크 영역으로 설정하기 위해 [조정 브러시] 도구로 마스크를 설정합니다. 정확히 설정하기 위해 [자동 마스크로] 브러싱 합니다. 먼저 치아 색의 채도를 낮춰 색을 제거합니다. 그다음 톤을 확인한 후, 톤을 밝게 조정합니다.

실습 파일 : portrait_retouching_b

01 앞서 얼굴 톤을 밝게 보정한 인물 사진을 50%로 확대하고 치아 부분을 표시합니다.

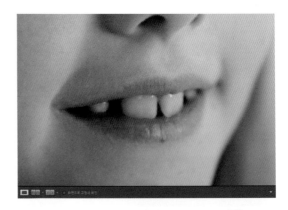

02 ❶ 치아만 영역을 설정해 효과를 적용해야 하므로 [툴 스트립]에서 [조정 브러시] 도구를 클릭합니다. ❷ 브러시의 크기는 치아보다 작게 설정하고 ❸ [브러시] 섹션에서 [자동 마스크] 옵션을 선택합니다.

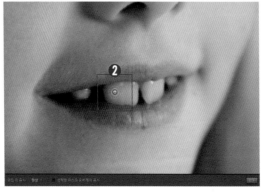

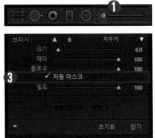

03 ❶ 치아 안쪽 가장자리를 따라 브러시의 ⊕가 치아 바깥쪽으로 넘어가지 않게 브러싱합니다. ❷ [옵션 바]에서 [선택한 마스크 오버레이] 옵션을 선택해 브러싱 영역을 확인합니다.

04 치아 가장자리 안쪽도 마저 브러싱합니다.

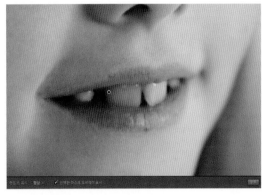

05 같은 방법으로 나머지 치아를 브러싱합니다.

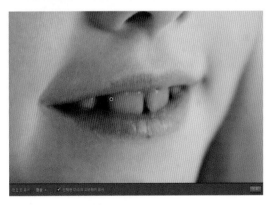

06 효과를 적용해야 하므로 [옵션 바]에서 [선택한 마스크 오버레이] 옵션을 해제합니다.

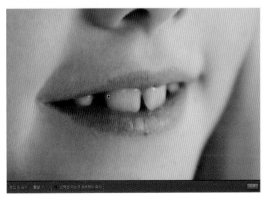

07 먼저 치아의 색부터 제거하겠습니다. 확장 패널의 [효과] 섹션에서 [채도]를 [-100]으로 설정하면 치아가 회색으로 바뀝니다.

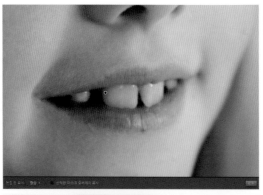

08 치아 위로 브러시를 올리고 [히스토그램] 아래에 RGB 비율이 표시됩니다. 대략 50% 후반대로 표시됩니다. 따라서 치아의 톤 영역은 [노출] 영역에 해당합니다.

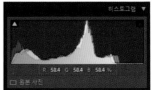

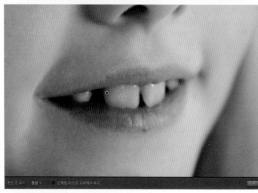

09 ❶ 확장 패널의 [효과] 섹션에서 [노출] 조금씩 올리면 RGB 값을 확인합니다. RGB 값이 80% 후반대에 오도록 합니다. ❷ [완료] 버튼을 클릭하여 [조정 브러시] 작업을 마칩니다.

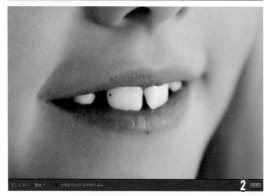

10 [보정 전후 보기] 버튼을 클릭하여 원본과 비교합니다.

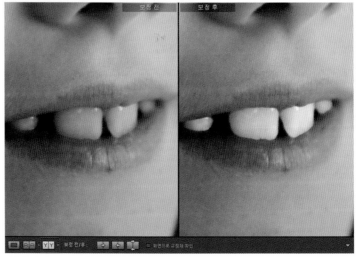

10 색조 효과

피부의 색을 변경하는 색조 효과에는 두 가지 방법이 있습니다. 원래 색을 다른 색으로 변경하는 방법과 원래 색에 다른 색을 오버레이 하는 방법이 있습니다. 피부색 자체를 변경하는 경우는 드물지만, 색조 화장을 하듯 피부의 색을 변경할 수 있습니다. 색조 효과는 확장 패널의 [흰색 균형], [색조], [색상]으로 조정합니다.

[점진적 필터] 도구를 사용한 자연스러운 색조 효과

[점진적 필터] 도구를 사용하면 색을 그러데이션으로 표현할 수 있습니다. 즉, 한 방향으로 색을 점진적으로 짙거나 옅게 표현해 자연스러운 색조 효과를 얻을 수 있습니다. 또한 범위 마스크를 설정하면 광도 또는 색상에 한정하여 효과를 적용할 수 있습니다.

[점진적 필터] 도구를 사용하여 색조 효과를 적용하면 점진적으로 색이 적용돼 부드럽게 표현됩니다.

실습 파일 : portrait_retouching_h.jpg

01 다음 사진은 인물의 얼굴이 오른쪽으로 치우쳐 있고 왼쪽은 어둡습니다. [점진적 필터] 도구를 사용하여 오른쪽에서 왼쪽으로 점진적 색조 효과를 적용합니다. [툴 스트립]에서 [점진적 필터] 도구를 클릭합니다.

02 [점진적 필터] 도구의 포인터를 인물의 눈을 클릭하여 왼쪽으로 드래그합니다. [점진적 필터]의 중심선이 프레임 오른쪽 끝부분에 올 때 마우스 버튼을 놓습니다.

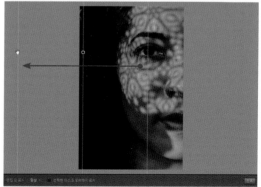

[점진적 필터] 도구의 마우스 커서를 드래그할 때 Shift를 누른 채 드래그하면 수평 또는 수직으로 드래그할 수 있습니다.

03 간단히 색온도로 색조 효과를 적용합니다. 확장 패널에서 [색온도] 슬라이더를 낮게 설정하여 푸른 색감을 더해 차가운 느낌이 나도록 합니다.

04 적용한 색온도는 얼굴 전체 즉, 머리카락, 그림자 등에도 적용되었습니다. 이제 범위 마스크로 특정 영역에 효과를 한정해보겠습니다. 여기서는 얼굴에 하이라이트가 표현되어 있으므로 [범위 마스크] 섹션에서 [범위 마스크]를 [광도]로 설정하겠습니다.

05 범위 마스크가 활성화되면 광도 범위를 선택하기 위해 [광도 범위 선택기] 아이콘을 클릭합니다.

06 사진 위로 마우스 커서를 올려보면 스포이트 모양으로 변경된 것을 알 수 있습니다. 얼굴의 하이라이트 부분을 클릭합니다.

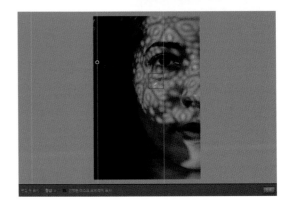

07 앞서 설정한 색온도가 감소합니다. 스포이트로 클릭한 지점의 톤을 히스토그램에서 살펴보면 대략 약 60%입니다.

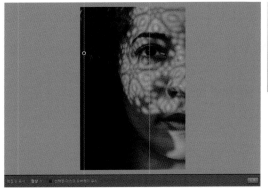

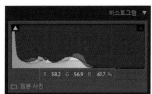

08 ❶ [범위 마스크] 섹션에서 [범위]를 50~100%로 설정하면 하이라이트 영역에 효과가 적용됩니다. ❷ [완료] 버튼을 클릭하여 [조정 브러시] 작업을 마칩니다.

09 [옵션 바]에서 [보정 전후 보기] 버튼을 클릭하여 원본과 비교합니다.

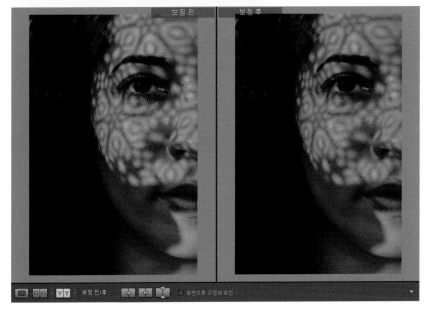

TIP **따뜻한 느낌이 나도록 표현하려면**

[색온도] 슬라이더를 높이면 따뜻한 느낌이 나는 얼굴을 표현할 수 있습니다.

[조정 브러시]로 피부색 변경하기

그러데이션과 상관없이 전체에 같은 색조 효과를 적용하려면 [조정 브러시]로 마스크 영역을 설정합니다. 영역을 설정할 때는 [자동 마스크] 옵션을 선택하고 피부만 정확히 설정할 수도 있지만 매우 까다롭습니다. 피부 톤과 주변 톤 또는 피부색과 주변 색이 다르다면 범위 마스크를 이용하면 훨씬 빠르게 작업할 수 있습니다.

실습 파일 : portrait_retouching_i.jpg

01 다음 사진의 전체 피부에 색조 효과를 적용하기 위해 [툴 스트립]에서 [조정 브러시] 도구를 클릭합니다.

02 확장 패널의 ❶ [브러시] 섹션에서 [페더], [플로우], [밀도]를 [100]으로 설정하고 ❷ [자동 마스크] 옵션은 해제합니다. ❸ 브러시의 크기는 인물의 팔뚝보다 작게 설정합니다.

03 인물의 피부만 대략 브러싱합니다. 피부 밖으로 브러싱해도 상관없습니다. [옵션 바]에서 [선택한 마스크 오버레이] 옵션을 선택해 브러싱 영역을 확인합니다.

04 ❶ 효과를 적용해야 하므로 [옵션 바]에서 [선택한 마스크 오버레이] 옵션을 해제합니다. ❷ [효과] 섹션에서 [색조] 슬라이더를 조정해 피부색을 변경합니다. [조정 브러시]로 브러싱 된 다른 영역의 색도 변경됩니다.

05 피부에만 한정해 효과를 적용해보겠습니다. [범위 마스크] 섹션에서 [범위 마스크]를 [색상]으로 설정합니다.

06 범위 마스크가 활성화되면 색상 범위를 선택하기 위해 [색상 범위 선택기] 아이콘을 클릭합니다.

07 영역을 제한할 곳을 클릭해 지정합니다. Shift를 누른 채로 클릭하면 최대 다섯 군데를 지정할 수 있습니다.

08 사진을 확대해 얼굴과 벽면이 있는 곳을 표시합니다. 얼굴 바깥쪽 벽에도 효과가 미세하게 적용된 것을 알 수 있습니다.

09 ❶ [브러시] 섹션에서 [자동 마스크] 옵션을 선택하고, ❷ [지우기]를 클릭합니다. 얼굴 바깥쪽 벽에 적용된 효과를 브러싱해 제거합니다. ❸ 브러시의 ⊖가 인물 쪽으로 넘어가지 않아야 합니다.

10 [사진]을 [맞춤]으로 축소하고 인물 바깥쪽 아웃라인을 따라 브러싱 하면서 다른 부분도 제거합니다.

11 ❶ 다시 얼굴 부분만 확대하고 입술 안쪽을 브러싱 해 입술에 적용된 효과도 제거합니다. ❷ [완료] 버튼을 클릭하여 [조정 브러시] 작업을 마칩니다.

12 [옵션 바]에서 [보정 전후 보기] 버튼을 클릭하여 원본과 비교합니다.

[조정 브러시]로 피부색 변경하기(오버레이 방법)

이번에는 원래 색을 바꾸는 것이 아니라 다른 색을 오버레이 하여 피부색을 변경해보겠습니다.

실습 파일 : portrait_retouching_i.jpg

01 앞서 [조정 브러시]로 영역을 설정해 놓고 효과를 적용했습니다. 이것을 수정해보겠습니다. [툴 스트립]에서 [조정 브러시]를 클릭합니다. 사진에서 앞서 작업한 마스크를 찾습니다. 마스크 핀에 마우스 커서를 올려보면 손바닥 모양으로 변경되고 마스크 영역을 미리 볼 수 있습니다.

TIP   마스크 핀을 손바닥으로 끌지 마세요.

마스크 핀 위에 마우스 커서를 올리면 손바닥 모양으로 변경됩니다. 이때 마스크 핀을 드래그하면 설정 영역이 이동되니 주의해야 합니다.

---

02 마스크 영역을 편집하기 위해 핀을 클릭합니다.

03 확장 패널의 [효과] 섹션에서 [효과]를 더블클릭해 적용된 효과만 초기화합니다. 영역 설정은 그대로 유지됩니다.

04 색을 오버레이 할 것이므로 기존 색이 있으면 중첩되기 때문에 색 표현이 어렵습니다. [효과] 섹션에서 [채도]를 [-100]으로 설정합니다.

05 ❶ [효과] 섹션의 [색상]을 클릭합니다. ❷ [색상 선택기]가 표시되면 피부색으로 적용할 색을 선택합니다.

06 [옵션 바]에서 피부색이 변경됩니다. [완료] 버튼을 클릭하여 [조정 브러시] 작업을 마칩니다.

07 [보정 전후 보기] 버튼을 클릭하여 원본과 비교합니다.

11 배경 처리

인물 사진의 배경에서 인물을 분리하는 것을 '누끼를 딴다'라고 표현합니다. 이러한 작업을 수월하게 하려면 배경이 단순하거나 단색이어야 합니다. 모델 사진은 대부분 호리존 스튜디오에서 촬영하므로 배경 처리 작업이 쉬운 편입니다. 라이트룸에서 배경을 처리하고 포토샵에서 배경을 제거할 수 있습니다.

인물 사진의 배경 처리는 포토샵과 같은 이미지 편집 프로그램에서 배경을 제거할 수 있도록 처리하는 것입니다. 배경을 마스크 영역으로 설정하는 방법 중 간단한 방법은 [조정 브러시] 배경만 브러싱해 노출을 높여 100% 흰색으로 만드는 것입니다. [자동 마스크] 기능을 사용하면 깔끔하게 배경만 마스크 영역으로 설정할 수 있습니다.

실습 파일 : portrait_retouching_j.jpg

01 배경 처리를 하기 위해 [조정 브러시]를 사용합니다. ❶ [툴 스트립]에서 [조정 브러시]를 클릭합니다. ❷ 마스크 영역을 미리보기 위해 [옵션 바]에서 [선택한 마스크 오버레이 표시] 옵션을 선택합니다.

02 사진을 50% 확대하고 얼굴 부분을 표시합니다. ❶ 확장 패널 [브러시] 섹션에서 [자동 마스크] 옵션을 선택하고 ❷ 브러시 크기는 다음의 크기 정도로 설정합니다.

03 인물의 바깥쪽 아웃라인을 따라 배경을 브러싱합니다. 브러시의 ⊕가 인물 쪽으로 넘어가지 않도록 해야 합니다.

04 (Space)를 누른 채로 사진을 드래그하면 다른 영역을 표시할 수 있습니다. 다른 영역도 아웃라인을 따라 브러싱 합니다.

05 인물의 아웃라인을 브러싱합니다.

06 발 부분을 확대해 보니 브러싱이 발에 적용된 것을 알 수 있습니다. 브러시를 크게 설정했을 경우 발생합니다.

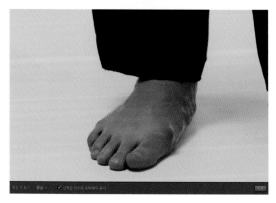

07 잘못 브러싱된 곳은 제거해야 합니다. 브러시의 크기를 줄이고 [브러시] 섹션에서 [지우기]를 클릭해 인물 안쪽에서 아웃라인을 따라 브러싱해 제거합니다. 브러시의 ⊖가 배경으로 나가지 않게 합니다.

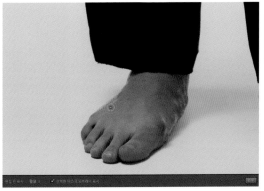

08 다음과 같이 잘못 브러싱된 부분을 제거합니다.

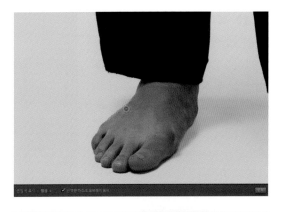

09 인물의 아웃라인을 따라 이동하면서 브러싱이 잘못된 부분이 있으면 제거합니다.

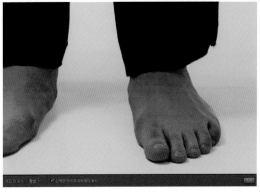

10 사진을 [맞춤]으로 축소합니다. 나머지 배경도 브러싱해야 합니다. [브러시] 섹션에서 [자동 마스크]를 해제하고 브러시의 크기를 크게 설정합니다.

11 배경을 꼼꼼히 브러싱합니다.

12 ❶ 효과를 적용해야 하므로 [옵션 바]에서 [선택한 마스크 오 버레이] 옵션을 해제합니다. ❷ [효과] 섹션에서 [노출] 슬라이 더를 높여 배경의 RGB가 모두 100%가 되도록 합니다. ❸ [완료] 버튼을 클릭하여 [조정 브러시] 작 업을 마칩니다.

13 [옵션 바]에서 [보정 전후 보 기] 버튼을 클릭하여 원본과 비교 합니다.

Chapter

12

일괄 보정

한 장의 사진을 후보정하는 것은 사진가의 창의적인 표현이지만, 여러 장의 사진을 같게 후보정하는 것은 단순한 반복 작업입니다. 그러나 라이트룸의 일괄 보정 방법을 사용하면 반복 작업을 할 필요가 없으며, 작업 시간도 몇 초면 충분합니다. 이 장에서는 여러 장의 사진을 일괄 보정하는 방법을 알아봅니다.

01 현상 사전 설정

라이트룸에는 같은 작업을 할 때 설정값을 저장해 놓고 바로 적용하는 사전 설정(Presets)이 있습니다. 그 중 '현상 사전 설정(Develop Presets)'은 후보정한 현상 설정값을 저장한 후, 같은 보정 작업을 할 다른 사진에 곧바로 적용할 수 있습니다.

현상 사전 설정은 후보정한 사진의 현상 설정값을 저장해 놓은 것입니다. 라이트룸에 기본으로 내장된 현상 사전 설정과 사용자가 직접 저장한 현상 사전 설정이 있고, 외부 현상 사전 설정 파일을 가져와 사용할 수 있습니다.
다음과 같이 [현상] 모듈의 [사전 설정] 패널에서 확인할 수 있습니다. [사전 설정] 패널의 구성은 다음과 같습니다.

❶ 사전 설정 그룹 : 사전 설정을 관리하기 위한 그룹입니다. 그룹 제목 왼쪽의 [▶]를 클릭하면 그룹에 포함된 사전 설정이 표시됩니다.

❷ 사전 설정 : 사진에 적용할 수 있는 사전 설정입니다. 적용 전에 항목 위로 마우스 포인터를 올리면 [편집] 창과 [탐색기] 패널에서 사전 설정이 적용된 사진을 미리 볼 수 있습니다.

❸ 사전 설정 메뉴 : [사전 설정] 패널의 메뉴입니다. 사전 설정을 만들거나 가져오는 메뉴와 패널에 등록된 사전 설정을 관리할 수 있는 메뉴를 포함하고 있습니다.

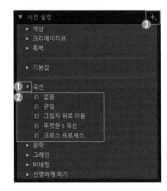

사용자가 현상한 사진에 대한 설정값을 현상 사전 설정으로 저장하고 다른 사진에 적용할 수 있습니다. 사전 설정을 저장할 현상된 사진을 [편집] 창에 표시해 놓고, [사전 설정] 패널에서 [+] 버튼을 클릭합니다. 표시되는 메뉴에서 [사전 설정 만들기] 메뉴를 선택합니다. [새 현상 사전 설정] 대화상자가 표시되면 [사전 설정 이름]을 입력하고 설정값을 선택한 후, [만들기] 버튼을 클릭해 저장합니다.

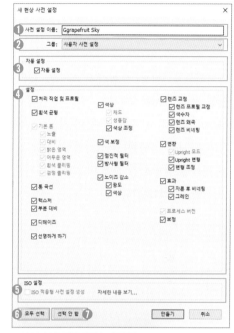

❶ 사전 설정 이름 : 입력된 이름은 [사전 설정] 패널에 사전 설정 항목 이름 으로 표시됩니다.

❷ 그룹 : 사전 설정이 저장될 그룹을 선택하거나 새로 만들 수 있습니다.

❸ 자동 설정 : 선택한 사진의 자동 톤 보정 값을 저장합니다. 이 옵션을 선택 하면 아래 [설정] 옵션의 [기본 톤], [채도], [생동감]을 선택할 수 없습니다.

❹ 설정 : 사진에 적용된 현상 설정 항목을 선택합니다. 일반적으로 모든 설정 항목을 선택해도 되지만, 현상 설정을 하지 않은 항목과 다른 사진에 불필 요한 항목은 선택하지 않습니다.

❺ ISO 설정 : ISO에 따른 가변형 사전 설정을 만들 때 사용합니다. ISO가 다른 두 장 이상의 사진을 선택했을 때 활성화됩니다.

❻ 모두 선택 : [설정] 항목의 모든 설정 항목을 선택합니다.

❼ 선택 안 함 : [설정] 항목의 모든 설정 항목을 해제합니다.

현상 사전 설정이 저장되면 [사전 설정] 패널의 지정한 사전 설정 그룹 에 표시됩니다.

[사전 설정] 패널에 저장된 현상 사전 설정은 라이트룸 내의 세 곳에서 사용할 수 있습니다.

먼저 사진을 가져올 때 [가져오기] 대화상자의 [가져오는 동안 적용] 패 널의 [현상 설정] 항목의 팝업 메뉴에서 사전 설정 항목을 선택할 수 있 습니다. 여기서 선택한 사전 설정은 가져오는 모든 사진에 적용됩니다. 따라서 자주 사용하는 현상 스타일이 있다면 미리 사전 설정을 만들어 놓고 사진을 가져올 때 일괄 적용할 수 있습니다.

두 번째로 [라이브러리] 모듈의 [빠른 현상] 패널에서 [저장된 사전 설정] 항목의 팝업 메뉴에 사전 항목이 표시됩니다. 사전 설정을 적용할 사진을 [격자 보기] 화면 또는 [필름 스트립]에서 선택한 후, [저장된 사전 설정] 항목의 팝업 메뉴에서 적용할 사전 설정 항목을 선택합니다. 특히, 여러 장의 사진을 선택했을 때 일괄 적용할 수 있습니다.

마지막으로 [현상] 모듈에서 사용합니다. 사전 설정을 적용할 사진을 선택해 작업 창에 표시하고 [사전 설정] 패널에서 적용할 사전 설정을 찾아 클릭합니다. 이 작업은 선택한 한 장의 사진에만 적용됩니다. [필름 스트립]에서 여러 장의 사진을 선택했더라도 [편집] 창에 표시된 사진에만 적용됩니다. 사전 설정 항목을 클릭하기 전에 마우스 포인터를 올려보면 작업 창에 적용된 사진을 미리 볼 수 있습니다.

현상 사전 설정 내보내기와 가져오기

저장된 현상 사전 설정은 외부로 내보내 파일로 저장할 수 있습니다. 이렇게 저장한 현상 사전 설정 파일은 다른 컴퓨터에서 사용하거나, 시스템 또는 프로그램을 재설치했을 경우 다시 라이트룸으로 가져와 사용할 수 있습니다.

현상 사전 설정을 내보내려면 [사전 설정] 패널에서 사전 설정 항목을 마우스 오른쪽 버튼을 클릭해 표시되는 메뉴에서 [내보내기]를 선택합니다. 단, 라이트룸에서 기본으로 제공하는 사전 설정은 내보낼 수 없습니다.

❶ 즐겨찾기에 추가 : [사전 설정] 패널의 맨 위에 있는 [즐겨찾기] 그룹에 추가합니다. 즐겨찾기에 추가된 사전 설정이 없으면 [즐겨찾기] 그룹은 표시되지 않습니다.

❷ 가져오기 시 적용 : 사진을 가져올 때 일괄 적용하도록 [가져오기] 대화상자의 [가져오는 동안 적용] 패널의 [현상 설정] 항목으로 설정됩니다.

❸ 이름 바꾸기 : 사전 설정 이름을 변경합니다.

❹ 이동 : 다른 그룹으로 이동하거나, 새 그룹을 만들어 이동합니다.

❺ 현재 설정으로 업데이트 : 현재 [편집] 창의 사진에 적용된 설정값으로 업데이트합니다.

❻ 탐색기로 표시 : 사전 설정 파일이 저장된 폴더를 탐색기로 열어 표시합니다.

❼ 삭제 : 사전 설정을 패널에서 삭제합니다.

❽ 내보내기 : 사전 설정을 파일로 내보내 파일로 저장합니다.

사전 설정은 XMP 파일로 저장됩니다. 그룹을 선택해 내보내면 그룹 하위의 모든 사전 설정이 ZIP 파일로 압축되어 저장됩니다. 다음은 [내보내기] 메뉴를 실행했을 때 표시되는 [사전 설정 내보내기] 대화상자입니다. ❶ [파일 이름] 입력란에 저장할 파일 이름을 입력하고 ❷ [저장] 버튼을 클릭합니다.

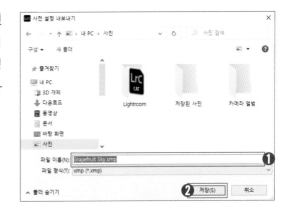

이렇게 저장한 파일은 다른 컴퓨터의 라이트룸에서 [사전 설정] 패널에서 [+] 버튼을 클릭해 표시되는 팝업 메뉴에서 [사전 설정 가져오기] 메뉴를 선택해 [사전 설정] 패널에 등록해 사용할 수 있습니다.

다음은 사전 설정 파일을 찾아 선택할 수 있는 [사전 설정 가져오기] 대화상자입니다. 사전 설정 XMP 또는 ZIP 파일을 찾아 선택한 후, [가져오기] 버튼을 클릭합니다. 참고로 사전 설정 그룹을 내보내 저장한 ZIP 파일을 가져오면 자동으로 그룹이 만들어지고 하위에 사전 설정이 등록됩니다.

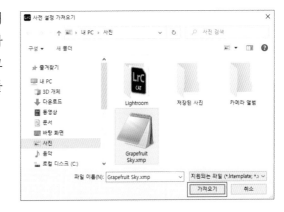

현상 사전 설정 관리하기

[사전 설정] 패널에 현상 사전 설정이 등록되면 패널이 길어지고 스크롤해 찾아야 하는 불편함이 있습니다. 자주 사용하는 사전 설정은 즐겨찾기에 추가해 놓으면 [사전 설정] 패널 첫 번째 그룹의 [즐겨찾기] 항목으로 구성할 수 있습니다.

또한 [사전 설정 관리] 대화상자에서 사용하지 않는 사전 설정 그룹을 [사전 설정] 패널에서 감출 수 있습니다. 대화상자를 표시하려면 [사전 설정] 패널에서 [+] 버튼을 클릭해 표시되는 팝업 메뉴에서 [사전 설정 관리] 메뉴를 선택합니다.

[사전 설정 관리] 대화상자가 표시됩니다. 사전 설정 그룹 항목을 해제하면 패널에서 감출 수 있습니다.

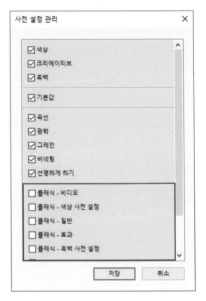

02 현상 설정의 복사와 붙이기

문서 작업에서 같은 내용은 복사해 붙여넣습니다. 마찬가지로 라이트룸에서도 현상한 사진의 설정값을 복사해 다른 사진에 붙여넣을 수 있습니다. 사전 설정이 현상한 사진의 설정값을 파일로 저장한다면 복사와 붙이기는 설정값을 메모리에 임시로 저장해 놓습니다. 다른 설정값을 복사하면 이전에 복사한 설정값은 삭제됩니다.

현상 설정값 복사하기

[현상] 모듈 왼쪽 패널 그룹 아래쪽에는 두 개의 버튼이 있습니다. 하나는 [복사] 버튼이고, 다른 하나는 [붙여넣기] 버튼입니다.
[편집] 창에 현상된 사진의 설정값을 복사하려면 [복사] 버튼을 클릭합니다. 그러면 [설정 복사] 대화상자가 표시됩니다. 복사할 설정값을 선택하고 [복사] 버튼을 클릭합니다. 복사된 설정값은 메모리에 저장됩니다.

 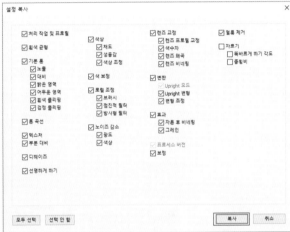

현상 설정값 붙여넣기

설정값을 복사했다면 다른 사진에 붙여넣습니다. [필름 스트립]에서 설정값을 붙여넣을 사진을 선택하고 [붙여넣기] 버튼을 클릭합니다. 같은 환경에서 찍은 사진이 아니면 추가 조정이 필요합니다.

TIP 현상 설정값을 복사해 다른 사진에 붙여넣으면

현상 설정값을 복사해 다른 사진에 붙여넣었는데 원하는 결과가 아닌 경우가 있습니다. 특정 사진에 맞게 현상한 설정값이기 때문에 같은 사진이 아니면 의도하지 않은 결과가 나올 수 있기 때문입니다. 설정값을 붙여넣은 후, 대상 사진에 맞게 세부적인 사항을 추가로 조정해야 합니다.

03 현상 설정의 동기화

현상 설정 동기화(Sync)는 특정 사진의 현상 설정값을 여러 사진에 똑같이 적용하는 것을 말합니다. 같은 상황에서 찍은 사진의 경우 한 장의 사진을 현상한 뒤, 여러 사진에 동기화해 작업 시간을 단축할 수 있습니다.

동기화의 기준 사진과 대상 사진 선택하기

현상 설정을 여러 사진에 동기화하려면 현상된 사진과 동기화할 사진을 함께 선택합니다. 이때 현상 설정값을 가지고 있는 사진을 제일 먼저 선택해야 합니다. 이는 현상 설정 동기화의 규칙으로 첫 번째 선택한 사진의 현상 설정값을 두 번째부터 선택한 나머지 사진에 동기화하라는 것입니다. 여기서 첫 번째 선택한 사진을 '동기화 기준 사진', 두 번째부터 '동기화 대상 사진'이라 합니다.

[격자 보기] 화면 또는 [필름 스트립]에 선택한 사진과 선택하지 않는 사진은 셀의 배경 밝기로 구별됩니다. 가장 밝은 회색 배경의 사진은 여러 사진을 선택할 때 제일 먼저 선택한 사진이고, 중간 밝기의 회색 배경의 사진은 두 번째부터 선택한 사진을 의미합니다. 가장 어두운 회색 배경의 사진은 선택하지 않은 사진입니다. 현상 설정을 동기화할 때는 동기화 기준이 되는 사진을 먼저 선택하고, 나머지 사진을 선택합니다.

❶ 동기화 기준 사진 : 첫 번째 선택한 사진은 동기화 기준 사진으로 현상 설정값이 있어야 합니다.

❷ 동기화 대상 사진 : 두 번째부터 선택한 사진으로 첫 번째 사진의 현상 설정값으로 동기화됩니다.

❸ 선택하지 않은 사진

현상 설정의 동기화는 무척 간단합니다. 동기화 기준 사진과 대상 사진을 선택한 후, [현상] 모듈의 오른쪽 패널 그룹 맨 아래에 있는 [동기화] 버튼을 클릭합니다.

[설정 동기화] 대화상자가 표시됩니다. 동기화할 현상 항목을 선택하고 [동기화] 버튼을 클릭합니다.

선택한 사진이 동기화됩니다.

TIP   라이브러리 모듈에서 설정 동기화

현상 설정의 동기화는 [라이브러리] 모듈에서도 진행할 수 있습니다. [라이브러리] 모듈의 [격자 보기] 화면 또는 [필름 스트립]에서 기준이 될 사진과 동기화할 사진을 선택하고, 오른쪽 패널 그룹 아래쪽에 [설정 동기화] 버튼을 클릭합니다.

04 자동 동기화

자동 동기화는 여러 사진을 선택하고 동시에 조정합니다. 사전 설정, 복사와 붙여넣기, 동기화는 현상된 사진이 있어야 합니다. 그러나 자동 동기화는 여러 사진을 선택하고 [편집] 창에 표시된 사진을 현상하는 즉시 다른 사진에 동기화됩니다.

자동 동기화의 기준 사진과 대상 사진 선택하기

여러 사진을 자동 동기화하려면 현상 설정의 동기화처럼 첫 번째 선택한 사진이 기준 사진이 되고 [편집] 창에 표시됩니다. 두 번째부터 선택한 사진은 대상 사진이 됩니다. 다음은 아직 현상 작업을 하지 않은 사진으로 왼쪽이 기준 사진이고, 오른쪽이 대상 사진입니다.

자동 동기화 작업 스위치

자동 동기화 작업을 하려면 [동기화] 버튼의 스위치를 올려야 합니다. 스위치를 클릭하면 [동기화] 버튼이 [자동 동기화] 버튼으로 이름이 변경되고 밝은 회색이 됩니다.

[편집] 창에 표시된 기준 사진을 조정합니다. 설정값을 조정할 때마다 선택된 대상 사진도 함께 같은 설정값으로 조정됩니다.

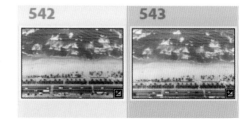

자동 동기화한 사진의 현상 설정값을 비교해보면 히스토그램의 모양은 다르지만 같은 값이 설정된 것을 알 수 있습니다.

TIP 자동 동기화 작업의 주의사항

자동 동기화 작업이 끝났으면 반드시 [자동 동기화] 스위치를 내려야 합니다.

05 총 노출 일치

총 노출 일치는 선택한 사진의 노출만 같게 맞추는 일괄 보정입니다. 메뉴얼 촬영 모드에서 노출(조리개, 셔터 스피드, ISO)을 고정해놓고 촬영할 때 주변 상황에 따라 사진의 밝기가 달라져 노출 부족 또는 노출 과다로 찍을 수 있습니다. 이러한 사진의 노출을 모두 같게 설정할 수 있습니다.

총 노출 일치의 기준 사진과 대상 사진

여러 사진의 노출을 같게 하려면 기준이 되는 사진이 있어야 합니다. 기준이 되는 사진을 첫 번째로 선택하고 나머지 사진을 순서에 상관없이 선택합니다. 다음 사진은 AEB(Auto Exposure Bracketing)로 촬영한 것으로 노출 차이는 1 스톱입니다.

총 노출 일치 메뉴 실행

사진을 선택하고 메뉴 바의 [설정 > 총 노출 일치] 메뉴를 선택합니다. 선택한 사진의 노출이 기준 사진의 노출로 맞춰집니다.

세 장의 사진에 대한 노출 변화를 살펴보면 다음과 같습니다. 첫 번째 사진은 기준 사진이므로 노출의 변화는 없습니다.

두 번째 사진은 -1 스톱으로 촬영된 것으로 [노출] 슬라이더가 +1 스톱 조정된 것을 알 수 있습니다. 세 번째 사진은 +1 스톱으로 촬영된 것으로 [노출] 슬라이더가 -1.06 스톱 조정된 것을 알 수 있습니다.

사진 병합과
포토샵 연동

여러 장의 사진을 합치는 것을 병합이라 합니다. 이미지 합성과는 다릅니다. 라이트룸에는 여러 장의 사진을 합쳐 한 장의 파노라마 사진 또는 HDR 사진으로 병합할 수 있습니다. 디지털카메라에 파노라마와 HDR로 촬영할 수 있는 기능이 이미 포함되어 있지만, RAW 파일로 저장된 사진을 라이트룸의 파노라마와 HDR로 병합하면 RAW 파일과 같은 세밀한 조정과 세부 묘사 표현이 가능합니다. 또한 라이트룸에 없는 합성 기능을 활용하기 위해 포토샵과 연동해 작업할 수 있습니다. 이 장에서는 파노라마와 HDR 사진을 병합하는 방법과 포토샵 연동 작업에 대해 알아봅니다.

01 파노라마 사진 만들기

파노라마 사진은 여러 장의 사진을 이어 붙인 사진으로 화각이 매우 넓게 표현됩니다. 초광각 렌즈로 촬영한 후, 크롭해 같은 표현을 얻을 수 있지만 총 화소 수가 적고 렌즈의 특성으로 인한 왜곡이 나타납니다. 라이트룸의 파노라마 병합은 수직과 수평 모두 가능하며 초광각 렌즈가 표현할 수 없는 360도 화각도 표현할 수 있습니다.

라이트룸에서 파노라마 사진 병합하기

라이트룸 6 이전 버전에서는 포토샵과 연동하여 파노라마 사진을 병합했지만, 라이트룸 6부터는 파노라마를 직접 병합할 수 있습니다. 또한 RAW 파일을 파노라마 사진으로 병합하면 DNG 파일로 저장되고, 파노라마에 사용된 사진을 스택으로 그룹화해 관리할 수 있습니다.

라이트룸에서 파노라마 사진을 만드는 것은 포토샵과 연동하는 것보다 간단합니다. [라이브러리] 모듈의 [격자 보기] 화면 또는 [필름 스트립]에서 파노라마에 사용할 사진을 선택한 후, 메뉴 바에서 [사진 > 사진 병합 > 파노라마]를 선택하면 [파노라마 병합 미리보기] 대화상자가 실행됩니다. 몇 가지 옵션을 설정하고 [병합] 버튼을 클릭하면 파노라마 사진이 저장되고 카탈로그에 등록되어 화면에 표시됩니다.

❶ **구형** : 병합된 사진이 구 내부에 매핑된 것처럼 표현하는 투영 모드입니다. 이 모드는 360도 파노라마와 같은 시야가 넓거나 다중행 파노라마를 표현하기에 적합합니다.

❷ **원통형** : 병합된 사진이 원통 내부에 매핑된 것처럼 표현하는 투영 모드입니다. [원근] 모드 발행할 수 있는 나비넥타이 모양의 왜곡을 줄입니다. 이 모드는 시야가 넓은 파노라마 사진에 적합하여, 수직선이 유지되는 장점이 있습니다.

❸ **원근** : 파노라마의 가운데 사진을 기준으로 사진이 평평한 면에 매핑된 것처럼 표현하는 투영 모드입니다. 이때 다른 사진들이 변형되거나 크기와 위치가 조정되지만, 직선을 유지하는 데 효과적입니다. 따라서 건축물 사진에 적합합니다. 시야가 넓은 파노라마는 가장자리 근처에 과도한 왜곡이 나타나므로 이 모드에서는 수행되지 않을 수 있습니다.

❹ **경계 변형** : 병합된 사진에 나타나는 프레임 내의 빈 영역을 채울 수 있습니다. 파노라마 사진은 병합 후, 빈 영역이 프레임에 포함되지 않게 크롭해야 합니다. 그러나 크롭 시 주요 피사체가 포함되어 잘리지 않게 이 슬라이더를 조절하여 콘텐츠를 보호할 수 있습니다. 대신 사진의 형태가 변형됩니다.

❺ **가장자리 채우기** : 사진의 형태를 변형하지 않고 프레임 내의 빈 영역을 채웁니다.

❻ **자동 자르기** : 빈 영역이 포함되지 않도록 사진을 크롭합니다. 이 경우 총 화소 수가 줄어듭니다.

❼ **자동 설정** : 병합된 사진의 톤을 자동으로 조정합니다. 병합 후, 조정하려면 이 옵션을 선택하지 않습니다.

❽ **스택 만들기** : 파노라마에 사용된 사진과 파노라마 결과물을 스택으로 그룹화합니다.

라이트룸에서 파노라마 사진이 제대로 병합되지 않거나, 확장된 기능을 사용하기 위해 포토샵 연동으로 병합할 수도 있습니다. 파노라마에 사용될 사진을 포토샵으로 전송하고 포토샵의 [포토머지(Photomerge)]로 병합합니다. 병합된 사진은 TIFF 또는 PSD 파일로 저장하여 라이트룸으로 다시 가져옵니다. 라이트룸에 비해 처리 속도가 오래 걸리고 결과물을 RAW 파일로 저장할 수 없다는 단점이 있습니다.

포토샵과 연동해 파노라마 사진을 만들려면 [라이브러리] 모듈의 [격자 보기] 화면 또는 [필름 스트립]에서 사진을 선택한 후, 메뉴 바에서[사진 〉 응용 프로그램에서 편집 〉 Photoshop에서 파노라마에 병합] 메뉴를 선택하면 포토샵이 실행되고 [Photomerge] 대화상자가 실행됩니다.

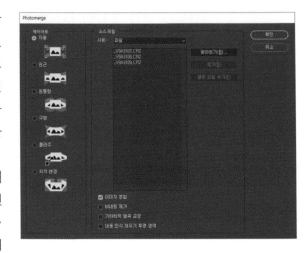

[Photomerge] 대화상자에서 옵션을 설정한 후, [확인] 버튼을 클릭하면 포토샵 캔버스에 병합된 사진이 표시됩니다. 포토샵 메뉴 바에서 [파일 〉 저장] 메뉴를 선택해 저장하면 라이트룸 카탈로그에 등록되고 라이트룸에서 추가 보정할 수 있습니다.

TIP 파노라마 병합에 사용할 사진 촬영

파노라마 사진을 병합하기 위해 어도비에서는 다음과 같은 사항을 권장하고 있습니다. 라이트룸과 포토샵에서 파노라마를 제작할 때 발생하는 문제를 최소화할 수 있습니다.

- 파노라마 사진을 촬영할 때 개별 사진은 40% 정도 겹쳐 찍습니다.
- 줌 렌즈를 사용하는 경우 초점거리를 고정해 촬영합니다.
- 촬영 시 위치를 변경하지 않고 수평을 유지하기 위해 삼각대를 사용합니다.
- 이어지는 사진의 기울기가 3~10도 이상이 되면 병합 도중 오류가 발생할 수 있습니다.
- 광각 렌즈보다는 왜곡이 적은 렌즈를 사용한다. 단, 초점거리가 클수록 촬영 매수는 늘어납니다.
- 촬영 시 Av 모드를 사용하여 조리개를 고정하고 같은 노출을 유지합니다. M 모드를 사용하여 조리개, 셔터 스피드, ISO를 고정하면 개별 사진의 노출이 달라집니다.

겹쳐 찍은 여러 장의 사진이 필요합니다. 단, 병합에 사용되는 사진은 후보정하지 않은 것이어야 하며, RAW 파일과 JPEG 파일을 혼합하지 말고 같은 파일 유형끼리 병합해야 합니다. 병합이 끝나면 라이트룸에 표시된 DNG 파일을 추가로 조정할 수 있습니다.

실습 파일 : _V9A3107.cr2, _V9A3108.cr2, _V9A3109.cr2, _V9A3110.cr2

01 [라이브러리] 모듈의 [격자 보기] 화면 또는 [필름 스트립]에서 파노라마 병합에 사용할 사진을 모두 선택합니다.

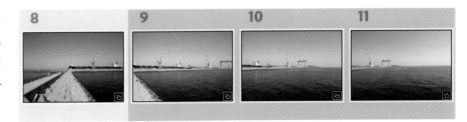

02 메뉴 바에서 [사진 〉 사진 병합 〉 파노라마] 메뉴를 선택하면 [파노라마 병합 미리보기] 대화상자가 실행됩니다. 선택한 사진 또는 [편집] 창에 표시된 사진을 마우스 오른쪽 버튼으로 클릭하여 표시되는 메뉴에서 [사진 병합 〉 파노라마] 메뉴를 선택하는 방법도 있습니다.

03 [투영 선택] 항목을 [구형]으로 설정해도 문제는 없지만, 한 행으로 된 파노라마이므로 [원통형] 버튼을 클릭해 투영 모드를 변경합니다.

04 프레임 내에 흰색으로 된 영역은 크롭해야 하지만, [경계 변형] 슬라이드를 [100]으로 설정해 채웁니다.

05 ❶ 병합 후, 결과물을 후보정할 것이므로 [자동 자르기]와 [자동 설정] 항목은 선택하지 않습니다. ❷ 파노라마 사진을 그룹화해 관리되도록 [스택 만들기] 항목은 선택합니다. ❸ 설정이 끝났으면 [병합] 버튼을 클릭합니다.

06 병합된 파노라마 사진이 [편집] 창에 표시됩니다.

07 [격자 보기] 화면 또는 [필름 스트립]을 보면 파노라마 사진이 표시되는데 파노라마 병합에 사용된 사진과 스택으로 그룹화된 것입니다. 사진 왼쪽 위에 숫자로 표시된 스택 배지를 클릭합니다. 숫자는 스택으로 그룹화된 사진의 수입니다.

08 스택이 펼쳐지고 파노라마 병합에 사용된 사진이 표시됩니다. 스택을 축소하려면 스택 배지를 다시 클릭합니다.

09 병합된 파노라마 결과물은 DNG 파일로 원본 사진과 같은 경로에 저장됩니다. 추가 보정을 통해 사진을 향상할 수 있습니다.

02 HDR 사진 만들기

일반적인 단일 프레임 사진은 눈으로 본 밝기를 모두 표현하지 못합니다. 사진에 제대로 표현되는 밝기의 범위를 필름에서는 관용도라 하고, 디지털 사진에서는 DR(Dynamic Range)이라고 합니다. 관용도에 따라 밝은 영역과 어두운 영역 세부 묘사의 표현이 결정됩니다. 필름은 관용도가 정해져 있지만, 디지털 사진은 노출이 다른 여러 장의 사진을 병합해 관용도를 높일 수 있습니다. 이를 HDR(High Dynamic Range)이라고 합니다.

라이트룸에서 HDR 사진 병합하기

라이트룸 6 이전 버전에서는 포토샵과 연동하여 HDR 사진을 병합했지만, 라이트룸 6부터는 HDR 병합을 직접 할 수 있습니다. 또한 RAW 파일을 HDR 사진으로 병합하면 DNG 파일로 저장되고, HDR에 사용된 사진을 스택으로 그룹화해 관리할 수 있습니다.

라이트룸에서 HDR 사진을 병합하는 방법은 [라이브러리] 모듈의 [격자 보기] 화면 또는 [필름 스트립]에서 노출이 다른 여러 장의 사진을 선택하고 메뉴 바에서 [사진 〉 사진 병합 〉 HDR] 메뉴를 선택합니다. [HDR 병합 미리보기] 대화상자가 표시됩니다. 옵션을 설정하고 [병합] 버튼을 클릭하면 HDR 사진이 저장되고 카탈로그에 등록되어 화면에 표시됩니다.

❶ 자동 정렬 : 병합하는 사진의 프레임이 조금 어긋났으면 이 옵션을 사용해 해결할 수 있습니다. 삼각대를 사용하여 고정 위치에서 촬영했으면 이 옵션은 선택하지 않아도 됩니다.

❷ 자동 설정 : 병합된 사진의 톤을 자동으로 조정합니다. 병합 후, 조정하려면 이 옵션을 선택하지 않습니다.

❸ 디고스트 양 : 병합된 사진의 프레임 내 일부 영역이 반투명한 상태로 남을 수 있습니다. 이를 고스트라 하며 양을 조정하여 고스트를 줄일 수 있습니다. 디고스트 양은 저, 중간, 고 순으로 적은 양부터 적용합니다.

❹ 디고스트 오버레이 미리보기 : 디고스트가 적용된 영역을 미리 볼 때 선택합니다.

❺ 스택 만들기 : 병합 후, HDR 사진과 HDR 병합에 사용된 사진을 스택으로 그룹화합니다.

라이트룸에서 HDR 사진이 제대로 병합되지 않거나, 확장된 기능을 사용하기 위해 포토샵 연동으로 병합할 수도 있습니다. HDR 병합에 사용될 사진을 포토샵으로 전송하고 포토샵의 [HDR Pro]로 병합합니다. 병합된 사진은 TIFF 또는 PSD 파일로 저장하여 라이트룸으로 다시 가져옵니다. 라이트룸에 비해 처리 속도가 오래 걸리고 결과물을 RAW 파일로 저장할 수 없는 단점이 있습니다.

포토샵에서 HDR 사진을 병합하는 방법은 [라이브러리] 모듈의 [격자 보기] 화면 또는 [필름 스트립]에서 노출이 다른 여러 장의 사진을 선택하고 메뉴 바에서 [사진 〉 응용 프로그램에서 편집 〉 Photoshop에서 HDR Pro에 병합] 메뉴를 선택합니다. [HDR Pro로 병합] 대화상자가 표시됩니다.

[HDR Pro] 대화상자에서 옵션을 설정한 후, [확인] 버튼을 클릭하면 포토샵 캔버스에 병합된 사진이 표시됩니다. 포토샵 메뉴 바에서 [파일 〉 저장] 메뉴를 선택해 저장하면 라이트룸 카탈로그에 등록되고 추가 보정할 수 있습니다.

TIP HDR 병합에 사용할 사진 촬영

HDR 사진을 병합하기 위해 어도비에서는 다음과 같이 브라케팅 범위에 따른 병합에 사용될 최적의 사진 장수를 권장하고 있습니다. 라이트룸과 포토샵에서 파노라마 제작할 때 발생하는 문제를 최소화할 수 있습니다.

- 줌 렌즈를 사용하는 경우 초점 거리를 고정해 촬영합니다.
- 여러 장의 사진에서 같은 심도를 표현하려면 조리갯값을 고정합니다.
  조리갯값과 ISO가 변경되면 사진에 노이즈나 비네팅이 생길 수 있습니다.
- 촬영 시 위치를 변경하지 않고 느린 셔터 스피드에서도 흔들림 없이 촬영하기 위해 삼각대를 사용합니다.
- 촬영 시 프레임 내에 위치가 변경되는 것이 포함되지 않아야 합니다.

카메라 브라켓 설정	사진을 HDR에 병합하기 위한 최적의 노출 수
−1.5 ~ +1.5	2
−3.0 ~ +3.0	3
−4.5 ~ +4.5	4
−6.0 ~ +6.0	5

HDR 사진을 병합하려면 일정 노출 간격으로 촬영된 여러 장의 사진이 필요합니다. 단, 병합에 사용되는 사진은 후보정하지 않은 것이어야 하며, RAW 파일과 JPEG 파일을 혼합하지 말고 같은 파일 유형끼리 병합해야 합니다. HDR 병합이 끝나면 라이트룸에 표시된 DNG 파일을 후보정할 수 있습니다.

실습 파일 : _V9A9577.cr2, _V9A9578.cr2, _V9A9579.cr2

01 [라이브러리] 모듈의 [격자 보기] 화면 또는 [필름 스트립]에서 HDR 병합에 사용할 사진을 모두 선택합니다.

02 메뉴 바에서 [사진 〉 사진 병합 〉 HDR] 메뉴를 선택하면 [HDR 병합 미리보기] 대화상자가 실행됩니다. 선택한 사진을 마우스 오른쪽 버튼으로 클릭하여 표시되는 메뉴에서 [사진 병합 〉 HDR] 메뉴를 선택하는 방법도 있습니다.

03 카메라를 삼각대에 거치하고 AEB로 연속 촬영한 사진이므로 [자동 정렬] 옵션은 선택하지 않습니다. 또한 병합 후, 조정할 것이므로 [자동 설정] 옵션도 선택하지 않습니다.

04 프레임 내에 위치가 변경되거나 움직이는 피사체가 없으므로 디 [고스트 양]을 [없음]으로 설정합니다.

05 ❶ 병합된 HDR 사진과 병합에 사용된 사진을 스택으로 그룹화 관리되도록 [스택 만들기] 옵션을 선택합니다. ❷ 설정이 끝났으면 [병합] 버튼을 클릭합니다.

06 병합된 HDR 사진이 표시됩니다.

07 [격자 보기] 화면 또는 [필름 스트립]을 보면 HDR 사진이 표시되는데 HDR 병합에 사용된 사진과 스택으로 그룹화된 것입니다. 사진 왼쪽 위에 숫자로 표시된 스택 배지를 클릭합니다. 숫자는 스택으로 그룹화된 사진의 수입니다.

08 스택이 펼쳐지고 HDR 병합에 사용된 사진이 표시됩니다. 스택을 축소하려면 스택 배지를 다시 클릭합니다.

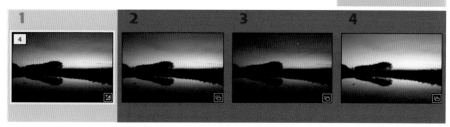

09 HDR 결과물은 DNG 파일로 원본 사진과 같은 경로에 저장됩니다. 추가 조정을 통해 사진을 향상할 수 있습니다.

03 HDR 파노라마 사진 만들기

라이트룸 8부터 파노라마를 HDR 사진으로 만들 수 있는 새로운 기능이 추가되어 파노라마 사진도 HDR로 표현할 수 있게 되었습니다. 노출에 따라 파노라마 사진을 병합하고 이를 HDR로 한 번 더 병합하는 번거로운 작업을 하지 않아도 됩니다.

파노라마 병합하기

HDR 사진이 단일 프레임을 병합하는 것이라면, 파노라마 HDR 사진은 파노라마에 사용된 프레임별로 브라케팅 촬영한 사진을 라이트룸에서 병합합니다. 예를 들어, 파노라마 사용되는 사진이 3장이라면, 프레임별로 최소 3장의 브라케팅 사진이 있어야 하므로 HDR 파노라마 병합에는 최소 9장의 사진이 있어야 합니다.

노출	프레임 1	프레임 2	프레임 3
+1 EV			
0 EV			
−1 EV			
HDR 파노라마 합성			

HDR 파노라마를 만들려면 파노라마의 프레임별로 브라케팅 촬영한 사진을 모두 선택하고 [사진 〉 사진 병합 〉 HDR 파노라마] 메뉴를 선택합니다. [HDR 파노라마 병합 미리보기] 대화상자가 실행되고 다음 화면처럼 HDR 파노라마가 자동 합성됩니다.

TIP HDR 파노라마 사진을 병합하기 위한 요구 사항 검토

HDR 파노라마 병합을 원활하게 진행하기 위해 어도비에서는 다음 사항을 모두 충족해야 한다고 합니다. 이 사항에서 하나라도 충족되지 않으면 'HDR 노출 사진의 크기를 감지할 수 없습니다. 대신 비 HDR 파노라마에 병합하시겠습니까?'라는 메시지가 표시되어 HDR 파노라마를 만들 수 없습니다.

• 선택한 모든 사진에는 노출 메타데이터(조리갯값, 셔터 스피드, ISO)를 포함해야 합니다.
• 브라케팅으로 촬영된 프레임별 노출 세트에는 같은 수의 사진이 있어야 합니다. 예를 들어, 브라케팅을 3장으로 촬영했으면 모든 프레임별 노출 세트도 3장을 사용해야 합니다.
• 브라케팅으로 촬영된 프레임별 노출 세트에는 같은 노출 오프셋이 있어야 합니다. 예를 들어, 첫 번째 프레임의 노출 세트에 (0, -1, +1)의 노출 오프셋이 있으면, 다른 프레임의 노출 세트에도 이 노출 패턴과 같아야 합니다.
• 브라케팅으로 촬영된 프레임별 노출 세트는 연속되게 캡처해야 합니다. 예를 들어, 브라케팅의 장수가 3장이라면 연속된 3장의 사진이 첫 번째 프레임의 노출 세트가 되고, 다음 연속된 3장이 두 번째 프레임의 노출 세트가 되는 식이어야 합니다.
• 브라케팅으로 촬영된 프레임별 노출 세트 내에는 같은 노출값이 있으면 안 됩니다.

04 라이트룸과 포토샵 연동

라이트룸은 디지털 사진의 관리와 현상에 중점을 둔 프로그램입니다. 그래서 라이트룸에는 사진을 변형하거나 합성하는 기능이 포함되어 있지 않습니다. 이러한 기능은 포토샵과 연동하여 작업할 수 있습니다.

포토샵 연동 워크플로우

Step 01 포토샵 연결 확인 및 옵션 설정

포토샵과 연동해 작업하려면 라이트룸과 포토샵이 연결돼 있어야 합니다. 시스템에 라이트룸과 포토샵이 설치돼 있다면 두 프로그램은 자동으로 연결됩니다. 이를 확인하려면 라이트룸의 [환경 설정] 대화상자에서 [외부 프로그램] 탭을 클릭합니다. 첫 번째 항목에 포토샵 버전이 표시돼 있으면 정상적으로 연결된 것입니다.

[Adobe Photoshop 2021에서 편집] 항목의 옵션을 설정합니다. 이 설정은 최초 한 번만 설정하면 되지만, 작업 형태가 변경되었다면 수정해야 합니다.

[파일 형식] 옵션에서 포토샵에서 작업한 파일을 저장할 파일 형식을 선택합니다. 레이어 작업을 유지하려면 [PSD] 파일 형식을 선택합니다. [색상 공간]은 RAW 파일이면 [ProPhoto RGB]로 설정하고, [비트 심도]는 16비트를 사용합니다. 16비트 ProPhoto RGB는 색상 세부 묘사를 최적으로 유지할 수 있는 어도비의 권장 설정입니다. [해상도]는 작업 유형에 따라 설정합니다.

Step 02 **포토샵으로 사진 보내기**

포토샵에서 추가 작업을 하려면 현상된 [현상] 모듈의 [편집] 창에 표시된 사진 또는 [필름 스트립]의 사진을 마우스 오른쪽 버튼으로 클릭합니다. 표시되는 메뉴에서 [응용 프로그램에서 편집 〉 Adobe Photoshop 2021에서 편집] 메뉴를 클릭합니다. RAW 파일을 포토샵으로 보내면 라이트룸과 포토샵의 Camera RAW 버전이 같으면 포토샵 캔버스에 바로 사진이 열리지만, 다를 경우 렌더링 방식을 묻는 창이 표시됩니다. 이 대화상자가 표시되지 않으려면 라이트룸에서 사용하는 ACR 버전과 같은 ACR이 설치되어 있어야 합니다. ACR은 어도비 클라우드에서 설치할 수 있습니다.

❶ 다시 표시 안 함 : RAW 파일을 포토샵으로 보낼 때 이 대화상자를 표시하지 않습니다. 포토샵 캔버스에 RAW 사진이 직접 열리지만, Camera RAW 버전이 호환되지 않아 라이트룸에서 현상한 사진이 제대로 표시되지 않을 수 있습니다.

❷ Lightroom을 사용하여 렌더링 : 라이트룸에서 RAW 파일을 처리하여 환경 설정에서 지정한 TIFF

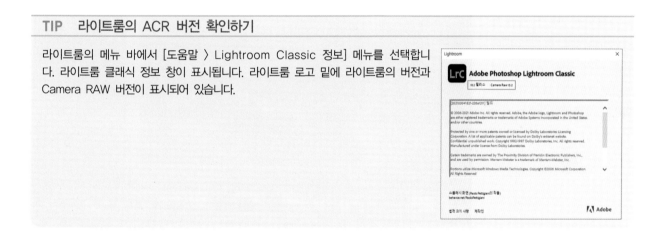

또는 PSD 파일로 렌더링하여 포토샵 캔버스에 사진을 엽니다. 라이트룸에서 현상한 사진이 제대로 표시됩니다.

❸ 무시하고 열기 : 호환성을 무시하고 포토샵에서 사진을 엽니다. Camera RAW 버전이 호환되지 않아 라이트룸에서 현상한 사진이 제대로 표시되지 않을 수 있습니다.

TIP 라이트룸의 ACR 버전 확인하기

라이트룸의 메뉴 바에서 [도움말 〉 Lightroom Classic 정보] 메뉴를 선택합니다. 라이트룸 클래식 정보 창이 표시됩니다. 라이트룸 로고 밑에 라이트룸의 버전과 Camera RAW 버전이 표시되어 있습니다.

JPEG 파일을 포토샵으로 보내면 다음의 창이 표시됩니다. JPEG 파일에 대한 작업 유형을 선택하고 [편집] 버튼을 클릭합니다.

❶ Lightroom 조정으로 사본 편집 : 현상 설정이 적용된 JPEG 파일이면 현상 설정을 적용하여 사본으로 포토샵으로 보냅니다.

❷ 사본 편집 : 현상 설정이 적용된 JPEG 파일이더라도 현상 설정을 적용하지 않고 사본으로 포토샵으로 보냅니다.

❸ 원본 편집 : 원본 JPEG 파일을 포토샵으로 보냅니다. 포토샵에서 편집 후, 저장하면 대상 폴더의 원본 사진을 덮어씁니다.

Step 03 **포토샵에서 편집 후 저장하기**

포토샵에 열린 사진을 편집
한 후, [파일 〉 저장] 메뉴로
저장합니다. 포토샵에서 사
진을 저장했으면 포토샵은
종료해도 됩니다.

이렇게 저장된 파일은 라이
트룸의 카탈로그에 자동으
로 등록되고, [편집] 창에 표
시됩니다. [필름 스트립]에
원래 사진 앞에 포토샵에서
편집된 사진이 표시되고 스
택으로 그룹화됩니다.

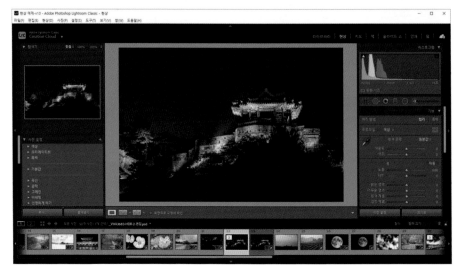

Step 04 **최종 결과물은 라이트룸에서 내보내기**

포토샵과 연동해 작업한 사진의 최종 결과물은 라이트룸에서 [내보내기]를 통해 사용 용도에 맞게 저장합니다. 연동
작업 시 포토샵에서 별도로 저장해도 되지만, 라이트룸의 [내보내기]는 디지털 사진에 훨씬 더 최적화된 저장 방식입
니다.

자주 사용하는 포토샵 기능은 별도의 메뉴로 실행할 수 있습니다. [사진 〉 응용 프로그램] 메뉴에는 포토샵과 연동할 수 있는 네 가지 메뉴가 있습니다.

❶ Photoshop에서 스마트 오브젝트로 열기 : 선택한 사진을 포토샵에서 스마트 오브젝트로 변환해 엽니다.

❷ Photoshop에서 파노라마에 병합 : 선택한 사진을 포토샵의 [Photomerge]를 사용하여 파노라마 사진으로 병합합니다. 이 메뉴는 두 장 이상의 사진을 선택해야 활성화됩니다.

❸ Photoshop에서 HDR Pro에 병합 : 선택한 사진을 포토샵의 [HDR Pro]를 사용하여 HDR 사진으로 병합합니다. 이 메뉴는 두 장 이상의 사진을 선택해야 활성화됩니다.

❹ Photoshop에서 레이어로 열기 : 선택한 사진을 포토샵의 레이어로 각각 엽니다. 이 메뉴는 두 장 이상의 사진을 선택해야 활성화됩니다.

05 라이트룸에서 포토샵 편집용 파일로 내보내기

라이트룸에서 포토샵을 연동해 사용하면 시스템 자원이 부족할 수 있습니다. 특히 메모리 사용량이 증가해 전체적인 처리가 느려질 수 있습니다. 이런 경우 라이트룸에서 포토샵에서 사용할 파일로 내보내 저장하고, 이를 포토샵에서 열어 편집할 수 있습니다. 이렇게 하면 처리 속도가 향상되지만, 포토샵에서 편집한 파일은 라이트룸에 자동으로 등록되지 않습니다. 따라서 별도로 관리하거나 라이트룸에 가져와 추가로 등록해야 합니다.

DNG 파일로 저장하기

RAW 파일은 현상 설정값을 포함하여 DNG 파일로 저장할 수 있습니다. DNG 파일은 RAW 파일의 특성을 그대로 저장되므로 톤과 색상의 세부 묘사를 그대로 유지할 수 있습니다. 저장한 DNG 파일을 포토샵에서 열면 ACR(Adobe Camera RAW)이 실행되고 라이트룸의 현상 설정값을 추가로 조정할 수 있습니다.

라이트룸에서 DNG 파일로 저장해 포토샵에서 열기

01 사진을 마우스 오른쪽 버튼으로 클릭해 표시되는 메뉴에서 [내보내기 〉 내보내기] 메뉴를 선택합니다. [n개 파일 내보내기] 대화상자가 실행됩니다. [내보내기] 위치 옵션 항목에서 [내보낼 위치]를 [바탕화면]으로 설정하고, [하위 폴더에 넣기]에 [포토샵 편집용]을 입력합니다.

02 ❶ [파일 설정] 옵션 항목에서 [이미지 형식]을 [DNG]로 설정하고, ❷ [호환성]과 [JPEG 미리보기]는 각각 [Camera Raw 13.2 이상], [중간 크기]로 설정합니다. ❸ [빠른 로드 데이터 포함]은 선택하고, ❹ [손실 허용 압축 사용]과 [원본 raw 파일 포함]은 선택하지 않습니다. ❺ [내보내기] 버튼을 클릭해 저장합니다.

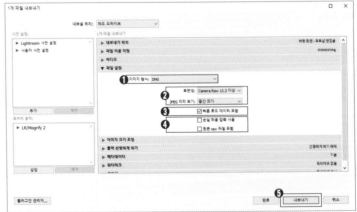

03 저장된 DNG 파일은 포토샵에서 ACR로 열립니다.
❶ 라이트룸에서 현상한 설정값이 오른쪽 패널에 그대로 적용돼 표시됩니다. 추가 조정할 수 있고, ❷ 포토샵에서 편집하려면 오른쪽 아래 [열기] 버튼을 클릭합니다.

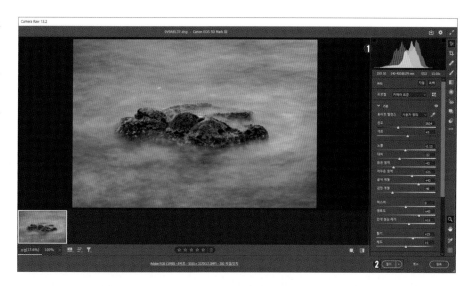

04 포토샵 캔버스에 사진이 열립니다.

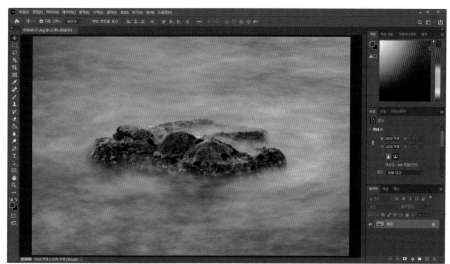

TIP **포토샵에서 작업한 DNG 파일 저장하기**

포토샵에 편집한 DNG 파일은 RAW 파일 특성상 DNG로 저장되지 않습니다. 포토샵 작업 파일인 PSD로 먼저 저장하고, 사용 목적에 맞는 JPEG, TIFF, PNG 등의 파일로 저장할 수 있습니다.

TIFF 파일로 저장하기

TIFF 파일은 라이트룸의 현상 설정값이 적용되어 렌더링된 파일이지만 채널당 16비트와 ProPhoto RGB 색공간으로 저장할 수 있어 RAW 파일의 톤과 색상의 세부 묘사를 최적으로 유지할 수 있습니다. 저장한 TIFF 파일을 포토샵에서 열면 포토샵 캔버스에 바로 열립니다.

01 사진을 마우스 오른쪽 버튼으로 클릭해 [내보내기 > 내보내기] 메뉴를 선택합니다. [n개 파일 내보내기] 대화상자가 실행됩니다. [내보내기] 위치, 옵션 항목에서 ❶ [내보낼 위치]를 [바탕화면]으로 설정하고, ❷ [하위 폴더에 넣기]에 [포토샵 편집용]을 입력합니다.

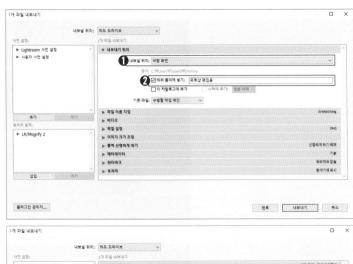

02 [파일 설정] 옵션 항목에서 ❶ [이미지 형식]을 [TIFF]로 설정하고, ❷ [압축]은 [없음]으로 설정합니다. ❸ [색상 공간]은 최대 색공간인 [ProPhoto RGB]로 설정하고, ❹ [비트 심도]는 [16비트/구성요소]로 설정합니다. ❺ [내보내기] 버튼을 클릭하여 저장합니다.

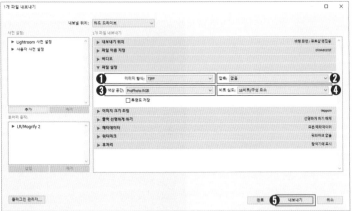

03 저장된 TIFF 파일을 포토샵에서 열면 포토샵 캔버스에 바로 열립니다.

PSD 파일로 저장하기

PSD 파일은 라이트룸의 현상 설정값이 적용되어 렌더링 된 파일이지만 채널당 16비트와 ProPhoto RGB 색공간으로 저장할 수 있어 RAW 파일의 톤과 색상의 세부 묘사를 최적으로 유지할 수 있습니다. 단, 사진의 메타데이터는 유실됩니다. 저장한 PSD 파일을 포토샵에서 열면 포토샵 캔버스에 바로 열립니다.

라이트룸에서 PSD 파일로 저장해 포토샵에서 열기

01 사진을 마우스 오른쪽 버튼으로 클릭해 [내보내기 〉 내보내기] 메뉴를 선택합니다. [n개 파일 내보내기] 대화상자가 실행됩니다. [내보내기 위치] 옵션 항목에서 [내보낼 위치]를 [바탕 화면]으로 설정하고, [하위 폴더에 넣기]에 [포토샵 편집용]을 입력합니다.

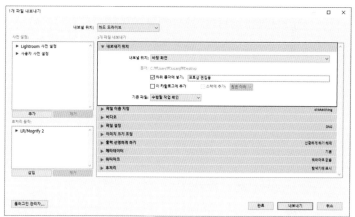

02 ❶ [파일 설정] 옵션 항목에서 [이미지 형식]을 [PSD]로 설정합니다. ❷ [색상 공간]은 최대 색공간인 [ProPhoto RGB]로 설정하고 ❸ [비트 심도]는 [16비트/구성요소]로 설정합니다. ❹ [내보내기] 버튼을 클릭하여 저장합니다.

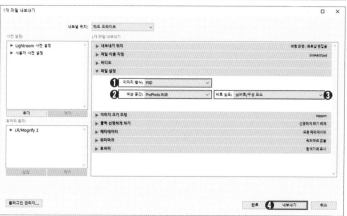

03 저장된 PSD 파일을 포토샵에서 열면 포토샵 캔버스에 바로 열립니다.

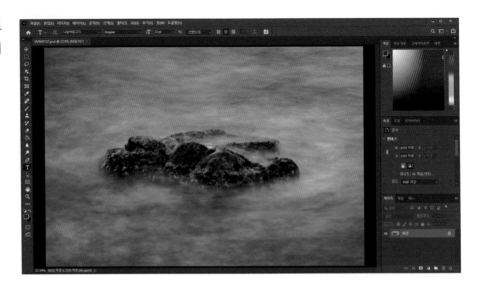

포토샵에 편집한 PSD 파일은 그대로 저장해 덮어쓸 수 있습니다. 또한 사용 용도에 따른 JPEG, TIFF, PNG 등의 파일로 저장할 수 있습니다.

다음 표는 특정 RAW 파일을 DNG, TIFF, PSD 파일로 각각 저장했을 때의 용량을 비교한 것입니다. 원본 RAW 파일과 현상 내역에 따라 저장된 파일의 용량은 다를 수 있습니다.

	원본 CR2	DNG 파일	TIFF 파일	PSD 파일
용량	24.3MB	21.7MB	97.4MB	97.4MB
메타데이터	–	유지	유지	유실
추가 조정	–	ACR에서 조정	포토샵에서 조정 레이어로 조정	포토샵에서 조정 레이어로 조정

Chapter

14

RAW 파일의 향상과
슈퍼 해상도

디지털 사진의 대형인화 크기는 총 화소수에 비례합니다. 원본 사진의 총 화소수가 작거나, 사진을 크롭해 총 화소수가 줄어들면 원하는 크기의 대형인화를 할 수 없습니다. 이런 경우 슈퍼 해상도 기능을 사용해 총 화소수를 네 배 늘릴 수 있습니다. 이장에서는 슈퍼 해상도와 기본적으로 적용되는 RAW 파일의 향상에 대해 알아봅니다.

01 슈퍼 해상도

ACR(Adobe Camera RAW) 13.2에서 새로 추가된 [슈퍼 해상도]가 라이트룸 클래식 10.3 버전에 추가되었습니다. 해상도는 사진의 '가로×세로' 픽셀인 총 해상도를 의미하는 것입니다. 슈퍼 해상도는 화소 수를 늘려 사진을 물리적으로 더 크게 만드는 기능입니다. 라이트룸에서는 기본적으로 가로와 세로의 픽셀을 두 배 늘려 해상도가 4배 커진 사진을 만들 수 있습니다. [슈퍼 해상도]는 기존 [향상] 기능에 포함된 것으로 사진에 슈퍼 해상도를 적용하려면 [사진 〉 향상] 메뉴를 선택하거나, 사진을 마우스 오른쪽 버튼으로 클릭해 표시되는 단축 메뉴에서 [향상]을 선택합니다. 그러면 [미리보기 향상] 대화상자가 표시됩니다. 대화상자 오른쪽에 두 개의 옵션이 있습니다. 먼저 [Raw 세부 정보] 옵션은 사진의 노이즈를 제거하고 세부 묘사를 향상합니다. 이 기능은 RAW 파일에만 적용할 수 있습니다.

[미리보기 향상] 대화상자에 표시되는 이미지는 [Raw 세부 정보]와 [슈퍼 해상도] 옵션이 적용된 것입니다. 이미지를 누르고 있으면 적용 전 이미지를 볼 수 있습니다.

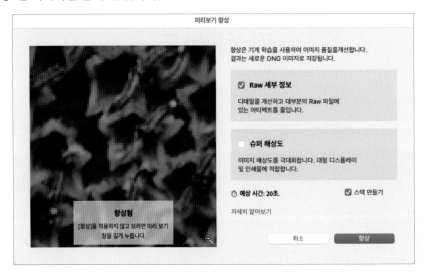

인화나 인쇄하는 사진의 크기는 사진의 총해상도로 결정됩니다. [슈퍼 해상도]가 적용된 사진은 총해상도가 4배 커지므로 대형 인화에 적합합니다. RAW 사진에 [슈퍼 해상도]를 적용하면 [Raw 세부 정보] 옵션이 필수적으로 적용되어 [슈퍼 해상도]를 적용한 사진의 세부 묘사를 향상합니다. 반면에 JPEG 사진에 [슈퍼 해상도]를 적용하면 [Raw 세부 정보] 옵션은 사용할 수 없습니다.

JPEG에도 슈퍼 해상도를 적용할 수 있지만, [RAW 세부 정보] 옵션은 적용되지 않습니다.

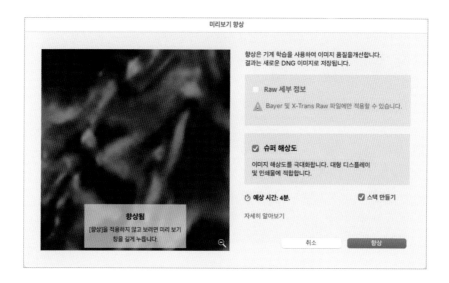

사진에 슈퍼 해상도 적용하기

[향상] 기능을 실행하면 [미리보기 향상] 대화상자에는 예상 시간이 표시됩니다. 예상 시간은 [Raw 세부 정보]와 [슈퍼 해상도]를 처리하는 데 걸리는 시간을 의미합니다. 선택한 사진의 크기와 시스템의 사양에 따라 걸리는 시간에는 차이가 있지만, 실제 진행해보면 표시된 예상 시간보다 짧게 처리됩니다.

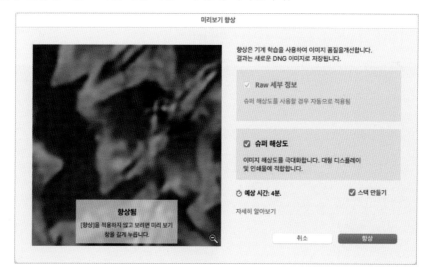

또한, 사진에 [슈퍼 해상도]를 적용하면 물리적인 사이즈가 두 배가 됩니다. 예를 들어, 6720×4480 픽셀의 사진은 13440×8960 픽셀이 됩니다. 총 화소 수가 네 배가 되는 셈입니다. 아직은 사용자가 원하는 크기로 설정할 수는 없습니다. 저장된 파일은 DNG 파일로 저장되며 파일명 뒤에 '-향상됨'이 추가됩니다.

RAW 파일과 JPEG 파일의 슈퍼 해상도 비교

사진을 크게 만드는 것은 다른 그래픽 프로그램에서도 할 수 있습니다. 관건은 화질입니다. 일반적으로 사진의 크기를 키우면 픽셀이 커지기 때문에 화질은 좋지 않습니다. 그래서 주변 픽셀과 유사한 픽셀을 만들어 사용하는 방법이 사용됩니다. 즉, 새로 만들어지는 픽셀의 정확성에 따라 화질에 차이가 납니다.

먼저 [슈퍼 해상도]를 적용한 RAW 사진의 화질을 비교해 보겠습니다. 왼쪽은 RAW 원본이고, 오른쪽은 슈퍼 해상도를 적용한 사진입니다. 같은 크기로 비교해 보기 위해 왼쪽은 100%, 오른쪽은 50%로 보기 비율을 설정했습니다. 큰 차이가 나지 않는 것 같지만, 오른쪽이 조금 더 선명한 듯합니다.

왼쪽은 200%, 오른쪽은 100%로 보기 비율을 설정했습니다. 이번엔 확연한 차이를 보입니다. 슈퍼 해상도를 적용한
오른쪽 사진이 훨씬 더 선명합니다.

이번에는 [슈퍼 해상도]를 적용한 JPEG 사진의 화질을 원본과 비교해 보겠습니다. 왼쪽은 JPEG 원본이고, 오른쪽은
슈퍼 해상도를 적용한 사진입니다. 같은 크기로 비교해 보기 위해 왼쪽은 200%, 오른쪽은 100% 보기 비율을 설정했
습니다. 두 배 확대된 원본에 비해 화질은 좋습니다.

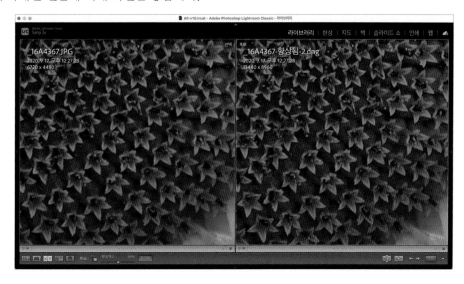

마지막으로 [슈퍼 해상도]를 적용한 RAW 사진과 JPEG 사진의 화질을 비교해 보겠습니다. 왼쪽이 [슈퍼 해상도]가 적용된 RAW 사진이고, 오른쪽이 [슈퍼 해상도] 적용된 JPEG 사진입니다. [슈퍼 해상도]를 적용한 RAW 사진이 훨씬 선명하고 세부 묘사도 살아 있습니다. 색감이 다른 것은 화질을 비교하기 위해 RAW 사진에 아무런 현상 작업을 하지 않았기 때문입니다.

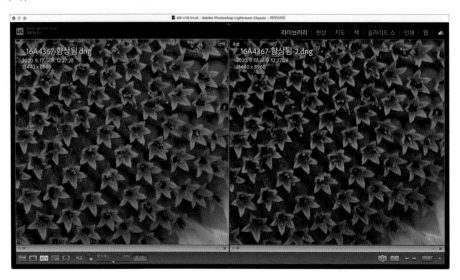

세부 묘사를 확인하기 위해 200%로 확대해 보았습니다. [슈퍼 해상도]가 적용된 RAW 사진의 세부 묘사가 JPEG 사진보다 훨씬 나은 것을 알 수 있습니다.

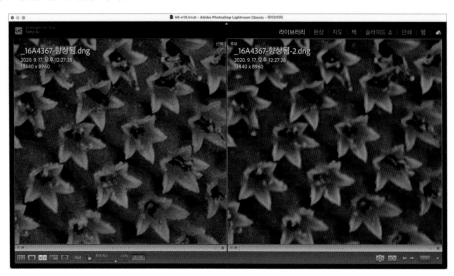

사진의 크기가 커졌으므로 파일의 용량도 당연히 증가했을 것입니다. 특히, [슈퍼 해상도]가 적용된 JPEG 파일은 원본 7MB에 비해 무려 57배나 커졌습니다. [슈퍼 해상도]가 적용된 RAW 파일이 12배 커진 것에 비하면 너무 큽니다. 파일의 용량은 결국 처리 속도과 관계있는 만큼 [슈퍼 해상도]를 적용한 사진을 처리하려면 시스템도 그만큼 뒷받침해주어야 합니다.

구분	원본 RAW	슈퍼 해상도가 적용된 RAW	원본 JPEG	슈퍼 해상도가 적용된 JPEG
파일명	_16A4367.CR3	_16A4367-향상됨.dng	_16A4367.JPG	_16A4367-향상됨-2.dng
사이즈	6720×4480	13440×8960	6720×4480	13440×8960
용량	약 28MB	약 354MB	7MB	약 399MB

라이트룸과 ACR의 [슈퍼 해상도] 기능은 사진의 물리적인 사이즈만 늘리는 단순한 기능은 아닙니다. 사진의 사이즈를 늘리는 것은 존재하지 않는 픽셀을 새로 만들어 내는 것입니다. 이 과정에서 원본 사진의 세부 묘사까지 유지해야 한다면 더 복잡한 과정이 수행될 것입니다. 라이트룸의 [슈퍼 해상도]은 작은 해상도를 가진 이미지 센서로 찍은 사진이나, 어쩔 수 없이 크롭해 크기가 작아진 사진 등의 대형 인화에 사용하면 효율적인 기능일 것입니다.

TIP   슈퍼 해상도는 ACR에서도 사용할 수 있습니다.

슈퍼 해상도는 ACR 13.2부터 사용할 수 있습니다. 단일 사진 파일에 대해 사이즈를 키우려면 ACR에서 [슈퍼 해상도]를 적용합니다. [작업] 창에 표시된 사진을 마우스 오른쪽 버튼으로 클릭하여 표시되는 단축 메뉴에서 [향상]을 선택해 [슈퍼 해상도]를 적용할 수 있습니다.

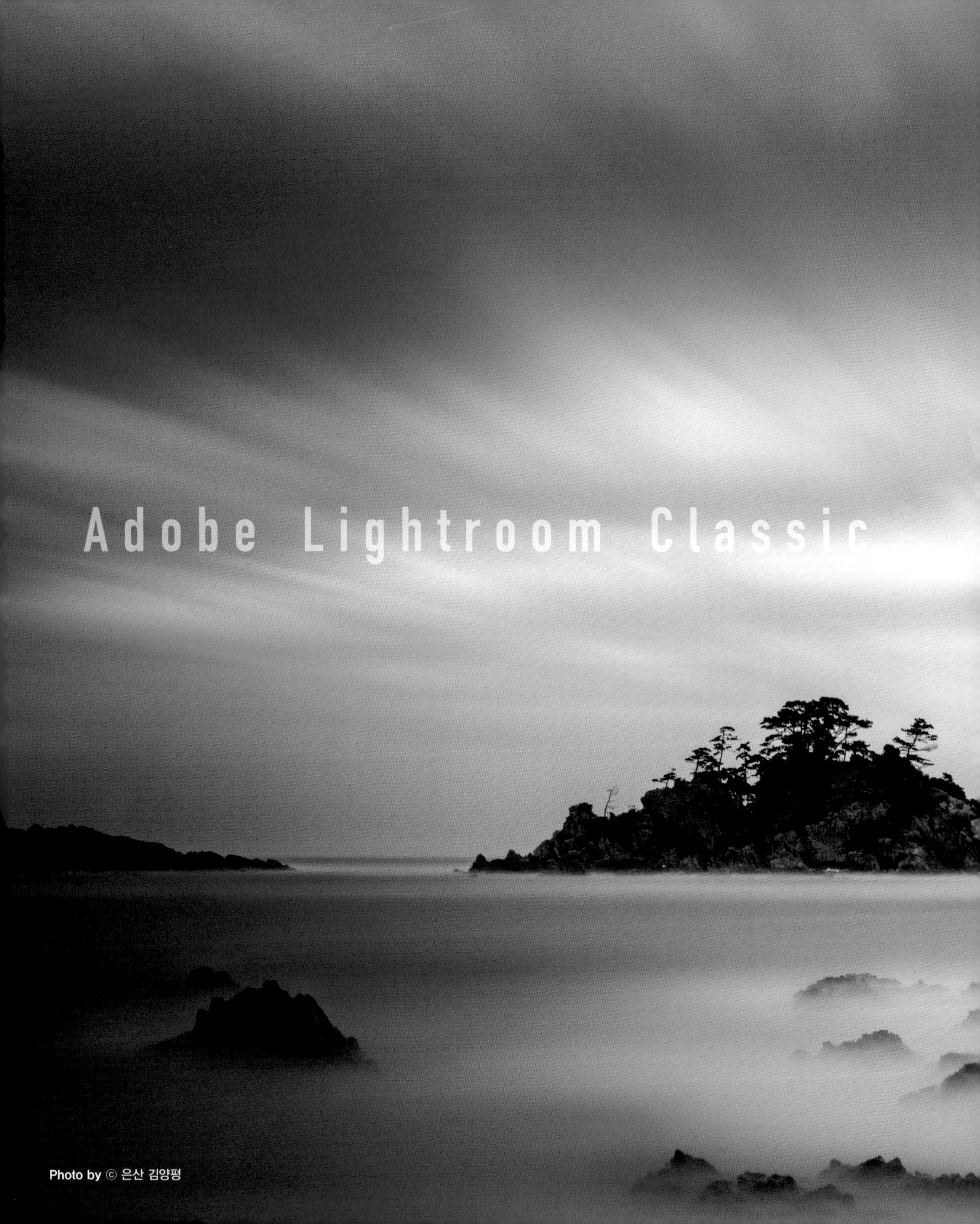

Adobe Lightroom Classic

Photo by © 은산 김양평

PART
05

내보내기

Chapter

01

내보내기

라이트룸에서 현상한 사진을 별도의 파일로 저장하는 것을 '내보내기(export)'라고 합니다. [내보내기]는 라이트룸 워크플로우의 마지막 단계로 이 과정을 통해 사진을 사용할 용도에 따라 최적화해 저장할 수 있습니다. 이 장에서는 다양한 옵션과 이를 활용한 웹용 사진과 인화용 사진을 내보내는 방법에 대해 알아봅니다.

01 내보내기

라이트룸에서 사진을 현상하면 그 내역이 원본 사진에 곧바로 적용되는 것이 아니라, 현상 내역만 카탈로그에 저장됩니다. 즉, 원본 사진과 현상 내역이 분리되어 있습니다. 사진의 사용 용도에 따라 다양하게 저장해 사용하기 위함입니다. 따라서 원본 사진에 현상 내역을 적용해 최종 결과물로 저장하는 과정을 거쳐야 하는데 이를 '내보내기'라 합니다. 사진을 내보낼 때 사용 용도에 맞게 파일 형식과 선명도 등을 정하게 됩니다. 예를 들어 포토샵에서는 저장된 JPEG 파일은 인화, 웹 등 여러 용도로 사용하지만, 라이트룸에서는 사용 용도에 따라 다르게 저장할 수 있습니다. 이 것이 포토샵과 라이트룸이 다른 이유 중 하나이고, 이미지와 디지털 사진이 다른 이유이기도 합니다. 내보내기는 현상된 사진을 최종 결과물로 저장할 때 진행될 뿐만 아니라, 책, 슬라이드 쇼, 인쇄, 웹 모듈에서 사용된 사진을 이차적인 저작물로 저장할 때도 백그라운드로 실행됩니다.

현상된 사진을 내보낼 때 가장 많이 사용하는 사진 파일로는 웹용, 인화용, 인쇄용 파일이 있고, 포토샵에서 추가 보정을 하기 위한 PSD, 현상 내역을 포함해 저장되는 DNG 파일이 있습니다. 웹용 사진은 [게시 서비스]와 [내보내기]를 통해 용량과 총 화소 수를 줄여 웹에 최적화되도록 저장하고, 인화 또는 인쇄용 사진은 [인쇄] 모듈과 [내보내기]를 통해 용량과 총 화소 수를 최대로 해 저장합니다.

다음 도표애서 라이트룸의 워크플로우로 내보내기 과정은 4번에 해당합니다. 내보내기는 대상 경로에 저장된 원본 사진에 카탈로그에 저장된 현상 내역을 적용해 사용 용도에 최적화된 최종 결과물로 저장합니다.

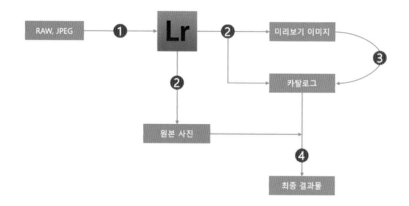

❶ 라이트룸에 RAW 또는 JPEG 사진을 [가져오기]로 등록합니다.

❷ 라이트룸은 원본 사진을 대상 폴더에 별도로 보관하고 원본 사진을 대신하는 사진 관리 및 현상용 미리보기 이미지를 만들어 카탈로그 폴더에 저장합니다. 또한 사진의 모든 정보를 카탈로그에 저장합니다.

❸ 사용자는 미리보기 이미지를 보면서 사진 관리 및 현상 작업을 하고, 이 내역은 실시간으로 카탈로그에 저장됩니다.

❹ 현상된 사진을 최종 결과물로 저장하려면 해당 사진을 [내보내기] 합니다. 이때 카탈로그에 저장된 현상 내역이 원본 사진에 적용되어 별도의 이미지 파일로 저장됩니다.

02 게시 서비스와 내보내기

[내보내기]와 [게시 서비스]는 유사합니다. 사진을 내보내 저장한다는 공통점이 있지만, [내보내기]는 모든 사진의 용도에 따라 최적화된 사진으로 개별 저장되고, [게시 서비스]는 웹에 최적화된 사진을 내보내 저장하고 해당 사진만 모아 관리할 수 있습니다.

게시 서비스(Publish Services)

[게시 서비스]는 현상한 사진 중 웹 사이트나 SNS에 업로드할 사진을 라이트룸에서 직접 퍼블리싱(publishing) 하거나, 하드 디스크에 저장해 관리하는 기능입니다. 전자는 주로 해당 웹 사이트에서 제공하는 게시 서비스 플러그인을 사용하여 사진을 업로드합니다. 게시 서비스 플러그인을 사용하면 현상된 사진을 내보내 저장하고 웹 사이트에 접속해 일일이 사진을 업로드할 필요 없이 라이트룸에서 현상된 사진을 곧바로 업로드할 수 있습니다. 또한 웹 사이트에 업로드된 사진은 플러그인에서 관리할 수 있고, 사진에 달린 댓글 또는 '좋아요'를 확인하거나 답글도 입력할 수 있습니다. 후자는 게시 플러그인을 지원하지 않는 웹 사이트를 위해 로컬 하드 디스크에 업로드할 사진을 저장해 관리하는 기능입니다.

다음은 라이트룸에 기본으로 포함된 게시 서비스 항목입니다. [하드 드라이브]는 게시 서비스 플러그인을 지원하지 않는 웹 사이트에 업로드할 사진을 로컬 하드 디스크에 저장해 관리합니다. [Adobe Stock], [Flickr]는 해당 웹 사이트에 사진을 직접 업로드하고 사진을 관리합니다.

[온라인에서 더 많은 서비스 찾기] 버튼을 클릭하면 어도비 익스체인지(Adobe Exchange) 사이트에 접속됩니다. 'publish'로 검색하면 더 많은 게시 서비스 플러그인을 얻을 수 있습니다.

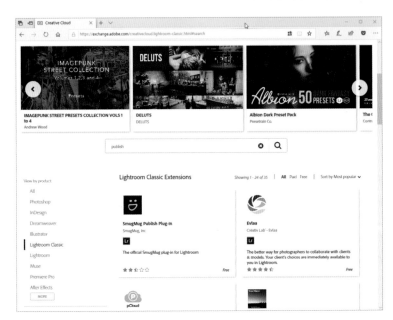

내보내기(Export)

[게시 서비스]가 현상한 사진을 게시 서비스 플러그인을 통해 웹 사이트별로 최적화하여 파일로 저장하고 관리까지 해준다면, [내보내기]는 웹용 사진뿐만 아니라 용도에 따라 인화용, 인쇄용, PSD(포토샵), DNG, PNG 파일로 저장할 수 있습니다. [내보내기]에서는 용도별로 사진을 관리할 수는 없지만, 스택 옵션을 설정해 내보내면 원본 사진과 그룹화해 관리할 수 있습니다. 국내 웹 사이트는 대부분 게시 서비스 플러그인을 지원하지 않기 때문에 [게시 서비스]에서 [하드 드라이브]를 선택해 현상된 사진을 저장하고, 별도로 웹 사이트에 업로드해야 합니다. 이러한 과정은 내보내기로 저장해 업로드하는 것과 크게 다를 것이 없지만, 웹 사이트에 업로드한 사진을 따로 구분해 관리하려면 게시 서비스를 이용하는 것이 좋고, 다양한 사진 작업을 하는 사용자라면 내보내기로 용도에 맞는 결과물로 저장하는 것이 좋습니다.

[게시 서비스]와 [내보내기] 대화상자

다음은 게시 서비스를 설정하기 위한 [Lightroom 게시 관리자] 대화상자와 내보낼 사진을 설정하기 위한 [내보내기] 대화상자입니다. [게시 서비스]의 [하드 드라이브] 항목의 옵션은 [내보내기] 대화상자의 옵션과 거의 같습니다.

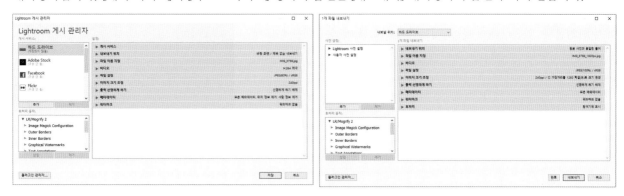

자신이 사용하는 웹 사이트에서 게시 서비스 플러그인을 지원하면 이를 이용해 현상된 사진을 곧바로 업로드하는 것이 훨씬 수월합니다. 그러나 게시 서비스 플러그인을 제공하지 않는 경우가 점점 늘고 있습니다.

게시 서비스로 게시한 사진은 [게시 서비스] 패널에서
컬렉션처럼 관리할 수 있습니다. 게시 서비스에 따라 중
복으로 게시되는 것을 방지하며, 수정된 사진은 손쉽게
갱신할 수 있습니다. 다음은 게시 서비스를 통해 게시된
사진과 앞으로 게시될 사진을 구분해 보여줍니다.

게시된 사진에 댓글이나 '좋아요'와 같은 액션이 생기면 이를 라이트룸
에서 확인할 수 있습니다. 또한 라이트룸에 이러한 액션에 대한 피드백
도 직접 입력할 수 있습니다. 라이브러리 모듈의 [주석] 패널에서 확인
하고 진행합니다.

03 내보내기 대화상자

디지털 사진은 인화용, 웹용과 같이 사용 목적에 맞게 찍기보다는 어떠한 작업에서도 사용할 수 있도록 찍는 경우가 많습니다. 그래서 색공간, 총 화소 수 등을 최대로 설정하는 것입니다. 이러한 사진은 후보정한 후, 사용 용도에 따라 다르게 저장해 사용합니다. 라이트룸의 [내보내기]는 현상한 사진을 사용 용도에 맞게 다양한 파일로 최적화해 저장하는 것을 말합니다. [내보내기]에서는 파일 형식, 색공간, 총 화소 수, 선명도 등을 설정합니다.

[내보내기] 대화상자 실행하기

라이브러리 모듈의 [격자 보기] 화면이나, 각 모듈의 필름 스트립에서 내보낼 사진을 선택합니다. 여러 장을 선택하면 한 번에 내보낼 수 있습니다. 사진을 내보내는 방법은 여러 가지가 있습니다.

내보낼 사진을 선택한 후, [파일 > 내보내기]를 클릭합니다. [내보내기] 대화상자가 실행됩니다.

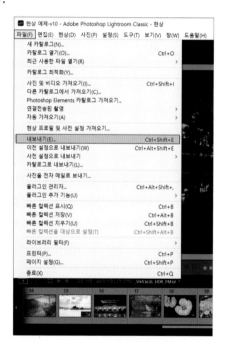

내보낼 사진을 선택한 후, [라이브러리] 모듈 왼쪽 패널 그룹 하단에 있는 내보내기 버튼을 클릭합니다. [내보내기] 대화상자가 실행됩니다.

[라이브러리] 모듈 [격자 보기] 화면에서 사진을 선택한 후, 해당 사진을 마우스 오른쪽 버튼으로 클릭합니다. 단축 메뉴가 표시되면 [내보내기 〉 내보내기]를 클릭합니다. [내보내기] 대화상자가 실행됩니다.

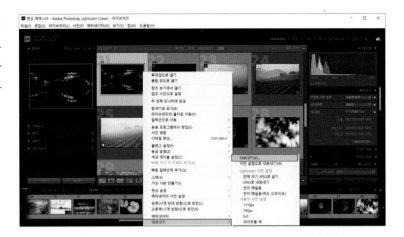

각 모듈의 [필름 스트립]에서 내보낼 사진을 선택한 후, 해당 사진을 마우스 오른쪽 버튼으로 클릭합니다. 단축 메뉴가 표시되면 [내보내기 〉 내보내기]를 클릭합니다. [내보내기] 대화상자가 실행됩니다.

[라이브러리] 모듈과 [현상] 모듈의 [확대경 보기] 화면에서 사진을 마우스 오른쪽 버튼으로 클릭합니다. 단축 메뉴가 표시되면 [내보내기 〉 내보내기]를 클릭합니다. [내보내기] 대화상자가 실행됩니다.

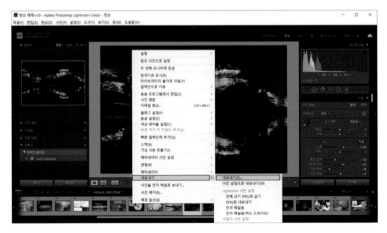

[내보내기] 대화상자의 구성

① **내보낼 위치** : 사진을 내보낼 위치를 설정합니다. 하드 디스크에 저장하려면 [하드 드라이브]로 설정합니다. 저장 가능한 CD/DVD로 바로 저장하려면 [CD/DVD]를 선택합니다.

② **사전 설정** : [내보내기] 대화상자에서 설정된 옵션을 내보내기 사전 설정으로 저장합니다. 저장된 사전 설정은 이 목록에 표시됩니다. 또한 ⑤와 같이 내보내기 단축 메뉴에도 표시되어 [내보내기] 대화상자를 실행하지 않고 사진을 곧바로 내보낼 수 있습니다.

③ **후처리 동작** : [내보내기 플러그인]을 추가했으면 후처리 동작 항목이 표시됩니다. 플러그인을 설치 및 관리하려면 하단 플러그인 추가 또는 설치한 경우 관리자 버튼을 클릭해 [플러그인 관리자]를 실행합니다.

④ **내보내기 옵션** : 내보낼 사진의 옵션을 설정합니다. 기본적으로 내보낼 위치, 파일 이름 옵션을 설정하고, 사진의 사용 용도에 따라 파일 설정, 색공간, 크기, 선명도 등의 옵션을 설정합니다.

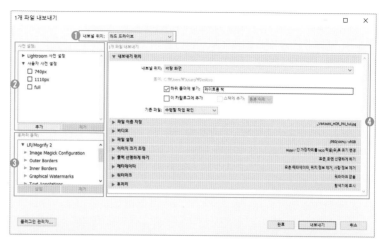

[내보내기] 대화상자의 옵션 설정

[내보내기] 옵션은 9개의 항목으로 구성되어 있습니다. [내보내기 플러그인]을 추가했다면 옵션 항목이 더 늘어납니다.

내보내기 위치

내보낼 사진이 저장될 폴더를 지정하고 카탈로그에 추가할 것인지를 설정합니다. 저장될 폴더에 같은 파일명을 가진 사진이 이미 있는 경우 처리할 방법도 설정합니다.

❶ 내보낼 위치 : [내보낼 위치]는 사진이 저장될 위치를 설정하는 옵션으로 [특정 폴더], [원본 사진과 같은 폴더], [나중에 폴더 선택(사전 설정에 유용)] 중 하나를 선택합니다.

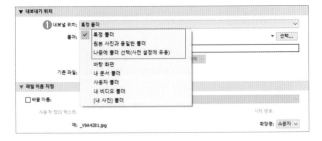

- 특정 폴더 : 사용자가 직접 내보낼 사진의 폴더를 지정할 수 있습니다. 옵션을 설정한 후, 아래 [폴더] 옵션의 [선택] 버튼을 클릭해 내보낼 사진이 저장될 폴더를 찾아 선택합니다. 이렇게 지정한 폴더 하위에 새로운 폴더를 만들어 저장할 수 있고 내보낸 사진을 카탈로그에 추가할 수 있습니다.

- 원본 사진과 같은 폴더 : 원본 사진이 저장된 [대상 폴더]에 내보낼 사진을 저장합니다. 역시 하위 폴더를 만들어 저장할 수 있고 카탈로그와 스택에도 추가할 수 있지만, 하위 폴더를 만들 경우에만 스택에 추가할 수 없습니다.

- 나중에 폴더 선택(사전 설정에 유용) : [내보내기] 버튼을 클릭하면 저장될 폴더를 묻는 대화상자를 표시합니다. [내보내기] 옵션 설정을 사전 설정으로 저장해 사용할 때 유용합니다. 하위 폴더와 스택을 만들 수 없고, 내보낸 사진을 카탈로그에 추가할 수 있습니다.

❷ 하위 폴더에 넣기 : [내보낼 위치]에서 설정한 폴더 하위에 새로운 폴더를 생성해 저장합니다. [내보낼 위치]를 [특정 폴더], [원본 사진과 같은 폴더]로 설정한 경우에만 폴더 하위에 새로운 폴더를 만들어 저장할 수 있습니다. [하위 폴더에 넣기] 항목을 선택하고 오른쪽 입력란에 생성될 폴더 이름을 입력합니다.

❸ 이 카탈로그에 추가 : 내보낸 사진을 현재 카탈로그에 자동으로 추가합니다. 내보낸 사진을 라이트룸에서 관리하려면 이 항목을 선택합니다.

❹ 스택에 추가 : 내보낸 사진을 원본 사진과 함께 스택으로 그룹화해 관리합니다. 스택은 원본, 가상본, 보정본, 내보낸 사진을 하나의 그룹으로 묶어 관리하는 것을 말합니다. [내보낼 위치]가 [원본 사진과 같은 폴더]인 경우에만 스택으로 그룹화할 수 있습니다.

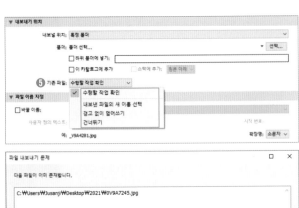

❺ 기존 파일 : 내보낼 사진이 저장될 폴더에 같은 파일명의 사진이 이미 있다면 내보낼 사진을 어떻게 처리할 것인지를 설정합니다.

- 수행할 작업 확인 : [내보낼 위치]에 같은 파일명이 있으면 다음과 같은 [파일 내보내기 문제] 대화상자를 표시하여 사용자가 처리할 방법을 선택할 수 있습니다. 대화상자 아래에 [덮어쓰기], [건너뛰기], [취소], [고유한 이름 사용] 버튼 중 하나를 클릭해 처리합니다.

- 내보낸 파일의 새 이름 선택 : [내보낼 위치]에 같은 파일명이 있으면 시퀀스를 붙여 다른 이름으로 저장합니다.

- 경고 없이 덮어쓰기 : 기존 파일에 덮어씁니다.

- 건너뛰기 : 내보낼 사진을 저장하지 않습니다.

파일 이름 지정

내보낼 사진의 파일 이름을 설정합니다. 파일 이름은 되도록 변경하지 않는 것이 좋으나, 변경해야 하면 원본 파일명이 포함되도록 설정하는 것이 좋습니다.

① **바꿀 이름** : 파일 이름을 변경하려면 [바꿀 이름] 항목을 선택하고 오른쪽 목록을 클릭해 파일명 템플릿을 선택합니다.

② **사용자 정의 텍스트** : [사용자 정의 텍스트]는 [사용자 정의 이름]이 포함된 파일명 템플릿을 선택했을 경우 활성화됩니다. 활성화된 입력란에 사용자 정의 텍스트를 입력합니다.

③ **시작 번호** : [시작 번호]는 [시퀀스]가 들어간 파일명 템플릿과 [사용자 정의 이름(x-y)] 파일명 템플릿을 선택했을 경우 활성화됩니다. [시퀀스] 입력란에 시작 번호를 입력합니다.

④ **확장명** : [확장명]은 파일 확장자의 대소문자를 설정합니다. 일부 운영체제에서는 대소문자를 구별하기 때문에 혼용을 방지하기 위해 되도록 한 가지로 통일합니다. 일반적으로 소문자를 많이 사용합니다.

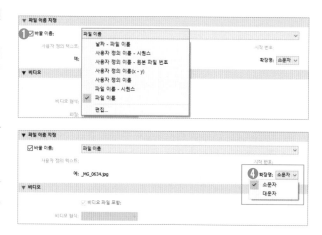

비디오

동영상 파일을 내보내는 경우 설정합니다. 내보낼 파일 중 동영상이 포함되지 않으면 활성화되지 않습니다.

① **비디오 파일 포함** : 내보낼 파일이 동영상이거나 동영상이 포함된 경우, 함께 내보낼 때 이 옵션을 선택합니다.

② **비디오 형식** : 내보낼 동영상의 파일 형식을 선택합니다. [DPX], [h.264], [원본(편집하지 않은 파일)] 중에서 선택할 수 있습니다.

③ **화질** : 비디오 형식 옵션에 따라 화질을 설정합니다. [DPX]를 선택하면 [1920×1080(FHD)] 크기로 저장되며 초당 재생 프레임 수를 설정할 수 있습니다. [h.264]로 선택하면 [1280×720(HD)] 크기로 저장되며 전송률로 화질을 설정합니다. 원본을 선택하면 원본 크기와 프레임 비율로 내보냅니다.

파일 설정

내보낼 사진의 이미지 파일 형식에 따라 옵션을 설정합니다. [이미지 형식]은 사진의 사용 용도에 맞게 선택합니다. 현상된 사진은 JPEG, PSD, TIFF, PNG, DNG 이미지 파일로 내보내 저장할 수 있고, 현상 내역이 적용되지 않은 원본 사진을 그대로 내보낼 수 있습니다. 선택한 이미지 파일 형식에 따라 설정할 옵션이 다르게 표시됩니다.

❶ JPEG 파일 설정 : [이미지 형식]을 [JPEG]로 선택하면 [품질], [색상 공간], [다음으로 크기 제한]을 옵션을 설정합니다. 일반적으로 JPEG 파일은 최종 결과물로 사진을 저장할

때 사용합니다. 대부분 디스플레이 장치에 표시되는 사진과 인화용 사진에 적합합니다.

- **품질** : 최고의 화질을 위해 품질은 100으로 설정합니다. 품질을 100으로 설정하더라도 일부 웹 사이트에서는 품질을 재조정해 표시하기도 합니다. 인화용 사진은 100으로 설정해야 최상의 화질을 얻을 수 있습니다.
- **색상 공간** : sRGB로 설정합니다. sRGB는 표준 RGB 색상 공간입니다. 대부분 디스플레이 장치는 사진을 sRGB 색상 공간으로 표시하므로 후보정한 사진의 색에 대한 왜곡이 거의 없습니다. 인화도 sRGB 색상 공간을 사용해 인화하므로 인화용 사진도 sRGB로 설정합니다.
- **다음으로 파일 크기 제한** : 웹 사이트에 업로드하는 사진의 경우 용량을 제한하는 경우가 종종 있습니다. [품질]을 100으로 설정하면 파일의 용량이 커져 업로드 용량을 초과한다면 웹 사이트에서 제시하는 파일 제한 용량을 입력해 저장할 수 있습니다. 단, [품질]은 사용자가 설정할 수 없고 자동으로 조정되는데 파일의 총해상도 클 경우, 제한 용량을 작게 설정하면 품질이 좋지 않은 경우가 발생합니다.

❷ PSD 파일 설정 : PSD 파일은 포토샵 전용 편집 파일로 [이미지 형식]을 [PSD]로 선택하면 [색상 공간]과 [비트 심도]를 설정합니다. 라이트룸에서 현상한 사진을 포토샵에서 추가 작업을 해야 할 때 선택합니다.

- **색상 공간** : 원본 사진이 JPEG 파일이면 카메라에서 설정한 색상 공간과 같게 설정합니다. 카메라에서 Adobe RGB로 설정했다면 내보내기 시에도 [Adobe RGB]로 설정합니다. 그러나 원본 사진이 RAW 파일이면 최대 색상 공간인 [ProPhoto RGB]로 설정합니다. 이는 색상의 세부 묘사를 최적으로 표현할 수 있는 장점이 있습니다.
- **비트 심도** : 원본 사진이 JPEG, sRGB로 촬영되었다면 [8비트/구성 요소]로 선택합니다. 그러나 RAW 파일이나 Adobe RGB 이상의 색공간으로 촬영된 사진은 [16비트/구성 요소]를 선택해야 색상의 세부 묘사를 최적으로 표현할 수 있습니다.

❸ TIFF 파일 설정 : TIFF 파일은 인쇄나 출력을 위한 파일로 최종 결과물을 인쇄나 출력할 때 선택합니다. [이미지 형식]을 [PSD]로 선택하면 [압축], [색상 공간], [비트 심도]를 설정합니다.

- **압축** : [없음]을 선택하여 최고의 화질을 유지합니다. 단, 저장된 사진 파일의 용량이 상대적으로 커집니다.
- **색상 공간** : 원본 사진이 JPEG 파일이면 카메라에서 설정한 색상 공간과 같게 설정합니다. 카메라에서 Adobe RGB로 설정했다면 내보내기 시에도 [Adobe RGB]로 설정합니다. 그러나 원본 사진이 RAW 파일이면 최대 색상 공간인 [ProPhoto RGB]로 설정합니다.
- **비트 심도** : 원본 사진이 JPEG, sRGB로 촬영되었다면 [8비트/구성 요소]로 선택합니다. 그러나 RAW 파일이나 Adobe RGB 이상의 색공간으로 촬영된 사진은 [16비트/구성 요소]를 선택해야 색상의 세부 묘사를 최적으로 표현할 수 있습니다.

❹ PNG 파일 설정 : PNG 파일은 비손실 압축 그래픽 파일
형식으로 JPEG보다 화질은 좋으나, 파일 용량이 상대적으
로 큽니다. 웹에서 주로 사용되며 인화, 인쇄, 출력에서는
거의 사용되지 않습니다. 나중에 고화질의 재편집을 해야 한다면 PNG로 저장하는 것이 좋습니다. 참고로, JPEG 파일은 재편
집하여 저장하면 할수록 화질 손실이 누적됩니다.

• 색상 공간 : 원본 사진이 JPEG 파일이면 카메라에서 설정한 색상 공간과 같게 설정합니다. 카메라에서 Adobe RGB로 설
정했다면 내보내기 시에도 [Adobe RGB]로 설정합니다. 그러나 원본 사진이 RAW 파일이면 최대 색상 공간인 [ProPhoto
RGB]로 설정합니다.

• 비트 심도 : 원본 사진이 JPEG, sRGB로 촬영되었다면 [8비트/구성 요소]로 선택합니다. 그러나 RAW 파일이나 Adobe
RGB 이상의 색공간으로 촬영된 사진은 [16비트/구성 요소]를 선택해야 색상의 세부 묘사를 최적으로 표현할 수 있습니다.

❺ DNG 파일 설정 : DNG 파일은 호환성 있는 RAW 파일
입니다. DNG 파일을 지원하는 이미지 편집 프로그램에서
는 이 파일의 현상 내역을 변경할 수 있습니다. 예를 들어
DNG 파일로 저장된 사진을 ACR로 열면 현상 내역을 변
경할 수 있습니다. [이미지 형식]을 [DNG]로 선택하면 [호
환성], [JPEG 미리보기], [빠른 로드 데이터], [손실 허용 압
축], [원본 RAW 파일 포함]을 설정합니다.

• 호환성 : 다른 편집 프로그램과의 DNG 파일의 호환성을 설정합니다. 되도록 가장 최근 Camera RAW 버전을 선택합니다.

• JPEG 미리보기 : DNG 파일에는 편집에 사용되는 미리보기 이미지를 포함할 수 있습니다. 이 미리보기 이미지의 사이즈를
설정합니다.

• 빠른 로드 데이터 포함 : 편집 시 빠르게 로드되도록 관련 데이터를 포함해 저장합니다.

• 손실 허용 압축 사용 : 최상의 화질을 위해 이 옵션은 선택하지 않는 것이 좋습니다. 압축하면 파일의 용량은 줄어들지만, 화
질이 떨어지는 요인이 됩니다.

• 원본 RAW 파일 포함 : 보관용 DNG 파일로 저장하려면 원본 RAW 데이터를 포함하는 것이 좋습니다. 그러나 파일의 용량이

❻ 원본 : [이미지 형식]을 [원본]으로 선택하면 [대상 폴더]에
저장된 원본 이미지 파일을 복사합니다. 현상된 사진이라도
원본 사진을 그대로 복사합니다. 따라서 설정할 옵션이 없습니다.

이미지 크기 조정

사진의 크기는 가로 픽셀과 세로 픽셀의 곱으로 표시합니다. 즉, 총 화소 수가 사진의 크기가 되는 것입니다. 사진의
크기 조정은 사진의 물리적인 크기인 가로와 세로의 픽셀을 조정하는 것으로 흔히 리사이즈(Resize)라고 합니다.

❶ 크기 조정하여 맞추기 : 내보낼 사진의 크기를 조정하려면 [크기 조정하여 맞추기]를 선택하고 오른쪽 목록에서 크기를 조절할
항목을 선택합니다.

• 너비 및 높이 : 입력한 가로 및 세로 치수 중에 작은 값을 기준으로 원본 사진의 종횡비에 맞게 크기를 조정합니다.

• 치수 : 입력한 값 중에 작은 치수를 짧은 가장자리에 맞춰 원본 사진의 종횡비로 크기를 조정합니다.

• 긴 가장자리 : 입력한 값을 사진의 긴 가장자리에 맞춰 원본 사진의 종횡비로 크기를 조정합니다.

• 짧은 가장자리 : 입력한 값을 사진의 짧은 가장자리에 맞춰 원본 사진의 종횡비로 크기를 조정합니다.

• 메가픽셀 : 입력한 총 화소 수로 원본 사진의 종횡비에 맞게 크기를 조정합니다.

• 백분율 : 입력한 퍼센트 비율로 원본 사진의 종횡비에 맞게 크기를 조정합니다.

[파일 설정] 옵션 항목에서 이미지 형식을 DNG나 원본으로 설정했을 때는 이 옵션을 사용할 수 없습니다.

❷ 확대 안 함 : 입력한 치수가 원본 사진보다 클 경우, 크기를 조정하지 않는 옵션입니다. 원본 사진보다 크게 조정하면 화질이 떨어집니다.

❸ 해상도 : 사용 용도에 맞게 출력 해상도를 설정합니다. 디스플레이 장치에 표시하는 사진은 96 PPI(Pixel per Inch, 인치 당 픽셀)로 설정하고, 인화와 인쇄에 사용하는 사진은 업체에 문의해 DPI(Dot per Inch)를 설정합니다. 일반적으로 인화는 150~200DPI를, 인쇄는 250DPI 이상을 많이 사용합니다. 그러나 [해상도]에 어떠한 값을 입력하더라도 총 화소 수는 변하지 않으므로 출력 해상도는 디스플레이 장치에 표시되거나 인화 시 재조정됩니다.

출력 선명하게 하기

사진을 내보내면 이미지 파일로 저장되지만, 사진의 사용 용도는 다양합니다. 주로 디스플레이 장치에 표시하거나 인화를 하는데 이 옵션은 내보낼 사진의 사용 용도에 따라 선명도를 조정합니다.

❶ 선명하게 하기 : 사진이 표시될 미디어의 타입에 맞게 선명도를 설정하려면 먼저 [선명하게 하기]를 선택합니다.
- 화면 : 디스플레이 장치에 사진을 표시할 때 선택합니다. 모니터, TV 등이 여기에 해당합니다.
- 매트 용지 : 무광 인화지에 맞는 출력 선명도를 설정해 내보냅니다.
- 광택 용지 : 유광 인화지에 맞는 출력 선명도를 설정해 내보냅니다.

❷ 양 : 출력 선명도의 양을 설정합니다. 양은 [고], [표준], [저] 중에서 하나를 선택할 수 있습니다. 일반적으로 [표준]을 선택합니다. 출력 선명도의 양을 세밀하게 설정하려면 Mogrify와 같은 [내보내기 플러그인]을 사용합니다.
＊참고로 [인쇄] 모듈에서 직접 출력할 때는 [인쇄] 모듈의 [인쇄 작업] 패널에서 [인쇄 선명하게 하기]를 설정합니다.

메타데이터

내보낼 사진에 메타데이터 포함해 저장할 것인지를 설정합니다. 원본 사진의 메타데이터뿐만 아니라, 사용자가 라이트룸에서 추가로 입력한 저작권, 키워드, GPS 정보 등의 메타데이터를 포함할 것인지도 설정합니다.

❶ 포함 : 내보낼 사진에 포함될 메타데이터의 범위를 정합니다. [저작권만], [저작권 및 콘택트 정보], [카메라 및 Camera RAW 정보를 제외한 모든 정보], [모든 메타데이터] 항목 중 하나를 선택해 범위를 정할 수 있습니다. [저작권만], [저작권 및 콘택트 정보]만을 선택하면 하단 옵션을 사용할 수 없습니다.

❷ 사람 정보 제거 : 이 항목을 선택하면 얼굴 감지로 검색된 사진의 인물 정보를 포함하지 않습니다.

❸ 위치 정보 제거 : 이 항목을 선택하면 지도 모듈에 등록된 사진의 GPS 정보를 포함하지 않습니다.

❹ 키워드를 Lightroom 계층 구조로 쓰기 : 라이브러리 모듈의 키워드 목록 패널에 계층 구조로 구성된 키워드를 그대로 유지합니다.

워터마크

내보낼 사진에 워터마크 포함 여부를 설정합니다. 사진에 워터마크를 넣으려면 [워터마크] 옵션을 선택하고 오른쪽 목록에서 [단순 저작권 워터마크]를 선택하거나, 워터마크 편집기에서 미리 만들어 놓은 워터마크 사전 설정을 선택합니다. [단순 저작권 워터마크]는 [저작권] 메타데이터에 입력된 텍스트를 사진 왼쪽 아래에 표시합니다. 또한 [워터마크 편집기]에서 만든 워터마크를 사전 설정으로 등록해 놓으면 이 목록에서 선택해 사진에 넣을 수 있습니다.

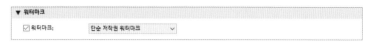

후처리

설정된 옵션에 따라 사진이 저장된 후, 해당 사진에 대해 별도로 처리할 일을 지정합니다. 예를 들어 PSD 파일로 저장된 파일을 포토샵으로 바로 열어 편집할 수 있습니다.

❶ 내보낸 후 : 내보내기가 끝난 후, 실행할 프로그램을 지정합니다.

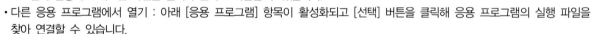

- 아무 작업도 하지 않음 : 사진을 내보낸 후 아무런 작업도 하지 않습니다.
- 탐색기에 표시(파인더에 표시) : 윈도우의 탐색기 또는 맥의 파인더로 내보낸 사진이 저장된 폴더를 바로 열어줍니다.
- Adobe Photoshop 2021에서 열기 : 내보내기가 끝나면 포토샵이 실행되고 내보낸 사진을 불러와 곧바로 작업할 수 있습니다.
- 다른 응용 프로그램에서 열기 : 아래 [응용 프로그램] 항목이 활성화되고 [선택] 버튼을 클릭해 응용 프로그램의 실행 파일을 찾아 연결할 수 있습니다.
- Export Actions 폴더로 바로 이동 : 탐색기 또는 파인더로 [Export Actions] 폴더를 열어줍니다. 이 폴더에 응용 프로그램의 단축 아이콘(바로가기)을 복사해 놓으면 [내보낸 후] 목록에 추가됩니다.

❷ 응용 프로그램 : [내보낸 후] 목록에서 [다른 응용 프로그램에서 열기]를 선택하면 활성화됩니다. [선택] 버튼을 클릭하여 연결할 응용 프로그램의 실행 파일을 찾아 선택해 연결해줍니다.

04 웹용 사진 최적화 내보내기

현상한 사진을 웹용 사진으로 최적화해 [내보내기]로 저장합니다. 웹용 사진을 별도로 관리하려면 앞서 살펴본 [게시 서비스]를 사용해 저장합니다. 그러나 국내 웹 사이트는 대부분 게시 서비스 플러그인을 지원하지 않으므로 [게시 서비스] 패널에서 [하드 드라이브] 항목을 설정해 저장해야 합니다. [내보내기]와 [게시 서비스] 중 어떤 것을 사용하던 설정하는 방법은 같습니다. 여기서는 [내보내기] 대화상자에서 웹용 사진을 최적화해 [내보내기]로 저장하는 방법을 알아봅니다.

[내보내기] 대화상자에서 웹용 사진을 최적화하기 위해서는 다음과 같은 내용을 꼭 설정해야 합니다.

· 웹 사이트에 게시되는 사진의 크기를 미리 알아야 합니다.
· 해당 크기로 사진을 리사이즈합니다.
· 파일 형식은 JPEG로 설정합니다.
· 품질은 100으로 설정합니다.
· 해상도는 96PPI로 설정합니다.
· 색공간은 sRGB를 사용합니다.
· 출력 선명도를 화면으로 설정합니다.
· 메타데이터에서 사람 정보와 위치 정보를 제거합니다.
· 내보내기 실행 후, 사전 설정으로 저장해 놓고 단축 메뉴를 통해 간편하게 사용합니다.

여기서는 네이버 밴드에 최적화되도록 내보내기 옵션을 설정해 보겠습니다. 네이버 밴드에는 가로 크기가 최소 640픽셀이고, 1280픽셀과 1920픽셀도 사용할 수 있습니다. 최근 휴대폰은 대부분 총 화소 수가 많으므로 1920픽셀로 최적화합니다.

01 사진을 선택하고 [내보내기] 대화상자를 실행합니다. ❶ [내보내기 위치] 항목에서는 [내보낼 위치]를 [바탕화면]으로 설정하고 ❸ [네이버 밴드용]이라는 하위 폴더를 만들어 저장합니다. ❸ 파일 이름이 같은 사진이 이미 있는 경우에 사용자가 결정할 수 있도록 [기존 파일] 옵션을 [수행할 작업 확인]으로 선택합니다.

02 [파일 이름 지정] 항목에서는 원본 사진과 같은 파일 이름으로 내보내도록 아무것도 설정하지 않습니다.

03 [파일 설정] 항목에서 [이미지 형식] 옵션은 웹용 이미지이므로 [JPEG]로 설정합니다. ❶ [품질]은 최상인 [100]으로 설정하고 ❷ [색상 공간]은 표준 디스플레이 장치에서 사용하는 [sRGB]로 설정합니다.

04 [이미지 크기 조정] 항목은 웹용 사진에서 매우 중요한 옵션 항목입니다. 네이버 밴드에 표시되는 이미지의 최대 사이즈가 1920픽셀이므로 이보다 크게 설정해 업로드하면 밴드에서 이미지를 다시 리사이즈하거나 화면상에서 축소되기 때문에 화질에 영향을 줍니다. 따라서 게시될 사진의 크기에 맞추거나 작게 설정하는 것이 좋습니다. 리사이즈 기준을 가로 폭에 맞추되 세로 사진을 가로 폭에 맞추면 사진이 크게 리사이즈되기 때문에 긴 가장자리를 기준으로 1920픽셀이 되도록 설정합니다. ❶ [크기 조정하여 맞추기] 옵션을 선택하고, 오른쪽 항목에서 [긴 가장자리]를 선택합니다. ❷ 리사이즈 크기를 [1920]으로 입력합니다. ❸ 해상도는 LED 표준 모니터 기준으로 [96]으로 입력합니다.

05 ❶ [출력 선명하게 하기] 항목에서는 웹용으로 저장되는 사진은 웹에 게시해 모니터로 보는 사진이기 때문에 [선명하게 하기] 옵션을 선택하고 ❷ 출력 선명도를 [화면]으로, ❸ [양]을 [표준]으로 설정합니다.

06 [메타데이터] 항목에서는 모든 메타데이터가 사진에 포함되도록 설정합니다. 일부 웹 사이트에서는 이 메타데이터를 읽어 들여 검색이나 태그에 활용합니다. 또한 저작권 메타데이터를 포함해야 나중에 저작권 문제에 대비할 수 있습니다. ❶ 단, 개인적인 정보 보호 차원에서 [모든 메타데이터]를 선택하되 ❷ [사람 정보 제거]와 [위치 정보 제거] 옵션을 선택해 포함되지 않도록 합니다.

07 [워터마크] 항목에서는 워터마크를 사용하지 않을 것이므로 설정하지 않습니다.

08 [후처리] 항목에서는 사진을 내보낸 후, 저장된 사진을 바로 확인할 수 있도록 윈도우 탐색기나 맥 파인더로 열어주도록 설정합니다.

05 인화용 사진 최적화 내보내기

인화용 사진을 최적화해 내보내는 방법은 웹용 사진과 좀 다릅니다. 인화용 사진은 [내보내기]를 실행하기 전에 인화 비율에 맞게 크롭해야 합니다. 또한 인화 사진의 크기에 따른 출력 해상도인 DPI를 알고 있어야 합니다.

사진의 종횡비와 인화지의 종횡비가 같으면 크롭하지 않아도 됩니다. 그러나 사진의 종횡비와 인화지의 종횡비가 다르면 인화지 기준으로 크롭합니다. 대부분 디지털 사진의 종횡 비율은 2:3입니다. 이와 같은 비율의 4×6 인화지에 인화할 때 큰 문제가 없지만, 11×14 인화지처럼 다른 종횡 비율의 인화지에 인화할 때 사진이 잘리거나 불필요한 여백이 생깁니다. 인화 시 사진이 잘리는 것을 페이퍼 풀(Paper Full)이라고 하고, 여백이 생기는 것을 이미지 풀(Image Full)이라고 합니다. 사진이 잘리거나 여백이 생기길 원하지 않는다면 인화지 비율에 맞게 크롭해야 합니다.

3:2 원본 사진

11×14" 이미지 풀 인화   14×11" 페이퍼 풀 인화

출력 해상도인 DPI(Dot per Inch)는 인화할 때 사용하는 용어로 사진의 픽셀을 하나의 점으로 대치해 1인치에 몇 개를 넣어 인화할 것인지를 결정짓는 단위입니다. DPI 수치가 낮으면 큰 사진을 얻을 수 있지만, 화질은 떨어집니다. 반대로 수치가 높으면 사진의 크기는 상대적으로 작아지지만, 화질은 높아집니다. 또한 사진의 가로와 세로 픽셀을 DPI 수치로 나누면 사진이 얼마큼 크기로 인화할 수 있는지를 알 수 있습니다. 예를 들어 가로 3000픽셀, 세로 2000픽셀의 사진을 150DPI로 인화한다고 할 때, 사진의 가로와 세로 픽셀을 150으로 나누면 그 크기를 알 수 있습니다. 즉, 가로 20인치, 세로 13.33인치까지 인화할 수 있습니다. 이보다 큰 사진으로 인화해야 할 때 DPI를 낮추면 되지만 화질은 떨어집니다. 대형 인화일수록 소형 인화에 비해 상대적으로 DPI 수치가 낮습니다.

[내보내기] 대화상자에서 인화용 사진을 최적화하기 위해서는 다음과 같은 내용을 꼭 설정해야 합니다.

• 인화 비율에 맞게 보정한 사진을 크롭하고 구도를 재설정합니다.
• 파일 형식은 JPEG로 설정합니다.
• 품질은 100으로 설정합니다.
• 해상도는 출력 및 인화 해상도 DPI로 설정합니다.
• 색공간은 sRGB를 사용합니다.
• 출력 선명도를 인화지에 맞게 설정합니다.
• 메타데이터에서 사람 정보와 위치 정보를 제거합니다.
• 내보내기 실행 후, 사전 설정으로 저장해 놓고 단축 메뉴를 통해 간편하게 사용합니다.

여기서는 2:3 비율의 종횡비를 가진 사진을 11:14 인화 비율로 인화할 수 있도록 먼저 크롭하고, [내보내기] 대화상자에서 무광 인화지에 인화되도록 설정합니다.

01 종횡비가 2:3인 5760×3840 픽셀의 사진을 선택합니다. 11:14 인화 비율로 인화할 것이기 때문에 그 비율에 맞게 크롭해야 합니다. [툴 스트립]에서 [오버레이 자르기] 도구를 클릭합니다.

02 툴 스트립 아래로 패널이 확장되고 사진 위로 격자가 오버레이 됩니다. 확장된 패널에서 종횡비 항목 우측에 있는 원본을 클릭합니다.

03 선택할 수 있는 종횡비 목록이 표시됩니다. 그러나 이 목록에는 11:14 비율은 없습니다. 목록에 없는 종횡비는 맨 아래 사용자 정의 값 입력을 선택해 추가할 수 있습니다.

04 [사용자 정의 종횡비 입력] 대화상자가 표시됩니다. ❶ 종횡비를 각각 입력한 후, ❷ [확인] 버튼을 클릭해 대화상자를 닫습니다.

05 새로 추가된 종횡비가 목록에 등록되
고 곧바로 선택됩니다. 사진의 11:14 비율
의 격자가 오버레이됩니다.

06 격자의 크기를 조정하거나 좌우로 드
래그하여 구도를 재설정한 뒤, [완료] 버튼
을 눌러 크롭합니다. 여기서는 초점이 맞
은 꽃송이를 첫 번째 교차점에 배치해 보
겠습니다.

07 11:14 비율로 사진이 크롭됩니다. 여
기서 크롭된 사진의 사이즈가 3982×
3129가 됩니다. 11×14 인치로 인화 시
150DPI를 주로 사용하므로 가로와 세로
픽셀을 150으로 나누면 26.5×20.8 인치
크기까지 인화할 수 있습니다. 이는 11×
14 인치 보다 크기 때문에 해당 사이즈로
인화하기에 충분합니다. 크롭한 크기가
11×14 인치 보다 작을 경우 이보다 작은
사이즈로 인화해야 합니다.

08 [내보내기] 대화상자를 실행하고 인화용 사진
으로 옵션을 설정합니다. ❶ [내보내기 위치] 항
목에서는 [내보낼 위치]를 [바탕화면]으로 설정하
고 ❷ [인화용 사진]이라는 하위 폴더를 만들어
저장합니다. ❸ 파일 이름이 같은 사진이 이미 있
는 경우에 사용자가 결정할 수 있도록 [기존 파일]
옵션을 [수행할 작업 확인]으로 선택합니다.

09 [파일 이름 지정] 항목에서는 원본 사진과 같은 파일 이름으로 내보내도록 아무것도 설정하지 않습니다.

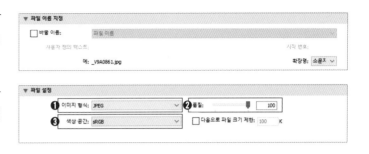

10 ❶ [파일 설정] 항목에서는 [이미지 형식]을 [JPEG]로 설정합니다. ❷ [품질]은 최상인 [100]으로 설정하고 ❸ [색상 공간] [sRGB]로 설정합니다. 단, 인화 업체에서 별도로 사용하는 파일 형식과 색상 공간이 있으면 그것에 맞게 설정합니다.

11 크롭된 사진의 크기(26.5×20.8 인치)가 인화할 사진의 크기(11×14 인치)보다 크기 때문에 [이미지 크기 조정] 항목을 설정하지 않습니다.

TIP

인화 업체에서 11×14 인치의 사진을 정확히 150DPI로 인화한다면 [크기 조정하여 맞추기] 옵션을 선택하고 [너비 및 높이]를 항목을 선택합니다. 하단 [너비] 입력란에는 긴 가장자리 값인 [2100]을 입력하고 [높이] 입력란에는 짧은 가장자리 값인 [1650]을 입력합니다. [해상도]는 [150]을 입력하고 [인치당 픽셀]을 선택합니다.

---

12 [출력 선명하게 하기] 항목에서는 인화할 용지에 맞게 설정합니다. ❶ 무광 인화 용지에 인화할 때 [선명하게 하기] 옵션을 [매트 용지]로 선택하고 ❷ [양]을 [표준]으로 설정합니다.

13 [메타데이터] 항목에서는 인화할 사진에는 메타데이터가 필요 없으므로 [저작권만] 포함되도록 설정합니다.

14 [워터마크] 항목에서는 워터마크를 사용하지 않을 것이므로 설정하지 않습니다.

15 [후처리] 항목에서는 사진을 내보낸 후, 저장된 사진을 바로 확인할 수 있도록 윈도우 탐색기나 맥 파인더로 열어주도록 설정합니다.

06 내보내기 사전 설정과 일괄 내보내기

내보내기 사전 설정 만들기

사진의 용도는 매우 다양합니다. 사진을 내보낼 때마다 매번 다른 옵션을 설정해야 한다면 번거롭고 귀찮을 것입니다. 그래서 한 번 설정한 옵션을 저장해 놓고 사용하는 것이 내보내기 사전 설정입니다. 예를 들어 웹용 사진은 웹 사이트별로 최적화 크기가 다릅니다. 여러 웹 사이트에 사진을 업로드할 때 크기를 다르게 설정해 내보내야 합니다. 그러나 웹 사이트별로 사전 설정을 만들어 놓으면 옵션을 설정할 필요도 없이 일괄적으로 내보낼 수 있습니다. 또한 내보내기 사전 설정은 내보내기 메뉴에도 표시되므로 [내보내기] 대화상자를 실행하지 않고도 현상된 사진을 빠르게 내보낼 수 있습니다.

앞서 설정한 인화용 사진의 옵션 설정을 내보내기 사전 설정으로 저장합니다.

01 [내보내기] 대화상자를 실행하면 직전에 내보낸 옵션이 그대로 설정되어 있습니다. 이 설정을 내보내기 사전 설정으로 저장하려면 대화상자 왼쪽 [사전 설정] 섹션 아래에 있는 [추가] 버튼을 클릭합니다.

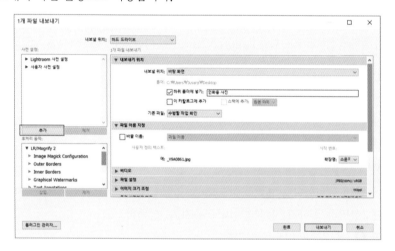

02 [새 사전 설정] 대화상자가 표시됩니다. ❶ [사전 설정 이름] 입력란에 사전 설정 이름을 입력합니다. ❷ [폴더]는 [사용자 사전 설정]을 그대로 사용합니다. ❸ 설정이 끝났으면 [만들기] 버튼을 클릭합니다.

03 [사전 설정] 섹션의 [사용자 사전 설정] 하위에 [인화용 사진] 사전 설정 항목이 추가된 것을 알 수 있습니다.

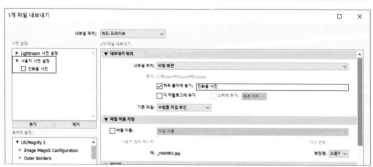

04 같은 방법으로 앞서 내보냈던 웹용 사진의 옵션 설정도 사전 설정으로 만들어 봅니다.

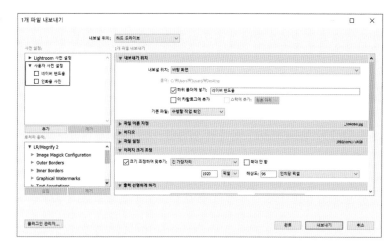

내보내기 사전 설정 활용하기

내보내기 사전 설정은 다음과 같이 두 가지 방법으로 사용할 수 있습니다.

하나는 [내보내기] 대화상자에서 사용합니다. [사전 설정] 섹션에서 사용할 사전 설정 항목을 클릭하면 내보내기 옵션이 자동으로 설정됩니다. 대화상자 하단의 [내보내기] 버튼을 클릭해 사진을 내보냅니다.

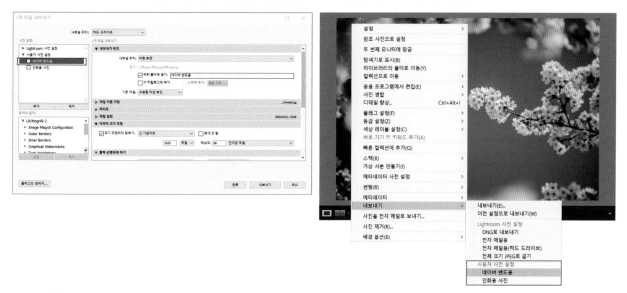

TIP 사전 설정 선택 시 주의 사항

사전 설정 이름 앞에 있는 체크 박스를 클릭하는 것이 아니라, 사전 설정 이름을 클릭해야 합니다. 체크 박스는 여러 사전 설정으로 일괄 내보낼 때 사용합니다.

다른 하나는 단축 메뉴에서 사용합니다. 내보내기 사전 설정은 단축 메뉴에도 표시되기 때문에 굳이 [내보내기] 대화상자를 열지 않고 선택한 사진을 곧바로 내보낼 수 있습니다. 현상한 사진을 곧바로 내보낼 경우, 사진을 마우스 오른쪽 버튼으로 클릭하여 표시되는 단축 메뉴에서 [내보내기] 하위 메뉴에 있는 사전 설정을 선택합니다.

일괄 내보내기는 라이트룸 9.0 버전부터 새로 추가된 기능입니다. 여러 개의 내보내기 사전 설정을 만들어 사용하는 경우 각각 사전 설정을 선택해 내보내야 하는 불편함을 일괄 내보내기로 해결할 수 있습니다.

사진을 여러 사전 설정으로 일괄 내보내려면 [내보내기] 대화상자를 실행해야 합니다. [사전 설정] 섹션에 등록된 사전 설정 이름 앞에는 체크 박스가 하나씩 있습니다. ❶ 일괄 내보낼 사전 설정 항목의 체크 박스를 선택한 후, ❷ [일괄 내보내기] 버튼을 클릭합니다.

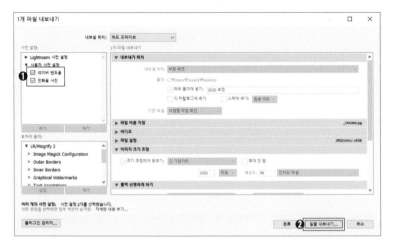

[일괄 내보내기] 대화상자가 열립니다. ❶ 선택한 사전 설정 별로 저장 위치와 파일명이 표시됩니다. ❷ [내보내기] 버튼을 클릭하면 사정 설정별로 설정한 저장 위치에 각각 저장됩니다.

❶ 사전 설정별로 사진이 저장되는 위치가 제각각이라 찾아보기 힘들다면 [상위 폴더 선택] 옵션을 선택하고 ❷ [선택] 버튼을 클릭하여 저장 위치를 설정합니다. 다음은 [바탕화면]의 [2021] 폴더를 선택한 것입니다. 각 사전 설정별로 기존 하위 폴더 또는 새로운 폴더를 만들어 내보낼 수 있습니다.

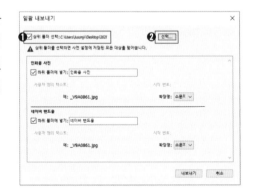

07 사진에 워터마크 넣기

내보낸 사진에 저작권을 표시하고 싶으면 [내보내기] 대화상자의 [워터마크] 항목에서 [워터마크] 옵션을 선택하고 표시할 워터마크를 설정합니다. 기본값으로 설정된 [단순 저작권 워터마크]는 [저작권] 메타데이터에 저장된 값을 불러와 사진에 표시합니다. 따라서 [저작권] 메타데이터에 저장된 값이 없으면 표시되지 않습니다.

라이트룸에서 제공하는 워터마크 편집기를 이용하면 사용자가 직접 워터마크로 표시될 텍스트를 설정할 수 있고, 그래픽 이미지 파일을 워터마크로 사용할 수 있습니다. 다음은 워터마크를 편집할 수 있는 [워터마크 편집기] 대화상자입니다.

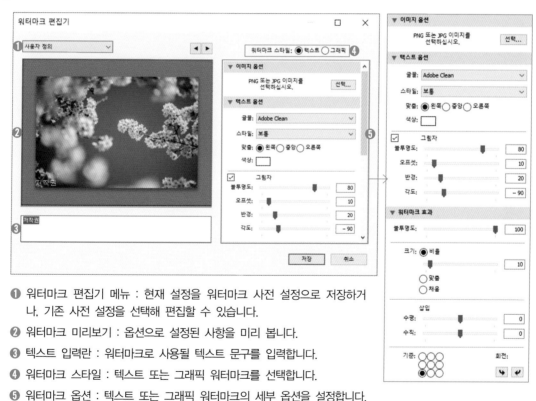

❶ 워터마크 편집기 메뉴 : 현재 설정을 워터마크 사전 설정으로 저장하거나, 기존 사전 설정을 선택해 편집할 수 있습니다.

❷ 워터마크 미리보기 : 옵션으로 설정된 사항을 미리 봅니다.

❸ 텍스트 입력란 : 워터마크로 사용될 텍스트 문구를 입력합니다.

❹ 워터마크 스타일 : 텍스트 또는 그래픽 워터마크를 선택합니다.

❺ 워터마크 옵션 : 텍스트 또는 그래픽 워터마크의 세부 옵션을 설정합니다.

텍스트 워터마크는 [텍스트 옵션]에서 글꼴, 스타일, 맞춤, 색상, 그림자 효과를 지정할 수 있고, [워터마크 효과] 옵션에서 불투명도, 크기, 사진 안쪽 여백, 위치와 방향을 설정할 수 있습니다. 그래픽 워터마크도 [워터마크 효과] 옵션을 설정할 수 있습니다.

워터마크의 옵션을 설정한 후, [저장] 버튼을 클릭하여 워터마크의 이름을 지정해 새 사전 설정으로 저장합니다. 이렇게 저장된 워터마크는 [내보내기] 대화상자의 [워터마크] 목록에 표시되므로 선택해 사용할 수 있습니다.

Chapter
02

내보내기 플러그인

라이트룸에 내보내기 플러그인을 추가하면 [내보내기] 대화상자의 기능이 확장됩니다. 이 장에서는 Mogrify 플러그인을 사용하여 사진의 테두리 표시, 메타데이터와 이미지 워터마크 삽입, 출력 선명도의 세부 설정을 적용해 내보내는 방법에 대해 알아봅니다.

01 내보내기 플러그인

라이트룸에서 사진을 내보낼 때 [내보내기 플러그인]을 사용하면 사진에 다양한 옵션을 추가로 적용할 수 있습니다. 여기서는 라이트룸 사용자들이 가장 많이 사용하는 [내보내기 플러그인] 중 하나인 Mogrify의 설치와 설정에 대해 알아봅니다.

[내보내기] 플러그인

라이트룸 내의 기능 외에 사용자가 추가로 설치해 사용할 수 있는 것을 플러그인(plug-in)이라고 합니다. 이러한 플러그인은 라이트룸 여러 부분에서 사용되며 라이트룸의 기능을 확장합니다. 특히, [내보내기] 플러그인은 [내보내기] 대화상자의 기능을 확장합니다. [내보내기] 대화상자의 기본 기능만으로도 최적화된 결과물을 얻을 수 있지만, [내보내기 플러그인]을 사용하면 새로운 기능과 세밀한 설정이 가능합니다.

다음은 라이트룸에서 내보내 저장한 사진입니다. 사진 바깥으로 흰색 여백과 회색 테두리가 있습니다. 흰색 여백은 아래쪽이 넓으며, 가운데 워터마크가 삽입되어 있습니다. 그러나 라이트룸에서는 이렇게 사진을 내보내는 기능은 없습니다. 사진을 내보낼 때 [내보내기 플러그인]의 기능을 이용한 것입니다.
이러한 기능은 포토샵에서 처리할 수도 있습니다. 하지만 라이트룸에서 저장한 사진을 포토샵에서 다시 열어 작업하는 것은 그리 좋은 방법은 아닙니다.

처리할 사진이 여러 장이면 단순 반복 작업으로 번거로울 수 있지만, JPEG 파일인 경우 재편집해 저장하면 그만큼 화질이 떨어집니다. 그래서 라이트룸에서 시작한 일은 라이트룸에서 끝내는 것이 원칙입니다. 그렇게 하려면 [내보내기 플러그인]으로 내보내 저장하는 기능을 확장해 사용하는 것이 좋습니다.

다음 사진을 보면 사진의 메타데이터 정보가 표시되어 있습니다. 워터마크처럼 사진마다 똑같이 표시되어야 하는 것도 있지만 메타데이터처럼 사진마다 다르게 표시되는 정보도 있습니다. 이러한 작업을 포토샵에서 하려면 모든 사진을 열어 일일이 다른 정보를 넣어야 합니다. 하지만 내보낼 사진을 선택하고 [내보내기 플러그인] 옵션만 설정하고 내보내면 해당 사진의 메타데이터를 삽입해 저장됩니다.

Mogrify는 라이트룸의 [내보내기 플러그인]입니다. 현상된 사진을 내보낼 때 라이트룸의 기본 [내보내기] 옵션에 다양한 추가 옵션을 설정해 내보내기 할 수 있습니다. Mogrify는 포토샵의 도움을 받지 않아도 될 만큼 그 기능이 탁월하며 무료로 사용할 수 있습니다. 그러나 도네이션(Donation) 라이센스 프로그램이기 때문에 한 번에 내보낼 사진의 수에 제한이 있습니다. 무료로 사용할 때 한 번에 최대 10장까지 내보낼 수 있지만, 횟수의 제한은 없습니다. 한 번에 10장 이상을 내보내려면 일정 금액을 기부하거나, 10장씩 나눠 내보내면 됩니다. 무료로 사용한다고 해서 기능상의 제약이나, 사용 기간에 제한은 없습니다.

라이트룸의 [내보내기]와 Mogrify 플러그인을 사용하면 다음과 같은 작업을 손쉽게 할 수 있습니다.

• 사진에 테두리와 여백을 만들 수 있습니다.

• 사진 바깥에 워터마크, 메타데이터 정보 등을 넣을 수 있습니다.

• 출력 선명도, 색공간 등을 세밀하게 설정할 수 있습니다.

• [내보내기] 옵션 설정과 함께 내보내기 사전 설정으로 저장할 수 있습니다.

Mogrify 내보내기 플러그인의 설치

Mogrify 플러그인은 Windows 운영체제와 macOS 운영체제에 따라 설치가 다릅니다.

Windows 운영체제에서는 Mogrify 플러그인과 ImageMagick 프로그램을 설치합니다. Mogrify 플러그인을 통해 사진을 내보낼 때 기본적인 이미지 처리는 라이트룸에서 진행되지만, Mogrify의 기능은 ImageMagick에서 수행됩니다. ImageMagick은 이미지 파일을 편집하는 프로그램이지만, 라이트룸에서는 Mogrify 플러그인에서 설정한 여러 옵션을 처리합니다. 따라서 Mogrify 플러그인을 사용하려면 ImageMagick 프로그램이 반드시 설치되어야 합니다.

macOS 운영체제에서는 Mogrify 플러그인에 내장된 ImageMagick을 사용하기 때문에 별도의 ImageMagick를 설치할 필요가 없습니다.

ImageMagick 설치하기 – Windows

Windows 운영체제에서 설치할 수 있는 Image Magi ck는 32bit 버전과 64bit 버전이 있습니다. 윈도우 시스템과 라이트룸의 버전에 맞는 것을 설치합니다. 최근 라이트룸 버전은 모두 64bit이므로 ImageMagick 64bit를 설치합니다. 프로그램은 다음 공식 웹 사이트에서 무료로 다운로드할 수 있습니다.

❶ https ://imagemagick.org/script/download.php#windows에 접속합니다.

❷ [Windows Binary Release] 페이지의 다운로드 목록 맨 위에 있는 링크를 클릭하여 Image Magick 설치 파일을 다운로드 합니다.

Windows 운영체제의 라이트룸에서 Mogrify 플러그인을 사용하려면 ImageMagick을 설치해야 합니다.

실습 파일 : ImageMagick-7.0.11-11-Q16-HDRI-x64-dll.exe

01 다운로드한 ImageMagick 설치 파일을 더블클릭합니다. [License Agreement] 대화상자가 표시됩니다. ❶ 프로그램 설치를 위해 [I accept the agreement] 항목을 선택하고 ❷ [Next] 버튼을 클릭해 다음으로 진행합니다. 오른쪽 화면처럼 [Information] 대화상자가 표시됩니다. ❸ [Next] 버튼을 클릭해 다음으로 진행합니다. 프로그램 설치 시 [사용자 계정 컨트롤] 대화상자가 표시되면 [예] 버튼을 클릭

02 프로그램 설치 경로를 설정하는 [Select Destination Location] 대화상자가 표시됩니다. ❶ [Next] 버튼을 클릭해 미리 지정된 기본 경로에 설치합니다. 오른쪽처럼 시작 메뉴 폴더를 설정하는 [Select Start Menu Folder] 대화상자가 표시됩니다. ❷ [Next] 버튼을 클릭해 미리 지정된 시작 메뉴 폴더를 설정합니다.

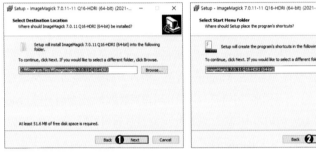

03 [Select Additional Tasks] 대화상자가 표시됩니다. 세 가지 작업이 기본으로 선택되어 있습니다. ❶ [Next] 버튼을 클릭해 다음으로 진행합니다. 설치가 준비되었다는 [Ready to Install] 대화상자가 표시됩니다. ❷ [Install] 버튼을 클릭해 다음으로 진행합니다.

04 설치가 진행됩니다. 진행이 완료되면 [Information] 대화상자가 표시됩니다. [Next] 버튼을 클릭해 다음으로 진행합니다.

05 설치가 완료되었다는 대화상자가 표시됩니다. [Finish] 버튼을 클릭하여 대화상자를 닫습니다. 대화상자가 닫히면 웹브라우저가 실행되고 ImageMagick 안내문이 표시됩니다. 웹브라우저를 닫습니다.

Mogrify 플러그인 설치하기 – Windows

Windows 운영체제에 ImageMagick을 설치했다면 Mogrify 플러그인을 설치합니다. Mogrify 플러그인은 아래 공식 웹 사이트에서 다운로드할 수 있습니다.

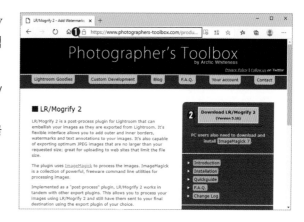

❶ https ://www.photographers-toolbox.com/products/lrmogrify2.php에 접속합니다.

❷ 페이지 오른쪽에 있는 [Download LR/Mogrify 2] 버튼을 클릭하여 다운로드합니다.

Windows 운영체제에서 Mogrify 플러그인의 설치는 다운로드한 Mogrify 플러그인의 압축을 해제하고 라이트룸의 설치 경로에 복사하면 됩니다. macOS도 같은 방법이지만, 라이트룸의 설치 경로가 다릅니다. macOS의 설치 방법을 참고합니다.

실습 파일 : LRMogrify2.lrplugin.5.10.zip

01 다운로드한 Mogrify 프로그램은 ZIP 압축 파일입니다. 압축을 해제해야 사용할 수 있습니다. ❶ 탐색기에서 파일을 선택하고 ❷ 리본 메뉴의 [압축 폴더 도구] 메뉴에서 [압축 풀기]를 클릭합니다. 오른쪽 화면처럼 [압축 폴더 풀기] 대화상자가 열립니다. ❸ [압축 풀기] 버튼을 클릭해 기본으로 설정된 경로에 압축 파일을 풉니다.

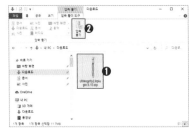

02 압축이 해제되면 왼쪽처럼 압축 파일 옆에 [LRMogrify2.lrplugin.5.10] 폴더가 생성됩니다. 이 폴더를 더블클릭합니다. 오른쪽처럼 [LRMogrify2.lrplugin] 폴더가 표시됩니다.

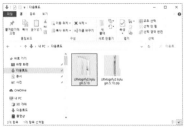

03 ❶ [LRMogrify2.lrplugin] 폴더를 선택하고 ❷ 리본 메뉴에서 [홈 〉 복사]를 선택합니다. ❸ 라이트룸이 설치된 경로인 [C 〉 Program Files 〉 Adobe Lightroom Classic] 폴더를 찾아 선택하고 ❹ 리본 메뉴에서 [홈 〉 붙여넣기] 메뉴를 클릭합니다.

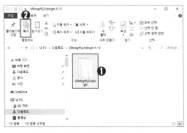

04 ❶ 관리자 권한을 묻는 대화상자가 표시되면 [계속] 버튼을 클릭합니다. ❷ [LRMogrify2.lrplugin] 폴더가 [Adobe Lightroom Classic]] 폴더에 복사됩니다.

macOS 운영체제에서 Mogrify 플러그인의 설치는 다운로드한 Mogrify 플러그인의 압축을 해제하고 라이트룸이 설치된 경로의 [plugins] 폴더에 복사합니다.

실습 파일 : LRMogrify2.lrplugin.5.10.zip

01 다운로드한 Mogrify 프로그램은 ZIP 압축 파일입니다. 압축을 해제해야 사용할 수 있습니다. ❶ [LRMogrify2.lrplugin.5.10.zip] 파일을 더블클릭합니다. ❷ 압축이 해제되면 [LRMogrify2.lrplugin] 패키지가 생성됩니다. 패키지를 선택한 후, (Command) + ⒞를 눌러 복사합니다.

02 라이트룸 설치 경로인 [응용 프로그램 〉 Adobe Lightroom Classic] 폴더를 엽니다. ❶ [Adobe Lightroom] 패키지를 마우스 오른쪽 버튼으로 클릭해 ❷ 표시되는 단축 메뉴에서 [패키지 내용 보기]를 선택합니다.

03 ❶ [Contents] 폴더를 더블클릭하면 하위 폴더와 파일이 표시됩니다. ❷ [Plugins] 폴더를 더블클릭합니다.

04 [Plugins] 폴더 내에 플러그인 패키지들이 표시됩니다. (Command) + ⒱를 눌러 복사한 플러그인을 붙여 넣습니다. [LRMogrify2.lrplugin] 패키지가 복사됩니다.

라이트룸에서 Mogrify 플러그인의 설치 확인하기

Mogrify 플러그인과 ImageMagick 프로그램을 설치한 후, 플러그인이 라이트룸에 제대로 등록되었는지 확인해야 합니다. 라이트룸에 설치된 모든 플러그인은 [Lightroom 플러그인 관리자]에서 확인할 수 있습니다. 라이트룸을 실행하고 메뉴 바의 [파일 > 플러그인 관리자] 메뉴를 선택하면 [Lightroom 플러그인 관리자]가 실행됩니다.

플러그인 목록 섹션에 [LR/Mogrify 2]가 표시되고 초록색으로 점등되어 있으면 정상적으로 설치된 것입니다. 목록에 없거나 빨간색으로 점등되어 있으면 사용할 수 없음을 나타냅니다.

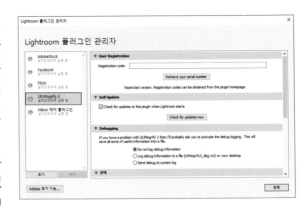

Mogrify 플러그인 설정하기 – Windows

플러그인이 정상적으로 설치되었다는 것을 확인했다면, [내보내기] 대화상자에서 사용할 수 있도록 설정해야 합니다. 이 과정은 Windows 운영체제에 설치한 ImageMagick 프로그램과 연결하는 설정입니다. 따라서 macOS에서는 이 과정을 진행할 필요 없습니다.

Windows 운영체제에서는 Mogrify 플러그인과 ImageMagick 프로그램을 연결해야 사용할 수 있습니다.

01 내보낼 사진 한 장을 선택하고 [파일 > 내보내기] 메뉴를 선택합니다. [1개 파일 내보내기] 대화상자가 표시됩니다. 왼쪽 컬럼에 [후처리 동작] 섹션이 추가된 것을 알 수 있습니다.

02 Mogrify 플러그인을 [내보내기]에서 사용하려면 Mogrify 옵션을 오른쪽 [내보내기] 섹션에 추가해야 합니다. 가장 먼저 추가할 것은 Mogrify 플러그인과 ImageMagick를 연결하는 [Image Magick Configuration] 항목입니다. ❶ [후처리 동작] 섹션에서 [LR/Mogrify 2]의 [Image Magick Configuration] 항목을 선택하고 ❷ 하단에 있는 [삽입] 버튼을 클릭합니다.

03 ❶ [LR/Mogrify 2]의 [Image Magick Configuration] 항목이 오른쪽 [내보내기] 섹션에 추가됩니다. 추가된 [Mogriify Configuration] 항목의 [Configuration] 옵션에 빨간색의 문구가 표시되어 있습니다. 아직 Mogrify 플러그인과 ImageMagick 프로그램이 연결되지 않았기 때문입니다. ❷ 우측의 [Choose] 버튼을 클릭해 ImageMagick 실행 파일을 찾아 연결합니다.

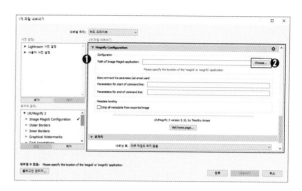

04 [Choose] 버튼을 클릭하면 [Locate Mogrify Application] 대화상자가 표시됩니다. ❶ ImageMagick이 설치된 폴더인 [C 〉 Program Files 〉 ImageMagick-7.11.11-Q16-HDRI] 폴더에서 [magick.exe] 파일을 찾아 선택하고 ❷ [Select] 버튼을 클릭합니다.

05 Mogrify 플러그인과 ImageMagick를 연결되면 [Configuration] 옵션에 있던 빨간색 문구가 사라집니다.

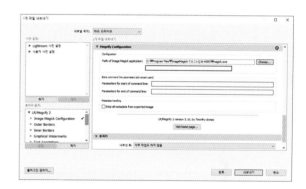

02 Mogrify 플러그인의 활용

Mogrify 플러그인을 설치하고 설정까지 마쳤다면 사진을 내보낼 차례입니다. Mogrify 플러그인을 활용에 사진에 여백과 테두리를 만들고 사진 바깥쪽에 워터마크를 삽입해보겠습니다. 이러한 모양의 사진은 주로 인화용보다는 웹용 사진에 적용하는 경우가 많습니다. 따라서 Mogrify 옵션을 설정하기 전에 [내보내기] 옵션을 웹용 사진으로 미리 설정해 놓거나, 웹용 사전 설정을 만들어 놓았다면 해당 사전 설정을 클릭합니다.

여기서 주의할 것은 여백과 테두리 설정할 것이므로 웹용 사진의 폭에서 여백과 테두리의 두께만큼 빼야 합니다. 예를 들어 네이버 밴드의 최적화된 사진의 가로 폭이 1920px이고 좌우 여백과 테두리의 두께가 각각 15px라면 실제 리사이즈할 사진의 크기는 여백과 테두리의 두께를 뺀 크기로 설정해야 합니다. 따라서 1890px로 설정합니다.

1890px = 네이버 밴드 최적화 크기 1920px − (왼쪽 테두리 두께 15px + 오른쪽 테두리 두께 15px)

또한 사용할 Mogrify 옵션을 [내보내기] 옵션 섹션에 추가합니다. [내보내기] 대화상자 왼쪽 [후처리 동작] 섹션에서 [Image Magick Configuration], [Outer Borders], [Graphical Watermarks], [Text Annotations], [Sharpening] 항목을 각각 선택하고 [삽입] 버튼을 클릭하여 내보내기 옵션 섹션에 추가합니다.

사진의 외곽 테두리 만들기

Mogrify로 사진의 테두리를 만드는 방법은 두 가지입니다. 하나는 사진 안쪽으로 테두리를 넣는 [Inner Borders] 옵션을 사용하는 것이고, 다른 하나는 사진 바깥쪽으로 테두리를 넣는 [Outer Borders] 옵션을 사용하는 것입니다. [Inner Borders] 옵션을 사용하면 테두리가 사진을 덮어버립니다. 따라서 사진이 덮이지 않게 [Outer Borders] 옵션을 사용합니다.

[Outer Borders] 옵션의 구성은 다음과 같습니다.

❶ Identical borders : 테두리의 두께를 같게 설정합니다. 이 옵션을 선택하면 네 개의 입력란 중 하나만 입력하면 다른 입력란도 같게 설정됩니다. 테두리의 두께를 각각 다르게 설정하려면 이 옵션을 해제하고 각각 입력합니다.

❷ 왼쪽 테두리의 두께를 설정합니다.　❻ 테두리의 색상을 설정합니다.

❸ 위쪽 테두리의 두께를 설정합니다.　❼ + : 새로운 테두리를 추가합니다.

❹ 아래쪽 테두리 두께를 설정합니다.　❽ − : 설정된 테두리를 삭제합니다.

❺ 오른쪽 테두리의 두께를 설정합니다.

Mogrify의 [Outer Borders] 옵션을 사용하여 사진 바깥쪽에 테두리를 만듭니다. 여기서는 흰색과 회색 두 개의 테두리를 만들어 폴라로이드 사진처럼 표현합니다. 흰색은 두껍게 설정하여 사진 바깥 여백으로 사용하고, 회색은 가늘게 설정하여 여백 바깥 테두리로 사용합니다.

01 ❶ 사진의 테두리를 만들려면 [내보내기] 섹션에 추가된 [Mogrify Outer Border Options] 항목으로 이동합니다. 아직 설정된 테두리가 없어 [0 Items]로 표시됩니다. ❷ 오른쪽의 [+] 버튼을 클릭하여 새로운 테두리를 설정합니다.

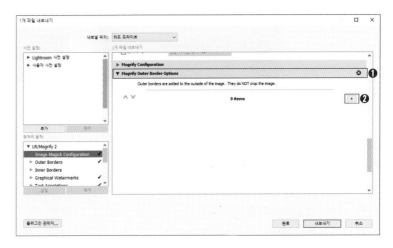

02 테두리의 두께를 설정할 수 있는 항목이 표시됩니다. 먼저 폴라로이드 사진의 흰색 여백에 해당하는 테두리를 만듭니다. ❶ 폴라로이드 사진은 아래쪽 여백이 넓으므로 [Identical border] 옵션을 해제합니다. ❷ 사진의 하단 테두리의 두께를 [49] 픽셀로 설정하고 나머지는 [14] 픽셀로 설정합니다.

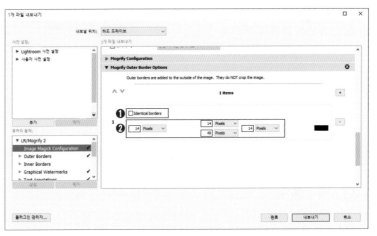

03 테두리 두께를 설정했으면 색상을 설정합니다. ❶ [색상 선택] 아이콘을 클릭해 [색상 선택] 창이 표시되면 스포이트로 색상을 선택합니다. ❷ 여기서는 흰색으로 설정하겠습니다.

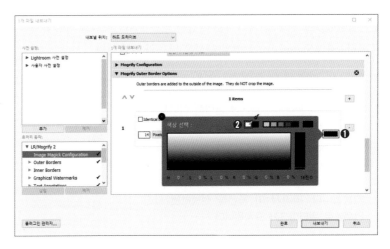

[색상 선택] 창을 처음 사용하면 그레이 스케일로 표시됩니다. 컬러를 사용하려면 [색상 선택] 창 오른쪽에 있는 [채도] 슬라이더의 막대를 위로 올리면 [색상 선택] 창이 컬러 스케일로 표시됩니다.

04 테두리의 흰색 여백을 만들었으면 다음은 여백 바깥쪽으로 회색 테두리를 만들어 보겠습니다. ❶ 새로운 테두리가 추가되어야 하므로 [+] 버튼을 클릭합니다. 두 번째 테두리를 설정할 수 있는 옵션이 표시됩니다. ❷ 테두리 두께는 [1] 픽셀로 설정하고 색상은 옅은 회색으로 설정합니다.

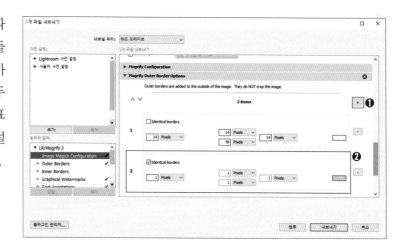

워터마크 설정하기

Mogrify의 [Graphical Watermarks] 옵션에서는 이미지 파일을 사진에 오버레이해 워터마크로 사용합니다. 워터마크에 사용할 이미지는 사진 안쪽과 바깥쪽에 삽입할 수 있습니다. 테두리처럼 사진 안쪽으로 위치를 설정하면 사진을 덮게 됩니다. 따라서 사진 바깥쪽으로 위치를 설정하는데, 앞서 만든 하단 흰색 여백에 워터마크를 오버레이합니다. 단, 워터마크에 사용될 이미지는 배경이 없는 PNG 파일을 사용합니다.

[Graphical Watermarks] 옵션의 구성은 다음과 같습니다.

❶ Path of watermark image : 워터마크로 사용될 이미지 파일의 경로를 설정합니다. 오른쪽 끝에 있는 [Choose] 버튼을 클릭해 이미지 파일을 찾아 선택합니다.

❷ Apply before outer borders are added : [Outer Border] 또는 [Inner Border] 옵션이 설정되었을 때 이를 적용하기 전에 워터마크를 적용합니다. 따라서 이 옵션을 선택하면 사진 안쪽으로 워터마크가 표시됩니다.

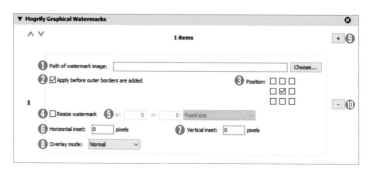

❸ Position : 워터마크를 배치할 곳을 선택합니다. 사진 정중앙과 프레임 상하좌우 가운데, 그리고 코너에 배치할 수 있습니다. 세부 위치 조정은 [Horizontal inset]과 [Vertical Inset] 옵션에서 설정합니다.

❹ Resize watermark : 워터마크의 크기를 조절하려면 이 옵션을 선택합니다.

❺ W / H : 워터마크의 크기를 조정합니다. 폭(W)과 높이(H)를 각각 입력합니다.

❻ Horizontal inset : 배치된 워터마크 이미지의 좌우 바깥 여백을 설정합니다.

❼ Vertical Inset : 배치된 워터마크 이미지의 상하 바깥 여백을 설정합니다.

❽ Overlay mode : 워터마크 이미지와 사진과의 오버레이 방식을 설정합니다.

❾ + : 새로운 워터마크를 추가합니다.

❿ − : 설정된 워터마크를 삭제합니다.

사진 바깥쪽으로 카피라이트 이미지 삽입하기

Mogrify의 [Graphical Watermarks] 옵션을 사용해 사진 바깥쪽 아래에 만들어 놓은 흰색 여백에 워터마크 이미지를 오버레이 합니다.

실습 파일 : Jusanji_Copyright.png

01 ❶ 사진의 테두리를 만들려면 [내보내기] 섹션에 추가된 [Mogrify Outer Border Options] 항목으로 이동합니다. 아직 설정된 테두리가 없어 [0 Items]로 표시됩니다. ❷ 오른쪽의 [+] 버튼을 클릭하여 새로운 테두리를 설정합니다.

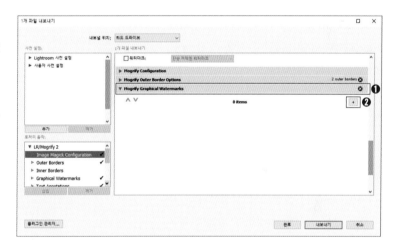

02 ❶ 워터마크에 사용할 이미지 설정합니다. [Path of watermark image] 항목 우측의 [Choose] 버튼을 클릭한 후, 워터마크로 사용할 이미지를 찾아 선택합니다. ❷ 실습 파일인 [Jusanji_Copyright.png]을 설정합니다.

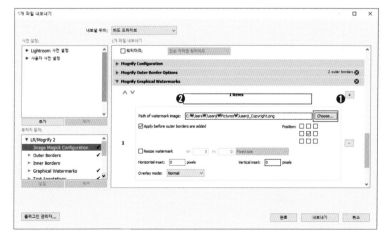

03 워터마크의 적용 순서와 표시될 위치를 설정합니다. ❶ 사진 바깥쪽 아래에 만든 흰색 여백에 워터마크를 오버레이 할 것이므로 이 여백이 생성된 후에 적용되도록 [Apply before outer borders are added] 옵션을 해제합니다. ❷ 워터마크의 위치를 [Position] 옵션에서 오른쪽 아래로 설정합니다.

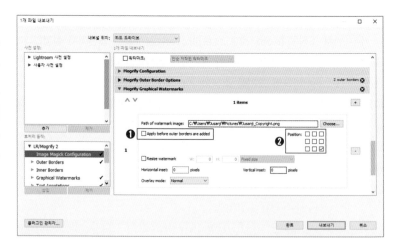

04 워터마크 이미지는 흰색 여백에 맞게 만들었기 때문에 크기를 변경하지 않습니다. 따라서 [Resize watermark] 옵션은 설정하지 않습니다. 대신 사진의 오른쪽과 수직 그리드를 맞추기 위해 [Horizontal inset]과 [Vertical inset] 옵션을 각각 [15], [0] 픽셀로 설정합니다.

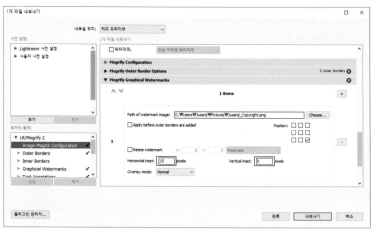

05 워터마크가 오버레이되는 방식을 [Overlay mode] 옵션에서 설정합니다. 여기서는 [Normal]로 설정하여 효과를 주지 않습니다.

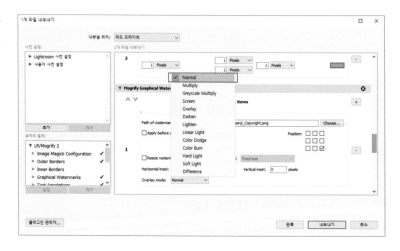

사진에 워터마크 외에 텍스트를 표시할 수 있습니다. 텍스트를 표시하려면 [Text Annotations] 옵션을 사용합니다. [Text Annotations] 옵션은 사용자가 직접 입력한 텍스트뿐만 아니라, 사진의 메타데이터 정보를 가져와 사진마다 다르게 표시할 수 있습니다.

[Text Annotations] 옵션의 구성은 다음과 같습니다.

❶ Add annotation before outer borders are applied : [Outer Border] 또는 [Inner Border] 옵션이 설정되었을 때 이를 적용하기 전에 텍스트를 적용합니다. 따라서 이 옵션을 선택하면 사진 안쪽으로 텍스트가 표시됩니다.

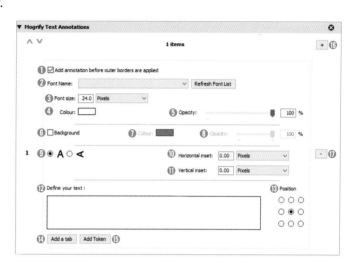

❷ Font name : 폰트를 설정합니다. 목록이 표시되지 않으면 우측 [Refresh Font List] 버튼을 클릭합니다.

❸ Font size : 크기를 설정합니다.

❹ Colour : 색상을 설정합니다.

❺ Opacity : 불투명도를 설정합니다.

❻ Background : 배경을 표시할지 설정합니다.

❼ Colour : 배경색을 설정합니다.

❾ 텍스트의 방향을 설정합니다.

❿ Horizontal Inset : 좌우 바깥 여백을 설정합니다.

⓫ Vertical Inset : 상하 바깥 여백을 설정합니다.

⓬ Define Your text : 사진에 표시될 텍스트를 직접 입력하거나, 메타데이터를 입력합니다.

⓭ Position : 텍스트가 표시될 위치를 설정합니다.

⓮ Add a tab : 텍스트에 탭을 삽입합니다.

⓯ Add token : 텍스트에 메타데이터 토큰을 삽입합니다.

⓰ + : 새로운 텍스트를 삽입합니다.

⓱ − : 설정된 텍스트를 삭제합니다.

사진의 메타데이터 정보는 사진마다 다릅니다. 이러한 메타데이터 정보를 사진에 맞게 사진에 표시할 수 있습니다.

01 ❶ 사진에 텍스트를 표시하려면 [내보내기] 섹션에 추가된 [Mogrify Text Annotations] 항목으로 이동합니다.
아직 설정된 텍스트가 없어 [0 Items]으로 표시됩니다. ❷ 새로운 설정을 해야 하므로 [+] 버튼을 클릭합니다.

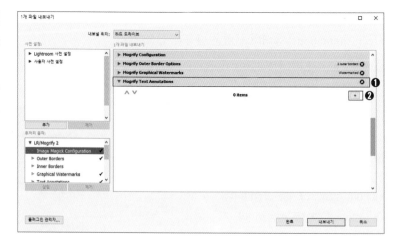

02 텍스트의 적용 순서를 설정합니다. 워터마크를 설정한 것처럼 사진 아래 흰색 여백에 텍스트를 표시할 것이므로 [Add annotation before outer borders are applied] 옵션은 해제합니다. 다음으로 텍스트를 표시할 폰트의 속성을 설정합니다. 여기서는 [Font name]은 [맑은 고딕(Malgun Gothic)], [Font size]는 [11], [Colour]는 짙은 회색으로 설정합니다.

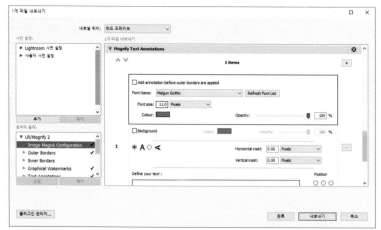

TIP   폰트 목록이 표시되지 않으면

폰트 목록이 표시되지 않는 경우 오른쪽 [Refresh Font List] 버튼을 클릭한 후, 다시 목록을 클릭합니다.

03 텍스트의 방향과 여백, 위치를 설정합니다. 방향은 가로로 설정하고, [Horizontal inset]과 [Vertical inset] 옵션을 각각 [15]과 [12] 픽셀로 설정하고, [Position]은 왼쪽 아래로 설정합니다. [Horizontal inset]에 [15] 픽셀을 설정한 것은 사진과 수직 그리드를 맞추기 위해서고 [Vertical inset]에 [12] 픽셀을 입력한 것은 텍스트를 수직 중앙으로 정렬하기 위한 것입니다.

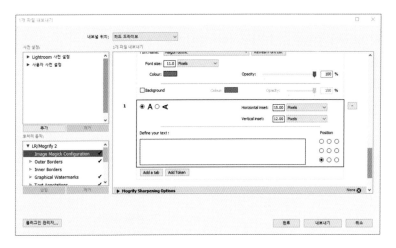

04 이제 표시할 메타데이터를 설정해 봅시다. [Define your text] 입력란에 사진의 메타데이터에서 가져올 값을 입력해야 합니다. [Add Token] 버튼을 클릭합니다.

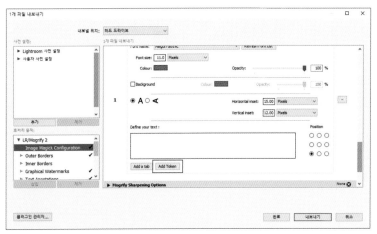

05 [Select a token] 대화상자가 표시됩니다. ❶ [EXIF Tokens] 드롭다운 메뉴를 클릭해 ❷ [Camera Model]을 선택합니다.

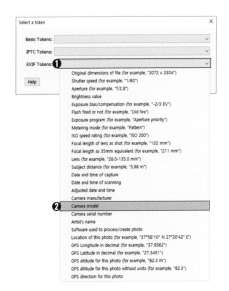

06 [Define your text] 입력란에 메타데이
터 항목이 중괄호로 표시됩니다. 중괄호로
표시된 텍스트는 사진을 내보내면서 사진
의 메타데이터에서 해당 정보를 가져와 대
치합니다.

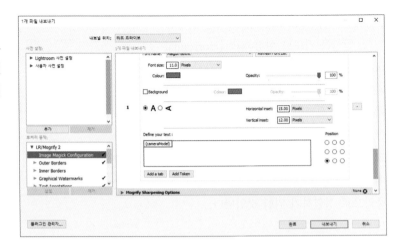

07 카메라 모델 메타데이터를 입력한 것
과 같은 방법으로 렌즈(Lens), 조리개
(Aperture), 셔터 스피드(Shutter speed),
ISO(ISO Speed rating) 메타데이터를 두
줄로 추가합니다.

사진의 선명도를 [내보내기]의 [출력 선명하게 하기] 옵션 항목보다 세밀하게 설정합니다. [Mogrify Sharpening Options] 옵션을 사용하면 선명도를 세밀하게 설정할 수 있고, 선명도 향상 시에 발생하는 텍스처 효과를 줄여주는 언샵 마스크(Unsharp Mask)도 사용할 수 있습니다. 단, 선명도 적용은 중복해 적용하면 화질이 저하될 수 있으니 [내보내기] 옵션의 [출력 선명하게 하기] 옵션은 설정하지 않습니다.

[Mogrify Sharpening Options] 옵션의 구성은 다음과 같습니다.

❶ No sharpening : 선명도를 적용하지 않습니다.

❷ Basic sharpening : 기본 선명도를 적용합니다.

❸ Unsharp mask : 언샵마스크 선명도를 적용합니다.

01 마지막으로 출력 선명도를 향상하기 위해 [Mogrify Sharpening Options] 옵션 설정을 합니다. [내보내기] 옵션의 [출력 선명하게 하기] 항목과 중복되는 기능이므로 [내보내기] 옵션의 [출력 선명하게 하기] 옵션을 해제합니다.

02 출력 선명도를 향상하기 위해 [내보내기] 섹션에 추가된 [Mogrify Sharpening Options] 항목으로 이동합니다. 세 가지 옵션이 표시됩니다. 이중 [Basic sharpening] 옵션을 선택합니다.

03 선명도를 설정할 수 있는 슬라이드가
표시됩니다. 여기서는 1.5로 설정합니다.

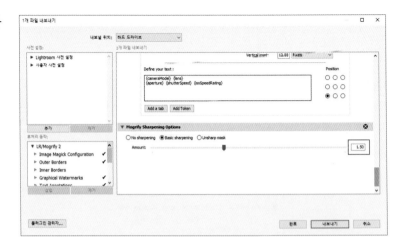

내보내기 사전 설정으로 저장하기

[내보내기] 옵션 설정과 Mogrify 옵션 설정을 하나의 사전 설정으로 저장해 놓고 사용할 수 있습니다. 저장된 사전 설정 선택만으로 빠르게 사진을 내보낼 수 있습니다.

01 모든 설정이 끝났으면 [내보내기] 옵션
설정과 Mogrify 옵션 설정을 하나의 사전
설정으로 저장합니다. 대화상자 좌측 [사전
설정] 섹션에서 [추가] 버튼을 클릭합니다.

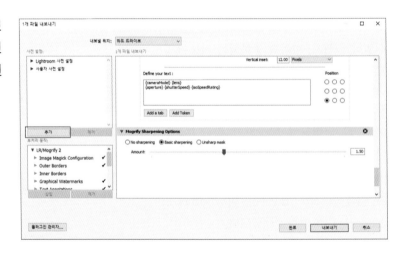

02 ❶ [새 사전 설정] 대화상자가 표시되
면 [사전 설정 이름] 입력란에 사전 설정
이름을 입력하고 ❷ [만들기] 버튼을 클릭
합니다.

03 저장된 사전 설정은 [사전 설정] 섹션의 [사용자 사전 설정]에 추가됩니다.

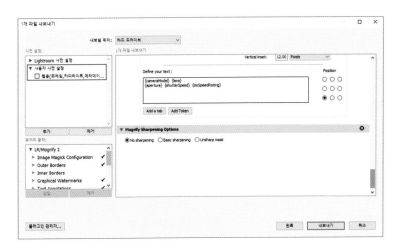

찾아보기

D

DNG 파일 516

E

EXIF 정보 자동 570

H

HDR 사진 505
HDR 파노라마 510
HSL 310

I

ImageMagick 557

M

Mogrify 557
Mogrify 플러그인 564

P

PSD 파일 519

R

RAW 기본값 241
RAW 파일 004

T

TIFF 파일 517

ㄱ

가져오기 101
검정 계열 286
게시 서비스 532
격자 보기 113
광도 320
그레이 카드 267
글씨 크기 044

ㄴ

내보내기 101, 531
내보내기 플러그인 556
노이즈 359
노출 영역 284
노출 일치 499
누락된 사진 096
누락된 폴더 094
눈동자 470

ㄷ

대비 286, 352
대상 항목 111
도구 모음 059
도구 추가 059
동기화 091
듀얼 모니터 129
디헤이즈 396

ㄹ

라이브러리 207
라이트룸 003
라이트룸 CC 018
라이트룸 클래식 CC 018
렌즈 교정 372
렌즈 프로파일 005, 375
로컬 톤 306
리사이즈 351

립스틱 색 467

ㅁ

마스크 367
마스크 복제 423
마스크 추가 425
마스크 편집 436
메뉴 표시줄 034
메타데이터 085, 196, 542
모듈 007
모바일 카탈로그 171
미리보기 052
미리보기 이미지 052

ㅂ

밝은 영역 284
방사형 필터 418
백업 097
범위 마스크 416
변환 383
복원 097
비교 보기 121
비네팅 391

ㅅ

사람 보기 125
사진 가져오기 148
사진 등록 074
사진 보내기 513
사진의 기울기 256
사진 자르기 243
사진 정렬 115
색상 레이블 184
색상환 339
색수차 357
색온도 267
색조 477

색조 효과 336
생동감 311
샤픈 348
선명도 348
선택 영역 편집 406
설치 020
소프트 스킨 458
수동 변환 388
슈퍼 해상도 522
스마트 컬렉션 161
슬라이드 쇼 011, 132
식별판 034

ㅇ

어도비 크리에이티브 클라우드 028
어두운 영역 285
언어 변경 041
얼룩 제거 401, 455
외곽 테두리 564
워터마크 543
웹 갤러리 013
이미지 크기 541
이미지 프로세스 225
인쇄 해상도 370
인터페이스 033
인화 비율 251
인화용 사진 546
일괄 내보내기 550

ㅈ

자동 동기화 498
자동 톤 보정 287
저장 위치 055
점 곡선 299
점 지우기 450
점진적 필터 410
조정 브러시 308, 429

존 시스템 283
지도 009

ㅊ

채도 310, 318, 355
책 010
총 노출 일치 294
최신 버전 업데이트 229
출력 012
치아 미백 474

ㅋ

카탈로그 048, 063
카탈로그 만들기 071
카탈로그 합치기 104
카탈로그 환경 설정 040
컬렉션 153
컬렉션 관리 159
크롭 246
크리에이티브 효과 232
클리핑 281
키워드 189

ㅌ

텍스트 삽입 569
템플릿 082
톤 278
톤 곡선 297
톤 보정 277
통람 보기 123
특성 176

ㅍ

파노라마 501
파인더 150
파일 설정 540
포토샵 연동 050, 512, 515

폴더 134
폴더 관리 140
폴더 동기화 043
폴더 삭제 143
폴더 이동 143
폴더 정보 151
폴더 추가 141
프로파일 관리 237
프로파일 설정 235
피부 톤 446
피사체 제거 407
필름 그레인 394
필터링 209

ㅎ

현상 051
현상 모듈 223
현상 사전 설정 490
현상 설정 동기화 497
화이트 밸런스 264
화이트 밸런스 교정 270
화이트 밸런스 모드 272
확대경 보기 117
후보정 008
후처리 543
흑백 보정 329
흑백 전환 333
흑백 프로파일 341
흰색 계열 285
히스토그램 280